ANTÔNIO
Palavras de fogo, vida de luz

Coleção: **Luz do mundo**

- *Antônio: palavras de fogo, vida de luz* – Madeline Pecora Nugent
- *Camilo de Lellis: "Mais coração nas mãos!"* – Mario Spinelli
- *Charles de Foucauld: o irmãozinho de Jesus* – Jean-François Six
- *Francisco de Paula Victor: apóstolo da caridade* – Gaetano Passarelli
- *Irmã Dulce: o anjo bom da Bahia* – Gaetano Passarelli
- *Irmão Roger de Taizé: uma esperança viva* – Christian Feldmann
- *João Leão Dehon: o profeta do verbo ir* – Pe. Zezinho, scj
- *João Paulo II: um Papa que não morre* – Gian Franco Svidercoschi
- *Lindalva Justo de Oliveira: a bem-aventurada Filha da Caridade* – Gaetano Passarelli
- *Nhá Chica, perfume de rosa: vida de Francisca de Paula de Jesus* – Gaetano Passarelli
- *Palavras-chave de João Paulo II* – Renzo Agasso e Renato Boccardo
- *Paulo: apóstolo dos gentios* – Rinaldo Fabris
- *Santa Mônica: modelo de vida familiar* – Giovanni Falbo
- *Santo Agostinho: a aventura da graça e da caridade* – Giuliano Vigini
- *São Martinho de Lima* – Giuliana Cavallini
- *Teresa de Ávila: mística e andarilha de Deus* – Bernard Sesé
- *Teresa de Calcutá: uma mística entre o Oriente e o Ocidente* – Gloria Germani

Madeline Pecora Nugent

ANTÔNIO
Palavras de fogo, vida de luz

Paulinas

Dados Internacionais de Catalogação na Publicação (CIP)
(Câmara Brasileira do Livro, SP, Brasil)

Nugent, Madeline Pecora
Antônio : palavras de fogo, vida de luz / Madeline Pecora Nugent
; [tradução Luís Marcos Sander]. – 3. ed. – São Paulo : Paulinas, 2013.
– (Coleção luz do mundo)

Título original: Anthony : words of fire, life of light.

Bibliografia

1. Antônio, de Pádua, Santo, 1195-1231 - Ficção   2. Ficção
biográfica   3. Ficção cristã   4. Franciscanos - Itália - Ficção   5. Itália
- História - Ficção   6. Santos cristãos - Ficção   I. Título.   II. Série.

13-02255   CDD-813

Índice para catálogo sistemático:
1. Ficção : Literatura norte-americana   813

Título original: *Anthony – Words of fire, life of light*
© 2005, Daughters of St. Paul – Publicado por Pauline Books & Media,
50 St. Paul's Avenue, Boston, MA 02130.
Capa e figuras 1-4, 9-10, 15-17, 24: Messenger of Saint Anthony, Pádua (Itália).
Figuras 5-8, 11-14, 18-23: Santuário de Pádua (Itália).

3ª edição – 2013
4ª reimpressão – 2021

Direção-geral: *Flávia Reginatto*
Editora responsável: *Luzia M. de Oliveira Sena*
Assistente de edição: *Andréia Schweitzer*
Tradução: *Luís Marcos Sander*
Copidesque: *Patrícia Carla Rodrigues*
Coordenação de revisão: *Marina Mendonça*
Revisão: *Sandra Sinzato e Leonilda Menossi*
Direção de arte: *Irma Cipriani*
Gerente de produção: *Felício Calegaro Neto*
Capa e editoração eletrônica: *Wilson Teodoro Garcia*

Nenhuma parte desta obra poderá ser reproduzida ou transmitida
por qualquer forma e/ou quaisquer meios (eletrônico ou mecânico,
incluindo fotocópia e gravação) ou arquivada em qualquer sistema de
banco de dados sem permissão escrita da Editora. Direitos reservados.

Paulinas
Rua Dona Inácia Uchoa, 62
04110-020 – São Paulo – SP (Brasil)
Tel.: (11) 2125-3500
http://www.paulinas.com.br
editora@paulinas.com.br
Telemarketing e SAC: 0800-7010081
© Pia Sociedade Filhas de São Paulo – São Paulo, 2008

*Ao frei Benedict Groeschel,
que está pregando hoje
a mesma mensagem que Antônio pregou,
que é a mensagem de Cristo, a saber:
"Arrependam-se e creiam na Boa-Nova".*

Espanha e Portugal

ITÁLIA

França

AGRADECIMENTOS

Gostaria de agradecer às seguintes pessoas, por ajudarem a tornar possível este livro:

Aos padres Leonard Tighe, Jack Hoak e Claude Jarmak, por lerem o manuscrito e fazerem comentários inestimáveis. Além de fazer comentários por escrito, o padre Tighe também se encontrou comigo pessoalmente para uma longa e proveitosa conversa sobre meu manuscrito.

Agradeço também a meu esposo, Jim, e meus filhos adolescentes, James, Amelia e Frances, pelas importantes críticas escritas e orais do manuscrito.

A Paul Spaeth, por obter para mim um exemplar da obra *Sermons of Saint Anthony of Padua* [Sermões de Santo Antônio de Pádua] antes da publicação e ao irmão Edward Coughlin por me dar permissão para citar esse texto.

Ao padre Sebastian Cunningham por sua ajuda em entrar em contato com o padre Livio Poloniato, editor do livro *Seek first his kingdom* [Procurem primeiro o reino dele]. Agradeço ao padre Livio e à equipe editorial da *Edizioni Messaggero Padova* (Pádua, Itália) por me concederem permissão para citar essa edição dos sermões de Santo Antônio. Também agradeço ao padre Claude Jarmak, que traduziu muitos dos sermões publicados em *Seek first his kingdom*, por me enviar outros sermões traduzidos que não foram incluídos no livro e me permitir que os citasse. O padre Jarmak também realizou pesquisas para mim em textos não escritos em inglês. Ele localizou informações que, de outra forma, eu não teria encontrado e traduziu-as para mim. Ele me deu cópias de suas notas sobre o sepultamento de Francisco, o translado de seu corpo, o sepulcro de Francisco na basílica e a reunião do capítulo de 1230, bem como cópias de duas bulas emitidas por Gregório IX. Ele também me enviou fotocópias de artigos sobre as causas da morte de Santo Antônio e sobre o estudo de seu cadáver feito em 1981. Além de tudo isso, ele me permitiu gentilmente tomar emprestado seu exemplar – gasto pelo uso – da versão em inglês da *Lectio assidua*.

Ao padre Julian Stead por traduzir do italiano um texto sobre as possíveis causas da doença e morte de Santo Antônio.

Ao dr. Alex A. McBurney, ao dr. John T. McCaffrey e ao dr. Charles McCoy por estudarem os sintomas e a aparência física de Antônio e fazerem um diagnóstico da possível causa de sua doença e morte.

A Marilyn London, antropóloga forense do Estado de Rhode Island, por estudar fotos e artigos a respeito dos restos mortais de Antônio e emitir juízos médicos sobre a saúde de Antônio.

Ao padre Geoffrey Chase por traduzir para o inglês o cântico predileto de Antônio, *O gloriosa domina*.

À irmã Mary Francis Hone por suas informações valiosas sobre a vida das irmãs da Ordem das Damas Pobres da época e por checar para mim algumas informações sobre a irmã Helena Enselmini e o irmão Filipe. Também agradeço a ela por colocar à minha disposição uma tradução para o inglês da primeira biografia de Santo Antônio.

Ao padre Michael Cusato e ao padre Claude Jarmak por suas percepções acerca de acontecimentos que envolveram o irmão Elias.

Aos terapeutas Thomas Carr e irmã Katherine Donnelly por suas percepções sobre tópicos pertinentes à sua área. Agradeço especialmente ao sr. Carr por sua revisão do capítulo sobre o mestre João.

Ao artista profissional Joseph Matose, que leu o manuscrito e criou um desenho do Santo que, creio eu, apreende com exatidão sua personalidade. Também agradeço a Joe por suas orações fiéis e fervorosas no período em que concluí a versão final do manuscrito deste livro.

A Joan e Butch Hitchcock, de Signal Graphics, por seu tempo e sua ajuda na reprodução de textos esgotados que pude usar em minha pesquisa.

Ao dr. Michael DeMaio por traduzir para mim as sentenças iniciais de *Quo elongati*.

Ao pessoal da biblioteca da Universidade Salve Regina, dos departamentos de consulta e empréstimo da biblioteca, especialmente a Joan Bartram, Nancy Flanagan e Klaus Baernthaler, que pesquisaram e obtiveram para mim, por meio do sistema de empréstimo entre bibliotecas, a maioria dos textos usados na redação deste livro.

À bibliotecária Theresa Shaffer e outras do departamento de consulta da Biblioteca de São Boaventura, por pesquisarem material sobre a irmã Helena Enselmini, o irmão Lucas Belludi, o irmão Filipe, a segunda bibliografia de Santo Antônio e a bula papal *Quo elongati*, bem como por fotocopiarem textos e enviarem-nos pelo correio para mim.

A todas as pessoas que rezaram por mim e por este texto, especialmente minha mãe, Amélia Pecora, amigos e conhecidos numerosos demais para serem mencionados, aos membros de minha fraternidade franciscana e a meu grupo ecumênico de oração. Também agradeço particularmente a Leonardo Defilippis e ao padre John Randall, cujas orações possibilitaram-me concluir o capítulo sobre o irmão Elias, ao próprio Santo Antônio e à Trindade, que invoquei diariamente. O que este livro tiver de bom é o resultado de poderes com um discernimento muito maior do que o meu próprio.

INTRODUÇÃO

Se milagres desejais,
Contra os males e o demônio,
Recorrei a Santo Antônio
E não falhareis jamais.

Pela sua intercessão
Foge a peste, o erro e a morte,
Quem é fraco fica forte,
Mesmo o enfermo fica são.

Rompem-se as mais vis prisões,
Recupera-se o perdido,
Cede o mar embravecido
No maior dos furacões.

Penas mil e humanos ais
Se moderam, se retiram:
Isto digam os que o viram,
Os paduanos e outros mais.

Santo Antônio é o único doutor da Igreja que é invocado quando alguém perde qualquer coisa. Por quê? Porque Santo Antônio se preocupa e é eficiente.

Sou diretora executiva da Saints' Stories, Inc., uma empresa norte-americana sem fins lucrativos que publica histórias de uma página só sobre a vida dos santos. As pessoas escrevem para a empresa, informando o nome de seus filhos, netos ou o seu próprio, e recebem, em troca de uma pequena doação, a história de seu santo homônimo. Um dos santos solicitados com mais freqüência é Santo Antônio.

Antônio nasceu há mais de 800 anos, mas sua mensagem é tão atual como se ele vivesse hoje.

Atualmente nossa Igreja Católica é desafiada de dentro e de fora. Algumas pessoas que se dizem católicas contestam abertamente o ensino da Igreja sobre a santidade da vida humana, a divindade de Deus ou a redenção da humanidade por Cristo. Algumas rejeitam a interpretação da Igreja de certas passagens bíblicas. Antônio enfrentou os mesmos desafios. A sociedade parece valorizar pessoas capazes, inteligentes e saudáveis mais do que as incapacitadas, mentalmente deficientes e com doenças incuráveis. Essa também foi a sociedade em que Antônio viveu e pregou.

Antônio foi fiel à sua Igreja e amou ardentemente a Deus. Seu conhecimento e percepção da Escritura eram fenomenais. Chamado em sua própria época de "o martelo dos hereges" e "a arca do testamento", ele combateu heresias que contestavam o valor de toda a vida, a autoridade da Igreja e a própria natureza de Deus. Era eloqüente e eficiente na pregação da verdade para uma sociedade que em geral a ignorava. Além disso, não só proclamou o Evangelho, mas também o viveu plenamente, de modo que sua própria vida atestava a profunda verdade de suas palavras.

Antônio serviu carinhosamente pessoas que outros consideravam insignificantes. Embora vivesse numa época em que alguns clérigos católicos eram dissolutos e avaros, preservou sua própria pureza e santidade mediante oração e vigilância constantes. Manifestou-se de forma vigorosa contra o pecado e ofereceu a infinita misericórdia e perdão de Cristo para as pessoas que se arrependiam. Portanto, Antônio foi um dos santos mais enérgicos e, no entanto, um dos mais gentis.

Antônio acreditava que o objetivo de um pregador deve ser levar os ouvintes ao arrependimento e à penitência, e elaborava cada um de seus sermões tendo isso em mente. O arrependimento significa um desejo completo e genuíno de se afastar do pecado, não só de pecados maiores, mas de qualquer pecado. Penitência significa conversão do espírito todo do indivíduo, uma mudança do pecado em bondade, do mundo em Cristo. Penitência implica necessariamente contrição, confissão e satisfação pelo pecado, mas não em um sentido superficial. Antônio defendia o pesar sincero, a confissão integral e a reparação completa e alegre. Tanto o arrependimento quanto a penitência não acontecem recitando-se certo número de orações determinadas pelo sacerdote no sacramento da reconciliação. Acontecem renunciando-se de forma absoluta a uma vida de pecado (e a vida de todas as pessoas é de pecado em algum grau) e adotando-se e submetendo-se inteiramente a uma vida completamente nova, centrada em Deus e na vontade perfeita de Deus para cada pessoa.

Santo Antônio tem uma mensagem poderosa para nosso tempo. Temos de voltar a seus valores e adotá-los, vivenciar a amplitude e a profundeza de sua fé e conhecer e amar a Cristo. Temos de abandonar totalmente nossa própria vontade, como fez Santo Antônio, para que possamos fazer inteiramente a vontade de Deus a nosso respeito. Só então vamos verdadeiramente "nos arrepender e crer na Boa-Nova".

Problemas para escrever sobre Santo Antônio

Santo Antônio é um santo maravilhoso, mas é muito difícil escrever sobre ele.

Embora ele tenha escrito três volumes de sermões como esboços homiléticos para o uso de outros pregadores, nenhum estenógrafo anotou palavra por palavra o que Antônio efetivamente pregou. Registraram-se pouquíssimas das palavras proferidas por ele. Quando falava e pregava, Antônio deve ter expressado freqüentemente as mesmas idéias que escreveu em seus sermões. Mas o que ele disse exatamente?

Neste livro, apresento Antônio dizendo, na maior parte das vezes, palavras que ele ou proferiu em uma ocasião específica, ou escreveu em seus sermões. Se ele tivesse pregado seus sermões exatamente como os redigiu, seus ouvintes teriam ficado perdidos em uma abundância de referências, história e alegoria. Como ele deve ter ido um pouco mais devagar, expandindo um ponto antes de passar para o próximo, eu muitas vezes também expandi um pouco suas palavras. As notas dos capítulos no final deste livro indicam quais sermões ofereceram a base para seu conselho, oração ou pregação em determinado capítulo.

Santo Antônio é chamado de "o milagreiro", mas a maioria dos pesquisadores aceita como genuínos somente alguns milagres durante sua vida, e tradições diferentes os atribuem a lugares diferentes. Muitos outros milagres aconteceram após sua morte. Será que alguns deles foram transpostos, na tradição oral, como se tivessem acontecido durante sua vida? Tive de decidir quais milagres incluir e onde e quando aconteceram. As notas dos capítulos mencionam quaisquer variações sobre os milagres relatados no livro.

Os biógrafos da época de Antônio registraram poucos detalhes pessoais sobre seu herói. Escritores posteriores encorparam sua história, mas com que exatidão? Tive de decidir sobre o que incluir e, novamente, as notas dos capítulos falam de algumas das discrepâncias existentes na história dele.

Este livro vê Antônio com os olhos das pessoas que o conheceram, dando assim ao leitor uma sensação ou impressão de como pode ter sido conhecer o Santo. Na medida do possível, usei detalhes e personagens reais. Onde faltavam detalhes e personagens, eu os supri usando a imaginação e indiquei isso nas notas dos capítulos. Em todo caso, as descrições de lugares e acontecimentos históricos são as mais exatas possíveis. Permaneci fiel aos registros históricos sobre a aparência e a maneira de falar de Antônio e não criei milagres para ele ou uma história de seus antecedentes. Os pesquisadores podem recorrer às referências no final deste livro para informar-se a respeito de estudos mais detalhados do que sabemos e cremos sobre Santo Antônio.

Este livro é sobre Santo Antônio e as pessoas cuja vida ele tocou. Nesse sentido, é um livro sobre nós. Em muitos personagens, os leitores encontrarão algumas características de si mesmos. Ao se identificar com as pessoas que conheceram o Santo, eles vão se encontrar com o Santo. Espero que, ao fazerem isso, cheguem a um arrependimento genuíno e a uma penitência sincera que os capacitem a conhecer, amar e servir mais profundamente ao Senhor a quem Antônio entregou sua vida de forma tão total e espontânea.

Notas de sermões de Santo Antônio

O livro *Seek first his kingdom* [Procure primeiro o Reino], do padre Livio Poloniato, contém excertos de muitos dos sermões de Antônio e é uma excelente introdução à espiritualidade e fé dele. O padre Claude Jarmak traduziu muitas das belas orações de Antônio no livro *Praise to you, Lord: prayers of St. Anthony* [Louvor a ti, Senhor: preces de Santo Antônio]. O Instituto Franciscano traduziu o Ciclo Pascal dos sermões de Antônio, que inclui seus sermões completos para a Páscoa e os seis domingos seguintes. São extensos e destinam-se aos pesquisadores. Chama-se *The sermons of Saint Anthony of Padua* [Os sermões de Santo Antônio de Pádua].

A saúde de Santo Antônio

Um estudo de 1981 dos ossos de Santo Antônio e o registro histórico de sua aparência e do histórico de sua saúde proporcionam algumas informações importantes. Ele era robusto e tinha pouco menos de 1,68 m, sendo um pouco mais alto do que as pessoas de altura mediana de sua época. Tinha rosto comprido e estreito, olhos encovados e penetrantes (provavelmente negros ou castanho-escuros, pois era português), cabelo escuro e nariz aquilino. Suas pernas e pés eram muito fortes, e suas mãos eram longas, com dedos finos. Seus belos dentes regulares mostravam muito pouco desgaste para um homem de sua idade, o que significa que comia pouco, provavelmente mais verduras.

Os joelhos apresentavam sinais de que passava longas horas ajoelhado. O joelho esquerdo evidenciava bursite, osteíte e uma infecção sob a patela, que poderiam ter sido causadas por uma queda ou, mais provavelmente, por ajoelhação excessiva. As três costelas inferiores do lado esquerdo também mostravam uma distensão anormal, que poderia ter sido causada por uma série de fatores: por levar cargas pesadas naquele lado (seus livros e manuscritos, talvez?), por ajoelhação, pelo inchaço de um órgão interno (talvez um lóbulo do fígado) ou por algum tipo de pressão sobre seu cadáver.

Antônio é descrito, de várias maneiras, como sendo um pouco atarracado quando jovem, emagrecendo então ao entrar na vida religiosa (provavelmente devido ao jejum excessivo) e então, mais tarde, tornando-se corpulento. Sua pele é descrita como sendo morena, corada, bronzeada e, quando ele morreu, imediatamente branqueou e se tornou parecida com a de um bebê.

Antônio foi acometido de uma febre grave no Marrocos; ninguém sabe de que natureza. No entanto, volta e meia ele esteve doente durante o resto da vida, e muitos pesquisadores do Santo crêem que a febre foi responsável por essa doença crônica. Sabemos que, mais tarde , Antônio sofreu de hidropisia (edema), que é a retenção de água nos tecidos do corpo. Muito provavelmente isso era a causa de sua corpulência.

Estudando retratos de Antônio feitos por contemporâneos, sua descrição nos textos históricos e seus restos mortais, é possível tirar algumas conclusões muito tênues sobre a doença que fez esse homem morrer antes dos 40 anos. Existem inumeráveis causas para a hidropisia, incluindo uma dieta parca e não substancial. Algumas doenças que causam hidropisia são a nefropatia, a cardiopatia, alguns tipos de câncer e a hepatite.

Ninguém pode dizer com certeza o que causou a doença final e a morte de Santo Antônio. Pelo menos um autor atribui a causa à asma e à diabetes. Preferi descrever a aparência física de Antônio sem diagnosticar sua causa. A descrição que uso, no entanto, se assemelha mais à de uma pessoa afetada por uma hepatite ativa crônica. Creio que ele possa ter contraído essa doença devido a condições insalubres ou pela ingestão de peixe contaminado, em sua viagem para o Marrocos.

Horas canônicas

Na época de Antônio, o tempo era dividido em segmentos de três horas. Estes e as horas correspondentes em nossos relógios modernos são os seguintes:

- **Matinas:** primeira oração da noite recitada pelos monges. Geralmente combinada com as laudes.

- **Laudes:** oração recitada ao amanhecer.

- **Prima:** 6h.

- **Terça:** 9h.

- **Sexta:** Meio-dia.

- **Nona:** 15h.

- **Vésperas:** oração proferida entre 15 e 18h.

- **Completas:** última oração do dia.

Para onde ir a partir daqui

Muitas pessoas que lêem a vida e as palavras de Santo Antônio se sentem atraídas por um modo de vida mais espiritual. Ordens terceiras, associações de leigos e institutos católicos podem oferecer muita orientação nesse sentido. Que o Senhor os guie ao procurarem conhecê-lo melhor e servir-lhe mais fielmente!

Prólogo

CARDEAL DA IGREJA ROMANA

Aposentos, Roma, Itália (primavera de 1232)

O velho cardeal estava deitado na cama, debatendo-se e revirando-se na completa escuridão de seus aposentos frios e úmidos. Esse quarto parecia estar sempre úmido. Muitas vezes o cardeal tinha considerado um privilégio sofrer a friagem por amor a Cristo, mas naquela noite o frio de Roma o incomodava.

Ou talvez não fosse a baixa temperatura no quarto. Talvez fosse a frieza reinante no consistório. O cardeal não gostava de fazer inimigos, e lá estava ele fazendo muitos inimigos. Toda a cidade de Pádua e aquelas localizadas em volta o odiavam. Quem ele contava entre seus adversários? As pessoas comuns; os frades menores; as Damas Pobres; os priores de vários monastérios; os estudantes e professores da universidade; o podestade, que governava Pádua, seu conselho e seus cavaleiros; o bispo de Pádua e o de Palestrina; Ottone, o filho do marquês de Monteferrato; o cardeal de San Nicola. A todos eles transformara em inimigos. Tudo porque era cauteloso. Eles queriam que Antônio, dos frades menores, fosse canonizado de imediato; o cardeal queria esperar.

Durante os últimos dias, ele não tinha sido o único a insistir, mas, dos que insistiram que canonizar Antônio dos frades menores era um pouco prematuro, tinha sido o mais combativo. O homem não tinha nem chegado aos 40 anos quando morreu, pouca idade para atingir a categoria da santidade, e nem mesmo fazia um ano que ele havia morrido. Certamente a declaração de santidade por parte da Igreja deveria resistir ao teste do tempo, não ser uma resposta a algum modismo, a algum movimento popular para canonizar um herói. Menos de um mês após a morte de Antônio, bispos e clérigos, membros do governo e da nobreza, plebeus e cavaleiros haviam mandado uma delegação para a corte do papa. Haviam levado uma longa lista de milagres extraordinários que estariam acontecendo junto à sepultura dele e imploravam que o santo padre desse início ao processo de canonização. Então as cartas começaram a chegar; e mais enviados, mês após mês, em um fluxo contínuo, todos pedindo o mesmo favor: a canonização de Antônio.

O ancião virou a cabeça sobre o travesseiro, enterrando os pêlos grisalhos e duros de suas suíças na fronha de seda. Se pelo menos conseguisse deixar de relembrar a tarde! As imagens continuavam saltitando pelo seu cérebro como um copo, ricocheteando, ricocheteando pelo chão, quando deveria ter se espatifado. Cinqüenta e três milagres atribuídos à intercessão de Antônio e aprovados, com exceção de um que aconteceu depois de sua morte. Naquela tarde no consistório, o irmão Jordão, prior de São Benedito, tinha lido a lista em sua voz grave e monótona.

Uma mulher corcunda se endireitou junto ao túmulo de Antônio.

Um homem que ficara com um grave problema para andar após cair de uma torre de igreja conseguiu se afastar da sepultura caminhando sem as muletas.

Um irmão cego dos frades menores recuperou a visão após venerar as relíquias de Antônio.

Um homem que fora surdo por vinte anos voltou a ouvir risos depois de orar ao frade morto.

Um jovem, que jamais tinha falado e estava acamado, com dores havia 14 anos, depois de ser carregado para o túmulo de Antônio saiu caminhando, livre da dor e da paralisia, cantando louvores a Deus em voz alta.

E aquela imagem do copo. Aquela imagem que o cardeal não conseguia apagar de sua mente. Depois da morte de Antônio, um cavaleiro herético de Salvaterra tinha ido a Pádua. No almoço, sua família e seus amigos estavam louvando os milagres de Antônio. Irritado, o cavaleiro esvaziou seu copo de um só trago e lançou o seguinte desafio: "Se aquele que vocês chamam de Santo impedir que este copo se quebre, vou acreditar em tudo que vocês disserem a respeito dele". O cardeal continuava a ver o cavaleiro arremessando o copo contra o piso de pedra. O copo ricocheteou no chão, ricocheteou de novo e finalmente parou no chão. Inteiro. Crendo, o cavaleiro levou o copo para a Ordem dos Frades Menores, onde se confessou. Aquele cavaleiro estava proclamando os prodígios de Cristo e suplicando ao santo padre a canonização de Antônio.

Os milagres eram autênticos. João de Abbeville, da França, arcebispo de Besançon e bispo-cardeal de Santa Sabina e sua comissão de eruditos tinham investigado cuidadosamente cada um dos milagres. Muitos eles haviam descartado, mas aceitaram estes 53. Sim, sem dúvida, eram autênticos, mas declarar Antônio um Santo? De imediato?

A pressa importunava o cardeal. Antônio mal tinha morrido no convento das Damas Pobres em Arcella, quando as monjas e os irmãos menores de Francisco que viviam em Pádua começaram a discutir sobre qual convento deveria alojar os restos mortais. Que confusão constrangedora aquela, com a população da cidade brigando e tomando partido! A paz só voltou quando o bispo de Pádua, o clero e o superior provincial dos frades declararam que os irmãos ficariam com o corpo, porque o próprio Antônio havia pedido que fosse enterrado na igreja de Santa Maria dos frades. A decisão tinha o apoio do podestade de Pádua e do conselho da cidade.

Dessa maneira, Santo Antônio foi enterrado na igreja de Santa Maria, onde as procissões à sua sepultura eram insólitas. A multidão de visitantes sufocava Pádua, e o murmúrio de orações junto à sepultura dele soava persistentemente como o chirriar de grilos nos brejos à noite.

O pior de tudo eram as velas escandalosas arrastadas pelos peregrinos para o túmulo. Cada novo devoto parecia determinado a suplantar os outros. Muitas velas eram tão grandes que tinham de ser cortadas em partes para caber na igreja. Outras eram tão pesadas que dois bois puxando uma carroça quase não conseguiam transportá-las. Muitos círios estavam ornamentados com igrejas ou flores ou cenas de batalha de cera. Tantas chamas cercavam o túmulo, tanto dentro quanto fora da igreja, que a noite ficava clara como o dia. Era outro milagre que nem a pequena igreja de madeira nem a cidade de Pádua pegassem fogo. Isso não era fé. Beirava a superstição, e a pressão pela canonização chegava às raias da histeria.

O cardeal era velho e venerável. Seu nariz fino tinha cheirado heresia no ar durante três quartos de século. Seus olhos escuros, outrora gentis como os de um rato veadeiro, haviam se tornado alerta como os de um rato por terem visto a matança brutal de um infiel e o assassinato igualmente odioso de um missionário cristão.

Ele tinha visto Pedro Valdo aparecer, vestido como João Batista e pregando arrependimento e pobreza. Seus seguidores afirmavam imitar Cristo e os apóstolos, porém, depois de vinte anos, a Igreja denunciou a posição de Valdo. Ele tinha blasfemado contra a Igreja, seus costumes e clérigos. Sustentava que somente seu grupo era a Igreja de Cristo, obediente unicamente a Deus, e recusava submeter-se à autoridade e excomunhão papal.

O cardeal também tinha visto a força crescente dos cátaros, uma outra seita herética mais perigosa. Eles rejeitavam o próprio fundamento da fé, afirmando que Cristo jamais assumira a carne humana, pois a carne não foi criada por Deus, mas por Satanás.

O cardeal tinha visto sacerdotes supostamente santos caírem em pecado, e monges generosos tornarem-se avarentos. Ele sabia que o tempo é um grande teste da santidade, e perguntava-se por que tantas pessoas queriam apressar a entrada desse seguidor específico de Francisco no céu. Era porque esse Antônio, batizado como Fernando, tinha sido o filho nobre de um cavaleiro português? Será que o público havia sido enganado pelo romantismo de um jovem elegante que havia aberto mão de suas riquezas para adotar a pobreza de Cristo? E o romantismo havia conferido peso aos milagres e talvez até mesmo os tivesse provocado por meio de alguma histeria e adulação pública das massas?

O cardeal passara a encarar a derrota da canonização como sua missão. No dia anterior ele apresentara com insistência seu ponto de vista no consistório. O papa escutara com atenção. O santo padre parecia concordar que talvez estivesse agindo com pressa demasiada na canonização imediata de Antônio. No dia seguinte, o consistório voltaria a se reunir.

27

Dessa vez emissários de Pádua estariam presentes. O cardeal continuaria a insistir. Se Deus soubesse que ele estava certo, a canonização iria esperar alguns anos, até que o mundo tivesse certeza da santidade de Antônio dos frades menores.

Tudo que o cardeal queria naquele momento era um pouco de descanso. Se ao menos conseguisse relaxar! Muito tempo depois da meia-noite, o cardeal caiu num sono inquieto, perturbado por copos ricocheteando no chão em meio a chamas de velas e cavaleiros ajoelhados junto a túmulos.

Então a qualidade de seus sonhos mudou. A visão clareou e se tornou uma cena. O papa, vestido em vestes pontificais, estava parado diante do altar de uma igreja que devia ser nova, pois cada pedra, cada laje brilhava sem um arranhão, sem pó, sem a mancha da fumaça de velas. Ao redor do papa Gregório IX, aglomeravam-se cardeais, incluindo ele próprio, que dormitava, mas que, em sua visão, estava desperto e alerta. Os majestosos prelados em vermelho ficaram parados rezando, enquanto o papa passou a consagrar o altar. O papa olhou em volta confuso. Ele não conseguia encontrar relíquias dos Santos para guardar lacradas no altar.

No centro da igreja havia um caixão em que jazia um corpo coberto com um véu branco.

"Peguem relíquias dali", disse o papa, apontando para o cadáver no corredor.

Os cardeais trocaram olhares, torcendo levemente o nariz para a idéia. Ninguém se mexeu.

"Santidade, não há relíquias. Apenas um corpo", comentou um cardeal.

"Animem-se e vão depressa", disse o papa. "Tirem o pano e vejam o que está no interior. O corpo fornecerá novas relíquias."

Por fim, um cardeal apertou os lábios e fez um breve aceno positivo com a cabeça. Ele se curvou diante do papa e então foi caminhando resolutamente pelo corredor.

Os outros o seguiram. O primeiro cardeal levantou o véu e tocou os longos e finos dedos que jaziam cruzados em oração sobre o peitilho de um hábito cinza remendado. Do cadáver emanava uma fragrância tão suave, que o cardeal adormecido conseguia sentir o cheiro em seu sonho. O perfume era de mirra, incenso e aloés.

"Santo Antônio", disse um dos cardeais com suavidade reverente. A palavra percorreu o grupo. "Santo Antônio! Santo Antônio!" Os cardeais começaram a mexer no corpo, no hábito de lã, no cabelo preto cortado em uma tonsura, cada qual sequioso por arrancar uma relíquia e escondê-la para sua reverência pessoal.

O cardeal acordou de seu sonho suando frio. Aturdido demais para se mover, ele ficou deitado, olhando fixamente a escuridão. Ele só voltou a adormecer pouco antes do amanhecer e da hora de seu ofício matutino.

Enquanto o céu se tingia de vermelho, o ancião amarrou as calças e a túnica que usava por baixo de suas vestes, então se ajoelhou e orou as páginas gastas de seu breviário. Ele tentou se concentrar nas palavras com a imagem recordada do cadáver no caixão. Enquanto lia, sentiu a calma penetrar em sua alma como um caldo em um pão recém-saído do forno. Por meio de uma visão, Deus dera a conhecer sua vontade.

O cardeal se levantou e saiu lentamente do quarto para um recinto exterior no qual três clérigos, acordados e vestidos, esperavam por suas ordens. Quando um foi apanhar sua batina e seus sapatos para ajudá-lo a se vestir, o cardeal o tomou pelo braço.

"Espere, preciso contar-lhe uma visão", disse o cardeal. Seus olhos avermelhados ardiam por causa do glaucoma ou talvez das lágrimas enquanto contava seu sonho. "Portanto Deus me enviou essa visão", concluiu ele enquanto os clérigos o fitavam de olhos arregalados, "para me dizer que Antônio é digno da honra dos altares".

Mais tarde, quando estava deixando sua residência para ir ao consistório, encontrou-se, no caminho, com os emissários de Pádua. Antes que pudessem falar, ele levantou a mão e percebeu com surpresa quão vivamente suas veias se destacavam à luz do sol. "Sou um homem velho, não sirvo mais para coisa alguma", disse ele. "Eu era totalmente contrário à canonização de Antônio e tinha resolvido fazer todo o possível hoje para impedi-la." Ele observou uma sombra de dor cruzar o rosto do sujeito mais roliço e que usava mais adornos. Sabia que, como um mágico, tinha o poder de mudar esse olhar com uma só palavra. "Hoje Deus me deu um sonho, e agora tenho uma opinião completamente diferente. Sei bem que Antônio é um santo e merece ser canonizado. Farei tudo que estiver a meu alcance para apressar sua canonização." Ele pediu que os emissários o seguissem, quase sentindo em suas costas o ardor do rosto do sujeito roliço.

O cardeal cumpriu sua palavra. Não só falou com ímpeto da grandeza de Antônio, mas também passou a maior parte do dia aproximando-se de cardeais da oposição e persuadindo-os a admitir a opinião daqueles que defendiam a causa de Antônio.

Os cardeais concordaram. O papa consentiu. A Igreja decretou. A canonização aconteceu na catedral de Spoleto em 30 de maio de 1232, dia de Pentecostes. O velho cardeal estava sentado com os demais. Semanas mais tarde, um sacerdote lhe contou que os sinos em Lisboa, onde Antônio tinha nascido e sido batizado com o nome de Fernando, tinham soado sozinhos, no mesmo momento em que os sinos haviam soado na catedral. Enquanto os romanos se alegravam com seu novo Santo, os portugueses de Lisboa foram tomados por um estranho júbilo e começaram a cantar e dançar ao repicar misterioso dos sinos. Apenas mais tarde ficaram sabendo da canonização de seu amado Fernando.

Quando o papa Gregório IX leu o decreto da canonização, o cardeal se permitiu sorrir em público. Para ele, as palavras soaram tão vigorosas como se viessem do próprio Cristo.

"Certamente Deus... muitas vezes se compraz em honrar... seus servos fiéis... retribuindo a memória gloriosa deles com sinais e prodígios, mediante os quais a perversidade herética é confusa e disfarçada, e a religião católica é mais e mais confirmada... A estes pertencia o bendito Antônio... da Ordem dos Frades Menores. Para que um homem seja reconhecido como santo... são necessárias duas coisas, a saber, a virtude de sua vida e a verdade dos milagres... Foram-nos confirmadas as virtudes e os milagres do bendito Antônio, cuja santidade nós também vivenciamos... quando morou, por um breve tempo, no meio de nós. Decidimos... incluí-lo na lista dos santos... e solicitamos que vocês estimulem a devoção dos fiéis à veneração dele e, cada ano, no dia 13 de junho, celebrem sua festa."

O cardeal suspirou e fechou por um instante os olhos úmidos. Antônio pertencia ao mundo, mas vivia no céu. O cardeal tinha feito a vontade de Deus. Pouco importava se morresse naquele exato momento, pois agora sua missão estava concluída.

PARTE I

O INÍCIO DO MINISTÉRIO

Capítulo 1

MESTRE JOÃO

Mosteiro da Santa Cruz, Coimbra, Portugal (1220)

Mestre João estava sentado em sua cela no Mosteiro da Santa Cruz em Coimbra, Portugal. Diante dele, sobre uma pequena mesa, estava aberto um texto da obra *A verdadeira religião*, de Santo Agostinho. Ao lado dela, estavam as Escrituras, abertas no Evangelho de Mateus. Mestre João estava preparando sua aula para o dia seguinte, quando ouviu baterem à porta.

"Entre", disse ele, enquanto se levantava em direção à porta.

Quando abriu a porta, viu que se tratava de um jovem sacerdote de compleição frágil. João começou a sorrir, pois reconheceu quem era o jovem.

"Fernando, meu brilhante aluno! Entre!" João agarrou o braço de Fernando e o sacudiu cordialmente. Fernando retribuiu o gesto.

"Que filósofo você veio discutir hoje? Aristóteles? Ou os escritos dos Santos? Bernardo, talvez? Jerônimo? Gregório? Estou trabalhando em um texto de Santo Agostinho para a preleção de amanhã. Talvez você possa me iluminar."

Vestido com o roquete branco de linho e o cordão usado pelos cônegos regulares que seguiam a regra de Santo

Agostinho, Fernando sorriu. "Creio que não, mestre. O senhor é o professor."

"Sente aí." João mostrou a Fernando a cadeira ao lado de sua escrivaninha, à espera de alunos inquiridores como Fernando. Enquanto João se acomodava em sua própria cadeira, retraiu-se com a dor que sentia nos joelhos. "Não se preocupe, Fernando. Estou ficando velho."

Fernando ajeitou-se na cadeira, com as longas mãos fechadas no colo. "Estamos todos ficando velhos, mestre."

João apoiou o cotovelo sobre a mesinha, apoiou o queixo no punho erguido e ajeitou-se confortavelmente. Ele sempre gostava das visitas de Fernando. Suas discussões muitas vezes se estendiam noite adentro. "Então você não veio falar sobre idade. Qual é o assunto hoje?"

"Mestre, vim lhe dizer que pedi aos frades menores que me aceitem em sua Ordem."

A notícia era totalmente inesperada. O punho de João despencou sobre a mesa, e ele se aprumou na cadeira.

"Os frades menores? Uma Ordem mendicante? Desde quando você anda pensando nisso, Fernando?"

"Há muito tempo, mestre."

"Há muito tempo? Você, Fernando, que é filho de um nobre cavaleiro? Aqueles homens levam uma vida mais pobre que o próprio Cristo. O que eles têm? Uma túnica remendada. Um cordão gasto para a cintura. Nem mesmo sandálias. Só Deus sabe em que estado se encontram suas roupas de baixo. São mendigos. Pedem esmolas como mendigos, dormem como mendigos, cheiram como mendigos."

Fernando estava olhando fixamente para João com aquele seu olhar intensamente profundo. "Eu sei, mestre. Aqui temos um convento poderoso, terras, um subsídio do rei. Os frades menores nada têm senão Deus. É isso que eu quero, mestre."

Confuso, João coçou a cabeça calva. "Mas, Fernando, há pobreza suficiente aqui no Santa Cruz. O prior João nos manteve a todos na miséria com sua má administração das finanças do mosteiro. Seus pecados de usura renderam-lhe dinheiro com juros ilegais, mas ele não empregou nada desse dinheiro ganho desonestamente neste mosteiro. Eu me queixei com o santo padre. Ele excomungou o prior João, mas não fez mais nada para remediar a situação. Você já está na pobreza. Todos nós estamos."

"Estou falando de pobreza de espírito, mestre. É disso que preciso."

Pobreza de espírito? O que significava isso? De repente João percebeu qual deveria ser a causa real da decisão de Fernando: o prior João. Será que ele tinha sido inconveniente com Fernando?

Mestre João se esforçou para que sua voz não revelasse raiva. "Fernando, o prior João tem importunado você?"

Fernando balançou a cabeça em negativa. "Não, mestre. Não mais."

João fechou seus olhos e gemeu: "Não mais. O que ele fez para você?"

A voz de Fernando estava firme, mas denotava aflição. "Nada, mestre. Às vezes ele parecia me olhar de forma estranha. De vez em quando tocava meu pulso de uma maneira meiga demais, não com o amor de Deus, mas com a paixão de homem. Eu me afastei dele. Jamais tentou qualquer coisa mais comigo, mestre. Faz anos que não tem me importunado."

João jogou a cabeça para trás, aliviado. "Graças a Deus, Fernando!"

Pois ele havia tocado muitas pessoas, homens e mulheres, cristãos e pagãos. Apesar de ter sido mandado para o deserto para fazer dois anos de penitência solitária pelos vários anos em que praticara esses crimes, o velho prior não tinha se arrependido. Mestre João não tinha provas concretas, mas sabia. Alguns cônegos do Santa Cruz também "consultavam" o prior João com demasiada freqüência em busca de "orientação espiritual". O prior também fazia continuamente excursões para Coimbra a "negócios". Daquela cidade vinham mexericos sobre ele e chegavam ao Santa Cruz.

"Fernando, você não precisa ir embora. Escrevi ao papa de novo. Pedi-lhe que investigue o prior João. Você verá. Ele será mandado embora."

"Mestre, não estou partindo por causa do prior João."

"Entretanto você mesmo disse, em um dos seus sermões – lembro-me tão bem disso que gostaria que eu o tivesse dito – você disse: 'A santidade impostora é uma ladra que anda para lá e para cá no escuro da noite.' Eu tinha certeza de que você estava se referindo ao prior João e aos que se parecem com ele. E me lembro também de outro sermão – como você disse? – 'Os falsos religiosos são astros errantes que, nas trevas deste mundo, levam outros para o naufrágio.' Você está certo, Fernando."

Fernando se inclinou em direção a João, com as palmas das mãos levemente estendidas para cima, os dedos longos e expressivos abertos em leque, como se fosse entregar uma mensagem a seu mestre. "O prior João e os outros não são casos perdidos, mestre. O senhor não está orando diariamente por eles como eu? A graça de Deus e a Igreja estão chamando-os para o arrependimento. Se qualquer um deles responder, o diabo desistirá de sua alma e ele será erguido por Deus. Como diz o salmo 27, versículo 10: 'Ainda que pai', o diabo, 'e mãe', a concupiscência carnal, 'me abandonem, o Senhor me acolhe'. Há esperança para aqueles homens. Não estou indo embora por causa deles."

"Então por que, Fernando?"

Fernando fechou os olhos negros e trouxe as mãos cerradas para o queixo inclinado. Quando levantou a cabeça, a maneira como olhou para João parecia confirmar suas palavras. "Mestre, por favor, procure entender. Não me basta mais jejuar e orar, celebrar missa, pregar. Sou feliz fazendo essas coisas, é verdade, feliz também recebendo hóspedes no refeitório e esfregando a cozinha e andando em oração em torno do jardim, mas isso não é suficiente. Nem mesmo minhas vigílias noturnas são suficientes, embora eu tenha pedido ao prior João que me seja permitido continuá-las. Não abri mão de tudo, mestre. Eu me ative à minha vida. Quero dar minha vida a Deus para que eu mereça a alegria eterna."

"Você orou a respeito disso, Fernando?"

A voz de Fernando tremeu. "Ó, mestre, tenho rezado muito. Ele quer que eu lhe dê minha vida."

João suspirou. É claro que Fernando estivera orando. Fernando estava orando desde que chegara ao Santa

Cruz oito anos antes. Quando a artrite de João o mantinha acordado de noite, muitas vezes caminhava pelo mosteiro para aplacar a dor que sentia nos pés. Inúmeras noites encontrara Fernando em profunda oração na capela. Algumas vezes Fernando estava ajoelhado diante do altar, os olhos fixados em algum ponto acima dele, como a olhar para Alguém que ninguém mais via. Outras vezes, estava diante do nicho da Santa Mãe, com o joelho esquerdo no chão, o corpo dobrado sobre a perna direita, as mãos sobre o joelho direito. Mais de uma vez João o encontrou totalmente prostrado, com o rosto contra o assoalho de pedra. Desde que o rei Alfonso tinha colocado os relicários de prata dos cinco frades martirizados na capela do Santa Cruz, Fernando tinha rezado ali também, com a cabeça pressionada contra um caixão ou outro.

"Fernando", dizia João, "vá para a cama". Os ombros magros sempre baixavam um pouquinho em sinal de desapontamento, e os olhos encovados pareciam pesarosos, mas as palavras vinham obedientemente: "Sim, mestre João".

O que significavam todas essas orações? É possível que Deus tivesse verdadeiramente falado com a pessoa sentada na frente dele? João inclinou-se na direção de Fernando. "Deus lhe disse para você se tornar membro dos frades menores?"

O olhar de Fernando estava inabalável. "Não literalmente, mestre. Não escutei voz alguma, se é isso que quer dizer, mas tenho de fazê-lo."

"Mas por quê?"

"Porque quero dar minha vida a Deus, mestre. É isso que ele quer que eu faça."

"Mas você não pode lhe entregar a vida aqui?"

"Era isso que eu pensava, mestre, mas não penso mais assim."

João se reclinou na cadeira. "Fernando, você falou com o prior João sobre isso?"

"Sim. Ele disse que há uma regra. Ninguém pode deixar o mosteiro sem a permissão de todos os cônegos que vivem aqui."

"É verdade. Jamais lhe darão permissão." João colocou o braço sobre a mesa e apoiou-se nele. "Fernando, você é um sacerdote, um dos mais jovens que já ordenamos. Tivemos de obter uma dispensa da lei da Igreja para ordená-lo, mas isso foi feito porque você é muito promissor."

Enquanto falava, João viu o rosto moreno de Fernando enrubescer com o elogio. Ele sabia que cumprimentos deixavam Fernando pouco à vontade, mas às vezes a verdade precisava ser dita.

"Somos sessenta cônegos aqui, Fernando, e você, apesar de sua juventude, é o homem mais brilhante entre nós todos. Admita isso, Fernando. Você adora livros. Eu o escutei em seu quarto, estudando, lendo em voz alta a Escritura, textos de filosofia e os escritos dos Santos. Você os força para dentro de seu cérebro com suas recitações até que se tornem parte de você. Você conhece história, ciência, natureza, todas as controvérsias de nossa fé. Sua memória é fenomenal. Você alguma vez leu algo que tenha esquecido? Creio que não. Vai jogar tudo isso fora para mendigar por sobras com pessoas que não sabem nem mesmo escrever seus nomes? Fernando, o fundador daquela ordem, Francisco, não permite que os frades tenham sequer um breviário. Seu conhecimento será desperdiçado."

Fernando ficou olhando para baixo durante o discurso, para as mãos fechadas novamente em seu colo.

"Você é um pregador. Adora pregar. Ninguém mais sabe proferir as palavras de fogo como você. Suas palavras levam arrependimento e conversão para as pessoas que estão mais afundadas no pecado. Jamais ouvi falar de um único pregador decente entre os frades menores. Ingresse na Ordem deles e você desperdiçará seu dom."

João fez uma pausa. O que mais poderia dizer?

Fernando falou com firmeza, mas continuou olhando para as mãos. "Mestre, não credite a mim o que outros entendem por meio de minhas palavras. Se aquele que de fato prega não estiver presente dentro das pessoas, minha língua labutará em vão. Minha pregação serve para preparar o caminho. Entretanto é a unção interior mediante a inspiração da graça, juntamente com a unção exterior do sermão, que ensina sobre a salvação. Quando falta a unção da graça, minhas palavras são impotentes."

"Elas jamais são impotentes, Fernando."

"Isso pode ser uma grande fonte de orgulho, mestre. E o orgulho mantém uma pessoa afastada de Cristo."

"Você quer desistir da pregação? Proteger-se do orgulho? É isso?"

"Não sei se é isso." Fernando levantou a mão esquerda em direção ao mestre João como se pedisse que este o compreendesse. "Os frades deram tudo a Deus. *Tudo*. Eu tenho de fazer isso. Tenho de dar tudo a Deus. Inclusive minha pregação, se é isso que ele deseja. Tudo. Mestre, eu não dei minha vida a Deus."

De repente, João se lembrou. Fernando estivera rezando junto aos túmulos dos cinco frades que haviam sido martirizados no Marrocos. Ele escolheu cuidadosamente suas palavras. "Se você se tornar frade, será um mártir. É isso que você pensa. É isso que deseja."

João esperava que sua afirmação fizesse o jovem se inquietar. Ele estava enganado. "Oh, se Deus me considerasse digno de compartilhar a coroa do mártir! Que alegria, mestre! Pedi que os frades me aceitassem sob a condição de me enviarem para o Marrocos."

João golpeou a mesa, exasperado. "Os frades concordaram com isso?"

"Sim."

João empurrou sua cadeira para trás com tanta força que ela se desequilibrou debaixo dele. "Bem, por que não concordar?" gritou ele para Fernando. "A Ordem não tem forma, nem regra, nem noviciado. Ela não tem coisa alguma senão Francisco. Fernando, você mesmo sabe que, se Francisco não tivesse voltado do Oriente na época em que voltou, seu bando maltrapilho de servos e homens livres teria se desfeito desastrosamente. Você foi fascinado pelo filho de um mercador, Fernando. Às vezes, acho que ele é o filho de um mercador louco."

Fernando encarou mestre João com seu olhar penetrante. "Não estou juntando-me a eles por causa de Francisco, mestre. Eu estou juntando-me a eles por causa de Cristo."

João contornou a mesa. "Por que você fica dizendo 'estou juntando-me'? Você jamais ganhará permissão para sair daqui."

"Os frades estão voltando amanhã para me investir, mestre."

"Amanhã!" João bateu tão abruptamente na mesa com o punho que *A verdadeira religião* saltou e caiu no chão. Quando Fernando se abaixou para apanhar o livro, a emoção inundou o interior de João e ameaçou dominá-lo.

Sua voz saiu trêmula, mas baixa; ele estava de costas para Fernando para que o sacerdote não pudesse ver o tremor de seus lábios. "Deixe-me, Fernando. E reze. Reze intensamente. Faça um discernimento. Deus quer que você morra? Ou você quer?"

"Vou rezar, mestre."

João ouviu o roçar de pano, o arrastar de sandálias, o fechar manso da porta da cela dele. Virando-se para a mesa, João caiu de joelhos e enterrou a cabeça no volume que Fernando acabara de colocar sobre a madeira.

Fernando, Fernando! Você poderia ser tudo aquilo que não fui, tudo que desejei poder ser. Você irá para o Marrocos e será morto? Para quê?

João ofegava enquanto a vida de Fernando passava rapidamente por sua mente. Ele tinha tão pouca força para parar a lembrança quanto um rebento para impedir uma tempestade.

Fernando era fraco demais para se tornar um cavaleiro como seu pai, Martinho, um nobre rico de Lisboa. No entanto, Fernando recebera uma boa educação e era bom em números e cálculos. Por conseguinte, Martinho planejava: "Ele administrará meus bens e minha terra".

Homem religioso, Martinho assistia diariamente à missa. Um dia, Fernando, então com 15 anos, aproximou-se dele e disse-lhe: "Quero ser sacerdote". Martinho tinha se oposto veementemente a ele. "Por que abandonar sua herança? Seja Santo em casa."

Fernando persistiu. Martinho cedeu.

Fernando procurou o prior Gonzalo da Abadia de São Vicente, mosteiro filial do Santa Cruz, que estava localizada logo do lado de fora dos muros de Lisboa. "Estou preocupado com a influência do mundo", tinha confessado ele. "Estou desmedidamente atormentado com o fascínio do casamento e o apelo da carne, mas desejo viver minha vida para Deus. Padre, se eu continuar na companhia de meus amigos e não abandonar o mundo por Cristo, cairei em pecado grave e perderei minha alma."

Conhecendo bem as tentações que Fernando estava abandonando, o prior Gonzalo havia admitido o jovem como noviço.

Assim, o roliço e pálido Fernando passou a orar na capela escura bem como a trabalhar ao sol. Seus dedos longos e bem cuidados tornaram-se fortes arrancando inço na horta do mosteiro. Seus braços carnudos emagreceram e tornaram-se musculosos à medida que lidava com enxadas e vassouras. Em questão de meses, Fernando tinha ficado corado e musculoso e parecia ter derrotado as tentações da carne.

Entretanto ele não estava contente.

Depois de aproximadamente um ano no São Vicente, pediu que o prior Gonzalo o transferisse para o Santa Cruz. "Amigos e familiares demais me visitam aqui. Eles estão me arrastando de volta para o mundo. Para seguir a Deus, tenho de deixar o mundo e ficar só com ele", explicou.

Desta maneira, Fernando foi transferido para Coimbra, a capital de Portugal, a 160 quilômetros de Lisboa. Ali ele recebia poucas visitas da família e nenhuma de amigos.

Em Coimbra, o mestre João tinha conhecido Fernando. Na aula de João, Fernando mostrou ser inteligente, rápido, polido, elegante, um jovem cuja nobreza era evidente ao primeiro olhar. Quando designado para trabalhar na cozinha, era um cozinheiro e serviçal eficiente, igualmente familiarizado com panelas e vassouras. No trabalho da horta, arava, plantava e colhia com diligência. Em seu tempo livre, vivia na biblioteca, absorvido em livros, ou na capela, imerso em oração. Quando pregava na igreja, a congregação o ouvia maravilhada.

Das muitas tarefas do mosteiro, aquela que parecia mais adequada a Fernando era a de responsável pela recepção de hóspedes. E foi para essa tarefa que o prior João acabou por designá-lo. Na casa para hóspedes, Fernando distribuía esmolas quando a ocasião o justificava e recebia visitantes de todas as classes sociais, incluindo sacerdotes, pobres, bispos, leprosos, nobres, mendigos, a rainha Urraca, de Portugal, e os frades menores.

Os frades menores viviam no mosteiro dos frades em Olivares, que lhes fora dado pela própria rainha Urraca. Fernando fizera amizade com muitos dos seguidores mendicantes de Francisco. Quando um dos mártires, o irmão Questor, morreu, Fernando confidenciou uma visão ao mestre João. "Enquanto celebrava a missa, vi a alma do irmão Questor passar voando pelo purgatório e ascendendo como uma pomba para dentro da glória."

O mestre João deveria ter dado mais importância à atração de Fernando pelos frades menores. Fernando muitas vezes lhe havia falado a respeito de Francisco de Assis, repetindo histórias que os frades deviam ter contado. Francisco tinha sonhado em ser um nobre cavaleiro, mas abrira mão de tudo para seguir a Cristo na pobreza extrema e amor total. Do crucifixo da igreja de São Damião em Assis, Cristo tinha dito a Francisco: "Vá, Francisco, e restaure minha casa, que, como você vê, está se desfazendo em ruínas". Francisco começara mendigando pedras para reconstruir a estrutura. Homens idealistas juntaram-se a ele, e Francisco acabou fundando uma Ordem para reconstruir a igreja com pedras vivas, as próprias pessoas que formam a Igreja de Cristo. Mediante uma pregação simples, um modo de vida austero e um exemplo santo, Francisco e seus seguidores estavam evangelizando o povo nos campos, mercados e praças públicas. Partindo de Assis, estavam se espalhando pelo mundo e chegando a terras pagãs e redutos de hereges. O mundo estava começando a escutar a mensagem desses frades em trajes de lã cinza ou marrom descorada.

Um dia, cinco jovens frades menores da Itália vieram pedir esmolas. Disseram a Fernando que estavam a caminho do Marrocos para pregar a mensagem de Cristo aos pagãos. Seu zelo e exuberância o tinham impressionado. Na hora da refeição, Fernando, à sua maneira costumeiramente gentil, tinha falado a seus colegas seguidores de Santo Agostinho sobre seu encontro com esses seguidores de Francisco. "O irmão Berard disse que iria morrer pela glória de Deus. O irmão Pedro concordou. O irmão Otho gracejou sobre a possibilidade de ser alimento para os corvos. O irmão Adjutus falou pouco, mas riu com ele. O irmão Accursius disse que não havia nada melhor do que morrer por Deus, que morreu por nós."

Os cinco frades tinham ido ao Marrocos como capelães para os soldados do sultão sob o comando de dom Pedro, irmão do rei Alfonso de Portugal. Dom Pedro era o bem remunerado comandante dos exércitos do sultão.

O padre João Roberto tinha ido para o exílio com dom Pedro, mas, quando este enviou os restos mortais dos mártires para o Santa Cruz, mandou João Roberto junto. Por intermédio de João Roberto, os monges em Coimbra ficaram sabendo dos comoventes detalhes da morte dos mártires.

João Roberto disse que, no Marrocos, os frades tinham pregado sobre Cristo aos que queriam e aos que não queriam ouvir. Ouvindo suas impetuosas proclamações, o sultão pensou que estivessem loucos e ordenou que ou voltassem para a Europa, ou ficassem em silêncio. Eles se recusaram. Desse modo, o sultão puniu-os com vinte dias de prisão, fome e tortura excessiva.

Após sua libertação, eles voltaram a pregar com alegria, enfurecendo, assim, o sultão, que ordenou a dom Pedro que os colocasse a bordo de um navio e os mandasse para casa. Tendo procurado anteriormente persuadir os frades a moderar seu zelo, dom Pedro tentou duas vezes deportá-los para a Espanha, mas os teimosos frades não quiseram escutar a voz da razão e, enganando os guardas, voltaram até o sultão.

Quando Berard subiu no carro de combate do sultão para falar, este aparentemente perdeu a sanidade. "Chega!", gritou ele. Ordenou que eles fossem torturados e mortos, e, assim, o sangue dos cinco frades havia sido derramado no Marrocos.

Levado às lágrimas, dom Pedro se valera de sua influência política para pedir os corpos e colocá-los em dois caixões de prata. Os restos mortais atravessaram a Espanha e então entraram em Portugal, chegando finalmente à capital, Coimbra. Sem saber se deveria enterrá-los no mosteiro de Olivares, como convinha a sua humildade, ou na catedral, como convinha a seu martírio, a esposa de Alfonso, a rainha

Urraca, que fora a pé ao encontro da procissão, declarou que a mula que carregava os relicários ficasse livre para ir aonde lhe aprouvesse. Para a surpresa de todos, ela se encaminhou lentamente para o Santa Cruz, onde se ajoelhou diante do altar até que os fardos sagrados fossem removidos de seu lombo.

O mestre João tinha visto o comportamento dessa mula e achara-o estranho e, no entanto, glorioso. Deus quisera que os mártires fossem colocados em relicários no Santa Cruz, mas por quê? Naquele momento, ele sentia-se irritado com Deus. Será que Deus tinha levado os mártires para lá de modo que, por meio da presença deles, ele pudesse requisitar Fernando?

Pois ninguém podia negar que a presença dos corpos dos mártires tinha produzido uma mudança naquele jovem sacerdote de Lisboa. Com a voz cheia de emoção, Fernando tinha pregado na missa dos mártires. Então, muitas vezes depois, o mestre João o tinha surpreendido rezando junto aos caixões deles, com a cabeça apoiada contra o metal brilhante, muitas vezes com lágrimas correndo pelo rosto.

Será que Fernando estivera orando para morrer?

No dia seguinte, ele iria embora. Deus queria isso? *Por que, Deus? Por que Fernando?*

João sabia que tinha de rezar. Ele ainda estava ajoelhado junto à mesa, com a cabeça enterrada no livro. Levantou--se, sentindo mais uma vez a dor atravessar seus joelhos. Iria para a capela e abriria seu coração a Deus.

Fernando, porém, chegara lá antes dele. Diante do nicho da Santa Mãe, Fernando estava curvado, quase prostrado no piso de pedra.

João sentou-se num banco na parte posterior da capela. *Por que, Deus? Por que Fernando? O Senhor o está chamando? Em cada vida, o Senhor faz um chamado. Muitos chamados. Fazer sua vontade é submeter-se, é obedecer. O Senhor o está chamando para os frades? Para morrer? Ele tem tanto potencial! O Senhor pode querer isso? O Senhor o está chamando? Senhor, eu lhe peço, se isto é de Fernando, e não de sua parte, frustre os planos dele.*

Então, como um pássaro furtivo, um pensamento despontou do íntimo de João. *Se o Senhor o está chamando, este mosteiro permitirá que Fernando se vá.*

***

No dia seguinte, o prior João convocou todo o mosteiro. Os homens estavam sentados na sala de reuniões, cada qual em seu lugar de costume nos bancos dispostos junto às paredes. Fernando, parado no centro do recinto, apresentava sua questão. Sussurros corriam pelas paredes. Embora o mestre João, devido à sua visão imperfeita, não pudesse enxergar claramente o rosto dos homens, ele tinha se acostumado às nuances dos discursos. Ele não percebeu nenhuma expressão de choque, como pensou que fosse acontecer. Talvez Fernando tivesse falado com os homens antes, um por um. Ou talvez Deus o tivesse feito.

Os homens começaram a votar. Um após outro, eles concordaram com Fernando. Com relutância. Com pesar. Contra aquilo que julgavam o melhor. Entretanto concordaram. Cada voto aumentava o desânimo de João. Estavam votando para mandar Fernando ao encontro da morte. Ele podia ver o lírio florescente da promessa que Fernando representava sendo esmagado por uma pata pesada e fatal.

Chegou a vez de João votar. Ele se levantou, pouco à vontade. "Fernando, não compreendo por que Deus haveria de querer sua vida. Entretanto, se Deus verdadeiramente a deseja, então você tem de entregá-la. Você deixou claro que orou, que esse desejo pelo martírio não vem somente de sua própria vontade, mas do próprio Deus. O que nós, em nossa pobre compreensão, consideramos tolice, Deus muitas vezes vê como sabedoria. Se é vontade de Deus que você vá ao Marrocos, então você deve ir." A voz de João começou a tremer enquanto ele se encaminhava mancando em direção ao jovem com o rosto ansioso. "Fernando, não serei o único a me opor a você." João estendeu os braços para Fernando e abraçou-o. O corpo do jovem estava tremendo. A voz de João estava embargada. "Vá, então, e torne-se um Santo."

"Oh, mestre", sussurrou Fernando, com voz trêmula, "quando ouvir falar a respeito disso, então o senhor louvará a Deus".

Mais tarde, no mesmo dia, dois frades menores, sendo um deles o superior provincial, frade Jean Parenti, chegaram levando um grosseiro hábito cinza. Na sala de recepção dos hóspedes, na presença do mestre João, do prior João e de todos os cônegos do mosteiro, Fernando tirou seu roquete e seu cordão brancos e beijou-os. Entregou-os ao prior João e vestiu a túnica rústica que ia até o chão. Na cintura, amarrou uma corda puída. "Obrigado", disse ele, abraçando cada cônego presente antes de descalçar as sandálias, deixando-as no chão atrás dele enquanto partia de pés descalços.

Depois que Fernando tinha ido embora com os frades, João, ainda sentindo o contato da lã áspera contra as palmas das mãos, ajoelhou-se na capela e levantou os olhos para a imagem da Santa Mãe. Durante longos momentos, olhou para ela. "Esteja com Fernando", sussurrou repetidas vezes.

Ele rezou por Fernando diariamente durante uma semana, até que dois frades fossem para o Santa Cruz com a notícia de que Fernando tinha um outro nome. Os peregrinos deram-lhe o nome do Santo do convento deles em Olivares.

João sabia muita coisa sobre aquele Santo. Quase mil anos antes, no Egito, aquele homem travara, ao longo da vida, uma batalha entre um desejo pela sagrada solidão e um chamado para a comunhão cristã. Ele renunciara à riqueza para se tornar um pobre ermitão. Lutara contra a tentação e o diabo e saíra vencedor. Tivera uma vida de profunda oração e penitência constante em extrema solidão e, no entanto, fundara os primeiros mosteiros cristãos baseados em seus princípios de total renúncia do mundo por Cristo. Esse homem era uma fonte de encorajamento de cristãos perseguidos, um conselheiro para pessoas humildes e para imperadores, um pregador do Evangelho e um paladino contra hereges que proclamavam que Jesus não era divino. E Fernando passara a carregar seu nome: Antônio.

A partir de então, a oração do mestre João seria: "Senhor, esteja com Antônio".

Capítulo 2

MARIA

Catedral de Lisboa, Lisboa, Portugal (1220)

A pequena senhora atarracada, trajando um vestido claro e ornado de contas de mulher nobre, caminhava lentamente pelo corredor da catedral de Lisboa. Alguns diziam que era a igreja mais magnífica de Portugal. Diante do altar principal, um monge entoava um hino, e seu sussurro era ampliado na vastidão do santuário. Maria tinha consciência de que as pessoas ajoelhadas em oração, vestidas mais pobremente do que ela, a estavam observando com curiosidade, mas ela tinha aprendido a ignorar seus olhares décadas antes, quando era criança. Ciente do farfalhar de seu vestido no sagrado silêncio, encaminhou-se para o nicho da Santa Mãe, à esquerda do altar principal. Ali se ajoelhou no genuflexório de mármore duro, com o dorso ereto como lhe haviam ensinado a mantê-lo desde a juventude, mas com a cabeça baixada. Não orou em voz alta; ela jamais o fazia. No entanto, em seu coração, falou de forma clara e, assim esperava, pungente:

Santa Maria, minha Mãe, Mãe de meu Fernando, olhe para dentro de sua meiga alma e tenha misericórdia de mim. Onde está meu filho, Santa Mãe?

"Leve-me para Coimbra", tinha ela pedido a Martinho numa noite, meses antes, quando estavam deitados na cama.

"Lisboa inteira está falando sobre os milagres de cura que acontecem junto aos sepulcros dos cinco frades martirizados."

Martinho tinha se virado para ela e lhe beijara levemente o rosto. "Os cinco frades martirizados estão enterrados na igreja do Santa Cruz. Não é onde está Fernando?" Sua voz denotava uma ponta de dor, como sempre ocorria quando Maria mencionava o filho mais velho deles.

"Você sabe que eu gostaria também de ver Fernando."

"Se ele tivesse ficado em casa", disse Martinho com um quê de amargura, "e assumido a propriedade como eu queria que fizesse, você não teria de ir a Coimbra para vê-lo".

Maria se encolheu com esse lembrete dos sonhos desfeitos de seu marido para o filho deles. Beijando de leve o rosto de Martinho, ela pediu: "Martinho, o tempo para o ressentimento passou. Faz anos que Fernando nos deixou. Ele está feliz como monge. Teria sido infeliz aqui".

Martinho suspirou. "Eu sei. Ele move almas. Poderia ter movido homens."

"Ele está fazendo a obra de Deus, Martinho."

Martinho afagou o cabelo de Maria. "Eu sei, meu bem. Sinto tanta falta dele quanto você. Partiremos tão logo a semeadura esteja no fim." Ele a beijara nos lábios e continuou a amá-la, um acontecimento regular que parecia notável para ela, agora que seu cabelo negro começava a ficar grisalho e seus seios, outrora firmes, estavam ficando flácidos. Martinho ainda chamava Maria pelo nome que usara na noite de núpcias deles. Sua "Vênus".

A viagem para Coimbra parecia que duraria eternamente, como sempre. Ela estava preocupada: será que a ama-seca iria cuidar bem das crianças que deixava para trás? A ama-seca faria com que Pedro comesse direito? Seria tolerante com os caprichos de Maria? Insistiria com Feliciana para que praticasse sua costura?

Martinho jamais se preocupava. "Os filhos estão crescidos", dizia ele sempre antes dessas viagens. "Eles sabem cuidar de si mesmos."

No entanto, ela se preocupava de qualquer jeito. A Santa Mãe compreendia. A Santa Mãe deve ter se preocupado com seu próprio Filho crescido. Ele não tinha saído da casa deles, questionado as autoridades religiosas e perambulado por todo o interior do país sem ter um lugar que pudesse chamar de lar? É claro que ele a deixara preocupada. Uma vez, com seus parentes, ela fora chamá-lo. Jesus a ignorara, dizendo: "Quem é minha mãe e quem são meus parentes? Aqueles que fazem a vontade de meu Pai Celestial". Filhos crescidos podem ser motivo de preocupação. A Virgem Santíssima compreendia.

Ao chegar ao Santa Cruz, Maria deparou com o inesperado. Fernando não estava lá. "Ele se uniu aos frades menores", contou-lhe o responsável pela recepção de hóspedes. Ele ensinou a ela e a Martinho como chegar à abadia dos irmãos menores em Olivares.

A abadia ficava perto. A rainha Urraca, amada soberana de Portugal inteiro, tinha escolhido terras com uma linda paisagem para doar aos seus frades. Maria, Martinho e seu séquito de cavalos, mulas, bagagem, servos, cavaleiros e nobres faziam seu caminho sinuoso passando por bosques de oliveiras retorcidas, onde a renda delicada das folhas roçava a face de Maria. Com um sorriso, ela sabia o que apenas uma mãe saberia. Fernando, muitas vezes, passearia sob as oliveiras, procurando a maciez das folhas como um outro homem talvez procurasse as carícias de sua amada.

Então ela viu a abadia, e seu sorriso morreu rapidamente. A abadia era um casebre. Pior. Uma choça. Fernando aqui? Contra a abadia se apoiavam choupanas de varas cruzadas. Enquanto seu cavalo passava, ela vislumbrou duas figuras dentro de uma dessas toscas moradas. Um frade estava deitado sobre uma cama de palha, com a cabeça sobre uma pedra, os pés descalços e pretos de sujeira despontavam sob uma túnica de lã marrom que estava em farrapos e salpicada até quase os joelhos com barro ressequido. Um outro frade estava inclinado sobre o frade prostrado, limpando seu pescoço com um pano cinza molhado.

Fernando aqui? Exatamente quando ela gritava silenciosamente "não", o frade que cuidava do doente voltou-se para ela e ficou parado.

Ele não é mais do que um menino, pensou ela com surpresa ao ver a barba rala que mal começava a despontar. *Onde está a sua mãe, moço? Por que ela deixou você vir para cá?*

Ele viu as perguntas no rosto dela, mas interpretou-as mal. "Está com febre", disse ele, acenando com a cabeça para o frade doente.

"Estamos procurando um sacerdote chamado Fernando", disse Martinho.

"Fernando?" O jovem estava obviamente perplexo.

Maria recuperou a voz. "Nosso filho. Um frade de cabelo negro e pele morena. Altura mediana. Bem-educado", acrescentou ela. "Veio para cá do Santa Cruz."

O moço sorriu. "A senhora refere-se ao irmão Antônio. Ele se parece com a senhora", acrescentou curvando-se. "No entanto, ele não está mais aqui. Foi para o Marrocos com o irmão Filipe e o irmão Leo. Partiram de navio duas semanas atrás."

Ela sentiu o rosto ficar lívido.

"Esta era a cela dele, aqui no olival", disse o jovem, "porém, logo depois que ele partiu, o irmão José ficou doente. Nosso prior ordenou que viesse para cá. A cela do irmão Antônio era mais nova do que a do irmão José. Mais impermeável", disse ele com um sorriso.

"Ele não está aqui, Maria", disse Martinho. Ele tomou as rédeas do cavalo dela em suas próprias mãos fortes e fez com que o animal virasse para o lado de onde tinham vindo.

"Vá com Deus, meu senhor", gritou o jovem, enquanto baixava a cabeça para entrar na cabana.

Oh, Santa Mãe, rezava Maria, então na catedral de Lisboa, *meus próprios lençóis e acolchoados de seda zombam de mim! Fernando deitado na palha? Oh, Santa Mãe, tenha misericórdia! E ele nem mesmo está lá em Olivares. "Partiu de barco para o Marrocos", contou-nos o frade.*

Marrocos. Marrocos. Lá no olivedo, Maria tivera vontade de gritar como uma camponesa que fica sabendo que seu filho foi atingido por um arado. Se ao menos ela conseguisse desmaiar como um covarde ao ver seu próprio sangue! Ou golpear o chão com os punhos como um cavaleiro lançado ao solo em um torneio! Porém a esposa de um nobre da corte não se comporta assim, e por isso ela ficou sentada ereta em sua sela. O animal debaixo dela forcejava contra a rédea esticada, enquanto a comitiva retornava para Lisboa.

"Marrocos." Maria sussurrou a palavra na catedral. A palavra soava como a primeira nota de um canto fúnebre.

Ela ousadamente levantou os olhos para o ícone. O rosto gentil da Virgem Santa estava inclinado para o lado direito. Os olhos escuros dela pareciam olhar compassivamente para dentro dos de Maria.

Santa Mãe, suplicou Maria, *os pagãos no Marrocos não crêem em seu Filho. Tampouco desejam ouvir falar a respeito dele. Aqueles que falam de Cristo no Marrocos morrem por sua bravura. Os cinco Santos mártires foram mortos no Marrocos. É isso que Fernando quer? Morrer por seu Filho, Santa Mãe? Não permita que seja assim, minha Mãe.*

O olhar de Maria desviou-se para o Santo Infante, que estava parado na dobra do braço esquerdo de sua Mãe, com sua mão gordinha acariciando o rosto da Virgem.

Não foi suficiente, Santa Mãe, que seu próprio Filho tenha morrido? A morte era a missão de seu Filho. Não é a de meu filho.

Santa Mãe, a senhora sabe como orei por esta criança. Como a entreguei à senhora no momento em que eu soube que ele estava crescendo debaixo de meu coração. A senhora aceitou minha dádiva. Cuidou para que ele nascesse na festa de sua Assunção, no dia 15 de agosto. Ele ainda não tem trinta anos, Mãe. Até mesmo seu Filho sobreviveu até os 33. Meu filho não pode ter ao menos tantos anos de vida ou alguns mais?

Maria estava chorando em silêncio, quando uma vaga lembrança retornou, subitamente forte, o dulcíssimo odor de uma escorregadia umidade recém-nascida. Com que ternura e avidez seu bebê procurara seu seio, com seus olhos negros fixos no rosto dela, enquanto sua boca sugava!

Poderia ela deixar essas lembranças nas areias do deserto? Essas e outras recordações. O pequeno Fernando percebia o que ninguém mais notava. A luz do sol batia nos terraços íngremes e muros de pedra de sua vizinhança. Os gritos agoniados das aves marinhas que voavam entre o rio Tejo e a praia de Lisboa. O bramido peculiar do mar e do vento nas noites de tempestade. O que ele perceberia no Marrocos senão o brilho do aço, afiado para matar, os gritos de pagãos sedentos por sangue?

Oh, minha Mãe, ele vale mais do que o sangue dele. Maria lembrava-se do filho, um menino gordinho vestindo uma túnica longa demais para suas perninhas roliças. As mangas apertavam seus braços. A gola baixa estava bordada com caracóis e laços dourados, tudo desenho e arte dela. Ela penteava-lhe o cabelo e mandava-o para a escola. Tão próxima da casa deles e, no entanto, tão distante para um menino de apenas sete anos.

"Sua Santa Mãe estará com você quando eu não estiver", havia-lhe dito ela.

"Ela é tão querida quanto você, não é, mãe?" perguntou ele.

"Mais querida ainda," respondeu Maria, beijando-lhe a cabeça e mandando-o ir.

Na escola episcopal anexa à catedral de Lisboa, Fernando ia muito bem nos estudos. Ele não se jactava de suas capacidades, mas seu tio, o cônego Fernando, que lecionava na escola, freqüentemente dizia a Maria e Martinho como era brilhante seu pequeno xará. Com que rapidez Fernando aprendeu a escrever em uma pequena lousa de cera com um estilete! Com que autoconfiança memorizava genealogias do Antigo Testamento e listas de vícios e virtudes ricamente lavradas em peles de carneiro emolduradas! Os professores louvavam sua memória, seu comportamento, sua disposição. À medida que crescia, multiplicavam-se os louvores. Todas as matérias pareciam fáceis para ele. Aritmética. Geometria. Botânica. Medicina. História. Filosofia. Música. Retórica. Ciência natural. Ele costumava voltar da escola ansioso para contar a Maria sobre as pedras preciosas ou os animais exóticos ou as doenças humanas que tinha estudado naquele dia.

Seus professores diziam que Fernando certamente seria um excelente cavaleiro, um trunfo para a corte do rei, mas Martinho disse não. Fernando era pequeno demais, fraco demais para ser cavaleiro. Por que desperdiçar sua inteligência em combate quando suas condições físicas eram mais condizentes com atividades intelectuais? Fernando cuidaria da contabilidade para seu pai, administraria o castelo, herdaria a propriedade. Ele tinha inteligência e graça para ascender na sociedade. Seria um nobre em todos os sentidos da palavra.

Os planos de Martinho entusiasmavam Maria. Ela não queria ver o filho empunhando uma espada. Seria melhor para ele ficar em casa, em segurança, do que arriscar a vida em combate. Melhor ser respeitado na corte pela sabedoria do que pela coragem.

A senhora sabe como Fernando a ama, Mãe de Deus. Desde que cantei para ele, repetidas vezes quando era criança, "Ó Gloriosa Senhora", esta tem sido sua canção favorita. Toda missa em que serviu como acólito ele dedicou à senhora. Quando caminhávamos pelas ruas de Lisboa e passávamos por uma igreja, ele costumava pedir para entrar e fazer uma visita à senhora. Inclusive a escola da catedral em que foi educado tem o nome da senhora.

Por que ele foi para o Marrocos, Bendita Mãe? Será que o diabo o está atraindo para lá a fim de se ver livre dele?

Maria pensara que ele estivesse livre de demônios. Anos antes, quando ele estava orando diante do nicho da Santa Mãe na catedral de Santa Maria, havia se encontrado com um diabo, uma criatura horrenda, que tinha aparecido no altar. Assustado, mas não o suficiente para fugir, Fernando se lembrou do Filho de Deus. O menino traçou uma cruz no degrau de mármore onde estava ajoelhado, sussurrando enquanto isso o precioso nome de Jesus. A criatura desapareceu. Fernando correu para casa e contou isso a Maria, levando-a de volta à igreja e mostrando-lhe o lugar da aparição.

Oh, Santa Maria, pensei que o tivesse perdido quando nos disse que desejava tornar-se membro dos cônegos regulares de Santo Agostinho. O Convento de São Vicente era próximo, mas poderia muito bem ser na Alemanha, pois ele estava abrindo mão de toda a sua vida para entrar lá. Não tinha nem vinte anos.

Maria tinha sonhos. Ela havia imaginado o casamento de Fernando, sua esposa, seus filhos no colo dela. Tinha-o visto cavalgando por sua propriedade, cuidando para que os servos que trabalhavam em sua terra tivessem comida e bens. Ela o imaginou fazendo doações para catedrais e escolas.

Não havia lugar para um sacerdote nos devaneios de Maria ou de Martinho. Disseram ao filho que ele estava jogando fora sua vida. Ele disse aos pais que estava salvando sua alma. Eles lhe mostraram o que ele estaria perdendo. Ele lhes expôs tudo que ganharia. No final, Maria e Martinho cederam. Fernando aceitou o hábito branco e o manto negro com capuz da Ordem.

Maria e Martinho viam-no com freqüência. O mesmo acontecia com seus amigos. Praticamente nem era adulto quando pediu para deixar o mosteiro de São Vicente e Lisboa. Martinho prometeu que a família o visitaria onde quer que ele estivesse.

Oh, Santa Rainha do Céu, peça a seu Filho que não leve o meu. Os monges em Coimbra louvam a pregação de Fernando. Ele tem um dom, dizem eles. Permita que o use, Santa Mãe. Um irmão religioso contou-me que Fernando curou-o de uma obsessão, rezando com ele e cobrindo-o com seu manto. Isso também não é um dom, Santa Mãe, que não deveria ser derramado em areia pagã? O prior disse-me certa vez que Fernando tinha inclusive aptidão para línguas. Talvez ele pense que conseguirá aprender uma nova língua rápido o suficiente para falar aos africanos sobre os milagres de Cristo. Não tenho dúvida de que possa falar e relatar bem os milagres de Deus, mas será que os pagãos vão escutar? Eles não deram ouvidos aos outros cinco seguidores de Francisco.

Querida Mãe, tenha misericórdia das lágrimas desta mãe, sua filha. Sei que Fernando também está rezando para a senhora. Está pedindo para morrer por sua fé. Mãe Misericordiosa, sou mais velha e sábia do que ele. Conheço seus dons, mesmo que ele queira descartá-los. Ele não lhe será mais útil vivo do que morto? Não atenda às suas orações, querida Senhora. Responda às minhas. Poupe meu filho.

Capítulo 3

EMÍLIO

**Navio com destino a Portugal, Mar Mediterrâneo
(início da primavera de 1221)**

Emílio levantou o punho para o céu e o sacudiu em direção ao torvelinho de escuras nuvens. Desde que se levantara, uma hora antes do amanhecer, até aquele momento, o vento tinha aumentado e se transformado de lamento em bramido. O navio subia e descia no tempestuoso Mar Mediterrâneo. Por mais que quisesse raspar a barba grisalha de seu rosto castigado pelas intempéries, não se arriscaria a usar a navalha nesse dia. Com o balanço do navio, provavelmente se cortaria muito e acrescentaria outra cicatriz ao rosto, que recebera ferimentos demais em brigas de tavernas.

Emílio odiava tempestades, pois sua barba sem fazer sempre coçava enquanto não terminavam. Com toda a dor e todo o desconforto que experimentara no mar, não sabia por que a irritação facial o incomodava tanto, mas ele a aceitava, da mesma forma que aceitava as cãibras nos joelhos que pareciam quase constantes por estar ficando velho demais para a vida no mar. Pensou que já devia ter passado dos quarenta anos, mas como poderia voltar para a terra firme depois de 26 anos sobre as ondas?

É claro que, se desistisse da vida no mar, poderia ficar sentado dentro de casa durante as tempestades e talvez até mesmo desfrutar um fogo quentinho. Naquele momento isso parecia extremamente tentador. Esperava, a qualquer instante, ser fustigado por chuva e, talvez, granizo. "Amaldiçoados sejam vocês, todos os demônios no inferno", resmungou, enquanto atravessava o estreito convés balançante do navio.

Ele parou junto à entrada do porão, no centro do navio, de onde subia o doce aroma de limões e limas do Marrocos, armazenadas em caixotes, para serem vendidos em Lisboa.

"Hei, vocês frades aí embaixo? Estão acordados?"

"Estamos", gritou uma voz vigorosa do meio da escuridão.

"E um bom dia para vocês, apesar de não acharem isso se olharem para o céu", berrou Emílio mais alto que o vento. Ele meteu a cabeça pela estreita abertura que dava para o porão. "Vou ajudar você a colocar o bom padre no convés, irmão Filipe."

O rosto de um frade jovem apareceu no círculo cinzento de luz ao pé da escada. Então o rosto pálido do sacerdote surgiu na parte iluminada. Ele também era jovem. Emílio podia distinguir isso, mas o rubor em seu rosto encovado o envelhecia.

"Você está abatido hoje, padre Antônio", gritou Emílio. "É melhor subir aqui e pegar um ar antes que comece a chover."

O jovem frade alto apoiou Antônio, mais baixo do que ele, enquanto este subia a escada. Os braços musculosos de Emílio agarraram os braços finos do sacerdote e o puxaram para fora, para a luz.

"Não sei por que o capitão aceitou você", disse Emílio para Antônio, que estava parado cambaleante no navio, que era jogado de um lado para outro. "Ele sabia que você estava doente. Como vai trabalhar para pagar sua passagem até Lisboa?" Ele olhou para o jovem irmão, que agora também estava parado no convés, olhando para o céu carregado.

"Bem, irmão Filipe. Você pode trabalhar sem problemas em troca de sua passagem. Vi você ontem içando as velas como um velho marujo, quando mal e mal tem idade para ser um homem, e esfregando o convés como se tivesse nascido com um esfregão na mão."

Emílio ofereceu seu braço para que Antônio se apoiasse nele. "Eu sei. Você tenta, padre Antônio. Faz um trabalho passável. Não sei como se mantém de pé. Eu vi você várias vezes se apoiando na amurada, com febre. Você não come, pelo menos não muito. Como vai ficar forte se não come bastante?"

Ele fez com que Antônio se sentasse no convés, entre um monte de cordas e um mastro rangente. "Claro, talvez você não queira ficar forte. Talvez queira morrer. Ei, escutei as histórias. O barco todo sabe que vocês dois e seu amigo Leo foram de navio para Ceuta para morrer. Claro que somente Leo conseguiu."

Emílio evitou olhar nos olhos do sacerdote, enquanto procurava debaixo de sua camisa acinzentada pelo pão que tinha escondido ali.

"Tudo bem. Vocês não foram lá para morrer. Foram para pregar sobre seu Salvador, mas o sultão não quer nada com o Salvador de vocês. Transformou cinco de vocês que vieram para cá em comida de abutre. E seu amigo Leo também. Vocês sabiam o que iria acontecer quando viessem. Aqueles cinco primeiros frades não estão enterrados na cidade de vocês? Não acho que o rei Alfonso se importava muito com os frades, já que ele não está nas graças do papa e tudo mais; mas ouvi dizer que seu irmão dom Pedro acolheu os ossos deles como se fossem anjos. Colocou os ossos em caixões de prata. Prata! É isso que vocês dois querem? A prata não serve para nada a não ser que você esteja vivo para gastar."

Emílio encontrou o pão e, acocorando-se sobre o convés diante dos dois frades, partiu-o com suas mãos sujas.

"Olhem. Vocês queriam morrer. Talvez tenham sua chance. Agora, o capitão não tocaria em vocês. Diz que é um seguidor do Deus de vocês. O seu Deus não se importa que o capitão tenha uma mulher em cada porto, às vezes duas? Em um Deus desses eu poderia acreditar. Poderia, ouviram? Não me venham com pregações de novo. Não estou disposto a ouvir."

Atirou um pedaço de pão a Filipe, que estava parado ao seu lado, firme como uma coluna.

"Agora, não precisam se preocupar com o capitão. É com seu Deus que têm que se preocupar. Você, padre Antônio, você me disse que ele tem o mar e o céu nas mãos assim como tenho este pão. Você disse que ele faz o que quer com eles."

Emílio colocou um pedaço de pão na mão de Antônio.

"Ele está fazendo um trabalho bem ruinzinho agora, padre. Mal estamos um dia fora do porto, e já temos este vento vindo do oeste. Vento? Isto não é vento. É uma ventania. Um redemoinho. Acabamos de passar pelo estreito, estamos tão perto da terra ainda. Tão intenso. Parece sobrenatural. Vocês me disseram que andaram rezando para voltar para Portugal, para sua comunidade. Frades, é melhor que rezem mais. Com esta tempestade, este navio não está indo para nenhum lugar perto de Portugal."

Olhou para os dois frades, que ainda estavam segurando seu pão. "Por que não comem? Quando a chuva começar, o resto do pão vai estragar."

"Primeiro nós rezamos", disse Antônio, baixando a cabeça.

Emílio não escutou as palavras. Ouviu, em vez disso, os primeiros pingos de chuva caindo sobre o navio como pedras de gelo.

***

Três dias mais tarde, Emílio encontrou um cordão encharcado atrás de um dos barris de água e foi procurar os frades. Encontrou os dois ajoelhados no porão, um espremido atrás do outro na estreita passagem entre dois caixotes de frutas, as cabeças curvadas em oração. O barco estava sendo jogado de um lado para o outro, e a água de um palmo de profundidade no porão ia de um lado para o outro, arremetia contra os frades, dançava ao redor deles e afastava-se com cada balanço do navio. Os limões e as limas rolavam para um lado, depois para o outro, comprimindo-se contra as ripas de madeira que continham as frutas.

Enquanto Emílio se encaminhava para os frades, a água batia em suas botas. Não lhe importava se estivesse interrompendo uma hora sagrada. "Escutem, vocês aí. Onde está seu Deus? Três dias nesta tempestade. Nem mesmo o capitão sabe onde estamos. É melhor vocês rezarem. Vamos afundar se a coisa continuar assim."

Então ele sentiu uma pontada de remorso. Estava acostumado a tempestades, embora tivesse passado por poucas tão violentas como esta. Estes homens estavam apenas em sua segunda viagem marítima.

"Vocês vão agüentar, não vão?" perguntou ele, menos asperamente. "Você está bem, padre Antônio?" Emílio agarrou o ombro do frade que estava mais perto da escada.

"Ei! Acorde!"

Antônio levantou a cabeça e olhou para Emílio. Emílio sentiu como se o sacerdote pudesse ver suas entranhas e, pior ainda, seus pecados. Ele empurrou a corda para Antônio, sabendo que o sacerdote olharia para esse objeto em vez de olhar para ele.

"O capitão me disse para dar isto a vocês. Ele está com medo de que estes caixotes arrebentem. E, se isso acontecer, vocês não podem ficar aqui embaixo. Terão que ficar no convés. Neste caso, padre, você se amarra com a corda no mastro. Irmão Filipe, você é bastante forte para se agarrar em algum lugar. Mas você? O navio está chacoalhando demais, se inclinando mais ainda. Você está ardendo em febre. O capitão tem medo de que você caia no mar. Má sorte para todos nós então. Amarre-se no mastro, está ouvindo?"

Antônio fez sim com a cabeça. Nesse exato momento, ouviu-se, vindo do oeste, um som alto e agudo, um estrondo enorme do vento, e o navio quase adernou. Os limões e limas fizeram pressão contra as ripas de madeira, e escutou-se um estrépito horrível no porão. As frutas à esquerda dos três homens esparramaram-se sobre eles em uma avalanche e rolaram pelo porão. De repente, a água virou uma sopa de frutas verdes e amarelas. Os três procuraram alcançar a escada. Quando Emílio escorregou, dois pares de braços cobertos de lã molhada agarraram-no e levantaram-no.

"Obrigado, frades", disse ele com dificuldade, enquanto cuspia a água que tinha engolido.

Quando os homens chegaram ao convés, Emílio agarrou Antônio e o puxou para o mastro central. O navio foi jogado para o lado de novo e lançou o sacerdote contra a haste aprumada de madeira; Emílio arrancou a corda das mãos do frade e rapidamente começou a amarrá-lo.

"Agora, não me venha com sermões", disse ele, quando Antônio começou a falar. "Você não chegou a pregar aos sarracenos, portanto não me venha com sermões." Sentiu, então, uma ponta de remorso pelos sonhos perdidos do homem e mudou de idéia. "Bem, vá em frente e faça seu sermão. Você não viu um infiel no Marrocos, não é verdade? Mas, de qualquer maneira, sou quase como eles em termos de crença. Ouvi dizer que você estava doente com febre quando chegou a Ceuta mais ou menos no início do ano. Seu desejo de morrer lá teria sido satisfeito se não fosse por seu amigo. Ele correu de um lado para outro, arrumou comida para você, banhou seu corpo ardendo em febre, e foi isso que manteve você vivo."

"E suas orações", disse Antônio. "Ele rezou também."

"Sim, padre, e suas orações também. Se é isso que você acha. Conheço essas febres. Vi muitos marinheiros morrerem por causa delas. A doença atinge os fracos. Por que você achou que era bastante forte para agüentar o deserto? Mas, por outro lado, talvez você não se importasse de apagar como uma vela."

Emílio apertou o nó. Duas vezes.

"Você alguma vez amou bastante alguém para morrer por ele?" perguntou Antônio.

"Que pergunta idiota é essa? Eu vivo para mim mesmo, padre. Se eu morrer, é para mim."

O navio balançou de novo, e um vagalhão passou sobre a proa, inundando o convés.

"Você está firme agora, padre. Não vai rolar. Voltarei com uma lona para você se o mar não me engolir antes. O capitão quer que fique com ela. Claro que não sei para quê. Você já parece um rato afogado."

"Um rato afogado deve ter uma aparência melhor do que eu." Aqueles olhos negros estavam brilhando. "Ou do que você. Ou do que o irmão Filipe."

Emílio riu. "Estamos nos afogando, e você fica fazendo piadas. Você está bem, padre Antônio. Faça suas orações. Rezar é tudo que nos resta fazer."

***

Na alvorada seguinte, justamente quando a escuridão da noite cedia lugar relutantemente ao cinza espesso do dia, um rangido pavoroso cortou o vento, e o navio estremeceu como um cavalo na agonia da morte. Emílio tinha sentido isso uma vez antes em um navio que ia para a França. O navio tinha encalhado. Eles estavam afundando. Ele estava meio decidido a saltar e se salvar, mas não podia abandonar os frades.

Puxando a faca de seu cinto, subiu com dificuldade para o convés inclinado, onde Filipe estava tentando freneticamente desatar as cordas do sacerdote.

"Você precisa de uma faca, garoto", disse ele, empurrando o jovem frade para o lado. "Padre, não deixaria você aqui. Vou soltá-lo rápido agora." Uma das mãos calejadas de

Emílio agarrou a corda inchada, grossa como um salsichão, enquanto a outra empunhava a faca. As veias azuis em seus punhos estavam saltadas e latejavam.

"Nós dois ficaremos com você, não é, irmão Filipe? O navio está afundando. Batemos em alguma coisa. Maldita noite. Desculpe. Não queria ofender sua sensibilidade. O capitão não conseguia enxergar nada. Não poderia ter evitado o rochedo mesmo que o tivesse visto. Com esta ventania, as velas não servem para nada."

A corda partiu-se. "Está solto, padre." Emílio afastou com um puxão a corda do hábito de lã. Tinha ficado amarrada em torno da cintura. "Quando afundarmos, agarre-se em uma tábua, certo? Você será levado para a praia, e talvez seu Deus impeça que seja esmagado contra um rochedo."

O navio estava se inclinando mais perigosamente agora, mas não balançava mais com tanta violência. O vento parecia mais calmo, como se a tempestade estivesse amainando.

"Ah, padre, se não se importa. Poderia, como – hã, abençoar-me, padre. Sou batizado. Minha mãe cuidou disso. Não fiz nada com minha fé desde então, mas me abençoe agora. Não quero morrer sem uma bênção."

O navio tremeu e fez um barulho como o de um suspiro. Uma torrente de água passou sobre a proa, que se inclinava. "Ligeiro", ordenou Emílio. "O navio está se mexendo. O que eu digo?"

"Em nome do Pai e do Filho e do Espírito Santo."

Emílio repetiu apressadamente. "Em nome do Pai..."

***

Emílio tinha sido levado para a praia com a maré. O mesmo havia acontecido com os limões, as limas, o capitão, a tripulação e os frades. Ele e Filipe tinham encontrado Antônio deitado com o rosto na areia na beira da praia. Arrastaram-no para fora da água, para uma saliência de granito, onde Emílio deixou-os, enquanto ia à procura de civilização. Depois de caminhar terra adentro por aproximadamente um quilômetro e meio, encontrou uma aldeia onde pessoas que falavam um dialeto estranho se juntaram em torno dele. Disseram-lhe que estava na Sicília. Ele lhes contou a respeito do naufrágio e dos dois frades, um deles doente. Havia algum lugar por perto onde pudessem ficar?

Todos os homens, mulheres e crianças daquela multidão balançaram afirmativamente a cabeça e falaram ao mesmo tempo. Ele conseguiu entender que, alguns quilômetros praia acima, na cidade de Messina, havia uma comunidade de frades menores. Um camponês magro, de cabelo preto, ofereceu-se para levar os frades para lá em uma carroça.

Antônio e Filipe ainda estavam sentados no abrigo da rocha quando Emílio e o camponês chegaram.

"Só que eu não vou com vocês", disse Emílio, enquanto levantava Antônio e colocava-o sobre a palha na carroça. "O capitão quer que eu fique aqui com o navio. Vamos ver se conseguimos salvar alguma coisa antes de nos prepararmos para navegar de novo para Portugal."

Então teve uma idéia, que, em verdade, vinha importunando-o desde que a tempestade tinha começado. No entanto, ele tinha conseguido abafá-la bastante bem até o navio encalhar. Então fizera uma promessa.

"Olhe, padre Antônio, você ouviria minha confissão antes de partir? Quero dizer, de certa forma, prometi a Deus que o faria, quando eu estava lá fora lutando contra o mar. Isto é, prometi que me confessaria se vivesse. Não gosto de quebrar promessas. Não gosto mesmo. Quero dizer que qualquer homem que é afastado pelo vento 2.700 quilômetros da sua rota e sobrevive ao mar deveria cumprir suas promessas, não acha? Você se importa, padre? Vocês, aí na carroça, podem esperar até que eu termine, não podem?"

O camponês e Filipe responderam que sim com um aceno de cabeça e, em consideração, afastaram-se caminhando ao longo da praia, deixando Antônio sentado na palha e Emílio apoiado desajeitadamente contra a carroça.

"Suba aqui", disse Antônio sorrindo.

Emílio tinha sentado em muitos lugares, lugares que sabidamente um sacerdote jamais freqüentaria. Nenhum daqueles bares ou prostíbulos o havia embaraçado tanto como a possibilidade de subir naquela carroça, mas ele subiu obedientemente e tentou ajoelhar-se diante do sacerdote.

"Pode ficar sentado", disse Antônio.

Emílio fez isso. "Como vou começar, padre? Provavelmente tenho 28 anos cheios de assuntos para falar."

***

Em toda a sua vida, Emílio jamais se sentira tão leve ou puro como se sentiu depois daquela confissão. Achou que poderia flutuar pelo céu como as nuvens brancas estavam fazendo naquele momento, após a tempestade.

A carroça estava pronta para partir. Os dois frades estavam sentados na palha, e o camponês tomou as rédeas. "Olhe, padre, cuide-se", disse Emílio. E ele estava falando sério. "Sua febre ainda não passou. Fique bom. Não entendo muito de oração, mas vou rezar uma palavrinha em seu favor. Obrigado por ouvir minha confissão. Minha mãe, que sua alma descanse em paz, deve ter orado no céu por este dia. Deus sabe que ela rezou o bastante por mim enquanto vivia neste mundo. Deus abençoe vocês dois, frades", gritou ele para a carroça que se afastava aos solavancos. "Deus sabe que isto não é Portugal, mas vocês estarão bem aqui. Rezem por mim."

Ele não precisava ter pedido. A mão de Antônio já estava traçando o sinal-da-cruz na direção de Emílio enquanto a carroça contornava uma duna e desaparecia de vista.

Capítulo 4

IRMÃO FILIPE

Porciúncula, Assis, Itália (1221)

O alto Filipe, de 18 anos de idade, correu pelo gramado e arqueou-se no ar. A palma de sua mão bateu firmemente em uma bola pequena e rebateu-a por sobre a cabeça de seus companheiros de equipe franceses, fazendo-a passar por cima de uma tosca rede estendida entre duas arvorezinhas. A bola desceu rapidamente no outro lado da rede, onde um robusto e jovem frade se lançou na direção do objeto arremessado, golpeou-o com a palma da mão e mandou-o de volta por cima da rede.

A bola desceu no lado direito da rede, na direção de Antônio. Este correu, saltou e rebateu a bola pouco antes de ela tocar no chão. Seu golpe foi firme, mas curto. A bola voou sobre a rede e desceu tão perto dela que nenhum frade do time adversário conseguiu alcançá-la antes que ela caísse no gramado.

Ouviram-se gritos de alegria do outro lado da rede, e os mais altos eram de Filipe. Os berros percorreram o prado e as clareiras, onde outros frades estavam sentados, olhando o jogo ou conversando entre si.

Os jogadores do time vencedor juntaram-se e começaram a bater nas costas uns dos outros em sinal de caloroso reconhecimento. Então, todos juntos, correram para os perdedores e deram tapinhas também nas costas deles.

"Bom jogo."

"Sorte."

"Nós oramos mais."

"Foi divertido."

"Vocês têm mais romanos do lado vencedor, e isto aqui é território romano. Nós, franceses, não estamos acostumados ao solo daqui."

"Vocês, franceses, ensinaram-no este jogo. Deveriam saber jogá-lo."

Aos poucos a brincadeira foi terminando. O frade francês que tinha amarrado cuidadosamente a rede desamarrou-a das arvorezinhas e, enrolando-a, colocou-a debaixo do braço. Pegando a bola que tinha trazido da França, despediu-se dos outros irmãos. Em breve estaria partindo para sua nova missão, dessa vez em Toulouse. Os frades dispersaram-se, indo em várias direções para fazer o que lhes aprouvesse até as vésperas finais da reunião do capítulo.

Filipe e Antônio, este com o rosto magro vermelho pelo esforço, percorreram a clareira, encontraram um montículo coberto de grama e sentaram-se. Antônio deitou-se de costas e ficou olhando para o céu. Filipe fez o mesmo.

"Você alguma vez sente saudade de casa, padre Antônio?"

"Sim."

"Tenho pensado muito na Espanha. Nas moças com vestidos de flamenco na época da festa em Castela. Isso é errado, padre?"

"Eu diria que é normal."

"Aposto que você nunca pensa em mulheres."

Antônio riu. "Frades não devem apostar. E, se você apostasse nisso, perderia."

Filipe suspirou. O sol quente em sua testa parecia a mão suave de uma donzela. "Já foi alguma vez tentado por uma mulher, padre?"

"Sim. Uma vez."

"O que fez?"

"Mandei-a de volta para servir sua patroa."

"Portanto, era uma criada. Houve um tempo em que eu também gostava de uma moça. Ela cuidava de porcos. Às vezes ainda penso nela. Alguma vez pensa na criada, padre?"

"Às vezes."

"O que você faz quando tem esses pensamentos?" Filipe observava as nuvens.

"Faço o que padre Francisco mandou-nos fazer. Apelo à disciplina. Ou corro. Ou mergulho em água gelada."

Filipe suspirou. "Fiz isso também. Funciona." Ele ficou quieto por um momento, então perguntou: "Sente falta de sua família às vezes, padre?"

"Sim."

"O que faz quando isso acontece?"

"Escrevo a eles."

Filipe jamais tinha pensado nisso. Os pais dele não sabiam ler, mas o senhor da propriedade em que trabalhavam sabia. Ele iria escrever.

Oh, o que lhes poderia dizer! Como poderia fazer com que entendessem a alegria que sentia por seguir a Cristo e por pregar sobre Cristo crucificado? Pois Francisco tinha ensinado todos os seus frades a pregar.

"Quando se aproximarem de uma cidade", havia instruído Francisco, "e virem o pináculo da igreja, ajoelhem-se e rezem". A oração deveria ser a do papa Inocêncio, que a compôs em homenagem à vitória dos cruzados sobre os pagãos em Toledo, em 1216, um pouco antes de sua morte prematura. Filipe podia ouvir Francisco entoando esse grito de vitória: "Nós te adoramos, ó Cristo, e te bendizemos, pois, mediante tua santa cruz, redimiste o mundo". O próprio Filipe o tinha entoado muitas vezes.

Ao se aproximarem do portão da cidade, os frades deveriam cantar em voz alta: "Temor e honra, louvor e bênção, ação de graças e adoração sejam dados ao Senhor Deus, o Todo-Poderoso, Pai, Filho e Espírito Santo, Criador de todas as coisas". Então os frades exclamariam: "Façam penitência! Produzam frutos dignos de penitência, pois estejam certos de que em breve vão morrer. Dêem e lhes será dado. Perdoem e lhes será perdoado. Se não perdoarem aos outros ofensas contra vocês, o Senhor não lhes perdoará os pecados que cometeram contra ele. Bem-aventurados os que morrem penitentes, pois irão para o céu. Ai dos que morrem impenitentes, porque serão filhos de Satanás, cujas obras eles fazem, e irão para o fogo eterno. Previnam-se e abstenham-se de todo mal e perseverem até o fim na prática do bem".

A homilia era fixa e direta, fácil de memorizar. Filipe a tinha visto converter um camponês aqui e ali quando ele, um homem simples, a tinha recitado com fervor. O padre Antônio tinha exortado as pessoas também, com palavras semelhantes proferidas com profunda convicção. Entretanto, quando Antônio falava, Filipe sempre tinha uma sensação incômoda de anseio, como se Antônio tivesse dentro dele muito mais para falar e o estivesse retendo. Filipe sacudiu a cabeça. Talvez Antônio não estivesse retendo nada. Talvez simplesmente não estivesse ainda bem o suficiente para dizer mais.

Que sorte a tempestade ter empurrado Antônio para a Sicília! Os dois meses de tempo primaveril passados lá tinham sido belos e saudáveis, restaurando grande parte do vigor do homem doente. Antônio inclusive havia se sentido bem a ponto de plantar alguns ciprestes e cidreiras no jardim do mosteiro. Então tinha partido, de barco, depois da Páscoa, com Filipe e os outros frades que tinham vindo para a reunião do capítulo. A saúde recentemente recuperada de Antônio o tinha sustentado na curta viagem de barco. Também tinha persistido durante as rigorosas semanas passadas caminhando por quase toda a extensão do reino da Sicília até o ducado de Spoleto, para assistir àquela reunião do capítulo. Foi a primeira reunião de Filipe desde que havia entrado na ordem, aos 16 anos.

Enquanto se aproximavam de Assis, Filipe teve a impressão de que estava chegando a uma feira. Frades empoeirados enchiam as estradas. Cavaleiros e senhoras passavam montando cavalos ornados com fitas coloridas e bandeirolas desfraldadas. A população de Assis tinha preparado suas casas para a afluência de frades, mas tinham vindo tantos milhares, que as casas não tinham espaço suficiente. Por conseguinte, os frades foram para os prados e bosques e construíram cabanas de varas cruzadas onde pudessem ficar e esteiras de junco sobre as quais pudessem dormir. Durante uma semana, Filipe, Antônio e frades de toda a Europa tinham dormido, orado e comido ao ar livre. E Filipe tinha gostado muito de tudo isso.

Francisco tinha convocado a reunião de seus frades para reunir sua Ordem, que se estava fragmentando. Todos tinham ido para ver o pequeno e frágil padre de sua ordem que, embora tivesse renunciado ao cargo de superior, ainda era seu amado líder. Depois que Francisco tinha ido ao Oriente para pregar aos pagãos, rumores de seu martírio tinham chegado de volta à Europa, mas ele estava vivo. Tinha retornado, fraco e com os olhos doentes e inflamados, mas seu amor a Cristo continuava forte como sempre.

A primeira missa do capítulo foi a missa pontifical em Pentecostes, no dia 23 de maio, celebrada por um bispo, sob o comando do cardeal Rainero Capocci, que presidiu o encontro. Na missa solene celebrada pelo prelado ricamente paramentado, Francisco, miseravelmente vestido, tinha proclamado o Evangelho e pregado com sua voz fina e aguda. "Filhos, vocês prometeram grandes coisas a Deus; coisas ainda maiores nos são prometidas por Deus se nos atemos ao que lhe prometemos e esperamos firmemente o que ele nos prometeu."

Todos os dias Francisco pregou aos frades e aos camponeses – senhoras e senhores que também vinham para ouvi-lo. "A luxúria deste mundo é curta, mas a punição que segue é infinita", lembrou ele. "Os sofrimentos nesta vida são curtos, mas glórias na vida futura são infinitas!"

Oficialmente, o capítulo durou uma semana, mas já era terça-feira, e os frades ainda estavam presentes. Francisco disse que tinham de permanecer para acabar com a boa comida trazida a eles em abundância pelas pessoas da região. Filipe jamais tinha visto algo parecido com aquelas refeições em que senhores e senhoras serviam aos pobres frades todas as guloseimas de seus castelos. Francisco, que era conhecido por seus jejuns, comeu com prazer e ordenou que os frades também se deleitassem.

E daquele tempo alegre de fraternidade havia resultado uma missão para a Alemanha e uma nova regra de vida que todos os frades poderiam seguir. Alguns haviam se queixado de que a regra original era difícil demais. O irmão Elias, o novo superior geral da ordem, cuidaria para que os homens seguissem o Senhor conforme a regra ditava. O novo período do noviciado, que tinha sido instituído depois que Filipe e Antônio ingressaram na Ordem, asseguraria que aqueles que pretendiam se tornar frades soubessem o que os esperava. E o que os aguardava era alegria total, amor desinteressado, paciência ilimitada, compaixão suprema e pobreza extrema, à imitação do próprio Cristo.

"Padre Antônio." Filipe estancou no meio da frase e olhou para o sacerdote; seus olhos estavam fechados, e sua boca, levemente aberta. Antônio dormia.

Filipe sorriu. Talvez devesse cochilar também. Ele escutaria o chamado para as vésperas. E foi o que logo aconteceu.

Filipe e Antônio sacudiram o pó de seus hábitos e foram apressadamente à capela para a oração vespertina. Quando esta e as completas estavam no fim, o sol se punha, e a brisa do dia havia se aquietado. Os dois frades caminharam pelas sombras cada vez mais longas para a cabana de varas cruzadas que compartilhavam e deitaram-se em suas esteiras.

"Padre Antônio, estou indo para Città di Castello amanhã. Dizem que não fica longe daqui. Talvez não o veja mais de novo. Para onde foi designado?" perguntou Filipe.

"Não fui designado, irmão Filipe."

"Não foi designado? Mas não pediu que os provinciais o aceitassem? Vi você pedindo isso quando eu o fiz."

"Ninguém me aceitou."

Filipe olhou para a figura encolhida na escuridão. Ninguém tinha aceitado o padre Antônio? Por quê? Então pensou na impressão que o sacerdote de altura mediana, frágil, ainda magro devido à febre deve ter passado aos provinciais. Incapaz de suportar os rigores da Ordem. Sem dúvida, tinham pensado que ele seria um fardo.

"Você não lhes disse que era sacerdote?"

"Ninguém perguntou."

"O que lhes disse?"

"Pedi-lhes para me instruir na disciplina espiritual e ofereci-me para limpar-lhes a cozinha e fazer trabalho doméstico ou pedir esmolas."

A humildade de Antônio frustrou Filipe. "Você não pode ficar aqui sem ter para onde ir."

"Filipe, fui para o Marrocos porque estava certo de que Deus me queria lá. Ainda acho que ele queria isso, mas ele opôs-se a mim durante todo o inverno ao me golpear com aquela febre. Desta maneira, Deus frustrou meu desejo de morrer por ele, o desejo que para mim com certeza era sua vontade."

Filipe suspirou. Antônio tinha falado com ele várias vezes sobre a confusão que sentia em relação a seu desejo pelo martírio. Se Deus tinha verdadeiramente chamado Antônio para o Marrocos, então por que o Senhor não lhe havia permitido pregar ali? Se Deus tinha dado a Antônio o desejo ardente de morrer por Cristo, então por que esse desejo não se havia realizado?

Antônio fitou Filipe com olhos que pareciam aflitos. "Não entendo, Filipe. Será que interpretei de forma errada o que pensava que o Espírito Santo queria que eu fizesse? O desejo de morrer por Cristo vinha de mim e não de Deus? Por favor, procure entender, irmão. Não pensei que fosse minha própria vontade naquela ocasião, mas talvez tenha sido. Agora sei que quero apenas a vontade de Deus. Vou esperar aqui até que Deus me coloque onde me quer."

Filipe adormeceu orando para que Deus encontrasse um lugar para Antônio.

No dia seguinte, muitos dos frades tinham partido bem antes do amanhecer, depois das orações das matinas e laudes. A partida de Filipe estava marcada para o alvorecer, com o grupo que ia para Città di Castello. Seria logo depois das orações da matina. Entre os dois ofícios, procurou ansiosamente por um provincial, qualquer provincial, e encontrou um, o padre Graciano da Romagna.

"Tenho um amigo, um sacerdote que não foi designado", disse Filipe ao sacerdote de queixo quadrado e orelhas grandes.

"Um sacerdote? Quem é ele?"

"Padre Antônio de Portugal."

Graciano ficou pensando de olhos quase fechados. "Não conheço nenhum padre Antônio de Portugal."

"Ele é membro de nossa Ordem há menos de um ano. Foi ordenado no Mosteiro de Santa Cruz em Coimbra, sob a regra de Santo Agostinho."

Graciano passou as mãos por sua espessa barba negra. "Talvez eu tenha um lugar para ele."

Quando Filipe encontrou Antônio, este estava ajoelhado em oração na Porciúncula, a pequena igreja que Francisco tinha restaurado nos primeiros tempos de sua conversão. Filipe ajoelhou-se no fundo da capela e também orou até a hora da convocação para oração da manhã. Quando ouviu o chamado para o ofício, esperou por Antônio e abordou-o na saída da capela.

"Encontrei um provincial que talvez aceite você", disse Filipe. "Você vai falar com ele?"

"Se você quiser", respondeu Antônio.

Quando os frades se reuniram para a oração, Filipe procurou Graciano e encontrou-o na multidão. "Lá está ele", disse Filipe, "o homem alto de barba preta. Vá e peça que o aceite."

Antônio sorriu. "Você ainda está cuidando bem de mim, irmão."

"Vá falar com ele."

Acenando afirmativamente com a cabeça, Antônio aproximou-se de Graciano. "Sou o irmão Antônio", Filipe escutou-o dizer. "Não tenho designação. Você está disposto a aceitar-me em sua província e designar-me para um ermitério onde eu possa aprender disciplina espiritual?"

Graciano olhou para Filipe, depois para Antônio. "Então você é sacerdote?"

"Sim", respondeu Antônio.

"Se o superior geral, irmão Elias, aprovar, você é bem-vindo em minha província. Tenho lá um pequeno ermitério, Monte Paolo, nos Apeninos, a mais ou menos seis quilômetros de Forli. Aprenderá disciplina espiritual ali. Os seis irmãos que vivem lá vão a Forli ou Cesna para a missa e os sacramentos. Repetidas vezes pediram-me um sacerdote, mas não tenho quem lhes mandar. Você está disposto a ir para lá e celebrar missa para os irmãos?"

"Estou disposto a fazer aquilo que me mandar, padre."

"Muito bem. Então falarei logo com o irmão Elias. Tenho certeza de que ele aprovará."

Depois da oração da manhã, Filipe procurou pelo grupo que iria para Città di Castello. Enxergou-os à direita dos frades reunidos.

"Adeus, padre Antônio", disse Filipe. Os dois homens abraçaram-se calorosamente, com o queixo de Filipe levemente apoiado sobre a cabeça raspada de Antônio.

"O Senhor lhe dê a paz", disse Antônio. Sua voz estava carregada de tristeza. "Que Cristo o abençoe, irmão, por tudo que fez por mim."

Filipe abraçou com mais força o homem cuja vida tinha salvado. "Você é meu irmão", disse ele com voz trêmula. Então, em um tom mais firme, repetiu a saudação que Francisco tinha ensinado a seus frades. "O Senhor lhe dê a paz."

Capítulo 5

SUPERIOR

Mosteiro de Monte Paolo, entre Arezzo e Forli, Itália (1222)

"Irmão superior? Mandou chamar-me?"

O sussurro da voz grave na porta soou como um ronronar. O superior de Monte Paolo estava sentado numa pequena cadeira de madeira junto à escrivaninha, na cela apertada. Estava lendo pela terceira vez o comentário de Antônio sobre os Salmos. Se não estivesse tão concentrado nas palavras diante dele, teria percebido como seus músculos avantajados tinham se enrijecido.

Como escudeiro, o superior tinha aprendido a ler. Como cavaleiro, ele gostava de se esticar em sua cadeira grande junto à lareira para estudar, à luz de vela, seu único e precioso texto da Escritura. Desde que se tinha tornado frade e retirado para a Toscana, para as montanhas entre Arezzo e Forli, não tinha absolutamente nada para ler. O ermitério pobre e afastado não possuía um único manuscrito. Então o padre Antônio tinha chegado e pedido material para escrever. O superior lhe tinha dado autorização para esmolá-lo, contanto que o jovem sacerdote submetesse sua obra à análise do superior. Ele teria preferido ler o comentário ao ar livre, onde pudesse escorar seu dorso volumoso contra um carvalho enorme, mas as brisas da montanha eram traiçoeiras. O superior temia que uma rajada pudesse apanhar uma daquelas páginas cuidadosamente escritas e arrancá-la para sempre dele.

Por isso, permaneceu em sua cela. Esticou-se contra a cadeira de madeira e percebeu de repente que seu pescoço e costelas estavam rijos.

O superior empurrou a cadeira para trás muito abruptamente, segurando-a rápido, antes que caísse ao chão. Arqueou as costas e estendeu os braços, que quase tocaram as duas paredes de sua cela.

Então ele suspirou. O frade junto à porta não tinha se mexido. "Entre, padre Antônio", gritou o superior. "Estou lendo sua obra."

O frade entrou mansamente na cela e ficou parado diante do superior. Parecia pequeno comparado com o homenzarrão perto dele. "São apenas meus pensamentos, irmão superior. Não sei por que pediu para vê-los."

"Padre, este é o primeiro material que consegui ler desde que ingressei na Ordem."

"Minhas palavras são melhores do que nada. Certo?"

"Melhores do que muita coisa que li. Você tem uma percepção extraordinária. Jamais apliquei o Salmo 128, versículo 3 a mim mesmo: 'Teus filhos, como brotos da oliveira ao redor de tua mesa'. Pensei que este versículo fosse dirigido a famílias. Exatamente aqui você escreveu", disse o superior, pegando a página e lendo: "'Seus filhos, amado Jesus, são os cristãos aos quais o Senhor deu à luz nas dores de sua paixão'. E aqui", disse o superior, virando rapidamente algumas páginas, "você escreveu: 'Estes filhos são efetivamente seus filhos, uma vez que os redimiu com seu próprio sangue, Senhor. Tomara que sejam realmente seus e não de si mesmos, isto é, entregues à sua própria carne'".

Ele colocou a página de volta sobre a mesa e sorriu para o sacerdote. "Creio que jamais verei de novo um broto de oliveira sem pensar em mim mesmo como filho de Deus."

"Chamou-me aqui para discutir minha obra?"

Olhando para as páginas escritas por Antônio, o superior esticou-se de novo. "Você se importa de dar uma caminhada ao pé da montanha?"

Antônio riu. "Ora, eu me importaria de ir ao jardim de Deus?"

"Então, é assim que você chama estas clareiras", disse o superior, enquanto caminhava na frente para a luz do sol e na direção da cela de Antônio. Não disse mais nada até que os dois tivessem passado pelo pequeno conjunto de celas, pelo terreno roçado e pelos canteiros cultivados do pomar, onde dois irmãos, curvados sobre suas enxadas, pararam por um momento para cumprimentá-los. Quando chegaram à floresta densa, onde não se podia mais ouvir o som das enxadas, o superior falou de novo.

"Você está feliz aqui, padre Antônio?"

Antônio parou de repente, ergueu os braços para o alto como se fosse abraçar o bosque e virou-se lentamente, com as mãos e o rosto erguidos para os galhos acima dele: "Os pardais são felizes aqui?" disse ele, apontando para alguns que voavam, no alto, de galho em galho. Fez uma pausa, então se ajoelhou e afastou com as mãos as agulhas dos pinheiros caídas no chão junto a seus pés. Quando ele se levantou, uma minhoca enlameada contorcia-se na palma de sua mão. "Estas são felizes aqui, irmão?" Curvou-se para deixar cair a minhoca de volta ao chão, então espalhou barro e agulhas secas sobre ela de novo. "Todas as criaturas são felizes no jardim do Criador, inclusive eu."

"A cela em que você está alojado é adequada para você?"

De novo, o sorriso. "O irmão artesão foi muito gentil em me deixar usá-la. Por minha causa, removeu as ferramentas que guardava ali para que eu pudesse substituí-las por mim mesmo, este pedaço de metal obstinado e de madeira inflexível."

"E o metal está se tornando maleável e a madeira flexível?"

"Espero que sim."

"Posso ver sua cela?"

Antônio conduziu o superior para a caverna estreita perto dali.

Alguém, talvez um outro eremita, tinha escarvado com muita dificuldade, sem dúvida, a acanhada caverna em uma enorme rocha que se salientava da encosta da montanha. Perto da abertura, havia uma mesa de aparência tosca e uma cadeira rústica. "Foi você que as fez, padre?" perguntou o superior.

"O irmão artesão deixou-me usar suas ferramentas."

O superior riu. "O irmão artesão, é isso? É assim que você o chama? Um bom nome também."

No fundo da cela, havia um monte de palha com uma pedra servindo de travesseiro. Contra a parede, na ponta do travesseiro, estava encostado um azorrague de plantas do charco amarradas em feixe. Junco de rio. Flexível. Forte. Quando usado para flagelar a própria carne como disciplina ou como impedimento para a tentação, ferroava como um látego fino.

O superior viu todas aquelas coisas num relance e percebeu o que significavam. Seu sorriso desapareceu. Ele se virou e olhou diretamente para o sacerdote. "Os irmãos me contam que você não traz pão ou água consigo para esta cela e, algumas vezes, quando o sino toca para a refeição vespertina, você está tão fraco que eles precisam apoiá-lo enquanto caminha."

Antônio devolveu o olhar. "Jamais faltei a uma refeição."

"Tampouco a uma oração. Você é fiel e pontual." O superior olhou de novo para o junco. Estava verde, mas desfibrando, o que era sinal seguro de uso freqüente. "Quero que você relaxe a disciplina. E quero que coma mais, se não nesta cela, então à mesa." O superior apertou o braço direito de Antônio.

"Você está pele e osso, padre Antônio. Veio a nós mal e mal recuperado de uma doença."

"Foi bondade sua me aceitar. Estou melhor agora."

"Mal e mal recuperado de uma doença", repetiu o superior enquanto sacudia de leve o braço magro. "Padre, morto você não tem serventia alguma para nós. Um sacerdote morto não consegue celebrar a missa. Menos disciplina. Mais comida."

Os ombros de Antônio, sempre de porte tão régio, curvaram-se um pouco. "Sim, irmão superior."

"A obediência não é melhor do que o sacrifício a Deus?"

"A obediência purifica a alma. Primeira Epístola de Pedro, irmão superior. Menos disciplina. Mais comida."

O superior soltou o braço dele e afastou-se da cela. Encaminhou-se de novo para a floresta. "A cozinha está impecável, padre. Todas as panelas e tachos estão esfregados e em seu devido lugar. Você se sai bem nesse serviço que pediu."

"Obrigado."

"Você sente-se melhor em comer agora que é um servo?"

Antônio riu.

"Você não nasceu como criado de cozinha", disse o superior, virando-se para o ermitério.

"O que o leva a dizer isso?"

"O porte de seu dorso. Seu olhar firme. Sua maneira confiante e clara de falar. Isso faz parte de você. Desde a infância, os servos aprendem a agir como servos, e os nobres a agir como nobres. Você se curva, padre, e desvia os olhos como um servo faria, mas faz isso conscientemente. Essas maneiras não fazem parte de você, padre Antônio, assim como não fazem parte de mim."

"Lamento isso."

"Jamais lamente aquilo que Deus criou em você."

"Obrigado por isso. 'Pois somos criação de Deus. O que seremos ainda não se manifestou.'"

Os dois caminharam em silêncio, escutando os pássaros chilreando e a brisa sussurrando entre os pinheiros. Logo, as enxadas soaram no bosque. "Estou contente que o padre

Graciano nos tenha enviado você para celebrar a missa", confessou o superior.

"Eu também."

"E estou contente por você ter permitido que eu lesse seu comentário, o qual abriu meus olhos como nada que eu tenha lido antes, exceto talvez Agostinho."

O superior olhou de esguelha para o sacerdote para ver como este receberia seu cumprimento. Antônio corou um pouco enquanto dizia: "Não chego nem aos pés de Santo Agostinho, irmão superior."

"Eu gostaria que o padre Francisco pudesse ver isso. Talvez mudasse de idéia e permitisse que os frades fossem instruídos. Ele quer que preguemos a verdade. Você explicou bem o ensinamento de nosso Senhor."

"É fácil fazer isso, irmão. O Evangelho é o beijo de Deus."

O superior balançou a cabeça em concordância. O beijo de Deus. Somente o padre Antônio pensaria num termo desses, que era também uma expressão tão verdadeira e bela.

O barulho das enxadas estava muito mais perto, logo após os próximos arbustos, quando o superior passou sobre um enorme tronco de árvore que havia caído e sentou-se nele. Antônio acomodou-se ao lado dele.

"Padre Antônio, na semana das têmporas, haverá uma ordenação em Forli. Alguns de nossos irmãos e alguns dos irmãos pregadores receberão as ordens sacras. Solicitaram-me que eu estivesse presente, e gostaria que fosse meu companheiro de viagem."

"Isso me agradaria, irmão superior."

O irmão superior envolveu as longas mãos de Antônio com suas próprias mãos e apertou-as cordialmente.

"Então temos um pacto. Vamos a Forli."

"Vamos a Forli."

CAPÍTULO 6

PADRE GRACIANO

Convento dos Frades Menores, Forli, Itália
(19 de março de 1222)

Graciano sempre gostava de uma ordenação, pois a cerimônia significava mais sacerdotes para sua Ordem.

Naquela manhã, o Convento dos Frades Menores em Forli parecia a Graciano um pouco miserável para os irmãos pregadores que haviam sido ordenados ali, junto com os seguidores de Francisco. No entanto, a deliciosa refeição que estavam degustando compensava a pobreza do local. Os frades visitantes desculpariam as porções simples e pequenas; afinal de contas, era a época da Quaresma. Entretanto, o que havia sido preparado tinha sido bem preparado.

Graciano estava saboreando verduras da primavera, cozidas e temperadas com azeite de oliva e alho. Quando Graciano fora guarda pessoal, observara com que delicadeza o nobre senhor a quem servira fazia suas refeições. Ao atendê--lo, Graciano havia aprendido algumas das boas maneiras à mesa cultivadas pelos nobres. Esperava que não as tivesse esquecido ao se tornar seguidor de Francisco. Naquele momento, estava compartilhando a mesa com o bispo Alberto. Não queria que nenhum de seus hábitos à mesa parecesse grosseiro ao prelado.

Enquanto os homens conversavam e comiam nozes torradas, Graciano engoliu seu último bocado delicioso e afastou-se da mesa. A refeição estava terminando, e os homens estavam falando mais alto. Aquele parecia ser o momento mais apropriado para a alocução do jantar. Um dos frades pregadores que pertencia à Ordem fundada pelo vigoroso Domingos de Gusmão tinha sido designado para preparar a mensagem. Graciano descobriria quem deveria falar e faria os homens ficarem em silêncio.

Ele localizou o provincial dos frades pregadores, um cavalheiro de aparência severa com um cavanhaque branco pontudo.

"Padre, quem foi designado para pregar desta vez?" perguntou Graciano. "Eu o apresentarei agora."

O frade espalmou as mãos. "Ninguém nos pediu para providenciar um pregador. Supúnhamos que vocês designassem o pregador, já que a ordenação iria acontecer em um Convento dos Frades Menores."

Graciano franziu a testa e imediatamente tentou sorrir. Sabia que sua tática era infrutífera. Jamais tinha conseguido fazer com que seu rosto fizesse contorções contra as quais suas emoções pelejavam.

"Não estamos preparados, padre", disse Graciano em desespero. "Você se importaria de falar?"

"Eu somente consigo pregar bem quando estou preparado", disse o padre, sua barba subindo e descendo junto com as palavras. "Por que não pede a um dos meus frades? Talvez um deles concorde."

Com uma pequena esperança, Graciano percorreu a mesa, fazendo a pergunta. Algum dos seguidores de Domingos estava disposto a pregar? Todos tinham a mesma desculpa. Ninguém estava preparado.

Enquanto Graciano voltava para seus próprios irmãos, o bispo Alberto fez um sinal para que fosse até ele. Relutantemente, Graciano foi até onde estava o bispo. "Alguma coisa errada?" perguntou o prelado. "Comparada com sua cara, uma ameixa seca pareceria bonita."

Graciano não pôde deixar de rir. "Excelência, não se preocupe com meu problema."

"Vamos lá! Diga o que há. Não podemos deixar que seu azedume arruine esta deliciosa refeição."

"Excelência, ninguém está preparado para falar."

"Você não é provincial? Escolha alguém."

"Somos todos irmãos aqui, exceto alguns."

"Pregue você mesmo. Você é sacerdote."

Graciano suspirou. "Não estou preparado."

O bispo Alberto apoiou o queixo com o punho. "Você não tem alguém que pregue por obediência?"

Graciano olhou em torno do recinto. Seu olhar caiu sobre Antônio, sentado à mesa no fundo e falando em voz baixa com o superior de Monte Paolo, que estava sentado diante dele. Era o magro e jovem sacerdote de aparência doentia que Graciano tinha mandado para Monte Paolo no ano anterior. Desde então, o rosto do frade havia engordado um pouco. Monte Paolo restaurou sua saúde, pensou Graciano. Então lembrou mais alguma coisa a respeito desse frade.

"Ali atrás está um sacerdote que me disse, certa vez, que faria qualquer coisa que eu que lhe ordenasse", disse Graciano ao bispo Alberto.

"Chame-o para cá", ordenou o bispo.

Enquanto Antônio ajoelhava-se diante do bispo, Graciano olhou com desânimo para as mãos ásperas e rachadas do sacerdote, apertadas contra o peito. Era óbvio que o superior de Monte Paolo fizera dele um serviçal de cozinha. *Eu trouxe ao bispo como pregador um homem que lava panelas e esfrega o assoalho*, pensou Graciano.

"Você sabe pregar?" perguntou o bispo a Antônio.

"Sim, Excelência."

"Então lhe ordeno, sob obediência, que ofereça um brinde."

"Mas, Excelência..."

"Sob obediência."

"Sim, Excelência."

"Deve ter como lema: 'Cristo se tornou obediente até a morte, a morte na cruz'."

"Sim, Excelência."

"E fale tudo aquilo que o Espírito Santo lhe conceder. Abençôo-o agora em nome do Pai e do Filho e do Espírito Santo." O bispo fez o sinal-da-cruz sobre Antônio. Então o bispo Alberto tocou levemente o topo da cabeça de Antônio. Quando o prelado retirou a mão, Antônio levantou os olhos para ele, que disse: "Pode começar".

Graciano rezou rapidamente enquanto o frade de aparência comum dirigia-se à frente da mesa, com todos os olhos sobre ele. *Espírito Santo, dê-lhe as palavras.*

Antônio parou quieto, com a cabeça levemente baixada, mas com as costas eretas, enquanto um murmúrio percorreu o recinto e parou. Os homens mexeram-se em seus assentos, e então o barulho de cadeiras rangendo cessou aos poucos. Antônio ergueu a cabeça e dirigiu o olhar levemente para o alto, como se olhasse para Alguém que somente ele podia ver.

"'Cristo se tornou obediente até a morte'", disse ele, e sua voz pareceu tremer antes de ganhar força, "'até a morte na cruz'". Seu olhar estendeu-se sobre os homens diante dele. "Em nome do Pai e do Filho e do Espírito Santo."

Os frades persignaram-se.

A voz de Antônio ressurgiu, mais forte. "Cristo." Uma pausa. "Tornou-se." Pausa. "Obediente." Pausa. "Estas palavras encontram sua expressão inicial na Escritura em Lucas, capítulo 2, versículo 51. Depois que Maria e José encontraram Jesus no templo, 'ele desceu, então, com seus pais para Nazaré e era obediente a eles'. Ele veio para Nazaré, este jardim de humildade, e 'era obediente a eles'."

Antônio fez uma pausa e olhou de um rosto atento para outro. De repente, ele exclamou: "Cesse toda a jactância, desapareça toda a impudência diante destas palavras: 'Era obediente a eles'. Quem era ele, quem era obediente? Aquele que criou todas as coisas a partir do nada."

Antônio ergueu os olhos e estendeu os braços para o céu enquanto falava. "'Quem foi', como diz Isaías, 'que na concha da mão calculou toda a água que há no mar? Quem mediu a palmos o céu? Quem pôs no alqueire todo o pó da terra inteira? Quem calculou o peso das montanhas ou pôs as serras na balança?'."

"Aquele que, como diz Jó, 'abala a terra em suas bases e suas colunas vacilam. Ele manda ao sol que não se levante e guarda sob chave as estrelas. Sozinho desdobra os céus e caminha sobre as ondas do mar. É ele quem faz a Ursa e o Órion, as Plêiades e as constelações do Sul. Faz prodígios insondáveis, maravilhas que não se podem contar'."

Antônio baixou os braços e olhou de novo para os frades. "Aquele que faz todas estas coisas 'era obediente a eles', a quem ele obedeceu? A um carpinteiro." Ele estendeu a mão esquerda. "E a uma pobre e humilde virgem." Estendeu a mão direita. "Aquele que é o Princípio e o Fim, o Soberano dos anjos, tornou-se obediente a criaturas humanas. O Criador dos céus obedece a um carpinteiro, o Deus de glória eterna dá ouvidos a uma pobre virgem. Alguém já testemunhou algo comparável a isso? Algum ouvido escutou algo assim?

Antônio recolheu as mãos para o peito, colocando-as sobre o coração. "E ouviríamos milagres ainda mais profundos, pois ele, o Cristo, o Criador, tornou-se obediente, não somente a Maria e a José que o criaram, mas também à morte, e morte na cruz."

E assim ele falou. Graciano perdeu toda a noção de tempo. Ele tinha ouvido muitos frades pregar da forma simples e direta que Francisco ensinara. Muitos tinham a convicção de Antônio. Alguns tinham sua elegância. Entretanto nenhuma outra pessoa que ele alguma vez havia escutado tinha tal profundidade de conhecimento ou tal amplitude de espiritualidade. Antônio estava abrindo as Escrituras, lançando sobre a palavra "obediência" um brilho que só podia provir do próprio Deus.

"E, assim, o Filho, obediente às ordens de seu Pai, correu ao encontro da morte, e morte na cruz." Antônio estendeu os braços para os lados. "Por isso, 'Ele ficou com as mãos estendidas' na cruz 'entre os mortos e os vivos'. Ele foi estendido entre dois ladrões, um dos quais foi salvo e o outro condenado; permaneceu entre os que estavam sendo mantidos na prisão no mundo inferior e os que estavam vivendo nas misérias do exílio deste mundo. A todos estes o Filho libertou do fogo da perseguição diabólica quando ofereceu a si mesmo ao Pai na doce fragrância do sacrifício."

Graciano sentiu que estava sendo testemunha de algo maravilhoso, de algo que se abria e erguia como as asas do Espírito preenchendo o recinto.

"Em seus braços estendidos na cruz, Cristo reúne-nos." Os braços de Antônio estenderam-se como se ele quisesse envolver os frades e erguê-los para junto de seu peito. "Ele ergue-nos para o seio de sua misericórdia como uma mãe acolhe seu filho. Ele nos alimenta com seu sangue como se fosse leite. E ele nos tem carregado em seus braços estendidos na cruz. Por isso, exultem, pois Cristo morreu por vocês."

A voz de Antônio aumentou enquanto ele exclamava: "Até os confins da terra, ó pregadores, proclamem esta palavra de alegria. Proclamem-na não somente aos justos que estão no meio da Igreja, mas às pessoas que estão fora das fronteiras da Igreja, fora dos preceitos do Senhor, nos quais temos de viver. Façam com que o mundo ouça a palavra de alegria, para que todas as pessoas possam obter a alegria plena que não tem limites. Pois Cristo tornou-se obediente até à morte por nós, levando-nos com isso para a vida eterna. Tornemo-nos obedientes a ele e proclamemos a todos que ele, nosso Salvador obediente e misericordioso, deve ser louvado. Ele é o início e o fim, maravilhoso, inefável para todo o sempre. Amém. Aleluia!".

Bem no limite de sua consciência, Graciano viu Antônio voltar para seu banco e sentar-se. Ninguém mais se mexeu. Após um longo silêncio, um murmúrio percorreu o recinto. Graciano podia sentir a excitação agitar sua alma.

O bispo estava sorrindo para ele. "Uma excelente escolha, padre Graciano. Ele deve ser de grande valor para sua província."

Graciano riu. Levantou-se de seu banco e ordenou que suas pernas caminhassem, e não corressem, para onde Antônio estava, o qual se encontrava cercado por um grupo de frades que se congratulavam com ele. Graciano puxou para o lado o superior de Monte Paolo, que estava sentado quieto, olhando fixamente para Antônio e os frades ao redor dele.

"Você manteve-o para si durante nove meses", disse Graciano ansiosamente. "Agora ele pertence à nossa província toda. Ele tem de percorrer a Romagna para pregar."

"Padre Graciano, ele jamais pregou para nós. Pensávamos que não fosse capaz e nunca lhe pedimos."

"Vou mandar uma mensagem ao superior geral, irmão Elias, hoje à noite ainda", continuou Graciano. "Rimini está repleta de hereges. Primeiramente o padre Antônio se dirigirá para lá, pregando ao longo do caminho."

PARTE II

MISSÃO NA ITÁLIA

Capítulo 7

BENEDETTO

Margem do Rio Marecchia, Rimini, Itália (1222)

Benedetto estava acocorado junto à margem do Rio Marecchia. Os dedos de seus pés enterravam-se na fresca areia molhada. As mãos magras apanhavam com rapidez os peixes da rede amontoada bem na frente dele. A uma distância próxima, onde o Marecchia desembocava no Mar Adriático, o bramido monótono e a batida da maré arrebentavam na praia. Para evitar que a areia cegasse seus olhos, Benedetto tinha virado as costas para a forte brisa do mar que agora agitava seu espesso cabelo negro em torno do rosto.

Embora o céu no leste apenas estivesse começando a ficar avermelhado, Benedetto conseguia enxergar com clareza suficiente para selecionar os peixes vendáveis dos inaproveitáveis e colocá-los nas respectivas tinas. Era pescador havia 15 anos e provavelmente podia ter separado os peixes pelo tato.

Naquele momento ele nem sequer estava pensando em peixes. Talvez a última vez que tivesse estado verdadeiramente consciente dos peixes tenha sido quando tinha 12 anos, sete anos depois de ter começado a trabalhar as redes com seu pai. Quando tinha 12 anos, começou a pensar em moças. Então, seus pensamentos haviam sido deliciosamente novos e estranhos e, à medida que ficava mais velho, tornavam-se proibidos, mas ele tinha tentado censurar essas idéias lascivas, pois Deus iria desaprovar.

Quando tinha 17 anos, seus pensamentos se concentraram em Ginevra, que tinha 15. Ela era a moça que seu pai tinha escolhido para ele, a filha de um pescador conhecido de Pesaro. Benedetto tinha visto outras mais bonitas do que Ginevra, pois o nariz dela era um pouco grande demais para o rosto magro, mas ele percebeu nela um encanto interior. Ginevra amava o bom Deus e a Igreja como ele, o que era um atributo incomum naquela região.

Enquanto separava os peixes, ele estava pensando em Ginevra, grávida do terceiro filho deles. Estaria Ginevra chamando a parteira naquele exato momento? Ele voltaria para casa e encontraria um terceiro filho? Seguindo o costume, seus dois primeiros meninos tinham recebido o nome do pai dele e o do pai de Ginevra. O terceiro filho receberia o nome de Benedetto. O coração de Benedetto exultou ao pensar nisso.

No entanto, quando viesse a criança, ele não poderia compartilhar sua alegria com os homens que pescavam com ele no mar. Benedetto pensou taciturnamente em Giuseppe e Rodrigo, cujo barco estava à direita dele, e em Isidoro, que estava selecionando seus peixes à esquerda dele. Todos os três eram cátaros, crentes daquela seita que estava destruindo a Igreja não somente no Império, mas também em todo o mundo. Os cátaros, cujo nome significava "os puros", eram chamados albigenses no sul da França, onde eram especialmente fortes na cidade de Albi. Recebiam outros nomes em terras distantes como a Alemanha e um lugar na extremidade do mar chamado Inglaterra.

Os cátaros consideravam toda união sexual como pecaminosa, porque, segundo eles, todo apetite sexual era obra do diabo. O Deus bom era espírito puro e o Criador de tudo era espiritual e bom. O deus mau tinha criado o mundo visível e tudo que vivia nele, inclusive os corpos humanos. Nestes, Satanás aprisionava seres espirituais apóstatas que outrora se haviam rebelado contra o Deus bom. Essas almas tinham de fazer penitência e se libertar de toda a carne para poder entrar no céu. Para seus companheiros de pesca, Benedetto tinha um pacto com Satanás, pois era pai de crianças nas quais eram mantidos presos seres espirituais.

Não que Giuseppe e Rodrigo tivessem vidas de pureza. Diferentemente dos *perfeitos* de sua seita, que os tratantes chamavam de "homens bons" ou, de forma ainda mais blasfema, "bons cristãos", os dois salafrários ainda não tinham recebido o *consolamentum*, o rito secreto de Batismo dos cátaros. Assim, os homens eram livres para viver vidas dissolutas e devassas, pois o sacramento, diziam eles, os purificaria de todo pecado. Quando recebessem o *consolamentum*, o que pretendiam fazer quando estivessem para morrer, teriam a entrada no céu assegurada. Se morressem rápido demais, sua alma renasceria no corpo de outros seres humanos até que eles fizessem penitência suficiente e se tornassem *perfecti*. As respectivas almas de Benedetto e Ginevra, que acreditavam na Igreja Romana, estavam condenadas a ciclos infinitos de renascimento e morte até que também eles aderissem à verdade catarista.

Benedetto não tinha paciência ou amor por Giuseppe e Rodrigo. Para ele, eram cátaros porque, tendo essa crença, podiam pecar sem a culpa que teriam de enfrentar se fossem católicos romanos. À noite, os risos rudes e ébrios dos homens ecoavam pelas ruas de Rimini, enquanto se encaminhavam para a zona de meretrício da cidade. A existência bestial deles não atraía Benedetto.

Isidoro era diferente. Na presença do adolescente de barba ruiva, Benedetto se sentia pecaminoso e confuso. Isidoro aderia à sua fé tão plenamente como se ele próprio fosse um "homem bom". Não matava pássaros ou animais de quatro patas, pois, segundo ele, isso era pecado. Não comia carne, nem mesmo o peixe que pescava para ganhar a vida. Não bebia vinho, não namorava. Três vezes por semana jejuava à base de pão e água. Tendo recebido a primeira parte do *consolamentum*, Isidoro era digno agora de orar o pai-nosso várias vezes ao dia. Uma vez por mês, assistia a um culto presidido pelos "homens bons".

A vida santa de Isidoro escarnecia de Benedetto, que, às vezes, sentia-se exausto demais para assistir à missa dominical, e que com freqüência se ressentia dos dias de jejum e das dores de fome que os acompanhavam. Deus o levaria para o céu apesar de suas faltas? A idéia de receber o *consolamentum* e ter certeza da recompensa eterna era atraente. Cada vez mais, ele começou a se perguntar se estava se atendo à sua fé romana apenas porque havia sido criado nela.

Isidoro tinha pena de Benedetto, de modo que muitas vezes tentou convertê-lo. As palavras de Isidoro ecoavam as dos pregadores cataristas de hábito negro que Benedetto freqüentemente tinha escutado fazendo sermões nas praças de Rimini. Os *perfeitos* colocavam sua fé no Deus bom, diziam eles, e não nos falsos sacramentos da Igreja Romana. Louvavam a pobreza, a castidade e a caridade e praticavam todas as três virtudes. Não possuíam nada, viviam de esmolas e jejuavam e oravam muito. Recusavam relações sexuais de qualquer espécie e não hesitavam em oferecer conforto, ajuda e incentivo para os necessitados. De fato, eram homens abnegados e bons.

Os cátaros pregavam que os verdadeiros cristãos devem confiar na igreja verdadeira que afirmavam representar. Diziam que a Igreja Romana havia se desencaminhado.

"Olhe para o cônego Alonzo", disse Isidoro mais do que uma vez. "Você acha que ele está seguindo a Cristo?"

Benedetto tinha de admitir que o cônego Alonzo comprava guloseimas com o dinheiro coletado para os pobres. A casa que ele ocupava era muito superior à de Benedetto, que também o via voltando da taverna local para casa, caminhando com dificuldade.

"Sabe", dizia Isidoro, "coisas que a Igreja afirma serem verdadeiras não o são. Você diz que vai à missa por causa da Eucaristia, mas o Santo Cristo associaria seu corpo com matéria terrena como pão e vinho? Mesmo que o fizesse, será que ele viria por ordens de um sacerdote pecador? Os fiéis podem orar em qualquer lugar. Um curral é um lugar tão bom quanto uma igreja para invocar a Deus. E, no que diz respeito ao cônego Alonzo, talvez até melhor."

Isidoro fazia Benedetto pensar. Às vezes, sentia-se estúpido como os peixes que jaziam exaustos a seus pés. Ele arremessou um peixe gordo a um cesto para guardar e vender e um monte de algas marinhas a outro para ser jogada fora. Em que cesto ele estava, no de Deus ou no de Satanás? E quanto a Isidoro e aos "homens bons"? Qual dos cestos os reclamava?

"Ei, Benedetto! Aí vem seu novo sacerdote!" gritou uma voz grave e áspera da embarcação ao lado.

O grito do musculoso e atarracado Giuseppe entremeou o calmo lamber das ondas do rio contra o casco liso do barco de Benedetto. Benedetto apertou os olhos para poder enxergar ao longo da praia.

Longe, emergindo exatamente do local onde a noite e o amanhecer se fundem na visão de um homem, estava a silhueta de um homem que caminhava com o porte ereto e o andar decidido de um nobre, mas vestia a lã ordinária de um mendigo. O frei Antônio.

"Dizem que esse sacerdote é até mais santo do que você e Isidoro", gritou Rodrigo.

"Então talvez ele seja o Cristo que retornou", vociferou Giuseppe. Os ouvidos de Benedetto arderam com a blasfêmia.

Antônio tinha chegado à cidade duas semanas antes e estivera pregando pela cidade assim como os cátaros o faziam. Muita gente reunia-se para escutá-lo. O próprio Benedetto o tinha escutado várias vezes. Antônio não era da Romagna – Benedetto podia perceber –, porém falava bem a língua. Mais do que isso, ele falava de Deus com tanto vigor quanto os pregadores cataristas. Nunca antes Benedetto tinha ouvido nenhum sacerdote falar daquela maneira.

No domingo, Benedetto, Ginevra e as crianças tinham ido à missa que Antônio tinha presidido, tendo o cônego Alonzo como assistente. Ali Benedetto participou da missa como jamais o fizera antes. Embora não entendesse completamente o latim que Antônio empregava, Benedetto sabia que as palavras diferiam, na pronúncia e talvez no significado, daquelas que o cônego Alonzo falava.

Antônio fez a pregação. Benedetto nunca tinha escutado ninguém pregar na missa. Tinha aprendido sua fé de seus pais, dos quadros nas paredes da igreja e do credo apostólico e do pai-nosso que o cônego Alonzo mandava todos recitarem. Entretanto, antes de Antônio falar, Benedetto não havia realmente pensado sobre o amor de Cristo. Certa vez, na missa, o frei Antônio tinha dito que os discípulos de Jesus eram pescadores. Enquanto Benedetto continuava a separar os peixes, perguntou-se se Jesus podia chamar alguém tão pecador quanto ele próprio para seguir o Senhor. O olhar de Benedetto acompanhava Antônio, enquanto o frade descia para a praia. Antônio parava junto a cada barco, falando algum tempo com cada homem. De repente, Benedetto ficou vermelho por causa de seus modos incultos, sua roupa e seu corpo fedendo a peixe e suas mãos enlameadas. Ele tinha vontade de correr e esconder-se, mas seus dedos continuaram a fazer sua tarefa mecânica de separar os peixes.

Antônio parou ao lado do barco de Isidoro. Os dois homens conversaram em voz tão baixa que Benedetto não conseguiu ouvir. Então Antônio fez um sinal com a cabeça e seguiu seu caminho ao longo da praia em direção a Benedetto.

"Sou o irmão Antônio", disse ele com um sorriso e uma leve inclinação da cabeça.

Benedetto não sabia o que fazer com as mãos, que pareciam incapazes de largar o peixe.

"Sei, padre. Eu o escutei pregar."

"Então você sabe quão orgulhoso deveria estar de sua profissão. Jesus escolheu homens que pescavam para falar ao mundo sobre ele. Fez de um deles o cabeça da Igreja."

Benedetto enrubesceu.

"Qual é seu nome, meu filho?"

"Benedetto, padre."

Antônio sorriu. "'Abençoado' é o significado de Benedetto. É também um bom nome para você. Deus o abençoou com um dorso vigoroso e uma boa esposa e família. Que logo ficará maior."

Benedetto sorriu. "Como sabe, padre?"

Antônio riu gentilmente: "Meus olhos funcionam tão bem quanto os seus, Benedetto. Vi você e sua esposa na igreja no domingo. Num grupo tão pequeno de pessoas, como eu poderia deixar de notar você?"

"Esta cidade é ruim para a pregação", disse Benedetto com amargura. "Aqui todos são cátaros." Ele olhou de soslaio para Giuseppe e Rodrigo. "A fé verdadeira quase desapareceu."

Antônio encolheu os ombros. "Desapareceu? Sabe, Benedetto, um peixe simboliza a fé."

Benedetto pareceu confuso. "A fé?"

"A fé. Como um peixe que nasce, é alimentado e vive nas águas profundas do mar, a fé não pode ser vista pelo olho humano. Como um peixe, a fé em Deus nasce nos recessos escuros do nosso coração. É santificada pela graça invisível do Espírito Santo pelas águas do Batismo. Você foi batizado, Benedetto?"

"Sim, padre", respondeu Benedetto com orgulho.

"Isso é bom. Então você tem fé. No entanto, deve permitir que a ajuda invisível da Divina Providência alimente essa fé para que ela não definhe, pois a fé verdadeira, como um peixe golpeado pelas ondas do mar, não é destruída pelas adversidades da vida. Peça a Deus por esta fé. Diga: 'Dá-me a graça de viver e morrer na fé dos Santos apóstolos e de tua Santa Igreja Católica'."

Benedetto apertou os lábios. Será que aquele frade sabia que ele estivera questionando sua fé? "Há muitos nesta cidade que não se importam com a Santa Igreja Católica, padre. Os motivos deles são, às vezes, convincentes."

Antônio olhou para Isidoro. "Eu sei."

"Eles são incorrigíveis, padre."

"Incorrigíveis? Quer dizer que é tão impossível para os cátaros retornar para a fé verdadeira quanto é para estes peixes diante de você retornar ao mar?"

"Eles estão presos em uma armadilha", Benedetto encolheu os ombros, "exatamente como estes peixes".

Antônio se abaixou junto aos pés de Benedetto e apanhou um peixe que se contorcia. "Posso pegar este?"

"É claro."

O sacerdote segurou o peixe com firmeza, caminhou até as ondas e entrou no rio. Benedetto viu a água subindo pelo hábito dele até chegar à cintura. Então ele baixou as mãos para dentro da água, e, quando as levantou de novo, o peixe tinha desaparecido.

"Nade, peixe!" exclamou o frade. "Nade para o mar, fonte e sustento de sua vida!" Então ele se voltou para a praia, e sua voz passou sobre Benedetto como um vagalhão sobre a praia. "Estamos todos presos em uma armadilha, porém Deus não desiste de nenhum ser humano. Cristo pode libertar você para procurar a Fonte e o Sustento de sua vida, mas primeiro é necessário que você saiba que está preso e desamparado. Então precisa confiar nas mãos perfuradas de cravos daquele que pode livrar você. No mundo, toda liberdade é escravidão. Com Deus, toda escravidão é liberdade. Você deseja ser aprisionado pelo mundo? Ou deseja ser livre em Cristo? Hoje pregarei aqui à hora da sexta. Você virá?"

Benedetto estaria ali na sexta, consertando as redes e limpando o barco. Os outros homens estariam fazendo o mesmo. O frade teria uma platéia cativa.

***

Na sexta, o sol estava a pino, mas o vento que soprava da água amenizava o calor. Benedetto esfregava o casco de seu barco. Tinha vendido seu peixe e visitado Ginevra, que lhe assegurou que não daria à luz naquele dia. Ele havia contado a ela que o padre Antônio iria à praia para falar. Ginevra também queria ir. Benedetto examinou a pequena multidão que se estava reunindo ao longo da praia. Homens. Mulheres. Crianças da cidade. Conhecia a maioria deles. Um número pequeno de pessoas, mais ou menos igualmente dividido entre católicos e cátaros.

"Papai!"

Benedetto começou a rir quando dois braços roliços cingiram seu pescoço por trás. Levantou-se e girou em círculo com o pequeno Alfredo, de 4 anos, agarrado a ele como se estivesse querendo salvar a própria vida. Outros dois bracinhos agarraram sua perna esquerda. Benedetto levantou Pascal e jogou-o para o alto. Benedetto colocou Pascal em seu barco e então soltou Alfredo de seu pescoço e colocou-o ao lado do irmão. Olhou ao longo da praia. Ginevra caminhava com dificuldade na direção dele, com um cesto pesado pendendo do braço. Benedetto sabia o que havia nele. Pão e queijo, peixe seco e vinho. Não passariam fome, enquanto Antônio falasse.

***

"Teus filhos, como brotos de oliveira ao redor de tua mesa." A voz de Antônio ressoou como estrondosa trombeta enquanto repetia o texto do salmo 128, versículo 3, o versículo que estivera expondo durante a última hora. O sacerdote estava aproximadamente a 15 metros do barco de Benedetto, parado sobre uma rocha que se sobressaía da praia, e a pequena multidão encontrava-se espalhada ao longo da praia como as conchas que pontilhavam a costa. Ginevra estava acomodada no barco, com o cesto vazio a seus pés e Alfredo e Pascal cochilando no colo dela. Benedetto estava fazendo nós em uma rede e escutando enquanto trabalhava. Estava levemente surpreso com o fato de os cátaros no grupo terem dado tanta atenção cortês ao frade.

"Podemos falar de três diferentes tipos de mesa", bradou Antônio, sua voz ressoando facilmente mais alto do que o barulho das ondas. "Cada uma das três mesas oferece seu próprio alimento adequado. A primeira é a da doutrina, dos ensinamentos da Igreja que Cristo fundou sobre si mesmo. A segunda é a da penitência, o pagamento a Deus por nossos erros contra ele e contra nossos semelhantes. A terceira é a da Eucaristia, onde os fiéis tomam parte no corpo de nosso Senhor e Cristo na Missa."

Benedetto percebeu um murmúrio, um sussurro, um arrastar de pés. O barulho de pessoas pouco à vontade, mexendo-se. Ele ergueu os olhos de suas redes. Isidoro, ao se levantar lentamente e ficar em pé no casco de seu barco, chamou a atenção de Benedetto.

"A primeira mesa é a da doutrina", continuou Antônio. "'Diante de mim preparas uma mesa aos olhos de meus inimigos', disse o salmista no salmo 23, versículo 5. O versículo refere-se a Cristo. Aqueles que afligem Cristo são hereges que escolhem o que querem crer dos ensinamentos da Igreja. Eles assemelham-se muito a crianças mimadas que escolhem suas guloseimas do prato estendido diante delas. Deus quer que tenhamos todo o bem, não apenas parte dele. Cristo é a verdade, e a verdade não muda, a verdade não se divide."

Atrás de Benedetto, Giuseppe disse asperamente: "Ei, Rodrigo, ouvimos o suficiente, não? Este trabalho pode esperar até amanhã. Vamos para casa tirar uma soneca".

Passos surdos na areia diziam a Benedetto que os dois homens estavam indo embora. Os dois companheiros faziam parte de um movimento que deslizava pela multidão. Certamente o enfoque na doutrina, Eucaristia e penitência, três coisas que os cátaros negavam, estava causando a dispersão. Benedetto viu as pessoas começarem a se dispersar como pão que se desfaz lentamente em pedaços quando jogado na água. O próprio Isidoro parecia paralisado entre o olhar fixo de Antônio e o de Benedetto, como se quisesse ir embora correndo e, no entanto, desejasse permanecer.

"Então eu disse coisas que vocês não querem ouvir", reverberou a voz de Antônio acima da multidão em dispersão. O frade levantou os olhos para o céu e fez uma brevíssima pausa. Então pulou da rocha e encaminhou-se para o rio.

"Ouçam a palavra de Deus, vocês, peixes do mar", vociferou ele, olhando para as ondas, "já que hereges e infiéis não a querem escutar".

Benedetto olhou fixamente para o frade. O sol e o desapontamento pela maneira com que suas palavras eram recebidas devem ter deixado o sacerdote febril.

"Meus irmãos peixes, vocês devem muitíssimo, na medida em que são capazes, agradecer a seu Criador por lhes ter dado um elemento tão nobre no qual viver. Como bem lhes aprouver, vocês têm água doce e, além disso", Antônio estendeu os braços para o mar, "água salgada. Deus deu-lhes muitos abrigos contra tempestades e alimento com que podem viver".

O frade estava atacando o próprio fundamento da crença cátara. Estava dizendo que o Deus bom, o único Deus, e não Satanás, tinha criado o mundo físico. Este mundo inclui o mar e os peixes que viviam nele; o Espírito Santo de Deus residia nessas humildes criaturas de carne.

Benedetto ouviu um agito que ele reconheceu. Olhou automaticamente para trás do frade, para o rio. Ali, um cardume de peixes veio à superfície, com as cabeças cintilantes emergindo, as bocas abertas como que para comer. Rio acima e rio abaixo, até onde ele conseguia enxergar, peixes estavam subindo para a superfície. Os peixes menores estavam mais perto da margem, e os peixes maiores, mais escuros, estavam na parte mais funda. Era possível vê-los até a foz do Marecchia, onde este desembocava no Adriático.

"Deus, seu amável e gentil Criador, quando criou vocês, ordenou-lhes que crescessem e se multiplicassem. Ele lhes deu sua bênção. Quando o grande dilúvio engoliu todo o mundo e todos os outros animais foram destruídos, Deus preservou somente vocês sem dano ou prejuízo. Ele quase lhes deu asas para que vocês pudessem se locomover para onde lhes aprouvesse."

Benedetto ouviu outro som, este vindo da praia. Aqui e ali, entre as pessoas que se dispersavam, havia murmúrios alvoroçados, davam-se puxões em amigos que estavam indo embora, apontava-se para a água. Algumas pessoas dispersas faziam meia volta e corriam em direção a Rimini.

"A vocês, Deus deu a ordem de preservar Jonas, que havia sido jogado ao mar, e, depois de três dias, um de vocês o lançou para a praia são e salvo. Um de vocês manteve em sua boca o tributo de que nosso Senhor Jesus Cristo necessitava, o qual ele, pobre e humilde, não poderia pagar se vocês não lhe tivessem dado a moeda. Vocês foram a comida do Rei eterno, Cristo Jesus, antes da ressurreição e, de novo, depois dela, por um mistério estranho, quando nosso Senhor Ressurreto comeu peixe na praia com seus apóstolos. Por todos esses favores, vocês devem louvar e bendizer a Deus, que lhes concedeu tantos benefícios."

Benedetto não sabia para onde olhar. Para a praia, onde a multidão volúvel estava começando a se movimentar em direção ao sacerdote. Para a água, que estava cintilando com fileiras de peixinhos. Para Isidoro, que se tinha virado em seu barco e estava olhando fixamente para o rio. Ou para Antônio, cujo olhar passeava, de um lado para o outro, sobre as ondas mansas como se estivesse exortando criaturas racionais a louvar a Deus.

"Bendito seja o Deus eterno, pois peixes da água honram-no mais do que pessoas que negam sua doutrina.

Os animais irracionais escutam mais prontamente a palavra de Deus do que a humanidade sem fé."

Então, muito lentamente, Antônio virou-se de novo para a multidão boquiaberta na praia. Os curiosos vinham correndo de Rimini em direção ao frade.

"Até mesmo os animais da terra reconhecem a mesa da doutrina do Senhor. Crêem nos ensinamentos de Cristo em sua totalidade, porque reconhecem a santidade daquele que os criou e que nos ensinou. Entretanto somente os que foram feitos à imagem de Deus foram convidados à segunda e à terceira mesa de Deus, as da penitência e da Eucaristia, pois os animais, incapazes de pecar, não necessitam de arrependimento. E os animais, incapazes de serem salvos, não têm necessidade do Pão da Vida."

De repente, Benedetto sentiu seu barco balançar. Seu olhar preocupado parou em Ginevra. Ela caíra de joelhos, e isso tinha causado o movimento do bote. Ao lado dela, Alfredo e Pascal olhavam fixamente para a água. A tira dançante de peixes estava muito perto da praia, perigosamente próxima, onde gaivotas facilmente os poderiam ter apanhado.

As gaivotas. Onde estavam as gaivotas? Com tantos peixes tão perto da superfície, os predadores brancos deveriam estar mergulhando no rio em maciças nuvens aladas, com seus grasnados roucos cortando o ar. Onde estavam as gaivotas?

"'A tranqüilidade de tua mesa estará cheia de saborosa comida', diz Deus em Jó 36,16. A saborosa comida do perdão de Deus vem quando confessamos nossos pecados a nosso Pai e imploramos sua misericórdia. E quem entre nós não pecou? Pecamos com dinheiro, com lascívia, com orgulho, com posses? Descuidamos de nosso Pai ou de nossa família? Afastamo-nos de Cristo, verdadeiro Deus e verdadeiro Homem, para seguir as heresias de simples homens? Pensamos, como fariseus, ser melhores do que o resto da humanidade? Nenhum pecado pode chegar à presença de Deus. 'Todos pecaram e estão privados da glória de Deus.' Ó, que gostosa comida ingerimos quando admitimos nossos pecados e imploramos a misericórdia de Deus! Então Deus alimenta-nos com a graça do perdão até que nossa alma esteja saciada."

Enquanto o sacerdote continuava a falar, as pessoas começaram, aqui e ali, a se ajoelhar. Benedetto caiu de joelhos na areia, com a cabeça entre as mãos. Com que rapidez ele tinha visto os pecados de outros, enquanto permanecia cego para as trevas do orgulho e o espírito julgador que havia em sua própria alma! As doutrinas cataristas não o atormentavam? No entanto, Antônio tinha mostrado que Deus estava no controle, naquela mesma praia, com os peixes que ele havia criado. Se os peixes conheciam o Senhor e curvavam-se a ele, por que não Benedetto?

"Recebemos o perdão de Deus. Então somos dignos de receber em abundância à mesa da Eucaristia, onde 'não podeis participar da mesa do Senhor e da mesa de demônios'. Pois Deus e os demônios são inimigos, e os que não servem um certamente servem o outro. A que mesa vocês desejam se assentar? A comida servida na primeira mesa, a mesa da doutrina, é a palavra da vida. O banquete na segunda mesa, da penitência, é a comida de gemidos e lágrimas. A refeição na terceira mesa é o corpo e sangue de Cristo. Vocês têm de escolher sua mesa? Não! Deus os chama para todas as três."

Benedetto permaneceu ajoelhado, e sua alma chorava mansamente enquanto Antônio continuava a falar. Ele não ousava erguer os olhos para o santo sacerdote, pois achava que, se o fizesse, toda a cidade veria as lágrimas reluzindo em seu rosto.

"Portanto, venham como filhos 'à mesa', vendo tudo o que Deus tem para oferecer, tomando tudo o que Deus quer dar-lhes. Venham. Creiam com firmeza. Aproximem-se com reverência. Admitam que não merecem esta grande graça concedida a vocês. Comam das mesas de Deus com humildade. Ó, Cristo, que nos alimentemos à tua tríplice mesa com tanto júbilo, humildade e confiança, que mereçamos ser alimentados à tua mesa eterna no céu. Amém."

Enquanto as palavras de Antônio se desvaneciam, sons suaves de pessoas chorando e de peixes chapinhando na água misturavam-se.

"Minha boa gente e meus queridos peixes, obrigado por ouvirem com o coração. Voltem agora em paz para casa."

As águas movimentaram-se e borbulharam. Quando Benedetto enxugou os olhos e conseguiu enxergar de novo, a superfície do rio estava coberta de círculos que rapidamente se ampliavam onde milhares de peixes tinham mergulhado sob as ondas.

Na praia, outro movimento agitou a multidão. Havia choro. Gritos dispersos de "Tem misericórdia de nós, Senhor". Antônio não podia ser visto atrás de um grupo de pessoas que se aglomeravam em torno dele.

Benedetto se virou para Ginevra, que ainda estava ajoelhada, olhando fixamente para a multidão em torno do sacerdote. "Ginevra", disse ele com a voz embargada, "preciso me confessar. Hoje".

Ginevra balançou a cabeça em concordância. "Eu também, Benedetto."

Eles esperaram. Quando o sol estava se pondo atrás de Rimini, finalmente chegaram até o sacerdote e confessaram-se a ele ao lado do rio Marecchia. Teriam que ter esperado mais tempo, mas Isidoro, que estava na frente deles, viu que Alfredo e Pascal estavam ficando com sono. Ele permitiu que Benedetto e Ginevra passassem à sua frente na fila.

Capítulo 8

BONONILLO

Selaria, Rimini, Itália (1222)

O nariz bulboso de Bononillo adorava o cheiro de couro. Em sua selaria, curvado sobre uma sela, estava pregando com tachas o couro mais macio aos arcos. Mesmo para suas mãos ásperas, que haviam trabalhado em selas durante cinqüenta anos, o couro adequadamente curtido ainda parecia mais macio do que a pele de um bebê. Bononillo gostava de trabalhar com materiais que podia ver e tocar. Madeira que pudesse entalhar. Couro a que pudesse dar forma. E, às vezes, para um duque ou um senhor, tintas magníficas que pudesse aplicar delicadamente na maçaneta e patilha e criar uma obra de especial beleza.

Uma sombra caiu sobre a sela, e Bononillo levantou os olhos. Antônio estava parado na porta.

"Ah, meu amigo, que belo trabalho você faz durante a mais santa das semanas", disse Antônio. "Deus lhe deu um olho e uma mão para fazer bem este trabalho."

Os olhos penetrantes e negros de Bononillo se ergueram para o santo sacerdote. "Minhas mãos são tão fortes como eram – ou até mais do que eram – quando eu tinha 12 anos e abri esta selaria."

"Aposto que na época você pensava que estava no auge. Pensava que sabia tudo sobre a arte de fazer selas. E também sobre a vida em geral."

"Como sabe disso?"

"Porque todos os jovens são iguais."

Bononillo balançou a cabeça quase calva em concordância. "Você é jovem agora. Quando ficar velho como eu, perceberá quão pouco sabe agora."

"É verdade. Sempre há tanta coisa mais para aprender sobre Deus. Esta é uma semana muito boa para aprender."

Bononillo pressionou o couro com um pano, esfregando-o rapidamente. Tinha percebido a insinuação do jovem frade quanto à Semana Santa. "Você está esperando que eu me confesse esta semana e vá à Eucaristia na Páscoa, não é?"

"O que há de errado com essa esperança?"

"Faz trinta anos que não me confesso e não vou à Eucaristia."

"Ainda não é a hora da terça. Tenho o dia todo para ouvir."

Bononillo levantou a sela para o sol da manhã. O couro polido brilhou sob os raios. "Não é o pecado que me impede de me confessar, padre Antônio. Você sabe que é a Eucaristia. Tivemos esta conversa várias vezes desde que chegou a Rimini. Seus argumentos não são mais convincentes do que os do cônego Alonzo no que diz respeito à Eucaristia. O cônego Alonzo é um sacerdote negligente. Por que o Santo Cristo concordaria em repousar nas mãos dele, mesmo na forma de pão e vinho?"

Antônio suspirou. "O cônego Alonzo exerce o ministério de sacerdote. Ele foi ordenado para consagrar pão e vinho no corpo e sangue de Cristo. Seus pecados não afetam essa função."

Bononillo remexeu em uma pilha de panos limpos que havia em uma tina a seus pés. "Deus permite escândalos se deixa que homens como o cônego Alonzo consagrem seu corpo e, então, o distribuam a outros."

"Posso entrar?"

Bononillo encolheu os ombros.

Antônio sentou-se em um banquinho de madeira ao lado do seleiro. "Esse anel em seu dedo, Bononillo, é de ouro, não?"

"Espera que eu o doe à Igreja, padre?"

Antônio desatou a rir. "Se quiser, Bononillo, eu o venderei e darei o dinheiro aos pobres, mas não, eu não estava pensando nisso. Estava pensando em uma história da paixão de são Sebastião. A história fala de um rei que tinha um anel de ouro adornado com uma pedra preciosa, muito parecido com o seu, do qual ele gostava muito. Um dia, o precioso anel caiu em uma cloaca. O rei ficou inconsolável. O que você faria se fosse o rei, Bononillo?"

Bononillo estava polindo a sela. "Pediria que alguém o retirasse, padre."

"E suponha que ninguém quisesse."

Bononillo esfregou a maçaneta. "Não sou imbecil, padre. Eu mesmo iria pegá-lo."

"E foi isso que o rei fez em minha história. Você há de perceber, Bononillo, que a cloaca não impediu o rei de procurar o anel. Por que não?

"Porque o anel era valioso."

"Correto. E, se o seu anel caísse em uma cloaca assim, você não iria recuperá-lo? Você não iria limpá-lo e guardá-lo com cuidado?"

Bononillo virou a sela e esfregou com força a parte inferior. "Eu disse-lhe que não sou imbecil."

"Você não é, Bononillo. O anel tem o mesmo valor e esplendor se está no lixo ou se está no seu dedo, correto? Da mesma forma, o ministério de um sacerdote não muda mesmo que o sacerdote esteja maculado pelo pecado. É um ministério permanente, assim como o ouro é um metal permanente. O aviltamento não muda nem o ouro nem a capacidade sacerdotal de consagrar a Eucaristia."

Bononillo virou a sela para cima de novo. "Você está defendendo o estilo de vida do cônego Alonzo?"

Antônio levantou-se tão abruptamente que derrubou o banquinho. O frade colocou-o de volta no lugar, enquanto falava. "Você me ouviu falar, Bononillo. Você me ouviu dizer mais do que uma vez que aqueles que abusam da herança de Cristo com sua vida imoral serão excluídos do reino de Deus. Eles são como ídolos na Igreja, merecendo apenas o inferno. Eu não defendo clérigos imorais. Defendo a Eucaristia."

Bononillo jogou o pano no chão com raiva. "A Eucaristia. A Eucaristia. Suponhamos que você esteja certo quanto ao cônego Alonzo e seu ministério sacerdotal, mas a Eucaristia?" Bononillo empurrou a sela na direção do frade. "Você pode ver isto. Senti-lo. Cheirá-lo. É couro. Você diz que a Eucaristia é o corpo e sangue de Cristo, mas posso vê-la, senti-la, cheirá-la. É pão. Vinho. Eu mesmo a tomei durante vinte anos até compreender que era tolice crer nisso. Então eu não podia mais receber a Eucaristia ou estaria fingindo crer no que é tão obviamente falso."

Antônio respirou fundo. "Bononillo, já lhe disse antes. Cristo afirmou: 'Isto é o meu corpo. Este é o meu sangue'. Você não acredita em seu Senhor?"

Bononillo suspirou. Apanhou o pano e sacudiu-o para tirar o pó. "Eu quero acreditar, padre, mas simplesmente não consigo. Falei com meus filhos sobre isso e com meus netos que agora estão tendo filhos. Nenhum deles consegue me explicar isso. O cônego Alonzo não consegue explicá-lo. Os cátaros dizem que não há sacramento. Não creio em muitas das outras coisas que dizem, mas eles têm razão quanto à Eucaristia. Sei que você é um homem santo, padre, mas está equivocado. Vejo pão. Vejo vinho. Como pão. Bebo vinho. Sei o que é carne, padre. A Eucaristia não é carne."

Antônio cruzou as mãos nas costas e percorreu lentamente a pequena selaria. Bononillo voltou a polir sua sela.

"Até mesmo os animais reconhecem o Criador."

"Eu sei, padre. Escutei você falar junto ao rio. Vi os peixes. Creio em Deus. Creio em tudo o que você diz. Exceto sobre a Eucaristia. É inacreditável."

"A forma do pão, do vinho, permanece a mesma. A substância muda. A substância é Cristo."

"Deus nos pede para crer nisso? É um absurdo."

"Você é teimoso como um cavalo, Bononillo."

"Um cavalo é mais inteligente do que você, padre. Um cavalo sabe distinguir pão de carne."

Antônio parou de andar. Ficou olhando para a porta, de costas para Bononillo, com a cabeça baixada, as mãos cruzadas nas costas. Bononillo observava-o com curiosidade. Subitamente, Antônio ergueu a cabeça e inclinou-a para trás como se estivesse olhando para algo fixo no céu. Ficou assim por tanto tempo que Bononillo parou de observá-lo e voltou a polir a sela.

Subitamente, Antônio bradou: "Se sua égua reconhecesse Cristo na Eucaristia, então você creria?"

Bononillo riu. "Minha égua?"

"Você creria?"

"Sim! Eu voltaria à Igreja e levaria toda a minha família comigo."

Antônio virou-se para Bononillo. "Deixe sua égua sem comida por três dias. Então, na Quinta-feira Santa, depois da missa da prima, leve-a para a praça da vila junto com alguma aveia e feno. Eu levarei a Eucaristia. Veremos o que a égua vai fazer."

Bononillo encolheu os ombros. "Ela comerá a aveia e o feno."

"Se ela fizer isso, então a culpa é minha, não de Deus. Apenas se lembre disso. Meu pecado, não a falta da presença de Deus no sacramento."

"Você realmente crê, não é?" Bononillo sentiu uma ponta de compaixão pelo jovem tolo e idealista. "Rimini inteira estará lá para ver. Se seu teste não funcionar, você perderá a cidade. A igreja estará vazia para seu sermão da Páscoa."

O frade sorriu um pouco. "Se o teste funcionar, Deus ressuscitará sua alma e talvez uma família de almas. Deixarei que Deus se encarregue do resultado."

Bononillo assentiu com a cabeça. "Deixemos a coisa com Deus, então."

***

"Pobre Enrica", disse Bononillo gentilmente enquanto conduzia a égua para fora do estábulo. "Sem comida por três dias, Enrica. O bom frade está sendo justo com você, minha querida?"

Enrica parecia um pouco fraca. Seus grandes olhos estavam úmidos e confiantes. Sobre o dorso da égua, Bononillo colocou dois pacotes, um de aveia e outro de feno. Tinha escolhido seu melhor alforje para mostrar à multidão.

"Logo vai comer, minha boa trabalhadora." Acarinhou o animal e levou-o para a rua inundada pela luz do sol nascente.

"Aí vem Bononillo!" gritou uma criança para alguns companheiros de brincadeira. "Venham!"

Bononillo sentiu-se como se estivesse liderando um desfile. Rimini inteira tinha ouvido falar do desafio. Vizinhos saíam de suas casas e lojas e aglomeravam-se em torno dele, enquanto se encaminhava para a praça do vilarejo. Todos gostavam de uma boa peça, e aquela era uma que o frade visitante estava prestes a pregar em si mesmo.

Além disso, era Quinta-feira Santa, o dia em que Cristo transformou pela primeira vez pão e vinho em seu corpo e sangue. Se o primeiro milagre era verdadeiro, talvez as pessoas fossem ver um segundo acontecimento desses naquele dia. A possibilidade disso parecia pequena, mas... e se acontecesse? Quem estaria disposto a deixar de vê-lo? Bononillo sentiu um arrepio de temor quase imperceptível perpassar seu corpo. E se o milagre ocorresse?

A praça estava lotada de gente quando Bononillo chegou. Ele e Enrica ficaram parados desajeitadamente entre as pessoas, que deixavam um pequeno círculo de espaço ao redor dos dois. Como havia sido prudente de sua parte ter escolhido seu melhor alforje!

A multidão inquieta começou a murmurar: "Onde está o sacerdote?".

"Eu o vi na igreja."

"Há três dias que ele está na igreja, orando."

"Ah, é por isso que não o ouvimos pregar."

"Onde ele está agora?"

"Alguém corra para a igreja e diga-lhe que Bononillo está aqui e sua égua está com fome."

Um menino saiu da multidão e correu na direção da capela da cidade. Vinte minutos mais tarde, voltou para a multidão. "Ele estava celebrando missa, mas, olhem, está vindo." O menino apontou para a rua de onde tinha acabado de vir correndo.

De fato, dobrando a esquina, vinham o cônego Alonzo e um de seus jovens assistentes carregando velas e um terceiro homem balançando um turíbulo. Atrás deles vinha Antônio, segurando bem acima de sua cabeça uma pequena torre encimada por uma cruz. Bononillo não via um objeto daqueles desde que deixara a Igreja, mas se lembrava do que havia neles. A Eucaristia. Seguindo a procissão, havia pessoas, a maioria delas mulheres, que provavelmente tinham assistido à missa. A procissão avançava silenciosa e lentamente. Quando a torre aproximou-se, muitas pessoas na multidão ajoelharam-se e fizeram o sinal-da-cruz. Ao penetrar na multidão, o sacerdote fez um sinal com a cabeça para Bononillo.

"Coloque o feno e a aveia no chão."

Bononillo tirou o alforje do dorso de Enrica e abriu-o. Colocou no chão, diante da égua, o feno e então derramou a aveia por cima. Enquanto ele fazia isso, Antônio aproximou-se do monte de comida. Seu olhar estava fixo na torrezinha que segurava bem acima de sua cabeça. Enrica voltou-se para o frade. Primeiro a égua dobrou um joelho e então o outro até que ficou ajoelhada diante da Eucaristia. Depois baixou a cabeça.

Bononillo sentiu-se como se não estivesse mais em seu corpo. Parecia estar assistindo a um drama ou a um sonho. Um sólido sentimento de alívio varreu sua alma. A Eucaristia era verdadeira. De que modo era verdadeira, Bononillo não sabia. As palavras de Antônio sobre substância e forma ainda não faziam sentido. No entanto, Bononillo podia ver Enrica. A égua reconhecia Cristo. Bononillo caiu de joelhos, com seu braço em volta do pescoço de Enrica, os olhos voltados para a torre erguida, sua alma vendo Jesus. Estava livre de novo para crer.

"Venha", disse Antônio, "está na hora de os famintos serem alimentados. Enrica, pode levantar agora e comer".

A égua se pôs de pé, livrando-se de Bononillo ao fazê-lo. Sua boca afundou no feno e na aveia, e um ruído de mastigação quebrou o silêncio. Risos espontâneos percorreram a multidão.

Antônio estava sorrindo. "Para animais famintos, aveia e feno. Para crentes em Cristo, o Pão da Vida. Enrica ficou sem comida por três dias e olhem como está esfomeada.

Bononillo, você está sem o Alimento da Vida há trinta anos. Também está faminto?"

A voz de Bononillo estava embargada demais para responder. Ele simplesmente fez sim com a cabeça.

Antônio segurou a torre eucarística em direção das pessoas reunidas e movimentou-a fazendo um semicírculo. Muitos dos que ainda estavam parados ajoelharam-se e rapidamente fizeram o sinal-da-cruz. "E vocês, quão famintos estão? Quanto tempo faz que se banquetearam com o corpo e sangue de Cristo? 'Se não comerdes a carne do Filho do Homem e não beberdes o seu sangue, não tereis a vida em vós.' Venham, vocês que estão famintos e comam. 'Pois minha carne é verdadeira comida e meu sangue é verdadeira bebida.' Venham e confessem seus pecados. Então sua alma estará pura para receber o Cristo ressuscitado na Páscoa."

Naquela manhã, Bononillo e uma longa fila de outros penitentes foram à confissão. Na Páscoa, receberam a Eucaristia da mão de Antônio.

Capítulo 9

IRMÃO GIUSTO

Faculdade de Teologia, Bolonha, Itália (1223)

O irmão Giusto estava deitado em sua esteira de palha, olhando para a escuridão com os olhos bem abertos como se, olhando com suficiente intensidade, fosse ver seus pensamentos turbulentos assumindo forma demoníaca. A noite calma escarnecia de sua aflição. O ronco tranqüilo de frades em paz vinha das cabanas próximas. Grilos guizalhavam. Rãs noturnas coaxavam suas canções de amor umas para as outras.

As mesmas idéias tinham assomado inúmeras noites antes. Durante o dia, quando o irmão de 27 anos pedia esmolas ou empregava seus braços musculosos para capinar o canteiro de hortaliças dos frades, ele conseguia reprimir os pensamentos bem no seu íntimo. De noite, quando o corpo e a mente estavam cansados demais para continuar a lutar contra elas, as perguntas afloravam para aterrorizá-lo. E se a Bíblia estivesse errada?

Um pensamento tão blasfemo nem sequer deveria entrar na cabeça de um frade. No entanto, ele tinha feito uma pergunta ainda mais herética. Deus existia? E, se existia, por que ele era tão cruel?

Por que você jejua, ora, disciplina-se, quando isso não serve para coisa alguma? perguntava sua mente. *Você não consegue perceber que a Bíblia é o produto de mentes humanas?*

Olhe para as pessoas ao seu redor. O irmão Giovanni anda por aí com os olhos baixos e parece tão piedoso, mas quantas vezes você o viu pingar cera de vela sobre a cabeça dos que estavam abaixo dele no coro? E o frei Bertrado. Como ele pode seguir o padre Francisco quando tem de comer diariamente cinco ovos fervidos no café da manhã?

Até mesmo você. Os outros olham para você e dizem: "Giusto é um modelo de virtude". Dizem isso porque você, um barão, deixou toda a sua herança para seguir Cristo, pensando em ganhar uma recompensa maior na eternidade. Dizem isso porque não sabem quantas vezes você privou seus servos do justo produto deles proveniente de seus prados ou como tratou com desprezo seus cavalariços e escudeiros. Nada sabem a respeito de Elena, a dama que você cortejou, enquanto o marido dela lutava nas cruzadas. Eles nunca viram como você esbanjava em finas meias de seda e capas de pele o dinheiro que deveria ter sido dado aos pobres. Como você era orgulhoso, Giusto! Seu orgulho vai condená-lo ao inferno. Se os outros frades soubessem quem você realmente é, eles o expulsariam como um cão. Com que sabedoria Cristo falou de você – exteriormente branco como um sepulcro de mármore, interiormente cheio de impureza e corrupção. Não foi assim também com os que viveram no passado? Aqueles que escreveram a Escritura escolheram palavras piedosas, mas suas obras eram bem diferentes. Davi não escreveu os salmos, embora tivesse pecado com Betsabéia? Moisés não escreveu os mandamentos de Deus embora tivesse matado um egípcio? Mesmo os livros de Deus foram escritos por homens que pareciam santos, mas praticaram atos maus. Certamente, se Deus existisse, não veríamos essa maldade. Deus não permitiria que essas perguntas atormentassem você nem permitiria que o mal existisse no mundo. A própria presença de dúvidas e desastres prova que Deus é meramente uma idéia criada pelos seres humanos para apaziguar outros.

Puxando sua fina coberta de lã, Giusto virou-se de bruços e tapou o rosto com as mãos. *Pare!* sua mente gritou. *O tormento tem de parar!* Sua cabeça iria explodir se aquelas perguntas continuassem.

"Deus", sussurrou ele, "se tu existes, dize-me quem és e mostra-me o que podes fazer. Não consigo suportar por mais tempo estas provações".

"Vá ver o padre Antônio." O pensamento era gentil, mas firme.

O padre Antônio está dormindo, argumentou Giusto.

"Vá ver o padre Antônio."

Como poderia ir ver o padre Antônio? Comparado com o sacerdote, Giusto considerava-se esterco.

Francisco, que tinha fundado a Ordem dos Frades Menores, incumbira, ele mesmo, Antônio de ensinar teologia aos irmãos. Ele não tinha dado tal missão a nenhum outro irmão. "Você pode lecionar enquanto mantém o espírito de oração e devoção", tinha escrito Francisco.

Antes de ir para Bolonha, Antônio tinha passado um tempo em Vercelli com o abade Tomás de Gaul. O abade Tomás saíra da famosa Abadia de São Victor, em Paris, para ser superior do Mosteiro de Santo André, em Vercelli, cujos cônegos seguiam a regra de Santo Agostinho. Tomás era um místico e autor imaculado, o maior doutor vivo, diziam alguns, de todo o mundo. Conta-se que logo percebeu que suas tentativas de ensinar teologia a Antônio eram desnecessárias.

"Ele é auxiliado pela graça divina", afirmou, "e extrai muitíssimo da teologia mística contida na Divina Escritura".

Em Vercelli e Milão, a pregação de Antônio tinha regenerado hereges e alimentado os fiéis. Em Bolonha, Antônio estava ensinando os irmãos.

Giusto jamais tinha falado com Antônio pessoalmente. Como poderia? Contavam que, em Vercelli, o sacerdote havia explicado tão perfeitamente as diferentes ordens de anjos, que seus colegas estudantes e inclusive o abade Tomás tinham se sentido como se estivessem na presença dos próprios anjos. Francisco, que Giusto considerava angelical, chamava carinhosamente Antônio de seu "bispo" e tinha escolhido o sacerdote para acompanhá-lo à corte papal para discutir a nova regra da Ordem. Giusto não se sentia digno de respirar o mesmo ar que sustentava um homem como aquele.

O ex-barão era tão perverso que Deus certamente nunca o perdoaria. Deus era um juiz justo. A Escritura não dizia que os justos mal e mal seriam salvos? Jesus, que afirmava ser a própria verdade, disse: "Aquele que é capaz de recebê-lo o receba". Isso não significava que não é toda pessoa que pode receber a fé ou fazer o bem? Certamente Giusto era uma daquelas pessoas que jamais seriam salvas. E Deus, se Deus existia, via esses tormentos e lágrimas e não se preocupava em absoluto. Que tolice persistir em orações inúteis! Ezequiel disse: "Quem peca é que deve morrer".

Giusto havia pecado em demasia e ainda pecava com suas dúvidas. Inclusive as Escrituras afirmam que "todos pecaram e estão privados da glória de Deus". Deus, se ele existia, era justo e precisava punir a maldade. Se Deus fosse uma mera imaginação, Giusto não teria esperança. Se Deus fosse real, ele ainda não teria esperança. Por que ele estava ali com aqueles seguidores do santo Francisco?

"Vá ver o padre Antônio."

Como Antônio poderia compreender o tormento de Giusto? O homem era totalmente devotado a Deus, totalmente isento de qualquer desejo impuro. Naquele dia mesmo, ele tinha falado sobre o nome de Jesus.

"Deixem-me lhes dizer brevemente o que o papa Inocêncio escreveu sobre o nome de Jesus", havia dito ele. Os alunos estavam sentados sob um enorme carvalho, aglomerados em torno do santo. Os mosquitos e as moscas estavam especialmente irritantes, de modo que Giusto e os outros, incluindo Antônio, tinham coberto as cabeças tonsuradas com os capuzes para protegerem-se dos insetos.

"O nome de Jesus é formado por duas sílabas e cinco letras: três vogais e duas consoantes."[1]

"As duas sílabas no nome Jesus simbolizam as duas naturezas em Jesus, a divina e a humana. A natureza divina vem do Pai Celestial; a natureza humana, de sua mãe terrena."

"Observem que uma vogal é um som que pode ser pronunciado sozinho, enquanto uma consoante necessita de um outro som junto dela, pois não pode ser pronunciada sozinha.

---

[1] O nome Jesus é grafado Iesus em latim. Antônio usa esta grafia em sua explicação do Santo Nome. As duas consoantes são s e s; as três vogais são I, e e u.

As três vogais no nome de Jesus significam a divindade que, embora uma só em si, existe em Três Pessoas. Em 1 Jo 5,7-8, lemos: 'Assim, são três os que dão testemunho: o Espírito, a água e o sangue; e os três são unânimes'."

"As duas consoantes – os dois *ss* – no nome de Jesus significam a humanidade. Embora a humanidade seja constituída de duas substâncias, isto é, corpo e alma, à semelhança das consoantes, nem o corpo nem a alma podem existir isolados. Cada um tem de se juntar a outras substâncias para formar a unidade de uma pessoa."

"Assim como uma alma racional e um corpo formam uma só pessoa, Deus e o homem formam um só Cristo. Cristo é tanto Deus quanto homem. Ele pode subsistir por si na medida em que é Deus – parte da Trindade –, mas não pode subsistir por si na medida em que é humano, isto é, corpo e alma. Atos 4,12 nos diz: 'Não existe debaixo do céu outro nome dado à humanidade pelo qual devamos ser salvos'. Que sejamos salvos por Deus por meio do nome de Jesus Cristo Nosso Senhor, que é bendito acima de todas as coisas por todos os séculos! Amém."

"Procure o padre Antônio. Somente no nome de Jesus você pode ser salvo. Procure o sacerdote."

Giusto afastou o cobertor e, à esquerda, tateou à procura das calças e da grosseira túnica de trabalho, a regra de vestimenta para um frade menor. Podia ver o brilho fantasmagórico de uma névoa fracamente iluminada pela lua logo atrás de sua porta.

A cabana de Antônio, separada da de Giusto por outras quatro, parecia estar se dissolvendo na neblina. Giusto ficou parado do lado de fora da cela do sacerdote.

E agora? Como ter coragem de acordar o sacerdote? Deveria chamar por ele? Bater levemente a porta? Entrar e acordar o homem?

No interior da cabana silenciosa, ouviu-se o farfalhar de tecido grosseiro. Passos suaves. Antônio estava no vão da porta.

"Pensei ter ouvido alguém. Irmão Giusto, o que o perturba?"

Os joelhos de Giusto se dobraram. Ele ficou ajoelhado diante do sacerdote, soluçando incontrolavelmente.

Ele sentiu duas mãos firmes em seus ombros.

"Se falarmos aqui, incomodaremos os irmãos que estão dormindo. Venha."

Antônio ajudou o homem a se levantar e guiou-o em direção da estrada sinuosa que levava aos campos da cidade. A noite estava totalmente silenciosa, envolvida em um véu vaporoso. Quando os pés descalços dos homens raspavam a terra, os grilos no alto inço em ambos os lados da estrada paravam momentaneamente de cricrilar. A névoa abria-se diante dos homens e fechava-se atrás deles.

Durante um longo tempo, Giusto desabafou seus pecados, temores e perguntas. O sacerdote ouviu sem falar. Finalmente, quando Giusto não tinha mais o que dizer, continuaram a caminhar em silêncio. Por fim, Antônio saiu da estrada e abriu caminho por um trecho de capim alto e encharcado de orvalho, até que parou na borda de um campo recém-arado. Giusto seguiu-o obedientemente.

"Irmão Giusto", começou o sacerdote, "este campo representa o corpo de Cristo. Deus diz em Gênesis 1,11: 'A terra faça brotar vegetação'. Isso só pode acontecer se o solo primeiro for lavrado".

Antônio curvou-se para o solo e pegou um punhado de terra rica e úmida. Ainda curvado, ergueu os olhos para Giusto. "A terra é Cristo, esmagado por nossos pecados, traspassado por uma lança e cravos. Assim como a terra, arada e aberta na primavera, produz colheita abundante, o corpo ferido e quebrado de Cristo obteve para nós a colheita do céu."

Antônio pôs-se de pé e depositou a terra na mão de Giusto. Ela parecia deliciosamente fresca, quase viva. "Este campo, irmão, também é você. Quando uma pessoa está contrita por seus pecados como você, é como um pedaço de solo que foi reduzido a pó. Esmagado pelo pesar por suas ofensas, o pecador pode voltar sua mente a Deus e fazer dela um jardim aprazível. Que outro prazer ou alegria pode satisfazer um ser humano quando ele se encontra diante de Deus, do qual e no qual tudo que existe é verdadeiro? Você se colocou diante de Deus, irmão Giusto, e admitiu que você em si mesmo não é nada.

"Quando fez isso? No deserto de seu questionamento." Antônio esfregou as mãos no capim molhado para limpá-las. "Irmão, há três estágios em nossa vida espiritual. Deus descreve-os pela boca do profeta Oséias. 'Eu é que vou seduzi-la, levando-a para o deserto e falando-lhe ao coração.' Com a graça de Deus, um iniciante na vida espiritual é 'alimentado', tornando-se cada vez mais forte na prática da virtude. Isso você fez ao superar seus desejos carnais.

"Agora você está passando pelo segundo estágio de desenvolvimento espiritual. Nesse estágio, Deus 'leva a alma para o deserto'."

Antônio seguiu na frente no retorno para a estrada, e os dois voltaram a caminhar, adentrando cada vez mais as áreas de pastagem. Giusto pensou por um momento nos salteadores que vagavam na estrada à noite, mas depois não mais pensou nisso. Assaltantes não fariam mal aos frades. Eles sabiam que os seguidores de Francisco nada tinham para dar senão suas túnicas e calças.

"Onde Deus falou a João Batista? Na terra deserta, 'seca, sem água. Assim no santuário te busquei', como diz o salmo 63. João veio como 'uma voz de quem clama no deserto'. Uma voz é um pregador, e o deserto é um símbolo da cruz em que Cristo morreu, abandonado, nu e coroado com espinhos. Do deserto da cruz, Cristo gritou: 'Pai, em tuas mãos entrego o meu espírito'. Portanto, temos de fazer o mesmo quando estamos no deserto de nosso próprio questionamento."

"É tão difícil, padre, dar minha alma a Deus quando questiono a própria bondade e existência dele."

"Ah, muito difícil. Extremamente difícil. Pois a influência de Satanás sempre está presente no deserto."

Giusto apertou a terra em sua mão. "Está dizendo, padre, que meus pensamentos vieram de Satanás?"

"É bem possível que sim, irmão. No entanto, Deus permitiu esses pensamentos, não é? Eles nublaram sua mente exatamente como esta neblina envolve a noite. E você se pergunta por que Deus permitiu seu tormento. Porque um estágio da vida espiritual é o deserto. No deserto, quando nos submetemos a Deus, também podemos encontrar paz e calma, longe do tumulto da inquietação interior. Aqui Deus 'fala ao coração dela' como uma mãe amorosa fala com seu filho. Você consegue ouvir Deus falando-lhe no deserto de seus pensamentos?"

"Creio que Deus me disse para ir falar com você, padre."

"Talvez para ajudá-lo a perceber que aquilo que você está vivenciando não é nem incomum nem mau, pois o levará para o terceiro estágio do desenvolvimento espiritual. Nesse terceiro estágio, a alma vivencia a alegria completa da presença de Deus dentro dela. Que superabundância de amor, alegria e zelo uma alma vivencia quando tem Deus! Certamente, irmão Giusto, você está procurando por essa alegria."

"Quem não está, padre?"

"Mas você pensa que precisa ter fé sem a razão. Não, irmão. Ter fé é exercitar a razão ao máximo. São Pedro escreve em sua primeira carta: 'Como criancinhas recém-nascidas, desejai o leite legítimo e puro'. Algo é racional quando é feito de acordo com a razão. A razão é uma faculdade da alma que reconhece a verdade. Também significa a contemplação da verdade ou a própria verdade. Jesus disse: 'Todo aquele que é da verdade escuta a minha voz'. Ele disse isso porque ele é a verdade, como disse: 'Eu sou o caminho, a verdade e a vida'. Devemos ser 'racionais' para com Deus, sempre procurando a verdade. A verdade só vem para os que a procuram. Uma maneira de procurá-la são as perguntas."

"Mas eu questionei a própria existência de Deus e sua bondade."

Antônio parou e movimentou um dos braços em arco: "O que vê, irmão Giusto?"

"Apenas um trecho de estrada, padre, e alguma pastagem ao lado dela, um pedaço de prado mais além. Nada mais, padre. Está escuro e nevoento demais."

"E você questiona se tudo aquilo que vê é tudo que existe?"

"É claro que não. Sei que prados estendem-se à direita e à esquerda até onde a vista alcança; e, que além deles, estão os Montes Apeninos."

"Como você sabe?"

"Eu os vi antes."

"E isso é tudo que existe? Ou há mais coisas no mundo do que aquilo que você pode ver a qualquer momento?"

"Bolonha está localizada atrás de nós e, para além, toda a Romagna. Então, para o norte, a França, e, para o sul, o mar e, para além dele, o oceano e outras nações."

"Você os viu?"

"Jamais saí da Romagna."

"Mas você acredita. Por quê?"

"Outros viram esses lugares e escreveram sobre eles ou trouxeram de volta histórias a respeito deles."

"E você acredita neles. Então olhe para a Bíblia, irmão. Foi escrita por aqueles que viram, aqueles que testemunharam. Olhe para Jesus. Ele é o escrito do Pai. São João chama-o de a 'palavra de Deus'. Leia essa 'palavra' para buscar suas respostas, irmão Giusto, e não seja 'incrédulo, mas creia'. Rezarei por você."

Antônio fez meia-volta na estrada e caminhou de volta através da neblina para Bolonha. Os homens caminharam lenta e silenciosamente. Giusto sabia que o sacerdote já estava orando por ele e sentiu força e calma vindo daquelas orações. Conhecer Antônio era conhecer um homem que compreendia, amava e vivia a "palavra". Estar em sua presença era encontrar-se com a verdade. A verdade era o Filho, que se erguia agora na alma de Giusto para dissipar, com seu calor, a névoa da dúvida. Giusto ficou contente por ter ido falar com o sacerdote.

Capítulo 10

PADRE VITO

Residência paroquial, Bolonha, Itália (início de 1224)

Quando se aproximou da lareira na cabana mal construída que lhe servia de residência paroquial, o padre Vito, curvado e de idade avançada, tropeçou em Cidro, o mendigo mais magro de Bolonha. Cidro estava deitado no chão, roncando e enrolado diante das brasas que se apagavam. Seus grandes pés sujos de fuligem estavam tão perto da lareira que ficariam chamuscados se houvesse alguma chama.

Com seus dedos magros, Vito puxou para si o grande caldeirão preto. Pulando por cima de Cidro novamente, carregou o caldeirão para fora, para o poço.

Através dos finos trapos que envolviam seus pés, os dedos do velho Vito encolheram-se ao frio de uma delicada e fresca camada de neve. Com as mãos já tremendo por causa do frio da alvorada, Vito baixou o balde de água. Escutou um fraco estalido quando a madeira rompeu o frágil gelo que se tinha formado sobre a água durante a noite. Então puxou a água para cima e derramou-a no caldeirão, que carregou para dentro.

Sobre a pequena e bambaleante mesa em que comia, ele encontrou as cenouras enrugadas, as cebolas com brotos e o alho mole que tinha trazido para cima, na noite anterior, do porão de raízes. No dia anterior, uma matrona lhe havia trazido um queijo enorme.

Ele o tinha compartilhado com os seis homens e mulheres que estavam dormindo em seu quarto naquele momento e então guardou uma parte dele para o dia seguinte na pequena despensa perto de sua cama. Quando Vito tirou o queijo, percebeu que estava menor do que quando o tinha guardado.

O sacerdote grisalho olhou para os corpos cobertos de farrapos deitados no assoalho do quarto e para a forma encolhida sobre a cama dele, a da aleijada Maria, com seu bebê adormecido nos braços dela. Quem tinha surrupiado uma mordidela noturna? O leproso Donte, de nariz torto? Tazia, a órfã de olhos grandes? Ou o velho Cidro? Não importava. Vito esmigalhou o resto do queijo e colocou-o no caldeirão, então cortou as verduras e também as pôs nele. Levou o caldeirão para o fogo e colocou lenha nas brasas. Quando surgiu uma pequena chama, Vito puxou os pés de Cidro, afastando-os do perigo do calor.

Da prateleira acima da lareira, Vito pegou um livro grosso e gasto, com suas páginas preenchidas com uma letra pequena e caprichada. Ajoelhando-se perto de Cidro, abriu o breviário e começou a recitar silenciosamente suas orações matinais. Quando as tivesse concluído, os mendigos teriam levantado.

***

Quando Vito entrou na igreja, os mendigos que haviam dormido em sua casa durante a noite já haviam se reunido junto às portas para pedir esmolas das pessoas que estavam indo para a missa dominical. Permaneceriam ali esmolando até o início da missa, então se arrastariam para dentro e se amontoariam na parte de trás da igreja. Depois da missa, sairiam rapidamente de novo para pedir esmolas das pessoas que deixavam a igreja. Depois de esmolarem, andariam pelas ruas de Bolonha e, se a noite fosse quente, dormiriam ali. No entanto, se fizesse frio, como na noite anterior, estariam de volta à porta de Vito. Ele lhes daria sopa para comer e um lugar para dormir, pois neles via Cristo.

Vito mal tinha entrado na igreja quando chegou o frade visitante. O padre Antônio ensinava teologia aos frades menores em seu pequeno convento na cidade. Dizia-se que era um pregador extraordinário. Vito e Antônio iriam celebrar a missa juntos. Antônio faria o sermão.

***

A missa tinha começado. Antônio estava agora parado no púlpito enquanto Vito, sentado ao lado do altar, olhava para sua congregação heterogênea. No chão, na parte de trás da igreja, amontoavam-se os mendigos. Na frente deles, em bancos de madeira, estavam sentados os bem vestidos senhores e senhoras de Bolonha. Alguns dos ricos ouvintes eram responsáveis em parte pela situação de miséria dos que se amontoavam às suas costas. Todo domingo, Vito olhava para aquela comunidade, enquanto sua alma fervia de indignação. Como os usurários podiam sentar ali confortavelmente, enquanto os pobres a quem logravam olhavam para suas costas?

Parecia que toda semana Vito falava contra os crimes dos ricos e sobre a miséria dos pobres. Naquele dia o próprio Antônio comentava isso.

"O salmista diz: 'Eis o mar, espaçoso e vasto', que é o mundo, 'nele há répteis sem-número, animais pequenos e grandes. Percorrem-no os navios'." Antônio tinha citado o texto do salmo 104, versículos 25 e 26. "O mar é o mundo, cheio de amargura, mas vasto em riquezas, amplo e fervilhando de prazeres. Seus braços estão bem abertos para reunir os avarentos." Antônio abriu os braços o máximo que podia.

"São Mateus o diz bem. 'Espaçoso é o caminho que leva à perdição.' Quem vai por esse caminho? Certamente, não os pobres de Cristo que entram pela porta estreita. O caminho para a destruição é um mar imenso pelo qual nadam os usurários a caminho do inferno. Essas pessoas gananciosas abundam em todo o oceano, tendo todo o mundo em seu poder."

Como aqueles mais insidiosamente culpados podiam escutar com ouvidos de pedra? perguntava-se Vito. Como podiam ouvir semana após semana e não se sensibilizar? Os pobres de Bolonha estavam na miséria por causa da usura. Trapaceiros emprestavam dinheiro aos necessitados a trinta, cinqüenta e até oitenta por cento de juros. Como os pobres, definhando na miséria, poderiam pagá-lo de volta? Às vezes, em desespero, os tomadores de empréstimo contratavam assassinos para matar os homens a quem deviam dinheiro. Entrementes, os usurários engordavam e bebiam vinhos finos que bem poderiam ter sido feitos com o suor e sangue dos destituídos.

"Olhem para os usurários. Olhem para as mãos que ousam vir para a igreja e oferecer esmolas. Tais mãos estão gotejando o sangue dos pobres. Oh, há inúmeros répteis no grande oceano desta terra! Um tipo, muito abundante", disse Antônio, baixando a voz a uma espécie de sussurro sibilante, "esconde-se da vista da melhor forma possível, arrastando-se e rastejando nas sombras. Essas criaturas furtivas, mas asquerosas, são as que praticam a usura em segredo. Hoje mesmo, estão sentados entre nós com os bolsos cheios de moedas ganhas. Então há, no mar, aquelas criaturas pequenas, mas visíveis. São os enganadores que praticam a usura abertamente", avolumou-se a voz de Antônio, "mas que cobram taxas de juro moderadas. Como parecem generosos, como parecem misericordiosos! Que a sua misericórdia seja a de Cristo, que deu a todos gratuitamente, sem nada esperar em troca!"

Ele fez uma pausa, e então sua voz soou como uma trombeta através da igreja. "Por fim, há aqueles animais poderosos e malvados do mar diante dos quais todos os outros seres vivos fogem aterrorizados. Esses usurários são almas más, perdidas, profissionais que exercem seu negócio desavergonhadamente à plena luz do dia."

Ah, na congregação estava sentado o senhor Zaccaria, de 30 anos, e sua esposa, a senhora Odília. Confortavelmente aquecido em seu manto cinza de raposa, Zaccaria, de cabelos negros, era um daqueles animais poderosos e malvados do oceano a respeito dos quais Antônio pregava. Vito lhe tinha falado muitas vezes sobre o mal que havia em sua vida. As palavras de Antônio tinham impressionado Zaccaria tanto quanto um vermezinho impressiona a casca de um carvalho.

"Essas pessoas miseráveis não se preocupam nem um pouco com as realidades da vida. Jamais pensam como entraram neste mundo completamente nuas, nem pensam que vão sair dele enroladas em alguns trapos. Como entraram na posse de tantas coisas?" Antônio fez uma pausa. "Por meio de roubo e logro."

Antônio estendeu a palma da mão esquerda na direção da congregação. "Podem ver o que eu seguro aqui? Provavelmente não, pois tem menos do que três centímetros de comprimento; é tão pequeno que, para vocês, parece ser apenas uma casca insignificante. E, de fato, é a casca de um estercoreiro." Antônio movimentou sua mão lentamente da esquerda para a direita, permitindo que todos vissem o que segurava.

"Quem ainda não viu um escaravelho? Esta criatura, quando viva, está envolvida em uma concha iridescente. Que refinação de preto, púrpura, azul, verde, bronze ou dourado ele veste! Sim, ele cintila ao sol como um metal precioso. Como parece belo e impressionante! E o que faz esta vívida criatura? Passa sua vida inteira coletando grandes quantidades de esterco. Quanto tempo trabalha para transformá-lo em bolas! Quanto esforço! Quanta labuta! E para quê? Para que, um dia, passe um jumento e pise sobre o escaravelho, bem como sobre a bola de esterco." Antônio desceu seu punho sobre o escaravelho ressecado. "Portanto, tanto o escaravelho quanto a bola são esmagados no mesmo instante."

Ele é tão excelente como dizem, pensou Vito. *Estou contente por tê-lo convidado para pregar.*

"Da mesma forma, a pessoa avarenta labuta longamente para juntar o esterco do dinheiro, e, então, vem a morte e esmaga-o. E o que sobra do homem que se achava tão distinto e importante? A carne do usurário vai para os vermes, seu dinheiro para os parentes, e sua alma para o diabo. Portanto, é isso que vai acontecer, a não ser que cada pessoa culpada restitua os bens ganhos desonestamente e então faça penitência."

Antônio apanhou com os dedos o escaravelho morto e o deixou cair sobre o púlpito.

"Os usurários e todas as pessoas avaras e fraudulentas terão o mesmo fim do escaravelho. Entretanto, será que Deus abandona essas pessoas que nadam pelo vasto mar do mundo em tamanha confiança e despreocupação tolas? De forma alguma. Para que elas possam fazer penitência, passam os navios, ou seja, os pregadores da Igreja." Antônio virou-se e fez um sinal com a cabeça para Vito, que cordialmente devolveu o sinal. "Basta que se aproximem dos navios para serem erguidas para fora da água da avareza temporal e para dentro do reino de Deus."

Antônio ergueu os braços e o rosto. "'Levantem os olhos para o alto', diz o profeta Jeremias." Ele baixou os braços e os olhos. "As criaturas do mar não levantam os olhos para o alto. Seus olhos estão dispostos de tal maneira que elas são obrigadas a olhar para o lado ou para baixo. Entretanto Jeremias diz: 'Levanta os olhos'. Quem levanta os olhos? A pessoa que reconhece a maldade de seus atos e confessa-os aberta, sincera e incondicionalmente."

Vito pôde ver Antônio olhando para as pessoas da congregação, fixando o olhar primeiro em um rosto e então em outro. "Portanto, levantem os olhos. Não olhem para baixo ou para o lado. Não se envergonhem. Não temam. Se levantarem os olhos e reconhecerem seus pecados, 'certamente viverão e não morrerão'. Abandonem-se completamente ao juízo do sacerdote. Façam suas as palavras de Saulo, que se tornou o apóstolo Paulo: 'Senhor, o que queres que eu faça?'"

Vito suspirou. Bem que as palavras do sacerdote poderiam conseguir penetrar no coração duro como carvalho dos ouvintes! Bem que poderiam fluir lágrimas de arrependimento! Enquanto Antônio continuava a exortar seus ouvintes ao arrependimento e à confissão, Vito levantou seu coração em oração. *Senhor, permite que as palavras do frei Antônio penetrem no coração desta congregação. Permite que façam efeito, Senhor, para que a dignidade dos pobres seja restaurada.*

"Vamos dar graças, então, a Jesus Cristo, o Filho de Deus, que expulsou o diabo e que pode nos salvar das águas profundas e carnais desta vida terrena. Imploremos-lhe devota e humildemente que dê sua graça a cada um de nós, que nos capacite a reconhecer nossos pecados, a confessá-los e a obedecer fielmente ao conselho de nosso confessor. Que o Senhor Jesus Cristo, a quem seja honra, majestade, poder, louvor e glória para todo o sempre, conceda isso a todos nós. E que cada criatura que nada no mar deste mundo responda: 'Amém!'"

Enquanto Antônio descia do púlpito, Vito suplicou: *Senhor, que as palavras dele produzam fruto.*

***

Vito estava sentado em um canto da igreja, e Antônio no outro. Ambos tinham penitentes enfileirados. Na fila de Antônio, estavam o senhor Zaccaria e a senhora Odília.

Enquanto Vito escutava os pecados do magro Cidro, uma grande bolha de inveja inflou na alma do velho sacerdote. Durante anos, insistira para que Zaccaria se confessasse. Durante anos, pregara a mesma mensagem que Antônio acabara de pregar. Zaccaria não se confessara uma única vez. Naquele dia estava se confessando.

Vito tinha orado por aquele momento. Tinha orado fervorosamente. Inclusive naquele dia. Tinha pensado que Zaccaria viria a ele para se confessar. Em vez disso, ele tinha procurado Antônio.

Antônio era jovem, bem apessoado, ereto e nobre de porte, com olhos tão grandes e profundos que pareciam esquadrinhar a alma de uma pessoa. Era articulado e inteligente, e sua voz era cheia de juventude e convicção. Em contraste com isso, Vito, de ombros encurvados, tinha quase 75 anos; seu rosto estava salpicado de verrugas e manchas marrons da idade. A voz de Vito era alta e aguda, e seus pequenos olhos, avermelhados e lacrimosos. Muitas vezes se atrapalhava com as palavras, pois sua formação tinha sido mínima.

Antônio e Vito tinham pregado a mesma mensagem, mas o pregador e o jeito de falar eram diferentes. Naquele momento, Zaccaria estava se confessando com o jovem sacerdote. E Vito percebeu, sem sombra de dúvida, que aquilo de que suspeitara durante vários meses era verdade. Ele estava velho demais para ser eficaz.

Vito absolveu Cidro, que confessara ter roubado o queijo. Então ouviu os pecados de Maria. Percebeu que todos os seus mendigos estavam na fila dele. Pessoas queridas. Confiavam nele. A fila de Antônio era uma fileira colorida de mantos de pele, gorros garbosos e botas de cano alto. Por que Vito ainda era pastor daquela igreja se apenas os pobres procuravam-no? Um sacerdote mais jovem deveria assumir seu lugar. Um sacerdote mais jovem poderia obter a resposta que aquele sacerdote jovem recebia naquele dia. Vito conhecia a Deus e o amava, mas era velho demais para influenciar os jovens. Vito podia exortar. Entretanto, um sacerdote jovem, repleto do fogo da fé, podia converter.

As confissões continuaram até que o último mendigo foi absolvido. Antônio ainda tinha mais dois penitentes muito bem vestidos. Vito esperaria. Queria agradecer a Antônio por ter pregado. Queria congratular-se com ele por seu sucesso com Zaccaria.

Vito fechou os olhos por pouco tempo e recostou a cabeça no banco. Na noite anterior, tinha dormido no chão, ao lado de Donte, pois havia dado sua cama a Maria e seu bebê, que estivera inquieto, com febre, durante a noite toda. A agitação da criança perturbara o sono de Vito.

Vito cochilou. Enquanto dormitava, viu Antônio se aproximar dele. "Por que você tem inveja de mim? Não há necessidade disso", disse o frade. "Venha falar comigo."

Vito acordou sobressaltado. Antônio não estava perto dele. Estava no outro canto da igreja, dispensando seu último penitente. Quando a gorda matrona começou a se dirigir para a porta, Vito sabia o que tinha de fazer. Havia muito que aprendera a distinguir um mero sonho de uma visão dada por Deus. Aquela era uma visão. Deus queria que ele falasse com o frade. Não discutiria com Deus. Aprumando-se, aproximou-se de Antônio, com o braço estendido em sinal de amizade.

"Frei Antônio, suas palavras são poderosas", disse Vito. Ele segurou o braço de Antônio e abraçou o frade. "Minha igreja é pobre, mas você veio falar nela. Obrigado. Converteu pessoas que eu não conseguia alcançar."

Antônio balançou a cabeça, em negativa. "Padre, eu falo palavras. O Senhor concede a conversão."

"Suas palavras produziram-na. Estou com inveja."

"Eu o vi com seus pobres. Eu também estou com inveja."

"Não, frei, eu realmente estou com inveja. Em vão procurei sensibilizar o senhor Zaccaria durante anos. Hoje, pela primeira vez, ele confessou-se com você."

"O senhor Zaccaria? O usurário no manto de raposa?"

Vito assentiu com a cabeça.

"Ele me disse que você muitas vezes falou com ele sobre seus crimes." Antônio olhou para a porta da igreja. "Padre, venha comigo."

Vito seguiu Antônio até a porta, e este saiu para a neve que caía suavemente. Enquanto seus pés descalços deixavam rastros na brancura, ele abaixou-se junto a uma pequena porção de terra à direita da porta da igreja. "Quando entrei na igreja, notei o alho aqui aparecendo por entre a neve. Você o plantou, padre?"

Vito olhou para os brotinhos furando a neve como pequenas lâminas. "Sempre planto alho, frei. No outono."

"Como fazem todos os bons agricultores e jardineiros." Antônio tocou com a mão uma das plantinhas. "Você não espera comer o alho hoje, não é?"

"Não conseguiria nem mesmo tirá-lo da terra congelada", disse Vito. "E ainda não cresceu o suficiente."

Antônio ergueu os olhos para Vito. "No entanto, continuará a crescer nas primeiras chuvas da primavera e nas últimas do verão até a colheita."

O frade levantou-se. Vito observou o rosto jovem, com a neve pousando sobre os cílios escuros e o cabelo preto. "Você é um bom agricultor, padre. São Tiago escreve em sua carta: 'Olhai o agricultor: ele espera com paciência o precioso fruto da terra, até cair a chuva do outono ou da primavera'. O lavrador é o pregador, padre. Um pregador como você lança a semente da pregação e implanta o desejo por vida eterna em seus ouvintes. Entrementes, há necessidade de paciência. Às vezes, uma alma está no inverno, por assim dizer, quando não ocorre nenhum crescimento e a graça parece ineficaz. No entanto, a vida ainda está presente na alma, assim como está presente em seu alho."

Vito olhou para os pequenos brotos verdes e assentiu com a cabeça.

"Então vem a 'primeira chuva', que é a graça prematura mediante o ouvir a mensagem de Deus. É prematura, porque vem cedo demais para a colheita. Essa é a graça que suas palavras deram ao senhor Zaccaria e a vários outros que se confessaram hoje."

"Mas foi você quem produziu a confissão deles, frei."

"Fui simplesmente a 'última chuva', que vem numa época posterior. Por meio de minhas palavras, o Espírito de Deus trouxe conversão hoje." Antônio estendeu a mão e colocou-a firmemente sobre o ombro de Vito.

"Você também trará a última chuva, padre, se for paciente. Quando suportar suas provações com paciência e alegria, você mesmo receberá a 'primeira chuva' da graça e poderá reparti-la com outros. Receberá a 'última chuva' da glória no futuro, quando aqueles de quem você tem cuidado e que tem regado com suas palavras se converterem e quando você mesmo entrar na vida eterna. Você plantou e regou a semente durante anos, padre. Eu apareci apenas na época da colheita."

Vito discordou. "No entanto, não fui capaz de colher coisa alguma. Os jovens mercadores e usurários não me escutam. Estou velho demais. Um homem mais jovem como você seria muito mais eficaz."

"A juventude nada significa, padre. A fé significa tudo. Padre, eu lhe digo o que Paulo disse aos gálatas: 'E não desanimemos de fazer o bem, porque a seu tempo colheremos, se não desfalecermos'. Não desista, padre. Você colherá."

Vito balançou a cabeça em negativa. "Frei, eu gostaria de acreditar que você tem razão." Vito viu que Antônio estava ficando branco de neve. Olhou para os pés descalços de Antônio. "Gostaria de vir à minha casa, frei? Tenho fogo na lareira e sopa no caldeirão."

"Eu gostaria disso, padre."

A casa de Vito ficava a apenas cinco passos dali. Ao entrarem, os dois sacerdotes sacudiram a neve de suas túnicas. Vito tirou duas tigelas de madeira riscadas de uma prateleira e, com uma concha, colocou sopa quente nelas. Enquanto ele e Antônio assentavam-se à mesa, ouviram uma batida à porta.

"Entre", gritou Vito.

A porta se abriu, e Maria, coberta de neve, entrou de joelhos, arrastando atrás de si os inúteis pés contorcidos. O bebê choroso da mulher, enrolado em um farrapo de lã, estava agarrado ao peito dela.

"Maria", disse Vito. "Estou contente que você tenha vindo. Venha tomar uma sopa conosco."

A mulher sorriu, mostrando os grandes espaços entre os dentes.

"Pegue minha cadeira, minha senhora", disse Antônio, levantando-se. Ele estendeu as mãos para pegar a criança. "Posso segurar sua encantadora criança?"

"Ele está com febre, frei", disse Maria, entregando-lhe o bebê.

"Estou vendo", disse Antônio enquanto afastava o cobertor sujo e passava a mão na testa da criança. Antônio fez o sinal-da-cruz sobre a criança e sobre Maria, que se persignou e então se acomodou com dificuldade na cadeira.

Enquanto ela assentava-se, Vito colocou diante dela uma tigela de sopa e percebeu que seus pés atrofiados e torcidos estavam esfolados e sangrando. Ele apanhou, ao lado da lareira, alguns trapos e mergulhou um deles em um balde de água que mantinha cheio ao lado da lareira. Agachando-se ao lado de Maria, Vito começou a esfregar os dedos ensangüentados dos pés dela.

"Maria, onde estão os sapatos que lhe dei ontem? A senhora Serena deu-me somente aquele par."

Maria enrubesceu. "Donte disse que os leprosos não tinham nenhum sapato, padre. Eu disse-lhe para que desse os meus a eles."

Vito suspirou. Mendigos. Alguns deles eram mais generosos do que os ricos poderiam até pensar em ser.

Vito secou os pés de Maria e voltou à lareira para pegar mais uns trapos. Enquanto Maria levava a tigela de sopa até a boca, Vito envolveu os pés dela nos pedaços de pano.

"Maria", disse Antônio, "você doou seus sapatos. Você é tão misericordiosa quanto a Virgem Mãe de Cristo, cujo nome você recebeu". Apertando a criança que choramingava contra o peito e embalando-a, Antônio sorriu para a mãe de aparência cansada. "Você é bendita por ter o nome mais bonito que qualquer mulher pode ter na face da terra."

Maria colocou sua tigela de sopa sobre a mesa e sorriu para o sacerdote. Quando um sorriso inundava o rosto sujo e a boca enorme de Maria, ela parecia quase bonita, pensou Vito, sentando-se na cadeira em frente à mulher.

Antônio devolveu o sorriso. "Jesus amava sua mãe mais do que todas as mulheres, Maria, pois recebera dela seu corpo humano. Ela encontrou mais graça e misericórdia em Cristo do que qualquer outra mulher. Oh, que nome bendito é Maria!"

"Minha mãe me deu o nome, frei, em homenagem à Virgem. Era isso que ela sempre me dizia."

"Então sua mãe tinha fé, assim como a mãe de Nossa Senhora, Santa Ana. Você sabe que seu nome, Maria, significa 'estrela-do-mar'?"

Maria balançou a cabeça, em negativa. "Não sabia que significasse alguma coisa."

Antônio falava enquanto embalava a criança, e suas palavras eram mais altas do que o choro do bebê. "É um nome muito apropriado para nossa Mãe no céu. Enquanto navegam, os marinheiros olham para a Estrela do Norte à procura de uma passagem segura. É uma estrela fixa nos céus, e, observando-a, eles conseguem determinar a posição em que estão em qualquer mar. Maria é como esta estrela. Ela é uma estrela que indica um caminho claro para todos os que são jogados para lá e para cá nas águas turbulentas da vida. Maria é um nome amado por anjos e temido por demônios. Imagino, Maria, que você muitas vezes ache a vida difícil." Antônio estava embalando a criança mais devagar agora. O choro tinha cessado.

"Sim, frei. Mas o padre Vito ajuda. Ele é bom, frei."

Antônio olhou para Vito e sorriu. "Estou vendo. E o padre Vito também acha a vida difícil muitas vezes. Isso também posso ver."

Vito enrubesceu e desviou os olhos dos do frade.

"Eu gostaria de ensinar a vocês dois uma oração a Nossa Senhora, uma oração que os orientará em tempos difíceis."

"Eu gostaria disso, frei", disse Maria.

Antônio segurava a criança em seus braços, apertada contra seu peito. O bebê estava quieto, possivelmente adormecido. Baixando a cabeça, Antônio começou a rezar com uma voz suave e gentil. "Oramos a ti, Nossa Senhora, nossa esperança. Somos jogados de um lado para o outro pela tempestade dos mares da vida. Que tu, Estrela-do-Mar, nos ilumines e conduzas para nosso porto seguro. Assiste-nos com tua presença protetora quando estivermos prestes a partir desta vida, para que mereçamos deixar esta prisão sem medo e alcançar alegremente o reino do júbilo sem fim. Esperamos receber esses favores de Jesus Cristo, a quem tu carregaste em teu ventre bendito e alimentaste em teu santíssimo seio. A ele seja dada toda a honra e glória, para todo o sempre. Amém."

"Frei, poderia repetir a oração de novo para que a aprendamos?" pediu Vito.

Assim, Antônio, olhando para a criança adormecida, repetiu a oração. No final da terceira repetição, com Maria e Vito orando as palavras com Antônio, o bebê começou a se mexer e a choramingar, com sua boquinha roçando contra a túnica de Antônio. Este riu e entregou a criança para Maria. "Não posso lhe dar o que ela quer agora. Pegue-o e alimente-o."

Maria ficou radiante de alegria. "Se ele quer mamar é porque vai ficar bom." Enquanto ajeitava o bebê nos braços, ela sorriu. "Ele não está mais quente. A febre passou."

"Graças a Deus", disse Vito. Então acrescentou: "Maria, se você deitar e alimentá-lo, talvez ele adormeça". Apontou para a sua cama, que sempre cedia aos mendigos quando o visitavam. Era o único luxo que Vito tinha, mas, quando os necessitados dormiam em sua casa, Vito dormia no chão.

Segurando firme o bebê, que buscava sequiosamente seu peito, Maria arrastou-se até a cama de Vito e subiu nela, deitando-se com o rosto virado para a parede.

Antônio sorriu enquanto se sentava à mesa. "Eu invejo-o, padre. Seu nome, Vito, significa vida, e você deu vida a muitas pessoas. Quantos dos pobres de Bolonha o amam e necessitam de você? Você não só lhes fala de Cristo. Você mostra-o a eles na pessoa que é. Sem uma vida exemplar, padre, ninguém pode reunir as pessoas, pois as palavras de um pregador não produzem efeito se sua vida é considerada desprezível."

"Sim, pessoas como Maria escutam", disse Vito. "Mas as que hoje se confessaram a você desprezam-me, frade. Elas não escutam em absoluto. Algumas me criticam por acolher gente como Maria."

"Padre, constantemente encontro pessoas que não poupam nem o santo nem o pecador de sua maledicência. Elas afirmam perversamente que o bom é mau e que o mau é bom. Chamam escuridão de luz e luz de escuridão. Transformam o que é amargo em doçura e o que é doce em amargura."

"Frei, alguns pastores nesta cidade fazem exatamente isso. Vejo suas belas igrejas e as esmolas que coletam. Se eu falasse como eles, não irritaria homens como o senhor Zaccaria. Então talvez pessoas como ele me dessem dinheiro para cuidar das pessoas que me procuram pedindo ajuda."

Antônio, que estivera tomando a sopa, baixou sua tigela. "Padre, Cristo disse a respeito de si mesmo: 'Eu sou a verdade'. Aqueles que pregam a verdade dão testemunho de Cristo; os que não pregam a verdade negam a Cristo. 'A verdade gera o ódio.' É por isso que alguns pregadores, em vez de se exporem à ira das pessoas, desistem de dizer qualquer coisa. Quando você prega a verdade como realmente é, algo que a própria verdade exige e a Sagrada Escritura prescreve, você se expõe à ira de pessoas de mentalidade carnal. Correto?"

"Todo o tempo, frei."

"Não tema as pessoas, padre. A verdade não deve ser abandonada por se temer oposição. Por temerem oposição, os pregadores cegos ficam sujeitos à cegueira da alma. São 'cegos guiando cegos'. Alguns homens ricos dão a pregadores o esterco de bens terrenos para escapar de repreensões. No entanto, padre, peço-lhe que seja um pregador autêntico que não dá importância alguma a prata e ouro. São Pedro admoesta: 'Sede pastores do rebanho de Deus, confiado a vós; cuidai dele, não por coação, mas de coração generoso; não por torpe ganância, mas livremente; não como dominadores daqueles que vos foram confiados, mas antes, como modelos do rebanho'. Não sirva com sua própria força, mas com o poder de Deus, para que, em tudo que você faça, Deus seja honrado por meio de Nosso Senhor Jesus Cristo."

"Frei, tentei fazer isso, mas o fruto é pequeno."

Antônio tomou o resto de sopa de sua tigela e então a emborcou. "O que é essa pequena fenda, padre?" perguntou ele, apontando para um pequeno sulco serpentino na madeira. "Foi um inseto que fez isso, frei. Ele estava na madeira quando esculpi a tigela. Sinto muito não ter tigelas melhores para oferecer."

"Tudo bem com a tigela, padre." Antônio apontou para o túnel. "Você diz que foi um verme que fez isso. O verme fura e corrói a madeira. Da mesma forma, um pregador deve furar e corroer os corações endurecidos pelo pecado que não produzem fruto. Nada é mais duro do que um verme fazendo um furo na madeira. No entanto, nada é mais macio ao toque do que um verme. Portanto, um pregador deve ser afável, tratando almas arrependidas e humildes com compaixão e misericórdia. Assim, quando você pregar a palavra de Deus, pregue com determinação e firmeza para tocar o coração de seus ouvintes. Entretanto, se esses ouvintes proferirem insultos e afrontas contra você, permaneça gentil, clemente e amistoso."

Vito acenou afirmativamente com a cabeça. Tinha tentado fazer isso durante toda a vida.

"Mate impiedosamente todos os pecados em você mesmo, para que possa mostrar misericórdia aos outros. Dessa maneira, você cumprirá o preceito de Jesus: 'Sede misericordiosos como vosso Pai é misericordioso'. Porque você, padre, deve mostrar misericórdia para os que se confessaram hoje. Você é quem deve alimentar a fé deles."

Antônio colocou a tigela sobre a mesa e tocou a mão de Vito. "No ano passado, o papa Honório escreveu para nossas universidades e casas religiosas ordenando-lhes que enviassem pregadores à França para combater as heresias lá. O superior geral de minha Ordem está me mandando para a França, padre. Partirei tão logo o inverno tenha passado. Em Bolonha, padre, os recém-nascidos em Cristo procurarão você, não a mim."

Ouviu-se uma batida à porta. "Entre", gritou Vito.

Zaccaria estava parado no vão da porta, com sua capa de raposa salpicada de neve. O usurário sacudiu a capa para retirar a neve, então entrou e ajoelhou-se diante de Vito.

"Padre Vito, vim para fazer reparação e pedir seu perdão", disse ele, com a cabeça curvada. "Durante anos, você dirigiu-me a palavra e eu não escutei. Perdoe-me, padre, por enganar a Igreja e os pobres."

Vito engoliu a surpresa em sua voz. Colocando a mão no ombro de Zaccaria, disse: "Eu o perdôo, senhor."

Zaccaria ergueu os olhos cheios de lágrimas para Vito. "Obrigado, padre." Então se virou para a porta e disse: "Traga as moedas."

Um jovem atarracado vestindo uma capa de pele preta entrou no quarto carregando uma volumosa bolsa de couro. Levantando, Zaccaria tomou a bolsa e esvaziou seu conteúdo sobre a mesa diante do espantado sacerdote da paróquia. Moedas de todos os tipos saltaram sobre a madeira até que houvesse ali um monte delas.

"Haverá mais, padre Vito", disse Zaccaria. Então tomou a mão de Vito em sua mão direita e a de Antônio na esquerda. Apertou-as firmemente ao dizer: "Obrigado a vocês dois. Vocês deram-me a vida."

Então, soltando as mãos deles, desatou sua capa e encaminhou-se para a cama. Gentilmente, colocou o casaco de pele sobre Maria e seu bebê adormecido. Em silêncio, foi até a porta e saiu para a tempestade. O cavalariço seguiu-o, fechando a porta atrás deles.

Antônio tocou o pulso de Vito. "Esse é seu primeiro recém-nascido, padre. Alimente-o bem com o leite da palavra sagrada de Deus para que cresça forte em Cristo."

Parte III

MISSÃO NA FRANÇA

Capítulo 11
FREI MONALDO

Reunião do capítulo, Arles, França (setembro de 1224)

Frei Monaldo estava sentado num banco de madeira bem no fundo do recinto. Sua artrite o estava incomodando como sempre, mas ele se recusava a encostar-se na parede. Ninguém precisava saber que estava com dor.

Monaldo tinha escolhido esse assento por ser o mais adequado à sua situação. Ali ninguém notaria o pequeno e velho homem que seus colegas frades chamavam carinhosamente de irmão Camundongo. Com a remendada túnica cinza pendendo frouxamente dos ombros curvados e os olhos castanhos brilhando no rosto magro, Monaldo se parecia com as criaturinhas furtivas que ele freqüentemente retirava de cima de seu corpo à noite.

Em meados de setembro, Arles estava sofrendo sob uma onda de calor. E, se não tivesse chuviscado naquele dia, os frades teriam se reunido ao ar livre, debaixo das parreiras que cercavam o mosteiro. Teria sido agradável ali, com a brisa murmurando entre as folhas das parreiras, os compactos cachos purpúreos quase suficientemente maduros para serem colhidos.

Sendo assim, o superior de Monaldo previdentemente reorganizou aquela sala no convento, de modo que os bancos para aqueles que iriam falar no capítulo ficassem diretamente em frente à porta aberta. Ali seus hóspedes receberiam qualquer brisa que passasse pelas parreiras para amenizar a umidade sufocante. Outros bancos foram dispostos para ficar de frente para os dois que estavam perto da porta. Estando nos fundos do recinto, Monaldo pegava muito pouco ar fresco. Ele não se importava com isso. Com a idade viera uma constante sensação de frio em seus ossos. Naquele dia, enquanto muitos outros frades enxugavam periodicamente o suor da testa com as mangas de suas túnicas, Monaldo, excetuando a artrite, sentia-se bastante confortável.

Monaldo maravilhava-se com a sorte de estar presente naquela reunião do capítulo. Apenas os provinciais e delegados mais jovens e vigorosos de sua Ordem haviam sido convidados. Se ele e seus colegas de convento não vivessem efetivamente ali em Arles, onde a reunião do capítulo estava acontecendo, jamais lhes teriam pedido que estivessem presentes. Uma vez que a reunião estava sendo realizada ali, seu superior tinha permitido que assistissem a ela. No entanto, não deveriam dirigir desnecessariamente a palavra aos importantes delegados. Deveriam sentar-se só depois que todos os demais estivessem assentados. Deveriam ajudar qualquer frade visitante se solicitados a fazê-lo.

Os irmãos concordaram. Alguns dos dignitários haviam pedido água a alguns irmãos. Ninguém pedira coisa alguma a Monaldo. Os irmãos tinham permitido obedientemente que os visitantes se sentassem primeiro e então tinham ocupado os melhores lugares restantes. Monaldo foi o último a se sentar. Deixou que os homens mais jovens ocupassem os assentos que ofereciam uma visão melhor dos trabalhos. Eles tinham mais condições do que ele de absorver o fogo de Francisco e eram suficientemente saudáveis para levá-lo ao mundo.

Monaldo tinha visto o padre Francisco algumas vezes em reuniões do capítulo de sua Ordem toda. Alegria e santidade irradiavam do homem magro e baixo que tinha fundado a Ordem dos Frades Menores. Outrora filho de mercador, alimentando sonhos de nobreza, Francisco era um poeta e sonhador cujas exortações simples a seus frades comprovavam sem dúvida seu amor total e profundo pelo Senhor. Monaldo jamais tinha falado com Francisco pessoalmente ou sequer se aproximado dele. Achava que entre Francisco e ele havia um abismo de diferença: um homem com um pé já no céu, e o outro não mais santo do que o pó debaixo de seus pés.

O próprio Francisco não estava presente naquele dia na reunião regional do capítulo. À medida que a Ordem dos Frades Menores crescia, também aumentava o número dessas reuniões regionais, e Francisco, cujas forças estavam definhando, não podia assistir a todas elas. De fato, naquele exato momento ele estava doente em Assis e, como sabiam os frades, cheio de preocupações por sua Ordem. Com que fervor eles ofereciam orações diárias em favor de Francisco e de si mesmos!

Nem todos concordavam com as reformas iniciadas na Ordem pelo atual superior geral, o irmão Elias. Os frades sussurravam que o pai Francisco temia que sua simples regra de pobreza, castidade e obediência fosse destruída e, junto com ela, a própria essência de sua Ordem. No entanto, Francisco tinha se submetido à rigorosa obediência ao irmão Elias. Monaldo só conseguia imaginar a luta e a dor que Francisco sentia, enquanto Elias trabalhava para dar estrutura e direção aos frades. Francisco, que para Monaldo parecia tão livre quanto uma cotovia, somente podia ter visto os esforços de Elias como uma tentativa de engaiolar um bando de pardais.

Qual era a posição do irmão João Bonelli de Florença, o provincial deles, que tinha convocado aquela reunião do capítulo para se falar sobre a regra? Ninguém tinha certeza. Ele não havia discutido a regra, embora o capítulo já tivesse abordado muitas questões sobre as quais os frades tinham opiniões diferentes – o disciplinamento de irmãos negligentes, a posse de conventos, o ensino de teologia, o combate à heresia, a assistência aos leprosos e aos pobres.

Antes que os homens ficassem sobrecarregados com problemas severos e desalentadores, o irmão João fez um breve intervalo. Monaldo permaneceu em seu assento, contente por poder descansar. A despeito do chuvisco, muitos outros frades arriscaram-se a sair para caminhar rapidamente sob as parreiras. Quando voltaram a se reunir, o recinto cheirava a túnicas de lã molhada e a suor.

"Antes de retomarmos nossa discussão, precisamos voltar nossos pensamentos a Cristo", disse o irmão João. "Ele tem de ser o início, o fim e os meios pelos quais fazemos tudo. Eu pedi ao irmão Antônio que lhes fale sobre a inscrição na cruz de Cristo, 'Jesus de Nazaré, o Rei dos Judeus' e sobre seus sofrimentos por amor a nós."

Antônio era um desses homens jovens e vigorosos que Monaldo admirava. Quando Monaldo tinha a idade de Antônio, trabalhava anonimamente como servo na propriedade de um barão. E assim continuou até depois dos cinqüenta anos, quando ouviu alguns seguidores de Francisco falar. Então deixou o nada que tinha para abraçar o Tudo que os frades ofereciam. Junto com eles pedia esmolas, orava e cuidava anonimamente dos pobres. O anonimato era tudo que conhecia, tudo que queria, tudo que merecia.

Em contraposição a Monaldo, o jovem que se ajoelhou diante do irmão João para receber uma bênção estava se tornando uma lenda. Alguns diziam que ele estava mais próximo de Francisco em suas crenças do que qualquer Outro frade. Alguns queriam que fosse o superior geral da Ordem. Muitos frades, inclusive Monaldo, jamais o haviam escutado pregar, mas tinham ouvido dizer que o fogo de Deus ardia nele, enquanto pregava a fé verdadeira em toda aquela região.

Com sua túnica molhada pela chuva, Antônio levantou-se para falar aos que estavam reunidos. Seu cabelo tonsurado e seus cílios brilhavam por causa da água da chuva, enquanto ele curvava a cabeça e erguia as mãos em oração.

Quando Antônio começou a falar, Monaldo encheu-se de fervor e devoção pelo Filho de Deus. Ele perdeu a noção do tempo e esqueceu suas dores, enquanto Antônio prosseguia com o sermão.

O olhar de Antônio estava fixo em um ponto logo acima da cabeça de seus ouvintes, como se estivesse vendo aquele que ele descrevia.

"Levantemos os olhos e fixemo-los em Jesus crucificado, o autor da salvação. Contemplemos nosso Senhor trespassado com cravos e suspenso da cruz." Ele fez uma pausa antes de continuar. "Como podem não crer quando sua vida pende diante de vocês na cruz?"

Antônio olhou para os rostos erguidos para ele, com seu próprio rosto coberto de gotas de suor. "O que é mais importante do que a vida de um homem? A vida do corpo é a alma, e a vida da alma é Cristo. Aqui, então, a própria vida de vocês pende na cruz. Como podem não sentir nenhuma dor? Como podem recusar-se a identificar-se com o sofrimento dele? Se Cristo é a vida de vocês, como verdadeiramente é, como podem deixar de segui-lo, prontos, junto com Pedro e Tomé, a serem jogados na prisão e a morrerem a seu lado?"

O olhar do sacerdote fixou-se em Monaldo. "Cristo pende da cruz diante de vocês para convidá-los a compartilhar seu sofrimento. Ele jamais pára de nos dizer: 'Venham, todos vocês que passam pelo caminho, olhem e vejam se há algum sofrimento como o meu'."

Antônio curvou a cabeça e ergueu as mãos para o céu. "Com que facilidade eles se tornam apóstatas, eles que foram redimidos à custa de tanta dor!"

Voltou a erguer a cabeça como se estivesse olhando para o próprio Cristo. "Sua paixão foi mais do que suficiente para redimir toda a humanidade, e, no entanto, muitos rumam para a perdição. O que poderia causar aflição maior do que o fato de ninguém reconhecer ou se preocupar com essa tragédia?"

A voz de Antônio tremeu. "É verdadeiramente terrível que o Deus que outrora lamentou nos ter criado vá um dia se arrepender por nos ter redimido."

Ele virou-se para a porta, com as mãos estendidas para as parreiras, de onde gotejava água. Sua voz elevou-se para ficar mais alta do que o tamborilar da chuva no telhado e preencheu o recinto. "Se, depois de trabalhar todo o ano em sua videira, um agricultor fica desapontado por não conseguir encontrar uvas maduras, quão mais amargo será o desapontamento de Deus com nossa infertilidade! Deus lamentou em Isaías 5: 'Que mais deveria eu ter feito por meu vinhedo, que deixei de fazer? Por que, então, quando esperava uvas boas, só deu uva brava?'"

Antônio voltou-se novamente para os frades. "Deus fica profundamente desapontado quando, em vez de justiça em conversão e penitência, encontra iniqüidade. Ele espera que se pratiquem justiça e honestidade para com o próximo, mas, em vez disso, ouve os gritos dos oprimidos."

Ele cerrou os punhos, então os abriu e olhou para eles como se contivessem as uvas sobre as quais falava. "Este é o fruto amargo que a vinha produz depois da paixão de seu divino Proprietário." Seus dedos estavam dobrados, como se envolvessem as uvas imaginárias. "Ela merece ser arrancada pelas raízes e lançada ao fogo."

As mãos do sacerdote se estenderam para a frente e então para o alto. De novo, ergueu os olhos. "Sua vida pende diante de vocês na cruz de modo que vejam a si mesmos como que em um espelho. Assim, podem ver quão graves eram suas chagas e que elas não podem ser curadas por nenhum outro remédio senão o sangue do Filho de Deus. E, se pararem para refletir profundamente, também conseguirão compreender quão sublime é a dignidade de vocês. Quão elevada é a grandeza de sua pessoa humana, pela qual foi necessário pagar um preço tão incalculável. O 'espelho' da cruz mostra-lhes o que vocês são no presente; ensina-lhes até que profundezas devem baixar seu orgulho, o quanto devem mortificar os desejos de sua carne, como deveriam orar ao Pai por aqueles que perseguem vocês e colocar seu espírito nas mãos dele."

Monaldo percebeu um movimento muito rápido no vão da porta atrás de Antônio. Uma figura entrou na sala. Monaldo começou a sorrir. Padre Francisco!

Enquanto sorria, apertou os olhos. Francisco não estava molhado de chuva. Monaldo viu o pequeno homem abrir os braços em forma de cruz e então elevar-se até que sua cabeça e seus ombros estivessem acima dos de Antônio. Este continuou a pregar como que totalmente inconsciente da presença de Francisco.

"Mas vocês não crêem em Cristo, em sua vida, que lhes assegura: 'Como Moisés levantou a serpente no deserto, assim também será levantado o Filho do Homem, a fim de que todo o que nele crer tenha a vida eterna'. Ver e crer são a mesma coisa, pois, neste caso, vocês vêem apenas tanto quanto crêem."

Francisco estendeu os braços diante de si e, com a mão direita, abençoou os frades por sobre a cabeça de Antônio. Então sorriu e fez uma cruz bem acima do escalpo raspado do frade que pregava abaixo dele.

Antônio estava olhando atentamente para os frades, com um apelo em sua voz: "Creiam firmemente em Jesus crucificado, a vida de sua vida, para que vivam com ele, que é a própria vida, para todo o sempre. Amém".

Antônio curvou a cabeça e retornou para o banco em que estivera sentado. Atrás dele, pelo vão da porta, Monaldo viu as parreiras molhadas. Francisco tinha desaparecido.

No silêncio tranqüilo e de devoção, Monaldo lutava com um tormento sagrado. "Conte a visão", estava dizendo o Espírito ao seu coração.

Como ele, um joão-ninguém, poderia ter recebido tal favor divino?

Não sou digno de tê-lo visto, argumentou Monaldo. *Deixe que os outros que o viram contem esse fato.*

"Eu determino quem é digno. Ninguém viu meu amado Francisco senão você. Conte a visão."

Ninguém se mexia. Todos estavam profundamente absortos em oração e meditação.

"Conte a visão."

Finalmente o irmão João levantou-se. "Obrigado, irmão Antônio. Alguém tem algo a compartilhar em relação ao que nosso irmão pregou?"

"Conte a visão."

Ninguém falou. Cada qual parecia estar esperando pelo outro.

"Conte."

Monaldo levantou-se. Sentia as pernas fracas. "Padre Antônio, enquanto você estava falando, o padre Francisco entrou pela porta e abençoou a nós e a você." Ele sentou-se.

"Você viu isso, irmão?" perguntou o irmão João.

"Sim, irmão", disse Monaldo em uma voz aguda.

Alguns frades viraram-se e olharam para Monaldo. Outros se ajoelharam para agradecer. Antônio caiu de joelhos, com a cabeça curvada até o chão.

O irmão João falou, com voz trêmula: "Estive orando para que o espírito de Francisco fortalecesse e orientasse esta reunião. Louvado seja o Senhor por ter atendido minha oração".

Capítulo 12

NOVIÇO

Estrada de Montpellier para Arles, Montpellier, França (primavera de 1225)

O roubo tinha sido quase fácil demais. O jovem noviço havia ficado para trás; enquanto os outros frades reuniam-se para o coro, entrou sorrateiramente na cela de Antônio. Ali ele encontrou rapidamente o que estava procurando: sobre uma pequena mesa, perto da esteira de dormir do sacerdote, estava o *Comentário sobre os Salmos* que havia sido manuscrito por Antônio. O noviço tinha deixado imediatamente o convento, dando a impressão a qualquer pessoa que o visse de que estava com pressa para se juntar aos seus irmãos na oração. Em vez disso, ele havia ladeado a igreja e então, com suas pernas compridas e magras, tinha corrido pelas ruas de Montpellier. Tinha corrido até alcançar a estrada que acompanhava um afluente do Rio Ródano, uma estrada que levava a Arles. Em Arles, venderia o *Comentário*, compraria uma roupa útil e daria a túnica que vestia a um mendigo.

Deu-se conta de que deveria parecer bastante estranho aos viajantes que caminhavam na estrada com ele. Os frades menores sempre viajavam em duplas, e ele estava sozinho, mas ninguém parou para perguntar: "Onde está seu companheiro?".

Ele disse a si mesmo que era jovem e mau demais para ficar na Ordem . Afinal, além de ser filho de mendigos, ele mesmo era um mendigo. Dormira com as mendigas de Beziers e pagara-lhes com moedas ou comida que roubara. Talvez fosse até pai de uma criança. Então tinha visto os mendigos santos do padre Francisco e quis ser como eles. Eles tinham uma paz e uma alegria que ele sabia provirem de Deus. Ele havia desejado ter essa paz e alegria dentro de si mesmo. Como podia ter sido tão tolo a ponto de pensar que ele, um pecador, conseguiria se tornar um homem de Cristo?

Os frades acolheram-no carinhosamente. A Ordem havia sido boa para ele. Tinha comida, não muita, é verdade, mas ele não precisava de muita. Estava acostumado a comer pouco. Tinha um lugar para dormir, apenas uma esteira de palha, mas não precisava de mais. Suas necessidades estavam satisfeitas, e ele tinha começado a aprender sobre o Deus pelo qual estivera faminto.

Quando tinha ido a Montpellier para aprender com o padre Antônio, tudo havia melhorado. O ensino de Antônio tinha aprofundado sua fé e seu conhecimento. Por menos que soubesse, estava aprendendo. Por mais insuficiente que fosse sua fé, estava tentando. E, em Montpellier, o convento era confortável, e a comida, abundante. Era assim porque Montpellier, diferentemente de muitas outras cidades da província, jamais se tinha juntado aos cátaros. Permanecendo fiel à Igreja, Montpellier era rápida em alojar e sustentar quaisquer filhos verdadeiros de Cristo.

E assim o mendigo de braços finos tinha se tornado o noviço de braços finos; mas, àquela altura, depois de ter deixado a Ordem, sabia que vestir uma túnica não podia transformar um pecador em santo. É verdade que se havia dedicado à sua fé. É verdade que não havia roubado nem estado com mulheres desde que se juntara aos irmãos cinco meses antes. No entanto, à medida que os meses passaram, cansou de pedir esmolas, fazer reparos em capelas, orar e jejuar. Nas ruas como mendigo, ele tinha passado necessidade e sido caluniado, mas era livre. Na Ordem, parecia estar sempre rodeado por outros frades, cercado pela doutrina, confinado pela santidade. Às vezes, sentia-se como se estivesse sufocado. Por fim, compreendeu que jamais poderia ser frade. O pecado estava arraigado demais em sua alma, e o desejo por liberdade era demasiadamente forte.

Naquele momento, era bom caminhar por aquela estrada, com um livro escondido nas dobras de sua túnica, os olhos fitando com desejo toda mulher que passava timidamente por ele. Sabia que não deveria sentir aquele orgulho, aquela luxúria, mas eles estavam ali e certamente eram parte tão integrante dele quanto suas unhas. Provavam-lhe de novo que ele não estava destinado a ser frade. O padre Antônio podia ser um bom frade, mas não o noviço.

Então o pensamento ocorreu-lhe de repente. O padre Antônio tinha recebido ordens para pregar contra os hereges em Toulouse. Ele iria partir em poucos dias e iria querer levar seu livro consigo. Muito provavelmente estaria de volta em sua cela naquele momento, procurando pelo volume. E se ele aparecesse diante do noviço? Este tremeu de medo e sacudiu a cabeça. Não, tal coisa não aconteceria. Entretanto, o que tinha acabado de acontecer na Páscoa? O padre Antônio não parecera estar, ao mesmo tempo, em dois lugares naquele dia?

Na Páscoa, o jovem e vários outros noviços e irmãos estavam cantando suas orações no coro do convento, enquanto os fiéis da cidade estavam com Antônio na celebração da missa na catedral. Quando chegou o momento de cantar o ofício, os irmãos esperavam ansiosamente aquele que fora designado para começar. Era a vez de Antônio. Ele certamente encontrara um substituto. Os homens estavam com a cabeça curvada em silêncio respeitoso quando subitamente ouviram o canto suave de Antônio. Com o rabo do olho, o noviço podia ver o frade parado em seu lugar costumeiro, cantando o aleluia. A missa devia ter terminado extremamente cedo para que o sacerdote voltasse para o coro. Depois que Antônio terminou de cantar, os frades retomaram suas orações em uníssono. Quando finalmente se dispersaram para retornar a suas celas, ouviram o clamor de fiéis que saíam da catedral. A missa que Antônio celebrara tinha acabado naquele momento.

Apenas alguns dias antes, quando Antônio estava ensinando teologia aos frades, um dos irmãos que fora seu acólito na missa falou: "Padre, você diz que devemos ter silêncio no momento de rezar. É por isso que, na Páscoa, durante seu sermão, você puxou tão abruptamente o capuz sobre seu rosto e reclinou-se no púlpito? Foi um silêncio tão longo, padre, que as pessoas que estavam no culto começaram a se mexer. Entretanto, quando puxou o capuz para trás e retomou seu sermão, você nada comentou sobre isso. Esperava que nós, durante esse tempo de silêncio, refletíssemos sobre a glória do Senhor ressuscitado?".

Antônio tinha sorrido. "Essa teria sido uma reflexão digna de fazer."

O incidente da Páscoa parecia mais sobrenatural cada vez que o noviço pensava nele.

No momento, o sol já estava alto, e as pernas do rapaz estavam ficando cansadas. Logo à frente, uma ponte atravessava o rio Ródano. Quão fresca e confortável parecia a sombra debaixo dela! Ali, antes de continuar sua viagem, ele poderia descansar um pouco. Isto é, poderia descansar se as rãs que viviam ao longo das margens parassem com seu coaxar incessante.

Quando o noviço começou a descer o declive rumo à sombra debaixo da ponte, pensou no padre Antônio. Se ele estivesse ali, teria iniciado as orações do meio-dia depois de pedir às rãs que ficassem quietas. No convento de Montpellier, Antônio tinha abençoado a água de um lago e pedido às rãs barulhentas que estavam ali que fizessem silêncio. Depois disso, elas jamais tinham voltado a coaxar. Um frade afirmou que tinha levado algumas rãs do lago de Montpellier para um outro lago, onde elas tinham começado a coaxar. Por isso, transferiu algumas rãs daquele lago para Montpellier, onde elas permaneceram em silêncio perpétuo. As rãs ficavam quietas no lago de Montpellier, mas faziam barulho nos outros lugares. Estranho. Muitas coisas a respeito do padre Antônio eram estranhas.

O noviço não tinha intenção de silenciar as rãs ou de orar. Ele estava totalmente exausto. A semana anterior de noites em claro o havia esgotado. Nunca antes tinha planejado um roubo com tanta agitação. Se deitasse ali naquela cama de grama alta, com certeza adormeceria, independentemente de quão alto as rãs coaxassem.

Não fazia muito tempo que ele estava dormindo, quando o silêncio o acordou. Por que as rãs estavam quietas? Ele sabia. Alguém estava ali. Ou algo. Ele levantou de um salto. Talvez fosse um bandido. Então, à sua direita, encoberto pelo arco da ponte, um vulto escuro moveu-se. Em um momento de confusão, pensou que fosse Antônio. Então viu pêlos negros eriçados e um grosso focinho preto. O noviço subiu com dificuldade o barranco do rio e dirigiu-se para a ponte. O monstro enorme estava sobre a ponte.

"Leve o livro de volta para o sacerdote", parecia que uma voz ordenava, enquanto a besta inidentificável lançava--se em direção ao noviço. "Leve-o de volta ou matarei você e jogarei seu corpo no rio."

O noviço jamais tinha visto um demônio, mas sabia que tal criatura existia. Só um demônio podia falar. O monstro negro devia ser o próprio diabo. O noviço girou sobre os calcanhares e disparou de volta pelo caminho por onde tinha vindo, não perdendo um só segundo para ver se o animal estava seguindo atrás dele.

O sol estava se pondo quando o noviço retornou ao convento. Como ele faria com que o livro chegasse ao sacerdote? Simplesmente o deixaria sobre o degrau da capela e alguém o encontraria e devolveria ao dono. Ele próprio não pretendia ficar no convento. Histórias de disciplina em outros conventos tinham chegado até ali. Tinha certeza de que Antônio agiria da mesma forma como outros sacerdotes agiam. Afinal, esse homem não era chamado de martelo dos hereges? Ele não tinha silenciado a oposição nas províncias de Aquitânia, Narbona e Languedoc? Um homem vigoroso como ele puniria o crime de roubo. Antônio tiraria a roupa do noviço e o surraria até que ficasse quase inconsciente enquanto os outros irmãos olhavam horrorizados.

Quando colocou o livro no degrau da capela, ouviu a voz de novo. "Leve o livro para o sacerdote. Para o sacerdote."

O noviço recuou. O que era aquela sombra do lado da capela?

Agarrou o livro e, forçando-se a caminhar para preservar a regra da Ordem, entrou no convento e bateu à porta da cela de Antônio.

"Entre."

O noviço sabia que seria melhor parecer contrito. Abrindo a porta, caiu de joelhos, com a cabeça curvada.

"Bom. Você devolveu meu livro", disse uma voz gentil. "Deus atendeu a uma de minhas orações." O sacerdote colocou a mão sobre o ombro trêmulo do jovem. "Por que você está tão assustado? Não vou machucá-lo."

"Padre, sou um miserável pecador." Esperava parecer arrependido. Muito arrependido. "Perdoe-me, padre."

O sacerdote caiu de joelhos diante do noviço, com a cabeça curvada tocando o chão, a voz quase um soluço. "Senhor, compreendo que, se tu retirasses tua compaixão de mim, eu também me tornaria vítima de minha própria maldade." Então Antônio levantou a cabeça e colocou as mãos nos ombros do jovem. O noviço recuou ao toque inesperado, mas o aperto era gentil, em vez de severo. Com o rosto levantado para o céu e os olhos fechados, Antônio sussurrou: "Ó Senhor, nosso protetor, olha para o rosto de teu Ungido. Ó Senhor, não olhes para nossos pecados, mas olha para o rosto de Cristo, teu Ungido, coberto de cusparadas, inchado de contusões e molhado de lágrimas por nós. Tem misericórdia de nós, ó Senhor, por causa do rosto de Cristo. Tem misericórdia de nós que fomos a causa do sofrimento dele."

Então Antônio tirou as mãos do ombro do jovem e ergueu os braços para Deus; sua oração continuava a fluir suave como um rio tranqüilo.

Enquanto o jovem escutava, espantado, o peso de sua própria contrição fingida o esmagou. Era um pecador. Merecia ser espancado até quase a morte. O noviço puxou por sobre seus ombros magros a túnica larga demais. A vestimenta escorregou até seus joelhos, e as mangas ficaram presas nos punhos, pendendo frouxamente. O jovem ficou ajoelhado, com o dorso desnudo e imóvel, os olhos baixos e fechados, enquanto Antônio continuava a rezar.

Ele se sentiria bem se fosse espancado. O espancamento afastaria a culpa e a falsidade.

Ouviu o sacerdote se mexer diante dele. Sabia que ele estava se levantando. Ouviu passos suaves à sua direita. Sem pensar, contraiu os músculos das costas, então encolheu-se ao primeiro toque em seus ombros. Era sua túnica sendo gentilmente levantada e colocada de volta no lugar.

"As chagas de Cristo na cruz falam ao Pai de perdão, não de vingança, meu rapaz." O sacerdote colocou a vestimenta no lugar. "Eu tinha orado para ter meu livro de volta. E tinha orado para que você voltasse com ele. O livro voltou. E você?"

O noviço não conseguia erguer os olhos. Com a cabeça curvada, sussurrou roucamente. "Padre, não posso. Não sou como os outros. Sou mau, padre. Se você soubesse... Sinto-me preso aqui."

O jovem sentiu um toque gentil sobre sua mão, dedos cálidos envolvendo-a, um puxão gentil para que levantasse.

"Venha comigo."

O noviço levantou e seguiu o sacerdote para fora do convento. Por que estava indo com Antônio? Sabia apenas que tinha de ir.

Em silêncio, os dois frades foram andando pelas ruas de Montpellier. Antônio parava para conversar com várias pessoas da cidade que o paravam ou para abençoá-las.

Este homem é o martelo dos hereges? pensou o noviço. É verdade que Antônio falava vigorosamente às multidões contra o pecado, mas recomendava com insistência que houvesse misericórdia para com o pecador. Nenhum cruzado podia usar as palavras de Antônio para justificar a matança de hereges. Sua correção começava e terminava com amor. O que havia aconselhado aos irmãos? O noviço esforçou-se para lembrar aquela aula. "Com um irmão caído, precisamos nos mostrar nem demasiadamente afáveis nem demasiadamente duros, nem brandos como carne nem duros como osso; nele, temos de amar nossa própria natureza humana, enquanto odiamos sua falha. São João nos exorta à caridade fraterna, comparando-a à caridade que Deus mostrou a todos nós e desejando que a tomemos por modelo. 'Foi assim que o amor de Deus se manifestou entre nós: Deus enviou o seu Filho único ao mundo, para que tenhamos a vida por meio dele'."

Como o noviço havia esquecido aquelas palavras? Não deveria ter temido aquele homem.

Quando os dois chegaram aos subúrbios da cidade, Antônio comentou: "Acabamos de pregar um bom sermão, meu rapaz."

O comentário surpreendeu o noviço. "Mas não dissemos coisa alguma."

"Nossas maneiras pacíficas e nossa aparência modesta foram um sermão para as pessoas que nos viram. Muitas vezes o ser pode influenciar mais do que o falar. Agora, olhe." Antônio apontou para os picos dos Montes Cevennes que se cruzavam na distância. "Quando foi que Jesus subiu para um monte, levando consigo Pedro, Tiago e João?"

O noviço procurou lembrar-se dessa lição que Antônio, o professor, ensinara. Finalmente, veio a resposta: "Na transfiguração, padre."

Acenando com a cabeça em concordância, Antônio saiu da estrada principal e seguiu na frente do noviço ao longo de uma das muitas trilhas sinuosas que os pastores usavam a fim de conduzir seus rebanhos para pastagens mais altas.

"Os três apóstolos, Pedro, Tiago e João, eram amigos especiais de Cristo. Esses três homens representam três propriedades da alma sem as quais a alma não pode ascender pela 'alta montanha da luz'. Ela não pode estabelecer uma relação com Deus. Você deseja uma relação com Deus, meu irmão?"

"Desejo, padre, porém para mim isso não é possível. Não me encaixo aqui, padre."

"Vejamos se você se encaixa ou não. Pedro, Tiago e João eram pescadores comuns. Eles tampouco 'se encaixavam' em uma Ordem, mas seguiram a Cristo, não foi?"

O noviço concordou.

"Eles também não estavam isentos de pecado. O que você pode me dizer sobre isso?"

De novo o noviço sondou a memória à procura do conhecimento que havia juntado nas aulas.

"Pedro cortou a orelha de um servo. Negou conhecer a Cristo. Tiago e João – eles discutiram sobre quem seria o maior no céu. E... e eles queriam rogar por punição para uma cidade que não queria acolhê-los. Isso está correto, padre?"

Antônio sorriu e, brincando, deu uma palmada no ombro do jovem. "Você tem uma boa memória, meu rapaz. Agora, olhemos os nomes desses três homens. Cada nome tem um significado. Pedro significa 'uma admissão'. Tiago significa 'uma conquista', e João, 'a graça de Deus'. Você crê em Jesus e espera pela salvação, meu irmão?"

"Sim, padre, mas será que a salvação é possível para mim, padre? Sou tão mau."

"De novo você está se chamando de mau", disse Antônio. "Nós todos somos maus. Cristo não veio para salvar pecadores?" Antônio apontou para os montes que não pareciam ficar mais próximos à medida que se aproximavam. "Só pecadores podem se aproximar de Deus em sua alta montanha de oração. Se os pecadores não pudessem vir a Deus, ninguém viria. Suponhamos que perguntássemos a todos os santos nascidos na terra, com exceção da sempre imaculada santa Mãe de Cristo, se eles não tinham pecados. O que você acha que responderiam senão repetir com João, o apóstolo: 'Se dissermos que não temos pecado, estamos enganando a nós mesmos, e a verdade não está em nós'."

Antônio sorriu para o noviço. "Portanto, não tenha medo de se aproximar de Deus. Quando o fizer, leve consigo Pedro, como Jesus fez ao subir a montanha. Leve Pedro e admita seus pecados, como fez Pedro. Que pecados? Todos eles. O orgulho em seu coração. Sua concupiscência da carne. Sua ganância por posses materiais. Estes são pecados dos quais todos nós somos culpados."

O noviço deixou pender a cabeça. Ninguém era mais culpado desses pecados do que ele.

Antônio continuou a caminhar através do enorme prado em direção aos picos. "Leve também Tiago consigo. Tiago é uma conquista. Supere e vença esses pecados. Destrua o orgulho em seu coração. Mortifique os desejos de sua carne. Refreie a vaidade de um mundo enganador."

"Como posso fazer isso, padre? Acabei de roubar seu livro. No caminho, acabei de olhar com luxúria para mulheres."

"Você pode refrear seus pecados se levar consigo ainda uma outra pessoa quando ascender à presença transfiguradora de Deus. Leve também João, a graça de Deus que 'bate à sua porta'." Ainda caminhando, Antônio se virou para o noviço. "Deus está sempre pronto para entrar em seu coração, meu rapaz. E Deus entrará nele. Basta que você abra a porta de seu espírito. Deus revelou-lhe o mal que você fez e com o qual ainda luta em seu interior. Essa revelação é a dádiva da graça. Agora, em Deus e na graça de Deus, preserve o bem que você iniciou. Você pergunta: que bem? Você devolveu meu livro. E devolveu-se."

"Mas, padre, eu não posso ficar."

"Você deseja ser feliz, meu rapaz?"

"Com todo o meu coração, padre."

"Você se lembra do Livro de Tobias na Bíblia? Leve a sério as palavras que Tobias disse a seu filho no leito de morte. 'Lembra-te do Senhor nosso Deus todos os dias!' Todos os seus dias, filho de Tobias. Lembre-se do Senhor todos os dias e então será feliz."

"Padre, é possível ser verdadeiramente feliz?"

Antônio sorriu. "É possível. Olhe a sua volta."

Os homens pararam. Estavam no centro de um campo pontilhado de ovelhas e cabras. Distante, à direita deles, um rebanho de ovelhas e cordeiros brancos, pretos e malhados balia intermitentemente. Dois pastores estavam sentados debaixo de uma árvore na borda da clareira.

"Este é um belo cenário. Deus certamente habita aqui. Quando Deus habita na alma, a alma se torna ainda mais bela do que tudo isso. Pois quem pode ser mais abençoado ou mais feliz do que aquele em quem Deus estabeleceu sua morada? De que mais você pode necessitar ou que outra coisa pode deixá-lo mais rico? Você tem tudo quando tem dentro de si aquele que fez todas as coisas, o único que pode satisfazer os anseios de seu espírito, sem o qual tudo que existe é como se nada fosse."

Antônio tomou as mãos do noviço em suas próprias e levantou seus braços para o céu. O noviço, seguindo o exemplo de Antônio, levantou seu rosto para o céu, que se tornava fosco com o anoitecer. A voz de Antônio ressoou jubilosa: "Ó Possessão que contém todas as coisas dentro de ti, verdadeiramente bendita é a pessoa que te tem, verdadeiramente feliz é todo aquele que te possui, porque então tem aquela Bondade que é a única que pode tornar a mente humana completamente feliz.

"No entanto, querido Deus, o que posso dar para possuir a ti? Se eu doar tudo, crês que te terei em troca? Tu és muito mais alto do que os mais altos céus. Tu és mais profundo do que o mais profundo abismo, mais longo do que a mais longa distância, mais amplo do que o mais amplo oceano.

"Como, então, posso eu, um verme, uma coisa sem valor, uma pulguinha, um filho de homem, chegar a possuir a ti?"

Antônio fez uma pausa, e o noviço sentiu a aflição do lamento do sacerdote ecoando em seu próprio coração. Como poderia ele, um simples pecador, ter a felicidade que vem da posse de Deus?

Com os braços e o rosto ainda voltados para o céu, Antônio continuou a clamar: "Jó diz corretamente, quando fala da sabedoria divina: 'Não se paga com o ouro de Ofir, nem com a pedra mais preciosa ou a safira. Não a iguala o ouro, nem o vidro, nem se trocarão por ela vasos de ouro. Em comparação com ela nada valem os cristais, e adquirir a Sabedoria custa mais que comprar pérolas.' Ó Senhor Deus, não tenho essas riquezas; o que, então, posso dar para possuir a ti?"

As mãos do jovem estavam estendidas no seu limite máximo e então baixaram lentamente. Enquanto Antônio baixava suas mãos, também baixou sua voz. "Ó Senhor, já conheço tua resposta. 'Dá-me a ti mesmo', dizes tu, 'e te darei a mim mesmo. Dá-me tua mente e me terás em tua mente. Fica com todas as tuas posses, mas me dá somente a tua alma. Eu ouvi o suficiente de tuas palavras; não necessito de tuas obras; dá-me somente a ti mesmo, para sempre'."

As mãos dos dois homens estavam baixadas diante deles, ainda entrelaçadas. *Senhor, deixa-me dar a mim mesmo a ti,* orou o noviço. *Aceita meu pobre presente, Senhor, e torna-me feliz.*

A pergunta veio suavemente. "Você quer ter Deus sempre em sua mente?"

A voz do noviço tremeu. "Oh, padre, eu quero. Quero muito isso."

"Então obedeça a ele. Temos de ser obedientes a Cristo em vez de obedecer aos nossos próprios caprichos, pois não devemos servir a nosso Senhor somente com palavras. Se o coração é humilde, o corpo é obediente. A humildade gera obediência. O padre Francisco, a quem seguimos, sabe que o melhor apoio da humildade é a pobreza. O padre Francisco conclama-nos a seguir a Senhora Pobreza, pois todo aquele que possui a pobreza é rico e opulento. Onde há pobreza real, ali existe abundância. Você compreende isso?"

"Quero compreender, padre."

Antônio levantou os olhos aos céus. "Ó valor inestimável da pobreza! Quem não a tem não possui coisa alguma, mesmo que possua tudo. Que alegria há em você! Pois, quando somos pobres e humildes, esvaziamos a nós mesmos de tudo que possuímos. Então ficamos ocos, podendo conter tudo que seja derramado em nós. Em nós, ó Deus, derrama uma infusão de graça divina até transbordarmos de alegria!"

"Senhor, faze com que eu não tenha coisa alguma, para que tenha tudo que és tu", sussurrou o noviço.

A alegria nos seguidores de Francisco tinha atraído o noviço. A alegria em Antônio inspirou-o. Ah, se pudesse possuir a Deus! Então não necessitaria de nenhuma outra coisa, nem da liberdade das ruas, nem do amor de mulheres, nem da segurança do ouro. Só Deus seria totalmente suficiente.

O noviço apertou as mãos de Antônio. "Padre, como posso voltar à Ordem?"

Antônio, que ainda estava olhando para cima, baixou o olhar. Seus olhos escuros encontraram os do noviço.

"Você nunca deixou a Ordem. O livro está de volta. Você está de volta. Nada mais precisa ser dito."

O jovem ajoelhou-se diante do sacerdote. "Padre, perdoe-me." Seu pesar era genuíno. Colocando sua mão sobre o ombro do jovem, Antônio pronunciou a absolvição. "Como penitência, você deve praticar diariamente o esvaziamento de si mesmo para ser preenchido totalmente com Deus. Quando tiver feito isso completamente, tem de falar às pessoas de Montpellier sobre a posse de Deus. Encontre aqueles que querem ouvir, mesmo que sejam apenas um ou dois. Fale a respeito da Posse que possuirá você. Insista para que esvaziem a si mesmos para aquele que pode preenchê-los. Você fará isso?"

O noviço acenou com a cabeça, em concordância. A alegria em seu coração estava borbulhando, transbordando.

"Deus, esvazia-me de mim mesmo e preenche-me de ti", suplicou ele.

A alegria em seu coração começou a derreter o gelo em seu espírito, dissolvendo nele a avareza, a luxúria e o desejo e espalhando, no lugar destes, um pequeno e cálido brilho do Filho. Uma grande camada de gelo ainda estava presa à sua alma, mas ele suplicaria a Deus que a derretesse de todo. Quando o Filho o preenchesse totalmente, ele difundiria seu brilho a outros. Iluminaria Montpellier com a luz de Cristo.

Capítulo 13

SENHOR VARDEN

Praça da cidade, Toulouse, França (verão de 1225)

Sob um alto sol de verão, o senhor Varden transpirava em seu manto preto, enquanto pregava de uma plataforma de madeira num dos cantos da praça principal de Toulouse. Sua estatura magra e alta e seus cabelos brancos conferiam-lhe aparência de austeridade e santidade. Como todos os *perfecti*, ele jejuava três vezes por semana a pão e água e jamais ingeria carne, ovos, queijo e leite. Várias vezes ao dia, recitava o pai-nosso 16 vezes seguidas. Considerava os bens e atrações do mundo como coisas de pouco valor.

Quando ele tinha se tornado um *perfectus*, tinha transferido sua pequena propriedade e castelo aos presbíteros de sua fé. Eles o haviam mantido como senhorio, mas depois ele nada tinha exceto sua fé. Deu-se conta de que sua vida só começou quando se ligara aos cátaros. Antes disso, preocupações com a família e suas terras tinham consumido sua atenção.

O avô do senhor Varden tivera uma enorme propriedade ali no Languedoc, mas o costume de dividir heranças de forma igual entre os descendentes havia fatiado as terras dele em partes menores. Cada um de seus oito filhos tinha de receber uma parte da propriedade.

O pai do senhor Varden tinha tido nove filhos que sobreviveram, de modo que a herança do senhor Varden tinha correspondido a apenas sete acres perto de Toulouse, parte deles pântano e grande parte floresta. Durante toda a sua vida de casado, ele tinha lutado para manter a esposa vestida decentemente e os filhos alimentados; mas como dividir sua herança minúscula entre seus próprios três filhos homens? O que poderiam fazer com pouco mais de três acres de terra cada um? E que dote suas duas filhas poderiam levar para o casamento?

Muitos anos antes, num dia de mercado de junho, quando o senhor Varden ainda não havia solucionado essas dificuldades, cavalgou até Toulouse para visitar o tecelão Renault. Este era um homem enorme, de mãos grossas como nabos, mas tecia os lenços mais delicados. Seus preços eram altos, mas o senhor Varden queria comprar algo gracioso para o aniversário de sua senhora.

Ele tinha olhado as mercadorias de Renault e então perguntou: "Você tem outras coisas mais?".

"Tenho bens mais preciosos do que estes", replicara Renault. "Gostaria de saber mais sobre eles?"

O senhor Varden ficou curioso. "Claro."

"Meus bens são de Deus e você também pode conhecer a Deus." Renault falou suavemente: "Esses bens acenderão o amor de Deus em seu coração".

"Eu assisto à missa todo domingo e todo dia santo", disse o senhor Varden.

"Isso é suficiente?" perguntara Renault. "Se quiser saber mais sobre o que tenho para dar, procure-me hoje à hora da nona e lhe ensinarei."

Assim tinha começado a conversão do senhor Varden. Dois anos mais tarde, com Renault ao seu lado, recebera o *consolamentum* e tornara-se um *perfectus*. Posteriormente transferira seu castelo para os cátaros, inscrevera suas filhas como *perfectae* para viver lá no abrigo e vira dois de seus filhos e sua esposa também se tornarem fiéis.

Por meio de sua freqüente pregação, o senhor Varden havia convertido muitos dos moradores de Toulouse. Sabia que seu modo de vida significava tanto quanto as palavras que proferia. Ambas as coisas juntas poderiam converter uma outra alma no grupo de pessoas que foram ao mercado para escutar com atenção o que ele falava naquele dia, na plataforma de madeira. Se alguém expressasse interesse em aprender mais, ou o senhor Varden ou Renault, que fazia parte da multidão daquele dia, iria ensinar-lhe.

A multidão estava atenta, mas obviamente estava incomodada com o sol. Aqui e ali algumas pessoas abanavam-se com seus chapéus ou até mesmo com as mãos. Aquelas que estavam próximas das tendas do mercado aproveitavam a sombra. O senhor Varden decidiu ser breve.

Enquanto falava, percebeu um frade de túnica cinza se infiltrar na multidão a menos de três metros de Renault. A diferença de tamanho entre os dois homens fez com que o senhor Varden imaginasse um urso negro prestes a se lançar sobre um bode montês cinza. A imagem cômica não divertiu o senhor Varden. O frade não viera para ser convertido. Viera para refutar.

O senhor Varden foi tomado por uma onda de amargura. Desde que ele se tornara um *perfectus*, os católicos estavam guerreando contra os cátaros em nome da religião. Ele se lembrava bem de 1206, o ano de seu *consolamentum*. Não haviam passado nem dois meses, e o frei pregador Domingos de Gusmão tinha entrado de pés descalços em Toulouse para pregar contra os cátaros. Domingos tinha chamado os "homens bons" de albigenses por causa da cidade de Albi, onde viviam muitos dos cátaros. O senhor Varden tinha escutado com atenção debates públicos entre o pregador e os *perfecti*, que muitas vezes culminavam em trocas de palavras iradas, em que uma facção acusava a outra de ser o Anticristo.

Em 1208, o antipático pregador Pedro de Castelnau foi morto, e o papa Inocêncio III convocou a primeira cruzada albigense contra os "homens bons". A guerra consumiu o território do Languedoc, com muitas cidadezinhas em torno de Toulouse caindo nas mãos dos cruzados. Histórias de massacres, estupros, mutilações, incêndios e esquartejamentos em ambos os lados penetraram na cidade. As batalhas tornaram-se políticas, com condes disputando todo e qualquer território que pudessem conquistar, independentemente da religião que seus habitantes defendiam.

Por duas vezes Toulouse tinha sido atacada com violência. Por duas vezes havia repelido o inimigo. Em 1225, o simpatizante cátaro, conde Raymond VII, tinha controle quase total da área. A despeito da promessa do conde ao papa de não proteger a seita, o bispo cátaro ainda permanecia em segurança na cidade. Qualquer frade de túnica cinza que tentasse incitar os católicos contra o senhor Varden iria, em vez disso, animar os cátaros para a defesa dele.

O senhor Varden decidiu assumir a ofensiva. Faria a multidão se voltar contra o frade.

"Os clérigos católicos dizem-lhes que servir a Deus consiste em assistir à missa", disse ele, projetando sua voz até os cantos mais afastados da praça. "No entanto, ouçam o que diz João 13: 'Jesus levantou-se da ceia, tirou o manto, pegou uma toalha e amarrou-a à cintura. Derramou água numa bacia, pôs-se a lavar os pés dos discípulos'."

O senhor Varden caminhava para lá e para cá, enquanto pregava, e os movimentos de suas mãos e cabeça enfatizavam certos pontos-chave. "Ele disse a eles: 'Entendeis o que eu vos fiz? Vós me chamais de Mestre e Senhor; e dizeis bem, porque sou. Se eu, o Senhor e Mestre, vos lavei os pés, também vós deveis lavar os pés uns aos outros. Dei-vos o exemplo, para que façais assim como eu fiz para vós'. Portanto, devemos humildemente servir uns aos outros como Cristo ordenou."

O senhor Varden gesticulou em direção ao frade. "No entanto, os clérigos romanos fazem isso? Ouçam Mateus 23 e Marcos 13,38-40." Quando o senhor Varden mergulhou na longa denúncia de Cristo a respeito do mal e da hipocrisia de líderes religiosos, ele estava certo de que suas palavras seriam eficazes. Durante sua própria conversão, Renault tinha citado exatamente essas passagens para ele. O senhor Varden fez, então, à multidão a mesma pergunta que Renault lhe tinha feito.

"A quem se referem essas passagens?" E ele deu a resposta de Renault. "Referem-se ao clero e aos monges."

A multidão moveu-se, e várias pessoas voltaram--se para fitar o frade. As que estavam paradas perto dele, incluindo Renault, afastaram-se e ele ficou sozinho em um pequeno espaço vazio.

"Os doutores da Igreja Romana orgulham-se de suas vestes e maneiras. Adoram a honra e ser chamados de padre, mas não temos tais padres ou tal honra. Eles visitam com freqüência mulheres da cidade, por razões que vocês certamente podem imaginar, mas nós temos cada qual uma esposa e vivemos castamente com ela.

"Os clérigos são ricos e querem mais, tomando o dinheiro até de pobres viúvas para sustentar suas cerimônias e construções. Entretanto, nós contentamo-nos com comida e roupas simples e não queremos mais. Olhem para os cavaleiros católicos e para os bispos que os mandam para a batalha com as bênçãos da Igreja. Eles lutam, guerreiam, incendeiam e matam os pobres, mas Cristo disse: 'Todos os que usam a espada, pela espada morrerão'. Sofremos nas mãos deles por nossa justiça, pois, como vocês bem sabem, eles mataram vários de nossos membros e guerrearam contra nossa cidade."

Um grito de apoio ergueu-se da multidão quando as pessoas se lembraram da violência do cerco à sua cidade e de sua própria luta unida e desesperada para repelir os cruzados.

"Os clérigos deles nada fazem, mas nós trabalhamos com nossas mãos. Somente os clérigos deles podem ensinar e mais ninguém, mas, entre nós, tanto mulheres quanto homens podem ensinar. De fato, um discípulo de sete dias pode instruir outro."

O senhor Varden fez uma pausa enquanto movia seus braços diante de si como se quisesse abarcar a cidade inteira. "Dificilmente um mestre entre eles sabe de cor três capítulos seguidos do Novo Testamento, mas quase todos entre nós podem recitar o texto em nossa própria língua, pois temos nossas próprias Escrituras redigidas na língua que falamos. E, como temos a verdadeira fé de Cristo e ensinamos uma vida e doutrina santas, a Igreja Romana persegue-nos sem motivo, levando alguns de nós até à morte."

Um murmúrio de concordância propagou-se pela multidão. Um movimento rápido perto do frade chamou a sua atenção. Dois jovens robustos abriram caminho em direção ao homem, mas Renault pulou na frente deles e, com braços tão grossos como clavas estendidas, obstruiu o caminho deles. Como todos os *perfecti*, Renault opunha-se à violência. Os jovens recuaram, e o senhor Varden continuou a falar.

"Os clérigos romanos falam muito, mas nada fazem. Amarram fardos pesados e colocam-nos sobre seus seguidores, mas nós praticamos o que ensinamos. Eles insistem que tradições humanas sejam seguidas mais do que os mandamentos de Deus, de acompanhar seus jejuns, festas, missas e outras instituições humanas, mas nós convencemos outros a manter apenas as doutrinas de Cristo e dos apóstolos. Eles oprimem os penitentes com as mais pesadas penitências, não fazendo nada para aliviá-las, mas nós, seguindo o exemplo de Cristo, dizemos ao pecador: 'Vai e não peques mais', e perdoamos todos os seus pecados pela imposição de mãos, preparando, assim, seu caminho para a vida eterna no céu. Por outro lado, eles, com seu ensino rigoroso, mandam quase todas as almas para o inferno. Digam-me qual fé é mais perfeita, a nossa ou a da Igreja de Roma?"

O senhor Varden fez uma pausa. "Se desejam aprender mais, venham e falem comigo agora. Eu, assim como outros cristãos, vou ensinar vocês." Tendo dito isso, ele virou-se e desceu da plataforma, com os aplausos frenéticos da multidão.

Quando os aplausos cessaram, uma voz grave e firme fez-se ouvir: "Quem entre vocês destrói sua horta toda porque os vermes e a podridão estragaram cinco repolhos?"

A multidão silenciou, enquanto as cabeças viravam-se na direção do frade. Ele estava falando, enquanto caminhava para a plataforma.

"A Igreja foi confiada a Pedro por Cristo, com as palavras: 'Apascenta minhas ovelhas'. Não uma vez, mas três vezes. Nem uma vez sequer ele disse a Pedro para tosquiá-las ou tosá-las. É como se Jesus dissesse: 'Se tu me amas por causa de mim mesmo, apascenta minhas ovelhas, não tuas ovelhas, mas as minhas. Procura minha glória entre elas, não a tua; meu ganho, e não o teu, pois o amor de Deus é provado pelo amor do próximo'."

O frade curvou-se diante do senhor Varden, enquanto subia os degraus para a plataforma. Quando alcançou as pranchas planas, virou-se para o senhor Varden e bradou: "O senhor que acabou de falar a vocês tinha razão em condenar o clero corrupto".

Um assobio de espanto espalhou-se pela praça. Nem mesmo o senhor Varden, que tinha ouvido muitos pregadores católicos, escutara um só condenar outros membros de sua Igreja.

"Ai do pastor da Igreja que não apascenta suas ovelhas uma vez sequer, mas as tosquia e tosa três ou quatro vezes. Para tal pastor, Deus diz em Gênesis: 'O rei de Sodoma', que é o diabo, exige: 'Dêem-me as almas deles. O resto podem manter para si'."

O olhar do frade estava se fixando em indivíduos na multidão. "Pergunto-lhes de novo. Vocês destroem uma horta toda porque os vermes e a podridão estragaram cinco repolhos? Não arrancam os repolhos e os jogam no monte de esterco, então voltam para cultivar e desfrutar os bons frutos de sua horta? Deus concorda com o senhor que acabou de lhes falar. Os clérigos estragados serão arrancados da horta de Deus, que é a Igreja. Deus dará suas almas ao diabo que as lançará ao inferno para que apodreçam."

Ele parou por um momento. "Venham aqui amanhã neste horário e aprendam sobre o jardim do Deus da fé verdadeira, que pode tornar-se para vocês o jardim do paraíso, cujo fruto é a vida eterna."

O frade desceu os degraus, curvou-se diante do senhor Varden, que ainda estava parado junto deles, e seguiu em direção ao Convento dos Frades Menores.

Quando o frade desapareceu, Renault tocou o ombro do senhor Varden. "Seu discurso quase desconcertou esse homem."

"Quem é ele?"

"Dizem que o nome dele é Antônio."

***

No dia seguinte, sob um sol mais forte do que o do dia anterior, o senhor Varden e Renault juntaram-se a uma pequena multidão na praça principal de Toulouse. Quando chegaram a uma distância de três metros da plataforma de pregação, eles pararam. Ali alguns outros crentes cátaros estavam reunidos.

O dia estava sufocante. Cada pequeno espaço de sombra estava ocupado por pessoas que, paradas ao sol, abanavam-se com pedaços de pano. Gotas de suor brilhavam em quase todas as testas, quando a notícia percorreu o grupo: "Aí vem ele".

Dois frades vestindo túnicas cinza remendadas vieram de uma ruela lateral e aproximaram-se da plataforma. O mais corpulento permaneceu junto aos degraus, enquanto aquele que tinha falado no dia anterior subiu à plataforma, ergueu as mãos sobre a multidão para pedir silêncio e então baixou a cabeça. Após alguns momentos, o frade ergueu os olhos para o céu e, em voz resoluta, mas gentil, começou a orar.

"Ó Luz do mundo, Deus infinito, Pai da eternidade, Doador de sabedoria e conhecimento, e inefável Concessor de toda graça espiritual, tu conheces todas as coisas antes que sejam feitas. Tu, que crias as trevas e a luz, estende tua mão e toca minha boca. Torna-a como uma espada afiada para proferir eloqüentemente tuas palavras. Torna minha língua, ó Senhor, como uma seta escolhida para declarar fielmente teus prodígios. Coloca teu Espírito, ó Senhor, em meu coração para que eu perceba. Coloca-o em minha alma para que eu o conserve na memória. Coloca-o na minha consciência para que eu medite. De forma amorosa, santa, misericordiosa, clemente e gentil, inspira-me com tua graça."

Enquanto o frade continuava sua oração, o senhor Varden olhou para a multidão. O abano e os movimentos tinham diminuído como se a oração de Antônio tivesse sido uma brisa gentil para afastar o calor.

"Deus disse: 'Faça-se a luz'! E a luz se fez", Gênesis 1,3. Em nome do Pai e do Filho e do Espírito Santo." Antônio persignou-se enquanto falava, e os católicos na multidão fizeram o mesmo.

"Examinemos os sete dias da criação de Deus, começando com o primeiro, e apliquemo-los à nossa vida como seguidores de Cristo."

O senhor Varden acenou afirmativamente com a cabeça. Antônio iria atacar diretamente as crenças cataristas. Estava falando do Antigo Testamento, que os cátaros diziam ter sido escrito por Satanás. Afirmava que Deus criou o universo material, e não Satanás, como afirmavam os cátaros.

"O primeiro dia representa a encarnação de nosso Salvador. Sem nosso Salvador, não teríamos fé e estaríamos perdidos. Sem luz, nosso mundo não existiria. A luz é Cristo, 'que habita uma luz inacessível' e 'dá luz a cada pessoa que vem ao mundo'."

Os cátaros diziam que somente os adeptos de sua fé tinham a verdadeira iluminação de Deus.

"Quando o Pai disse: 'Faça-se a luz', ele também estava falando da encarnação de seu filho. São João expressa isso mais sucintamente: 'E a Palavra se fez carne e veio morar entre nós'."

Renault inclinou-se para o senhor Varden. "Como eu esperava. Ele afirma que Cristo era verdadeiramente carne humana, em vez de somente espírito."

"Quando o profeta Ezequiel escreve: 'A mão do Senhor Deus pousou sobre mim', está se referindo ao Filho no qual e por meio do qual o Pai criou todas as coisas."

O senhor Varden tentou calcular quantos ensinamentos de sua fé Antônio estava contestando. Este era o quarto ou o quinto? O Pai criou somente coisas espirituais, pensava. O Pai criou o Filho.

"Deus disse: 'Faça-se a luz', e a Luz do mundo nasceu da Virgem Maria. 'As trevas que cobriam o abismo', isto é, os corações humanos, foram dissipadas."

Seis. *O nascimento de Cristo por meio de Maria foi uma ilusão. Deus não teria se enredado na carne humana para nascer de forma humana do ventre de uma mulher.*

"No segundo dia, Deus disse: 'Faça-se um firmamento entre as águas, separando umas das outras'. O firmamento é o Batismo, que, como um firmamento, separa as águas profundas das águas rasas, os fiéis dos infiéis."

Seguindo o exemplo do mau João Batista, os católicos defendem o Batismo com água, inclusive para bebês. Os "homens bons", sabendo que a água é material e, portanto, criação de um deus mau, seguiam a Cristo, que batizou com fogo e o Espírito Santo.

"Deus estabeleceu um firmamento entre as águas para dividi-las. Esse firmamento é o Batismo. Os pecadores, no entanto, rompem o pacto que fizeram com Deus no Batismo. A terra, sofrendo sob os pecados de ganância, luxúria e orgulho, merece a maldição proferida sobre ela no Apocalipse: 'Ai da terra'."

Enquanto Antônio continuava a expor os pecados da humanidade, o senhor Varden olhava para a multidão. O frade estava falando para os católicos naquele momento, pois eram eles que eram consumidos por esses vícios.

"No terceiro dia, Deus disse: 'A terra faça brotar vegetação: plantas que dêem semente, e árvores frutíferas, que dêem fruto sobre a terra, tendo em si a semente de sua espécie'. A terra, arada e aberta na primavera, produz fruto abundante na colheita. Assim, a terra representa a Paixão de Nosso Senhor, cujo Corpo ferido e dilacerado, no qual ele 'carregou nossos pecados', produz o fruto abundante do Reino celestial."

Cristo não tinha realmente sofrido e morrido, pois ele não tinha um corpo real. A Paixão não passou de uma ilusão.

"No quarto dia, Deus disse: 'Façam-se luzeiros no firmamento do céu'. O céu é o Cristo ressuscitado, resplandecente como o sol, na glória de sua ressurreição e incorruptível em seu corpo como a lua. Portanto, o quarto dia prefigura a ressurreição de nosso Senhor."

Assim como a morte de Cristo era uma ilusão, também o eram sua ressurreição e seu corpo incorruptível, pois ele jamais teve e jamais assumiria a carne má.

"No quinto dia, Deus fez voar 'pássaros sobre a terra'. Este texto lembra o mistério da Ascensão, quando o Filho de Deus voou como um pássaro para a direita de seu Pai."

De onde esse frade tirava essas comparações? Sua teologia era herética, mas seu conhecimento da Escritura e suas aplicações eram surpreendentes. Como pregador, o senhor Varden reconhecia e admirava o talento, quando o ouvia. Pena que aquele homem não era um cátaro!

"No sexto dia, Deus disse: 'Façamos o ser humano à nossa imagem e segundo nossa semelhança'. Deus soprou nas narinas do homem o sopro da vida, e, dessa maneira, o homem tornou-se um ser vivente."

Satanás tinha tomado espíritos apóstatas que se haviam rebelado contra o Deus bom e, formando corpos da terra, tinha aprisionado esses espíritos neles. O diabo, e não o Deus bom, tinha feito a humanidade.

"A imagem de Deus na humanidade, deformada e obscurecida pelo pecado, foi restaurada e iluminada pelo Espírito Santo, que inalou o hálito da vida em cada pessoa. Assim, o sexto dia representa o envio do Espírito Santo ao mundo em

Pentecostes. O Espírito Santo, dado em Pentecostes, imprime em nosso coração o Espírito de Deus e, assim, faz de cada um de nós 'um ser vivo'. Devido à dádiva do Espírito, podemos reconhecer o Pai no rosto do Filho e podemos seguir esse Filho através da luz da fé."

Nem toda pessoa possuía o Espírito Santo. Deus concedia essa dádiva somente a quem tinha recebido o consolamentum.

"'No sétimo dia, Deus concluiu toda a obra que tinha feito; e no sétimo dia repousou de toda a obra que fizera.' No último dia, os fiéis também descansarão de todo o seu trabalho e sofrimento, e Deus 'enxugará toda lágrima de seus olhos'. O sétimo dia é a dádiva da vida eterna. Nesse dia, a Igreja será recebida por Cristo, seu esposo, que lhe 'dará uma recompensa por seus labores e fará com que suas obras a louvem junto aos portões da cidade'. Esses portões são o juízo final em que Cristo dirá: 'Venham, vocês têm a bênção de Meu Pai'. Que cada um de nós seja considerado digno de entrar por estes portões e 'banquetear-se para sempre no Reino de Deus'. Amém."

Gritos de aprovação irromperam entre os católicos na multidão, enquanto Antônio descia da plataforma. Alguns foram ao encontro dele. Renault e o senhor Varden permaneceram como estátuas de pedra na multidão em movimento.

"Ele é vigoroso", disse Renault.

À direita do senhor Varden, três crentes cátaros estavam ajoelhados, com as costas curvadas. "E eficaz", acrescentou. "Aparentemente, ele converteu alguns."

Os dois homens abriram caminho até o trio ajoelhado, que tinha de ser reconquistado para a fé verdadeira antes que sucumbisse às palavras do frade.

Naquela noite, na frescura da sala de estar do castelo, a conversa girou em torno de Antônio. *Perfecti* e crentes que viviam no albergue dissecaram sua fala como cães selvagens estraçalham um veado que tombou. Como um dos presbíteros, o senhor Varden presidiu a discussão. Somente depois da meia-noite, ele e dois outros *perfecti* que tinham permanecido renderam-se por fim ao cansaço e recolheram-se para dormir.

O senhor Varden ficou deitado e acordado por muito tempo. Antônio perturbava-o; ele era sincero em sua heresia. Como podia crer tão firmemente em falsidade? O senhor Varden escutaria o frade pregar de novo e encontraria os furos no tecido da fé daquele homem.

Quatro dias mais tarde, o senhor Varden estava pregando de novo. Tinha decidido atacar de frente o cerne do discurso de Antônio, ou seja, que Deus tinha criado o mundo. O céu estava nublado, o dia, agradável, e a multidão era grande. De novo Antônio estava entre as pessoas reunidas.

"A Escritura deixa perfeitamente claro que o deus e senhor que é o criador do mundo é diferente daquele a quem os benditos entregam seus espíritos", começou o senhor Varden a falar. "Nossos oponentes dizem que, de acordo com Gênesis, o Senhor é o criador das coisas visíveis deste mundo: o céu e a terra, o mar, homens e animais, pássaros e répteis."

O senhor Varden olhou para Antônio. Vários ouvintes fizeram o mesmo.

"Entretanto, eu digo que o criador das coisas visíveis deste mundo não é o verdadeiro Deus e provo isso a partir do mal de suas palavras e ações e do caráter inconstante de suas palavras e ações descritas no Antigo Testamento. Por onde devo começar? Todo o Antigo Testamento está repleto da maldade desse deus.

"Abraão, que foi chamado por esse deus para deixar sua terra natal, entregou sua esposa Sarai ao rei egípcio e disse que ela era sua irmã. O rei quis fornicar com ela por causa dessa mentira. O mesmo Abraão cometeu adultério com uma escrava para que ela lhe gerasse um filho."

O senhor Varden continuou a citar homens e mulheres que serviram ao deus do Antigo Testamento, mas cuja vida era pecaminosa – Jacó, Raquel, Raab, Davi. Deu exemplos de matanças de muitas pessoas inocentes, todas cometidas em nome desse deus.

"Está suficientemente claro para os sábios que o Deus verdadeiro não poderia ser o criador que impiedosamente induz homens e mulheres à destruição. O Deus bom é o Deus do Novo Testamento, o Deus do Espírito, o Deus de Jesus, o Deus a quem servimos. A ele seja todo o louvor, glória e honra. Amém. *Aleluia*!"

No dia seguinte, enquanto o senhor Varden e os outros moradores estavam tomando uma ligeira refeição matinal no seu castelo, que fora transformado em albergue, um servo trouxe-lhe uma mensagem.

"Um frade está aí para vê-lo, meu senhor."

O frade não podia ser outro senão seu rival. O senhor Varden queria falar com ele em particular. "Baixem a ponte levadiça e tragam-no para a sala de estar", ordenou o senhor Varden.

Com um gole de vinho, engoliu seu último pedaço de pão e então se despediu de seus companheiros *perfecti* e crentes.

Na sala de estar habitavam fantasmas de lembranças. Ali, antes de se juntar aos cátaros, o senhor muitas vezes estivera sentado trabalhando em livros de contabilidade. Ali seus filhos lhe tinham mostrado barquinhos que haviam feito com tábuas, e suas filhas haviam entoado suas canções infantis. Depois que o castelo se tornara um albergue catarista, a esposa do senhor Varden, reduzida a pouco mais do que um junco de carne e osso, ali estivera acamada. Ali ela recebera o *consolamentum* e tivera todos os seus pecados perdoados. Então, para assegurar-se de que não pecaria mais, ela começara voluntariamente seu jejum final e suicida, chamado *endura*. Depois de sangrar cinco dias em banhos quentes, sem comer nem beber coisa alguma, ela entrara na vida eterna naquele mesmo recinto. Ali, não fazia duas semanas, o senhor presidira o *consolamentum* do caldeireiro da cidade, o qual enviara a Carcassonne para pregar. Naquele momento, ele enfrentaria o frade cuja fé havia rejeitado.

O senhor Varden estava sozinho com esses pensamentos quando o servo e Antônio apareceram.

"Você está dispensado", acenou o senhor Varden com a cabeça para o servo, que se curvou e saiu da sala.

O frade e o senhor Varden curvaram-se um para o outro e então sorriram. "Portanto, cada um de nós reconhece a educação do outro", disse o senhor Varden, estendendo as mãos.

Antônio tomou as mãos do senhor Varden nas suas próprias. "Suas mãos são tão ásperas quanto as minhas", disse ele. "Parece que nós dois trocamos a educação pela capina."

"Arranquei alguns repolhos podres de minha horta", observou o senhor Varden.

Antônio riu.

O senhor Varden apontou com a cabeça para uma pequena mesa lateral em torno da qual estavam dispostas três cadeiras de madeira. "Sente-se."

Enquanto eles sentavam, o senhor Varden perguntou: "Você veio para me converter?"

Antônio ainda estava sorrindo. "Não posso fazer isso, senhor Varden. Apenas aquele que é meu Senhor pode converter."

"Ele parece atuar com eficácia por meio de você."

"Qualquer vitória é dele, não minha. Entretanto, vim para falar-lhe sobre ele, mesmo que seja apenas para cumprir uma obrigação minha."

"A Igreja Católica está na heresia. Abandonou o caminho séculos atrás. Nós retornamos para a fé como ela deve ser."

"O senhor colocou-se acima de Deus." A voz de Antônio era gentil, mas firme.

O senhor Varden havia se submetido a Deus. "O que você quer dizer?"

"Deus é o autor de nossa vida e nossa liberdade. Deus deu-nos leis que devemos seguir. O senhor concorda?"

É claro que o senhor Varden concordava.

"Deus deu-nos essas leis de modo que ele pode prescindir delas, se quiser. Ontem o senhor questionou o aparente mal do Antigo Testamento feito em nome de Deus. Concluiu que o Deus do Antigo Testamento não pode ser o Deus do Novo Testamento. Negando a bondade e a sabedoria do Deus do Antigo Testamento, o senhor nega a bondade e a sabedoria de Cristo, que o Antigo Testamento citou amplamente."

"Cristo ordenou-nos 'amai os vossos inimigos e fazei o bem aos que vos odeiam. Se alguém te bater numa face, oferece também a outra'. Ele disse: 'Todo aquele que tratar seu irmão com raiva será acusado perante o tribunal'. Os homicídios, fornicações e fraudes do Antigo Testamento, cometidos em nome de Deus, não seguem esses ditames do amor."

Antônio acenou afirmativamente com a cabeça. "Senhor Varden, o que é isso na frente do qual estamos sentados?"

"Uma mesa, é claro."

"Para que serve uma mesa, meu senhor?"

"De lugar no qual servir comida, em torno do qual se reunir, sobre o qual escrever."

"O senhor mandou fazer esta mesa exatamente para esses fins, não é verdade? Suponhamos agora que fosse o auge do inverno e que o castelo estivesse cercado. Toda a lenha foi consumida, e não há como obter mais. Seria legítimo o senhor desmanchar esta mesa", disse Antônio, batendo sobre a madeira, "para queimá-la na lareira?". Ele apontou com a mão para a lareira vazia.

"É claro."

"Por quê?"

"Porque é minha mesa e porque é necessário queimá-la."

"Ninguém poderia dizer que o senhor não conhece a função de uma mesa por tê-la usado como lenha para a lareira, certo? De forma semelhante, Deus, que criou as leis contra homicídio, fraude, fornicação etc., pode prescindir dessas leis para fazer cumprir sua vontade. Exatamente como você só queimaria esta mesa em caso extremo, Deus só prescinde de sua lei moral em casos extremos e raros."

"Você está dizendo que Deus pode querer o homicídio"

"Deus pode querê-lo às vezes, mas ninguém pode justificar o homicídio ou qualquer outro pecado contra a ordem moral, a não ser que Deus o queira de forma absoluta em situações extremas."

"Sua teologia é perigosa, padre. Você me assusta."

"Não, meu senhor. No Antigo Testamento, quando Deus tirou seu povo do meio daqueles que adoravam demônios, ele quis medidas extremas para tornar a nação judaica santa e unicamente sua. No tempo certo, Cristo veio para uma nação separada do mundo. Ele deu-nos leis de amor e misericórdia que devemos seguir agora."

O senhor Varden protestou: "Qualquer fanático poderia matar alguém e dizer que Deus disse-lhe para fazer isso".

"O fanatismo atribuído a Deus é blasfêmia. Ninguém está autorizado a infringir a lei moral, a não ser que se esteja indubitavelmente certo de que Deus assim o quer. Isso ocorre por meio de oração, consulta dos clérigos e absoluta e total submissão à vontade de Deus não somente na questão em pauta, mas também em todas as questões. Fazer o que é errado em nome de Deus é uma irresponsabilidade terrível, pois fazer isso incorretamente nos torna culpados de pecado grave. Deus rompeu sua própria lei contra o homicídio ao se entregar como o Filho para ser crucificado. Ele fez isso por nosso total e maior bem."

O senhor Varden interrompeu: "A morte de Cristo foi uma ilusão, não um fato".

"É o que o senhor diz. Negando a morte de Cristo, o senhor nega sua humanidade. Dessa maneira, nega o próprio fundamento do cristianismo."

"Deus, que é bom em sua totalidade, não teria tomado carne pecaminosa como sua."

"O começo do Evangelho de João, que o senhor cita, afirma: 'E a Palavra se fez carne e veio morar entre nós'."

O senhor Varden sabia a resposta para essa objeção. "Essa ilusão é apontada por São Paulo em sua Epístola aos Filipenses, onde ele escreve: 'Ele [Cristo Jesus], existindo em forma divina, não considerou como presa a agarrar o ser igual a Deus, mas despojou-se, assumindo a forma de escravo'. A palavra 'forma' é usada."

"O versículo continua: '[...] assumindo a forma de escravo e tornando-se igual ao ser humano. Aparecendo como qualquer homem, humilhou-se, fazendo-se obediente até à morte – e morte de cruz'. Em sua Primeira Epístola aos Coríntios, São Paulo escreve: 'Se não há ressurreição dos mortos, então Cristo não ressuscitou. E se Cristo não ressuscitou, a nossa pregação é sem fundamento, e sem fundamento também é a vossa fé'. O senhor nega a morte real de Cristo e sua ressurreição real, corpórea. Como pode negar os relatos de testemunhas oculares dos Evangelhos?"

"Os apóstolos e São Paulo foram enganados pelo que viram. Não conseguiram diferenciar ilusão de realidade."

"O senhor foi casado, não foi?"

O senhor Varden acenou afirmativamente com a cabeça a essa súbita mudança de assunto.

"Um casamento celebra a união de duas pessoas, uma noiva e um noivo. Muitas vezes, casamentos são arranjados entre duas famílias em conflito para produzir paz entre elas, e o homem toma uma noiva de uma família rival. No gênero humano, existia dissensão entre Deus e a humanidade. Deus queria estabelecer a paz. Todos os mensageiros e emissários enviados por Deus nada conseguiram fazer; assim, Deus, o Pai, consentiu em mandar seu Filho, que uniu a si mesmo com nossa natureza humana no ventre da Virgem Maria. Dessa forma, a união de Deus e do homem ficou completa no Filho. Duas naturezas díspares juntaram-se. Em Cristo, são-nos concedidos união com o Pai, perdão dos pecados e participação na vida eterna."

"Você deve estar ciente de que jamais me convencerá de suas heresias."

Antônio levantou. "Deus ilumina almas, meu senhor, não eu."

O senhor Varden também levantou.

"Não se incomode, meu senhor. Consigo achar a saída."

"Bobagem. Vou com você até a portaria." O senhor Varden sorriu timidamente. "Desapontei-o por não ter corrido para abraçar seu Deus?"

Antônio riu quando eles saíram da sala de estar. "Com Deus sempre há esperança de que almas desorientadas venham a conhecer a verdade. Minha tarefa é apenas falar de sua verdade." Antônio voltou-se para o senhor Varden, quando eles entraram na luz do sol. Os olhos negros do frade brilhavam de zelo. "Existe a verdade, meu senhor. Cristo disse: 'Eu sou o caminho, a verdade e a vida.' João, capítulo 7, diz-nos que 'nele não há falsidade'."

O olhar do frade era perturbador. "Padre, admiro sua sinceridade."

"E eu admiro a sua. Entretanto muitas vezes acontece que pessoas sinceras estão sinceramente equivocadas." Antônio curvou-se para o senhor Varden. "Continuarei a rezar pelo senhor."

"E eu por você."

Na portaria, os dois homens trocaram um aperto de mão mais uma vez, antes da despedida.

Passaram-se semanas. O senhor Varden pregava. Antônio pregava. Geralmente estavam na platéia um do outro. Às vezes, a opinião pública apoiava um, às vezes, o outro.

A multidão de Antônio estava crescendo. Certos donos de lojas fechavam suas portas nos dias em que o frade falava e iam escutá-lo. Se fosse falar ao meio-dia, mulheres começavam a chegar às nove para conseguir um lugar perto da plataforma. Sempre depois da pregação, Antônio era cercado pela multidão. O senhor Varden muitas vezes pensou em falar com ele, mas não tinha motivo para fazê-lo. Não acreditava na teologia do frade. No entanto, não podia desconsiderar a santidade do estilo de vida do homem, que estava ensinando teologia aos irmãos menores no convento deles. Contava-se que ele tinha curado paralisia e epilepsia com o sinal-da-cruz. As pessoas diziam que ele falava em línguas estranhas.

Onde estavam os furos no tecido de sua fé?

Num sábado quente, sob um céu cinzento que clareava, Antônio estava pregando na plataforma. O senhor Varden estava parado a aproximadamente dez metros dele, em uma multidão tão compacta na praça, que um cavaleiro montado teria grande dificuldade em passar no meio dela. Com todos os olhos voltados para ele, o frade disse: "E assim, minha gente, hoje é a última vez que estou pregando a vocês. Amanhã, depois da missa, ao alvorecer, partirei para Castres".

Gritos irromperam da multidão. O frade ergueu as mãos pedindo silêncio.

"Portanto, quero lhes deixar esta mensagem final."

Aí vem, pensou o senhor Varden. *Agora ele vai jogá-los contra nós. Os católicos vão querer mostrar-lhe o quanto amam a ele e a seu Deus. Os problemas começarão com esta fala.*

"O apóstolo João conta-nos que, após a ressurreição de Cristo, os discípulos estavam reunidos, com as portas fechadas por medo dos judeus. Jesus entrou e pôs-se no meio deles. Disse: 'A paz esteja convosco'. Dito isso, mostrou-lhes as mãos e o lado. São Lucas, que descreve o mesmo fato, relata que Cristo disse aos apóstolos: 'Vede minhas mãos e meus pés: sou eu mesmo! Tocai em mim e vede! Um espírito não tem carne, nem ossos, como estais vendo que eu tenho'. E dizendo isso, ele mostrou-lhes as mãos e os pés."

Antônio olhou diretamente para o senhor Varden. "É minha opinião que Cristo mostrou aos seus apóstolos as chagas em suas mãos, seus pés e a parte lateral de seu corpo por quatro motivos. Primeiro, ele mostrou as chagas para lhes provar que ele realmente tinha ressuscitado."

Antônio olhou para a multidão enquanto estendia suas longas e expressivas mãos, com as palmas para cima, na direção deles. "Ao mostrar suas chagas, Jesus tencionava demonstrar que a fé de seus discípulos nada tinha a ver com a opinião corrente ou popular sobre ele. Nada tinha a ver com teorias ou interpretações da Escritura. Em vez disso, a fé estava baseada no conhecimento e experiência diretos que seus seguidores tinham obtido por meio de sua familiaridade com ele. Ao mostrar suas chagas, ele desejava remover toda dúvida da mente deles. Queira Deus que ele remova a dúvida da mente de qualquer um de vocês que está aqui."

Não tenho dúvidas, pensou o senhor Varden. *Minha fé está segura.*

"Segundo, ele revelou suas chagas para a Igreja e as almas féis, porque dentro dessas chagas existe um lugar de refúgio." Antônio ergueu a mão esquerda para o céu e deixou-a descer graciosamente sobre a palma da mão direita. "Assim como a pomba constrói seu ninho em um lugar seguro para se proteger contra os ataques de um falcão, os cristãos encontram abrigo dos ataques do diabo ao construir para si um ninho dentro das chagas de Cristo." Ele estendeu as mãos, uma aninhada dentro da outra, na direção da multidão. "Aninhem-se aí e encontrem consolo."

Em chagas ilusórias, o consolo é impossível. As palavras que vieram, em algum lugar cutucaram a alma do senhor Varden.

"Terceiro, Cristo mostrou suas chagas para gravar em nosso coração os sinais de seus sofrimentos; e, quarto, para evocar em nós compaixão, de modo que não o crucificássemos de novo com os cravos de nossos pecados."

A voz de Antônio cresceu em fervor, enquanto seus olhos procuravam cada pessoa presente. "Cristo mostra-nos as chagas em suas mãos, seus pés e no seu lado, e diz: 'Vejam as mãos que criaram e formaram vocês; vejam como foram perfuradas por cravos. Vejam a lateral de meu corpo, traspassada por uma lança, de onde surgiu minha Igreja, como Eva, que proveio da lateral do corpo de Adão. O anjo, postado junto aos portões do paraíso depois do pecado de Adão, foi removido pelo sangue que fluiu da lateral de meu corpo. A água, fluindo daí, apagou a chama de sua espada de fogo."

Os olhos de Antônio novamente se encontraram com os do senhor Varden. "Não me crucifiquem de novo. Não poluam o sangue da aliança pelo qual vocês foram santificados."

Ele fez uma pausa e baixou a voz. "Quando nosso Senhor mostrou aos apóstolos as chagas em suas mãos, seus pés e na lateral de seu corpo, ele repetiu: 'A paz esteja convosco'. Somente se mantivermos em nosso coração a memória das chagas de Cristo e ouvirmos suas palavras, encontraremos a verdadeira paz em nosso coração."

O senhor Varden tinha encontrado a paz com os cátaros. A vida eterna lhe fora assegurada por meio da remissão de seus pecados. Ele provera a subsistência de seus filhos. Tinha amigos e apoiadores na fé.

"Que o verdadeiro Senhor, que é verdadeiro Deus e verdadeiro homem, lhes conceda a paz que vem do conhecimento, amor e obediência à verdade. Amém."

Nesse dia nenhum grito de entusiasmo espalhou-se pela multidão. Em vez disso, um silêncio permeado por soluços calmos cobria como um véu a platéia. Antônio foi cercado por pessoas que se ajoelharam diante dele.

O senhor Varden ouvia os gritos delas.

"Não nos deixe, padre."

"Antes de partir, abençoe-me, padre."

"Abençoe-me também, padre."

"Meu filho, padre."

"Que o Senhor tenha misericórdia de mim."

"Padre, perdoe-me."

Os pedidos de indivíduos aflitos em torno de Antônio gradualmente ficaram mais fracos à medida que o senhor Varden e uma boa parte da multidão se retiraram lentamente da praça lotada. O senhor tinha encontrado os furos no tecido da fé de Antônio, e não eram em absoluto meros furos; eram as chagas de Cristo. Se o senhor Varden acreditasse, como Antônio acreditava, que aquelas chagas eram reais, e não meras ilusões, teria proclamado a fé católica ao mundo.

Capítulo 14

SENHOR DO CHATEAU-NEUF-LE-FORET

Castelo, Limoges, França (início da primavera de 1226)

O senhor do Chateau-neuf-le-Foret estava ajoelhado e rezava diante de uma tapeçaria iluminada por velas representando a agonia de Cristo no jardim. Apenas duas velas bruxuleantes iluminavam o cubículo de oração privada que ele tinha construído em seu castelo, junto ao corredor perto de seus próprios aposentos. O ar frio da primavera enregelava o rosto de barba rala do barão e atravessava suas meias marrons. O frio penetrava por sua camisa de linho castanho-avermelhado, de mangas apertadas, sobre a qual usava uma veste exterior marrom, solta e de mangas largas.

O barão permanecia em silêncio, com cabeça curvada, o espesso cabelo encaracolado caindo sobre a nuca. Os braços pendiam totalmente relaxados ao lado do corpo, como Antônio ensinara-lhe. Em sua oração, estava sondando mais profundamente o coração de Cristo.

Quando era menino, adorava as coisas que os meninos adoravam – festas, surpresas e banquetes. Ao ficar mais velho, suas predileções incluíam donzelas encantadoras. Entretanto, ele sempre tivera um lado sério, um lado que lhe dizia que as coisas do mundo jamais poderiam satisfazer o anseio de seu coração. Quando tinha vinte e poucos anos, voltou-se mais completamente para aquele que podia preenchê-lo. Mantinha um sacerdote para celebrar diariamente a missa na capela de seu castelo. Doou suas sedas e começou a viver da forma mais simples possível.

Então Antônio deixou a escola do convento em Toulouse, onde tinha sido professor por um breve tempo, e foi para Limoges como curador dos irmãos pobres naquela região. Em Limoges, os irmãos estavam alojados em uma pequena casa que pertencia à igreja de Saint Martin e recebiam ajuda financeira dos monges que seguiam a regra de São Bento. O barão tinha ido ouvir Antônio sempre que ele pregava em Limoges ou em um lugar próximo. Quando Antônio estava visitando outros conventos sob sua jurisdição e pregando nessas cidades, o barão continuava a mandar comida duas vezes por semana aos irmãos na igreja de Saint Martin. Eles sempre o avisavam quando Antônio estaria de volta a Limoges.

Às vezes, eles contavam-lhe histórias, como aquela sobre a época em que Antônio adoecera em Solignac. Os seguidores de são Bento tinham um mosteiro lá, onde Antônio convalescera. Um dos monges sofrera de uma tentação tão grave que desesperara da vida. Com intenções de se suicidar, ele se confessara a Antônio, que dissera ao monge para que vestisse a túnica esfarrapada e corroída que os santos homens insistiam que Antônio jogasse fora. Quando o homem perturbado vestira-se com ela, sua tentação desaparecera.

Antônio recuperara-se e retornara a Limoges, onde o barão falara com ele várias vezes. Como ele poderia se aproximar mais de Deus? Como poderia orar mais profundamente? Antônio sempre lhe dera conselhos sábios, mas o conselho de que melhor se lembrava tinha sido dado ali, no próprio castelo do barão.

O barão convidara Antônio para uma refeição em sua casa, e o sacerdote foi com alegria. Depois do jantar, os dois homens saíram para o pátio do castelo, onde o barão falou com franqueza.

"Padre, eu rezo e peço a Deus que me guie, mas ainda não tenho a paz que você tem. Como é que encontro essa paz, padre? É possível?"

Antônio levantou os olhos para uma das muitas torrezinhas do castelo, onde estava pousado um bando de pombas cinzentas "'Ah! Se eu tivesse asas como a pomba para voar em busca de descanso!' disse Davi nos salmos. Esta é sua pergunta, não é?"

"Sim."

Antônio apontou para os pássaros. "O grito de Davi é o grito de uma alma que está cansada deste mundo e anseia pela solidão e paz da vida em um claustro."

"Padre, tenho pensado sobre a vida religiosa, mas tenho obrigações aqui. Emprego muitas pessoas. Se abandonar e vender tudo isso, para onde irão essas pessoas?"

Antônio sorriu para o senhor do castelo. "É possível ter um claustro no coração."

"No coração?"

Antônio apontou para os muros do castelo e fez um gesto para além deles. "Jeremias disse: 'Cidadãos de Moab, abandonai as cidades, pousai nas cavernas assim como a pomba, que põe o seu ninho lá no alto, à beira do abismo'. 'Abandonai as cidades' refere-se aos pecados e vícios que desonram, ao tumulto que impede que a alma se erga para Deus e inclusive muitas vezes pense nele."

O vício nunca tinha realmente tentado o barão. Ele jamais se entregara à bebida, ao jogo e à licenciosidade, mas, e quanto ao tumulto? Suas responsabilidades eram muitas. Sempre havia ferramentas quebradas, servos doentes, clima ruim, brigas de ajudantes domésticos. Tumulto. A palavra descrevia bem o seu mundo.

"'Moab' é o mundo. O mundo é um lugar de orgulho. Tudo é orgulho no mundo. Há orgulho do intelecto que se recusa a humilhar-se diante de Deus, orgulho da vontade que se recusa a submeter-se à vontade de Deus, orgulho dos sentidos que se rebelam contra a razão e a dominam. Você se reconhece em alguma coisa disso?"

O barão se viu logrando na contabilidade e extraindo dízimos dos camponeses. Ele se viu enredado em seu próprio conhecimento, percepção e talento administrativo, cuidando eficientemente de sua propriedade. Ele orava muito, mas deixava Deus na capela. Orgulho.

"Deixar o mundo, viver longe do tumulto das cidades, manter-se imaculado dos vícios delas não é suficiente. Por isso, o profeta acrescenta: 'Pousai nas cavernas'."

Antônio virou-se e apontou para a cruz sobre a pequena capela do castelo. "Esta rocha é Jesus Cristo. Fixe-se nele, meu senhor. Permita que ele seja o tema constante de seus pensamentos, o objeto de suas afeições. Jacó dormiu sobre uma pedra no ermo e, enquanto dormia, viu os céus abrindo-se e conversou com anjos, recebendo uma bênção do Senhor. O mesmo acontecerá com os que depositam toda a sua confiança em Jesus Cristo. Serão agraciados com visões celestiais. Entretanto a alma que não repousa sobre essa rocha não pode esperar ser abençoada pelo Senhor."

O barão passou os longos dedos em seu espesso e negro cabelo ondulado. "Eu quero fazer isso, padre, mas como posso confiar em Deus? Como posso me entregar tão completamente?"

Antônio encaminhou-se para uma escada compacta que levava para os muros mais altos do castelo. O barão foi com ele. "A Escritura tem a resposta, meu senhor. Seja 'como a pomba, que põe o seu ninho lá no alto, à beira do abismo'. As pombas não fazem seu ninho no chão, como as galinhas, ou em arbustos baixos, como os pardais. Você sabe onde estão os ninhos delas."

"Nas torrezinhas, padre." Enquanto os dois homens subiam a escada, pombas espantadas pousadas nas alturas levantavam vôo diante deles.

"Sim, nos recantos de lugares altos e rochosos. Jesus é a rocha, e o buraco na rocha é a chaga na lateral do corpo de Cristo. Essa chaga é o porto seguro de refúgio para o qual Cristo chama a alma, nas palavras do Cântico: 'Levanta-te, minha amada, minha bela, e vem! Minha rola, que moras nas fendas da rocha, no esconderijo escarpado'."

Enquanto os homens continuavam a subir, a mão de Antônio percorria as paredes do castelo em toda a sua extensão. "O Esposo Divino fala de inúmeras fendas na rocha, mas também fala do oco profundo. Havia, de fato, inúmeras feridas em seu corpo e uma chaga funda no lado. Essa chaga conduz ao seu coração, e aí, meu senhor, ele o chama. Ele estende os braços para sua alma. Veja como ele abre amplamente seu lado sagrado e coração divino para que você vá e se esconda lá dentro."

De repente, Antônio parou e apontou para a frente e para a esquerda. Ali, em uma das ameias pelas quais os arqueiros poderiam atirar no caso de um cerco, uma pomba estava fazendo seu ninho. "Ao se retirar para as fendas da rocha, a pomba está segura contra pássaros predadores, enquanto também desfruta de um refúgio tranqüilo onde pode descansar e arrulhar em paz. Assim, você encontrará no coração de Jesus um refúgio seguro contra os ardis e ataques de Satanás e um abrigo encantador, mas você não deve ficar simplesmente na entrada do buraco na rocha de Cristo. Deve entrar nas profundezas deste, onde encontrará o sangue precioso que nos redimiu. Esse sangue roga por nós, exige misericórdia e chama-nos para sua própria fonte, para o santuário mais íntimo de onde brota, o coração de Jesus. Ali sua alma encontrará luz, paz e consolações inimagináveis."

Um amor cálido infiltrou-se no espírito do barão como o sangue de uma ferida recém-aberta. Como ele desejava encontrar esse sangue precioso, para encontrar sua paz no coração de seu Redentor!

Os homens continuaram a subir enquanto a pomba observava-os atenta, mas sem levantar vôo. Mais adiante, Antônio apontou para uma outra fenda em que havia um ninho achatado.

"De que é feito o ninho de uma pomba, meu senhor?"

"De pedacinhos de palha, padre, e de capim."

"E onde ela os pega?"

"Em qualquer lugar. Onde quer que os encontre. No estábulo. Na pastagem. No jardim."

Antônio abaixou-se e ajuntou algumas palhas que haviam caído do ninho, sobre o degrau em que os homens estavam parados.

"A pomba usa estes pedacinhos de palha que o mundo pisoteia para construir um ninho seguro e confortável", disse ele enquanto se levantava.

Ele apontou para o ninho. "As virtudes que temos de usar para nos aninhar em Cristo são como este simples capim refugado. O mundo despreza-as e, de fato, nunca as percebe, mas o próprio Cristo usou-as para se submeter ao seu Pai."

Antônio virou-se de novo para o barão. "Quais são essas virtudes?" Tomando a mão do senhor do castelo e abrindo seus dedos, Antônio bateu de leve na palma de sua mão. "Aqui estão as virtudes que temos de usar para nos aninhar em Cristo." Antônio começou a colocar uma palha após a outra na palma da mão do barão enquanto falava. "Brandura. Humildade. Pobreza. Penitência. Paciência. Mortificação." Antônio tocou levemente no montículo de palha na mão do barão. "Para a alma, estes são materiais que ela usa para aninhar a vida no oco da rocha, no coração de Jesus."

Antônio fechou os dedos do lorde em torno da palha. "Faça seu ninho longe do tumulto deste mundo. Faça-o nas profundezas do coração de Cristo e construa-o com as virtudes de Cristo. Habite ali e terá a paz que procura. No oco da rocha, você conhecerá a Deus."

Portanto, o senhor do castelo tinha construído aquele cubículo de oração privada para seu próprio uso. Era seu claustro, em que ele se escondia em oração diária. O barão já não estava mais consciente da tapeçaria diante dele, das velas bruxuleantes ou do ar frio. Ele estava nas profundezas da fenda do Coração de Cristo. Cada vez que entrava nessa chaga sagrada, ele meditava sobre algo diferente. Uma vez, era a paixão de Cristo; outra vez, sua misericórdia, ou seu amor. Naquela noite o coração de Cristo se abrira, e o senhor do castelo se encontrara dentro dele. Cristo mantinha-o, com todas as suas imperfeições pecaminosas, no próprio centro de seu amor. E não somente o barão, mas cada alma humana que já viveu e ainda há de viver. A cabeça do barão baixou-se quase até o chão, enquanto ele pensava na grande humildade de Cristo, não só de se tornar humano ele mesmo, mas também de alimentar todos os outros seres humanos em seu próprio coração precioso. Deus em carne humana amava os seres humanos que ele tinha criado à sua própria imagem por nenhum outro motivo senão o amor.

Senhor, torna-me grato a ti por teu amor, rezou ele. *Senhor, por favor, torna-me mais semelhante a ti.*

Sua meditação e oração continuaram assim até que ele sentiu as imagens desaparecerem e seu corpo arrepiar-se por causa do ar frio da noite. Com um profundo suspiro de anelo por unir-se a Cristo, o barão abriu os olhos e ergueu a cabeça. Levantou-se e sacudiu um joelho e então o outro, para afastar a rigidez que os acometera. Inclinando-se para a frente, beijou o rosto atormentado de Cristo na tapeçaria, curvou-se e saiu.

O corredor que levava aos seus aposentos estava fracamente iluminado com uma única tocha no centro. Junto ao quarto do barão havia um quarto de hóspedes em que Antônio estava alojado. Os superiores de Antônio tinham-no instruído a escrever seus sermões da Páscoa para que outros sacerdotes pudessem usá-los. Antônio tinha aceitado o convite do senhor para ficar no castelo, porque ali, no silêncio e solidão da noite, longe das multidões que o assediavam durante o dia, ele podia abrir as Escrituras e escrever.

Por isso, o barão esperava ver o bruxuleio da luz de vela sob a porta de Antônio. Em vez disso, o que ele notou foi um brilho intenso. Ao mesmo tempo, ouviu o balbucio de uma criança no quarto.

Que estranho! Nenhum dos servos da casa tinha criança pequena. Os servos que tinham criança não estariam em seu castelo a qualquer hora, muito menos perto da meia-noite. Será que uma mãe tinha ido até ali para ver o sacerdote? Mas por que àquela hora? Ninguém pedira ao barão que permitisse a entrada de uma mulher e de uma criança no castelo, e ninguém deveria ter sido admitido sem a sua permissão.

A essa altura, a criança estava dando risadinhas. Quem tinha ido procurar o sacerdote sem o conhecimento ou aprovação do senhor do castelo?

O barão inclinou-se e espiou pelo grande buraco da fechadura. Ele prendeu a respiração. Antônio estava ajoelhado junto à ampla escrivaninha que o barão lhe tinha providenciado. Sobre a mesa, havia dois livros abertos, um dos quais parecia grosso o suficiente para ser uma Bíblia. Uma folha de papel para escrever e uma pena de junco estavam colocadas em um lado. À esquerda, bruxuleava uma vela.

Antônio estava banhado por uma luz, que vinha de uma criancinha de pernas roliças, sentada um pouco oscilante sobre o livro mais grosso.

Enquanto o barão observava, o frade segurava as mãos na frente da criança, seus dois dedos indicadores estendidos para o bebê. A criança levantou as mãos e agarrou um dedo com cada uma das mãozinhas gordas e então, com a ajuda do sacerdote, pôs-se na ponta dos pés. As pernas do garotinho subiam e desciam, enquanto ele ria de prazer. Então, subitamente, um dos dedinhos dos pés escorregou, e o menininho perdeu o equilíbrio. Rapidamente, o frade tomou o bebê em seus braços antes que a cabeça de gordas bochechas e cabelo escuro pudesse bater na mesa. A criança riu e esperneou contra o hábito do frade; então levantou as mãos para a boca sorridente do frade e tocou os lábios dele. O sacerdote beijou-lhe os dedinhos.

Com uma mão agarrando os dentes inferiores do sacerdote e a outra o decote de sua túnica, a criança colocou-se de pé nos braços do sacerdote. Então puxou a orelha dele, trazendo-a até sua boca como se fosse sussurrar nela.

O sacerdote virou o rosto para a porta, pois a criança subitamente estendeu os braços exatamente na direção do senhor do castelo. Enquanto o garotinho fazia isso, quase caindo dos braços do sacerdote, o barão curvou a cabeça em espanto por uma fração de segundo. Quando ergueu os olhos de novo, os braços de Antônio estavam vazios, e a única luz no quarto mal iluminado vinha da vela bruxuleante.

O barão curvou a cabeça e ajoelhou-se. Estava espantado demais, comovido demais, com profunda alegria, até para chorar. A porta diante dele se abriu. O barão ergueu a cabeça. "Padre, o que ele estava dizendo a você?"

Antônio tomou a mão direita do barão na palma de sua mão e o fez levantar. "Ele disse que sua casa florescerá e desfrutará grande prosperidade, enquanto permanecer fiel à mãe Igreja, mas, se aderir à heresia, será soterrada pelo infortúnio e será extinta."

O barão prendeu a respiração ao ouvir a profecia. Não tinha esperado nada parecido com isso.

"Meu senhor", disse o frade suavemente, "Cristo permitiu que você o visse e recebesse sua mensagem. Louve-o por essa visão, mas não a conte a ninguém. Suplico-lhe. Não conte isso a ninguém, pelo menos enquanto eu estiver vivo."

A voz do barão estava tensa de alegria e pesar, admiração e temor. "Sim, padre, não contarei a ninguém. Não contarei a ninguém enquanto isso puder levar os curiosos a procurá-lo."

Capítulo 15

NOTÁRIO

Acampamento sarraceno, Jerusalém, Palestina (1226?)

O notário estava deitado em uma pequena e firme cabana repleta de moscas. Do lado de fora, sob o sol, a areia da Terra Santa ardera debaixo de seus pés, quando ele fora levado, nu, para ser açoitado. Na sombra da cabana, a areia parecia fresca para seu rosto tiritante. Fresca e molhada por causa do sangue que se esvaía sob suas pálpebras semicerradas, as quais tremiam muito fracamente para manter os grãos de areia fora das órbitas, então vazias. Até uma hora antes, essas órbitas continham seus olhos, que, bem como as pontas de seus dedos, tinham-se ido.

Do lado de fora da cabana, vozes murmuravam em uma língua que ele não conseguia compreender. Guardas. Por que o chefe Maomé colocaria guardas à porta dele? O notário certamente não iria a parte alguma. Os torturadores haviam quebrado suas duas pernas.

"Meu Deus", mal e mal conseguiu proferir ele com a garganta ressequida pela sede. Havia três dias que não lhe davam nada para comer ou beber. A umidade que ainda restava em seu corpo estava se esvaindo na areia juntamente com sua vida.

O mundo tinha se condensado numa pulsação de dor. A despeito das convulsões de agonia, imagens passavam por sua mente. No juízo, toda a nossa vida desfila rapidamente diante de nossa mente. Era isso seu juízo?

Ele via-se como criança em Puy-en-Velay, França, indo com os pais para a missa e encantando-se com o incenso e a língua estranha do sacerdote. Então, à medida que ficara mais velho, a religião tornara-se monótona e incômoda.

Ele havia se tornado notário por estudar muito e obter notas mais altas que os outros alunos de sua classe. Começou resolvendo processos entre um cristão e outro. Viu muito de perto calúnias, escândalos e avareza. Quantos homens ele tinha representado que estavam dispostos a enganar e mentir para ganhar dinheiro ou terras? Quase todos eles iam à missa e piedosamente depositavam pequenas somas na caixa dos pobres.

Como a hipocrisia religiosa o enojava! Ele passara a acreditar que a Igreja e suas doutrinas eram uma farsa. A Eucaristia não fazia mais sentido. Haviam lhe ensinado que Deus era amoroso e justo, mas parecia mau e injusto. Deus afligia todos os lugares com dor, sofrimento e morte. O notário tinha visto os filhos de seu irmão morrer de uma estranha febre que deixava a pele cheia de manchas. Tinha visto sua piedosa avó ficar acamada com dores durante meses, mal e mal podendo comer, até que finalmente a morte a levara. Tinha segurado a cabeça desgrenhada de sua irmã morta contra seu peito, enquanto o bebê natimorto que ela esforçara-se por dar à luz jazia, frio e azul, sobre um cobertor ao lado dela. Sua mãe tinha orado e acendido velas por todas essas pessoas. De que tinham valido as horas que ela havia passado na capela de sua família diante de uma tapeçaria com o nascimento de Cristo estampado? Deus, se existia, era surdo. Ou, então, era cruel e injusto.

Ele preferia crer em Deus nenhum a crer em um Deus cruel, insensível e injusto. Começou a dizer que as pessoas que acreditavam em Deus eram estúpidas. Diferentemente dele, recusavam-se a admitir que o Deus de sua fé não podia ser o Deus do mundo.

Como Deus não existia, o notário podia fazer o que lhe aprouvesse. Começou parando de rezar. Então deixou de assistir à missa. Passou a freqüentar tavernas e prostíbulos e fez do seu trabalho o seu deus. Desejava mais o sucesso do que dinheiro.

Se tivesse de enganar e mentir para ganhar sua causa, ele o fazia. E tinha sucesso. Mercadores, barões e condes procuravam-no para resolver suas disputas, e ele quase sempre ganhava.

No início de outubro de 1225, Antônio chegou a Puy--en-Velay como guardião do Convento dos Frades Menores. Logo, o notário ouviu alguns de seus clientes falar sobre o novo sacerdote. "Ele profere palavras de fogo", diziam. "Estão todos indo ouvi-lo."

O notário não tinha desejo algum de escutá-lo.

Entretanto, acabou se encontrando com ele. O notário estava cavalgando para casa depois de ter visitado um dos seus mais prósperos clientes, um barão que estava brigando com o irmão por causa de uma parte da propriedade da família. Cada qual afirmava que o pai, recentemente falecido, lhe tinha prometido os melhores campos e a casa senhorial. O pai tinha morrido sem testamento. A família havia chamado o notário para tentar impedir um derramamento de sangue.

O notário gostava de se vestir bem, pois quanto melhor se vestia mais os clientes confiavam nele e melhor lhe pagavam. Portanto, naquele dia tinha vestido seu gorro azul e amarelo de abotoar, meias azuis e uma camisa amarela comprida, com abertura frontal e dorsal, de modo que ele parecia muito elegante montado em seu cavalo negro. Tinha escolhido sua capa vermelho-cereja e a tinha prendido no ombro com um grande broche redondo de ouro. Uma brisa constante fazia com que a capa tremulasse atrás dele como uma bandeira. Quão impressionante parecia para os vagabundos que se divertiam lançando caroços de frutas nas ruas cheias de lixo!

Ao dobrar uma rua, viu um frade de túnica cinza que não lhe era familiar caminhando em sua direção. Quando o notário chegou perto, o frade olhou para ele, então se ajoelhou e baixou a cabeça até o chão. O notário continuou a cavalgar.

O novo frade deve pensar que sou um rei, pensou ele.

Poucos dias depois, o notário voltou a se encontrar com o frade. Dessa vez, o notário estava cambaleando, meio bêbado, saindo da taverna local com uma das prostitutas da cidade pendurada em seu braço. De novo, Antônio ajoelhou-se e curvou a cabeça até o chão.

No dia seguinte, quando a mente do notário ficou lúcida, ele pensou no segundo ato de reverência do sacerdote.

Talvez esteja zombando de mim, pensou ele.

Mais duas vezes aconteceu o mesmo tipo de incidente. O notário começou a se sentir constrangido. Observava por onde caminhava ou cavalgava e, se via algum frade de túnica cinza na mesma rua, tomava outro rumo.

Um dia, ele estava jogando dados com o fabricante de velas da cidade quando observou à toa: "Você é mais difícil de derrotar neste jogo do que Júlio."

"Você não terá mais nenhuma vitória fácil com ele", disse o fabricante de velas, jogando os dados. "Ele virou santo e desistiu do jogo."

"Júlio? Não pode ser."

"Ganhei esta rodada", disse o fabricante de velas, recolhendo as moedas do notário para sua pilha. Entregou os dados ao notário. "Júlio foi convertido pelo padre Antônio."

"Júlio disse-me que jamais queria ouvir o padre Antônio ou se encontrar com ele." O notário lançou os dados.

"E não queria mesmo. A sua esposa pretendia ir escutá-lo pregar, e Júlio se recusou a ir. Estava doente, de cama, com algum tipo de problema estomacal e disse a ela que ficasse em casa para cuidar dele."

"Muito provavelmente tinha bebido vinho azedo demais." O notário observou seu oponente recolher mais algumas moedas.

"Muito provavelmente. A esposa ficou chateada, mas abriu a janela para ao menos ver o frade. Você sabe que se pode olhar diretamente para o vale a partir da casa deles, e o frade estava pregando na praça da cidade. Ela conseguia enxergar bastante bem a três quilômetros de distância."

"Que estupidez! O frade não deve ter parecido maior do que um mosquito."

"Ora, as mulheres são conhecidas por sua esperteza?" O fabricante de velas jogou os dados de novo. "Não somente o enxergou, mas também o escutou. E com Júlio aconteceu a mesma coisa."

"Escutaram-no? Como?"

"Não sei como, mas realmente o ouviram. E Júlio parou de beber e de jogar dados. Agora leva lenha para o convento. O padre Antônio, você sabe, é o guardião lá." O fabricante de velas deu uma palmada no joelho quando viu os dados. "Você está com azar hoje. Essa sua última moeda é minha."

Repetidas vezes o notário fez-se a mesma pergunta. Como Júlio pôde se converter? Ele e o notário tinham uma espécie de competição para ver quem conseguia levar a vida mais dissoluta. E então o notário ganhara, porque Júlio se convertera.

Na tarde do domingo seguinte, um dia frio demais para o final de outubro, o notário cavalgou através de uma floresta repleta de folhas coloridas até a casa de Júlio, na montanha. Ele tinha de ver se a história do fabricante de velas era verdadeira.

O lenhador convidou o notário para entrar, e ambos se sentaram, aquecendo-se junto ao fogo.

"Você tem de ir escutar o padre Antônio." Os olhos negros de Júlio não deixavam dúvidas quanto à seriedade de seu pedido.

"Os clérigos são todos hipócritas. Você sabe o que eles fazem no escuro. Você mesmo viu."

"Não. A vida dele é uma vida de luz. Mesmo no escuro."

"Como você pode ter certeza do que ele faz no escuro?"

"Porque sei com base em suas obras", respondeu Júlio. "Você conhece o Velho Caolho, o mendigo doido?"

O notário acenou afirmativamente com a cabeça. Quem não conhecia o homem que, muitas vezes nu, inclusive no inverno, mendigava e gemia na praça da cidade?

"Domingo passado, durante o sermão do padre Antônio na missa, o Velho Caolho entrou na igreja. Começou a gemer e mendigar naquela voz alta de sempre. O padre Antônio desceu do púlpito e foi até ele. Tocou o braço do Velho Caolho e pediu-lhe para ficar calmo e quieto."

"Como se o Velho Caolho fosse entender."

"Ele entendeu. Ele disse: 'Vou ficar quieto se você me der seu cordão'. Então, o padre Antônio sorriu e deu o cordão a ele. E o Velho Caolho amarrou-o em torno de sua cintura e depois sentou e escutou o resto do sermão em silêncio total. Vá vê-lo amanhã, meu amigo. Agora ele somente pede esmolas, não geme mais. Deixou de ser doido. Por meio do sacerdote, Deus curou o Velho Caolho."

"Você está louco", disse o notário. "Você mesmo concordou que Deus não existe."

Júlio agarrou o braço do notário. Através da manga de lã quente de sua túnica verde, o notário sentiu o aperto firme demais de Júlio. "Eu costumava acreditar nisso. Então ouvi o sacerdote falar. Vi o Velho Caolho curado. Se Deus não existe, meu amigo, então tanto faz se você vive uma vida boa ou má; quando morre, esse é o seu fim."

"Prefiro uma vida má. É mais interessante."

Os dedos de Júlio apertaram mais. "Entretanto, se Deus existe, você vai viver para sempre. Se ama e serve a Deus, vai regozijar-se por toda a eternidade na bem-aventurança do céu. Se odeia e rejeita a Deus, vai sofrer por toda a eternidade nas chamas do inferno. A vida nesta terra é curta, meu amigo. O que são cinqüenta ou setenta anos ou menos em comparação com a eternidade? Se a eternidade existe, você prefere passá-la na bem-aventurança ou no sofrimento?

"Se a eternidade realmente existe, pode ser que não haja inferno ou que Deus não mande ninguém para lá."

"Se ele mandar, porém, para onde você vai, meu amigo?"

O notário cavalgou para casa mais preocupado do que nunca. No dia seguinte, vasculhou as ruas procurando o Velho Caolho. Quando o encontrou vestindo uma capa esfarrapada e suja e sentado ao lado de uma das fontes da cidade, o notário cavalgou de propósito na direção dele. Esperava com toda a certeza ver o homem esquelético e sujo balançando para a frente e para trás, gemendo e estendendo suas mãos trêmulas como sempre tinha feito.

Entretanto não foi o que aconteceu. Com a cabeça erguida para o notário, o Velho Caolho falou as primeiras palavras que o notário o escutou falar. "Uma moedinha para um mendigo?"

"Hoje não tenho nenhuma", disse o notário.

"Então Deus o abençoe de qualquer forma", disse o Velho Caolho, piscando seu olho saudável.

O homem estava são.

Poucos dias depois, o notário foi chamado para a casa de um mercador de tecidos. O homem estava tendo dificuldades em receber o pagamento de certo nobre que tinha encomendado vários rolos de seda e linho finos e não tinha pago. O mercador queria seu dinheiro.

O notário estava cavalgando pela praça do mercado, que estava cheia de gente, quando, ao contornar a tenda de um agricultor, defrontou-se com Antônio. De novo, o padre ajoelhou-se e curvou-se.

Enquanto duas jovens senhoras elegantemente vestidas sufocavam o riso, o notário falou rispidamente. "Padre, eu deveria golpeá-lo com a espada para punir sua zombaria. O que você quer dizer com isso? Por que se curva diante de mim e me faz de bobo publicamente?"

As jovens senhoras ficaram estupefatas. O notário podia sentir os olhares de muitas pessoas curiosas.

Antônio ergueu a cabeça e olhou para o notário, mas não se levantou. "Ó irmão, você não sabe a honra que Deus reservou para você. Como invejo sua felicidade! Tornei-me um pobre irmão menor de Francisco, porque desejava ser um mártir para a glória de Deus. Até mesmo viajei para o Marrocos, mas fiquei tão doente que tive de ser mandado para casa antes de pregar uma só palavra sobre meu Senhor. Não era a vontade de Deus que eu derramasse meu sangue por causa do seu nome. Entretanto, Deus revelou-me que, um dia, você alcançará o sonho que eu tinha para mim mesmo."

O notário começou a gargalhar. "Que coisa mais ridícula!"

"Quando sua hora bem-aventurada chegar, peço-lhe que se lembre de mim."

"Padre, você está enganado." O notário cuspiu no rosto do frade, que estava erguido para ele, e esporeou seu cavalo.

"Que Deus o abençoe", exclamou Antônio atrás dele. "E, quando chegar sua hora, reze por mim."

Quando o notário chegou à casa do mercador de tecidos, este o saudou com alegria.

"Entre", saudou-o o homem jovem e de barba. "Você cobrará meu dinheiro para mim, e eu o usarei para dar uma enorme festa de Batismo para meu filho primogênito. Venha. Vamos brindar a ele." Ele levou o notário para sua ampla cozinha.

O notário sorriu. "Então, nasceu seu filho. Eu não sabia."

"Oh, não. Minha esposa ainda não deu à luz. É cedo demais." O mercador chamou uma serva. "Traga-nos vinho."

"Então você e eu podemos estar brindando a uma filha, em vez de a um filho."

"Não. Vai ser um menino. O padre Antônio disse que seria."

O notário sentiu seu rosto empalidecer e viu que o mercador percebera-o.

"Minha esposa tem ido ouvi-lo pregar. Certamente você também o escutou. Faz exatamente duas semanas que ela pediu-lhe para orar por ela e pela criança, e ele começou a orar imediatamente. Então, de repente, parou e disse a ela que teríamos um filho que se tornaria um frade menor como ele mesmo e um mártir por Cristo. Vamos dar a ele o nome de Filipe e o entregaremos com alegria a nosso Senhor."

A história do mercador de tecidos e os encontros do próprio notário com o Velho Caolho e com Antônio atormentaram-no durante dias. Além disso, havia a incômoda realidade da conversão de Júlio. E outras coisas ainda. Sim, os prostíbulos, tavernas e mesas de dados continuavam ocupados, mas, de certa forma, as coisas pareciam diferentes. Certo dia, enquanto estava encomendando um par de sapatos novos, ele percebeu o que era. As discussões nas ruas tinham diminuído. Fazia semanas que não via um mendigo ser insultado. E, nas manhãs de domingo, as ruas estavam bastante vazias. Quase todo mundo estava na igreja.

Os dias passaram. Novembro chegou e, com esse mês, o frio do outono. O notário não mudou seu estilo de vida, mas dentro dele algo havia mudado. Então, um dia, percebeu por quê.

Antônio devia estar rezando por ele.

Então, cavalgou até o convento para ver o frade e lhe dizer que não necessitava de orações.

"Ele não está aqui. Foi para Bourges", disseram-lhe.

Três semanas mais tarde, o mercador de tecidos convidou o notário para a festa de Batismo de seu filho recém-nascido, Filipe.

O banquete estava repleto de convidados de boa descendência. O mercador jactava-se do filho e contou várias vezes a profecia de Antônio a respeito do martírio dele. Um nobre após outro falou de sua conversão por causa das palavras de Antônio, mas as palavras deles não eram tão poderosas quanto o choro vigoroso de um menininho recém-nascido. O notário olhou com espanto para a criança; jamais tinha visto um mártir antes. Então foi trazido de volta para o presente, para a pequena cabana em Jerusalém; as vozes dos guardas estavam ficando mais altas. O notário ouviu um clamor. A voz grave do bispo, consideravelmente mais fraca, ainda pregava. Ouviam-se vozes de outros cruzados, alguns pedindo misericórdia, outros pregando a Cristo. *Estão nos reunindo para nos matar*, pensou o notário. Que doce alívio!

A conversão viera lentamente, como o gotejar incessante de água produzindo uma marca em uma pedra. Depois do Batismo de Filipe, o notário começou a ter dificuldades para dormir; imagens perturbavam-no. Imagens de sua infância, de sua vida, de sua fé, do padre Antônio e do Velho Caolho, do convertido Júlio e do recém-nascido Filipe. Nessa agitação, o inverno passou e a primavera chegou.

No alvorecer fresco dos dias da primavera, o notário levantava cedo porque não conseguia dormir e cavalgava para a tranquila área rural, onde passava entre vinhas que se abriam em novos brotos e pelos campos recém-arados para a semeadura. Ele sempre voltava à mesma pergunta. E se Deus existisse? E se Deus fosse justo? Onde ele passaria a eternidade?

Uma manhã, quando os pássaros cantavam movidos pelo desejo de acasalamento, ele parou o cavalo junto a um córrego cristalino e rezou enquanto o animal bebia sedento. *Senhor, se tu realmente existes, mostra-me o que devo fazer.*

Todo dia, durante uma semana, cavalgou para o mesmo lugar e fez a mesma oração.

Então o bispo foi para Puy-en-Velay e pregou palavras de fogo às pessoas. Exortou-as a se unirem a ele em uma cruzada à Terra Santa para converter os sarracenos à verdadeira fé em Cristo. As pessoas que fossem recebiam a promessa de uma indulgência que perdoaria todos os seus pecados.

As que morressem lá na causa de Cristo, dizia o bispo, podiam ter a certeza de que iriam para o céu.

Esta era sua resposta – uma oportunidade para obter a remissão de seus pecados. No fundo de sua alma, ele sabia que não retornaria da Terra Santa. Antônio não havia predito isso? Portanto, vendeu todas as suas propriedades e uniu-se à cruzada. No caminho para lá, na missa diária e em oração, sua fé cresceu e aprofundou-se. Ele espantou-se de como havia sido cego quando não tinha crido.

Quando o grupo de cavaleiros e crentes cristãos chegou a Jerusalém, o bispo começou a pregar. Para o notário, suas palavras pareciam demasiadamente gentis e brandas, as palavras moderadas de um homem que jamais vivenciara o mal, mas somente o vira ou lera sobre ele.

Incapaz de se conter, o notário silenciou o bispo e começou a pregar ele mesmo. Falou aos seguidores de Maomé sobre sua própria vida e sua maldade e proclamou a grandeza de Cristo como verdadeiro Filho de Deus. "Quem conhece Cristo e rejeita-o, rejeita a Deus", bradou ele.

Gritos de ira irromperam dentre os infiéis. Mãos rudes agarraram-no e arrastaram a ele e aos outros. Todos foram torturados e todos iriam morrer.

Mãos fortes agarraram os tornozelos do notário e puxaram-no. Enquanto era arrastado para fora da cabana e pela areia ardente, seu corpo gritava de dor. *Meu Jesus*, clamou ele em meio à aflição. *Lembra-te de mim. Perdoa-me. Leva-me para casa.*

Então ele lembrou-se. *O padre Antônio pediu-me que rezasse por ele.*

Com uma prece pelo sacerdote em seus lábios, foi lançado sobre a areia. Alguém empurrou um cepo de madeira para debaixo de seu pescoço. *Senhor, abençoa o sacerdote.*

Abençoa a missão dele, orou ele enquanto ouvia o movimento de uma espada impelida em direção a seu pescoço.

Capítulo 16

EMPREGADA

Mansão senhorial, Brive, França (1226)

A ajudante de cozinha de 15 anos batia as tigelas de madeira na copa de sua patroa com toda a força possível. Não lhe importava se ficassem arranhadas ou se o barulho piorasse a dor de cabeça de seu pobre senhor. Era bom que soubessem que ela estava zangada. Como podiam mandá-la à horta para apanhar verduras sob aquela violenta tempestade e depois fazê-la correr todo aquele trecho até o convento dos frades pelos campos encharcados? *O que pensam que eu sou? Um peixe?*

"O que está acontecendo aí dentro?" gritou um cozinheiro na cozinha ao lado. "Leve esses alhos-porós para o Santo. Ele disse à patroa que os frades não têm nada para comer."

O santo. Tudo o que ela ouvia era falar do santo. Sacudiu a cabeça com tamanha irritação que suas grossas tranças negras fizeram um movimento no ar e açoitaram seu rosto. *Se é um santo de verdade, por que não faz com que apareçam suas próprias verduras?* Alguns santos alimentavam miraculosamente multidões com pão ou arroz – pelo menos era o que os trovadores cantavam —, mas não aquele santo. Ele tinha de mandá-la buscar o alimento dele em meio a uma tempestade. O milagre seria ela retornar sem pegar um resfriado mortal.

A empregada vestiu a capa de chuva e pegou a maior bacia de madeira que pôde encontrar e uma faca de lâmina longa.

Quando abriu a porta, uma rajada de vento molhada atingiu-a. Fechando a porta atrás de si, ela saiu para enfrentar a tempestade.

O vento açoitava as pequenas pereiras de seu patrão, fazendo-as quase alcançar o chão, e assobiava como um demônio entre as bem-cuidadas videiras dos parreirais. Avançando pela ventania, ela dirigiu-se apressada para a horta. Alho-poró. Arrancou do solo os bulbos brancos embarrados e jogou-os na bacia. Salsa. Endro. Arrancou punhados enormes e meteu os tufos leves debaixo dos alhos-porós para que não voassem. Cenouras. Beterrabas. Alho. Cortou a parte de cima com a faca e então deixou as raízes embarradas cair na bacia. Repolho. As pesadas folhas exteriores se agitavam ao vento. Ela cortou duas cabeças e meteu-as entre as beterrabas e as cenouras embarradas. *E daí se os frades têm de lavar o barro do repolho?* pensou a empregada. *Bem feito para eles por pedirem comida com este tempo.*

Quando a bacia ficou cheia, a empregada correu de volta para a cozinha para deixar a faca, então atravessou com a bacia o campo de feno não cortado de seu patrão. Ela tinha passado muitas vezes por ali. Seu patrão não gostava de falar de um outro de seus campos, aquele próximo ao convento do santo? O patrão o tinha semeado com trigo de excelente qualidade para seu moinho. Em uma noite de lua cheia, alguns frades, que saíam do oratório em silenciosa meditação, viram um bando de arruaceiros bagunçando no campo, pisoteando e arrancando o trigo. Os frades correram até seu fundador, o padre Antônio, que estava rezando. *É claro*, pensou a empregada. *O que mais um santo poderia estar fazendo?*

"Não se assustem", dissera ele aos frades. "É apenas um truque do diabo para distraí-los de sua meditação. O campo não está danificado."

E, no dia seguinte, não estava.

A garota tremeu ao pensar na história. Parecia que deveria haver demônios naquela mesma tempestade. *Senhor, não me deixes ver nenhum*, suplicou ela.

No fim do campo de feno, a empregada dobrou à direita, tomando um atalho que passava por uma floresta e que a conduziria a um caminho estreito que levava ao convento dos frades.

Quando entrou na floresta, ela pensou em Antônio vivendo como eremita em uma estreita caverna naquela mesma floresta. As pessoas tinham certeza de que ele havia ido para lá para orar mais e disciplinar mais severamente seus apetites. O que significava disciplinar seus apetites? Será que ele se açoitava, ou rolava em espinhos, ou se batia com pedras? Que tipo de coisas desagradáveis fazia? *Uma coisa é certa, ele não está disciplinando seu estômago. Não, ele quer verduras e legumes. Alho-poró. Espero que seja suficientemente forte para queimar a garganta dele*, pensou a empregada.

As pessoas contavam que ele havia escavado uma fonte junto à sua pequena caverna para receber água que jorrava de uma rocha. Não necessitaria de água naquele dia, pois, se colocasse um pote do lado de fora, estaria cheio de água em uma hora. Bem que ele poderia fazer isso para obter verduras e legumes. A empregada imaginou Antônio pedindo verduras e legumes e vendo alho-poró, salsa e cenouras caindo do céu como chuva. Sorriu com sua tola visão.

A garota levantou o vestido para saltar sobre um galho caído, que não estava ali na última vez em que tinha passado por aquela trilha. Isso fora na semana anterior. O vento devia ter arrancado o galho. *Deus, não permitas que um galho caia e me atinja*, orou ela.

Quantas vezes ela havia atravessado aquela floresta? Se sua patroa lhe desse dinheiro extra pelas idas dela ao convento dos frades, àquela altura ela poderia comprar tecido para uma camisa nova.

Só se ouvia falar no padre Antônio. Padre Antônio precisava disso. Padre Antônio precisava daquilo. *Por que o Padre Antônio não tinha fundado seu pequeno mosteiro de frades em Limousin em vez de vir aqui para Brive? Porque Quintus de Falcici tinha construído uma casa para eles aqui, sua boba*, censurou-se ela. *Oh, bom seria se o senhor De Falcici não fosse tão piedoso!*

Pois bem, por que o padre Antônio não está em seu convento em Guienne num dia tão ruim como hoje? Se estivesse, uma outra empregada estaria naquele aguaceiro no lugar dela.

E por que a patroa não ficou em casa hoje com esta tempestade? Por que teve de cavalgar todo este trecho até o convento para assistir à missa celebrada por Antônio de manhã cedo? Sua patroa tinha voltado para casa com a capa toda ensopada e proclamando que os frades não tinham comida.

Por que os frades não fazem sua própria horta? Ora, até fizeram uma, mas não lhes serve para muita coisa. Dão tudo que produzem aos pobres. Santos. Não têm um pingo de bom senso. Vivem em um outro mundo.

A empregada saiu da floresta e seguiu pelo caminho repleto de poças d'água. Mais três cômoros e ela estaria no mosteiro.

Era verdade que o padre Antônio tinha ressuscitado uma criança morta em Limoges? Contava-se que a mãe tinha deixado o bebê no berço, enquanto tinha ido ouvir o frade pregar. Quanto ela retornou, a criança estava morta. Gritando, ela correu até o Santo, que estava falando com as pessoas que tinham ficado para trás depois de sua homilia. "Vá, pois Deus lhe mostrará sua misericórdia", disse-lhe o sacerdote. Quando a mulher insistiu que o sacerdote a acompanhasse, ele disse-lhe de novo: "Vá agora. Deus lhe mostrará sua misericórdia." Quando ela hesitou, ele mandou-a ir com as mesmas palavras. Ao chegar em casa, ela viu o filho brincando no pátio com alguns seixos.

Um segundo milagre chegara de Limoges a Brive por meio da tagarelice local. Dizia-se que uma outra mulher tinha ido escutar o sacerdote pregar e, ao voltar para casa, encontrara o filho brincando em uma panela de água fervente sem que estivesse ferido.

O que há com as mães de Limoges? Elas se preocupam mais com um suposto santo do que com os próprios filhos? A empregada sacudiu a cabeça. Quando se casasse e tivesse filhos, ela não os deixaria sozinhos, mesmo que o próprio Cristo viesse a Brive para pregar.

Pois este padre Antônio parecia, às vezes, quase o próprio Cristo. Exatamente três semanas antes, a patroa tinha voltado de uma viagem de compras a Limoges. Ela tinha ido até lá para comprar louça nova para a cozinha. Enquanto estava lá, tinha escutado um jovem frade noviço pregar na praça. É claro que pediu a seu cocheiro que freasse os cavalos de modo que ela pudesse escutar.

O pregador era um jovem noviço de barba rala de Limousin chamado irmão Pierre. Ele estava pregando sobre o Espírito Santo, quando narrou um curioso incidente. Como frade no convento de Limoges, Pierre tinha sido tentado a abandonar a ordem. Um dia, enquanto estava pensando nisso, o padre Antônio encontrou-se casualmente com ele nas terras do mosteiro. Sem nenhuma pergunta, o padre Antônio tomou em suas mãos o rosto do alto frade. Então, inclinando a cabeça do jovem em direção a sua própria, o santo fez o que Cristo tinha feito a seus apóstolos. Soprou na boca do noviço e disse: "Receba o Espírito Santo". Sorrindo para o irmão Pierre, o santo largou seu rosto.

É melhor que o santo não respire em cima de mim, pensou a empregada. *Se ele gosta tanto de alho-poró como a patroa diz, provavelmente tem esse cheiro.*

O irmão Pierre, assim disse a patroa, ficou então plenamente convencido de sua vocação como frade. "E assim", a patroa tinha concluído sua história, "temos de pedir a Deus que envie seu Espírito Santo sobre cada um de nós com o mesmo poder com que o conferiu ao irmão Pierre, pois ele prega vigorosamente, quase tão bem quanto o santo".

A empregada suspirou. Ouvir falar constantemente a respeito de um santo na região já era ruim o bastante, quanto mais sobre dois.

Ali, na elevação seguinte, estava o convento. Quase sem fôlego por causa da corrida, a empregada passou em frente à porta principal e seguiu pela lateral, rumo à cozinha. O próprio Antônio respondeu à batida dela à porta, com as mangas da túnica arregaçadas e as mãos molhadas.

"Perdoe minha informalidade", disse ele. "Estou de serviço na cozinha e quase terminando de esfregar o chão."

A empregada viu um balde de água e uma escova à direita da porta.

Antônio sorriu ao ver a bacia de verduras encharcadas. "E tão logo que termine de esfregar, terei algo para cozinhar."

"Apenas me devolva a bacia e já vou andando", disse a empregada. *Deixe-me ir antes que respire em cima de mim também.*

"Fiz um chá de hortelã para você. Por que não entra e se aquece antes de voltar para casa?"

A empregada se sentia exasperada. *Será que o santo não conseguia enxergar coisa alguma?* "Padre, o temporal está ficando pior. Estarei molhada até os ossos quando chegar em casa."

"Você está molhada agora?"

Que pergunta idiota. A empregada sacudiu a capa de chuva. Estava pingando muita água, mas o vestido estava seco, inclusive na bainha, que várias vezes tinha roçado a vegetação rasteira na floresta, sem falar no fato de que se tinha arrastado pelo capim alto no campo de feno. Os pés também estavam secos e quentes nas botas.

Um pouco confusa, ela respondeu: "Bem, acho que não estou molhada. Não muito".

Antônio apontou para uma mesinha com uma xícara de madeira fumegante sobre ela. "Tome seu chá." Ele levou a bacia com as verduras para um aparador, onde as despejou em uma tina de água.

"Como você acha que ficaria o gosto das cenouras com um pouquinho disto?" perguntou ele apanhando o endro.

A empregada sorveu o chá quente. "Muito bom, padre. Especialmente se acrescentar um pouco de alho-poró e ferver tudo junto."

"Ótimo. Vamos comer isso hoje à noite." O sacerdote começou a lavar as raízes na tina. "E o repolho? Geralmente refogo alho em um pouco de óleo de oliva e então adiciono as folhas."

"Pode acrescentar algumas cenouras também. Fica um prato tão bonito."

"Boa idéia. Você trouxe-nos um suprimento abundante de comida. Por favor, transmita à sua patroa nossos profundos agradecimentos."

A xícara estava vazia. "Tenho de ir andando, padre."

Antônio lavou a bacia e enxugou-a. Depois de entregar a bacia para a garota, levantou a mão sobre ela, abençoando-a. Alarmada, ela desviou a cabeça para o lado, torcendo o nariz na expectativa de um sopro, mas isso não ocorreu.

"Em nome do Pai e do Filho e do Espírito Santo", disse o sacerdote, fazendo o sinal-da-cruz sobra a cabeça dela.

Com essas palavras, a empregada persignou-se.

"Que a chuva também poupe você no caminho para casa."

"Obrigada, padre."

A garota abriu a porta da cozinha e sentiu toda a força do vento no rosto. Gotas enormes como bolotas bateram em sua capa de chuva. Com a bacia firmemente presa sob seu braço, ela percorreu o longo caminho até a mansão senhorial da patroa. Quando chegou lá, seu vestido, seus pés e suas grossas tranças negras ainda estavam completamente secos.

Capítulo 17

MINETTE

Prostíbulo, Limoges, França (novembro de 1226)

A roliça Minette enfiou a camisa pela cabeça e alisou a saia, enquanto o grande e pesado Roland, sentado ao lado dela, amarrava as mangas da camisa. Como ele já estava vestindo-se, tendo recebido de Minette aquilo pelo qual lhe pagara um bom dinheiro, ele falaria. Roland falava antes de se despir e então depois, quando se vestia de novo. Durante o ardor da paixão, ele não falava nada. Esse era seu costume. Outros homens tinham costumes mais estranhos, sendo o mais estranho de todos o do pai de Minette, que a tinha usado desde que ela era criança. "Seja uma bela Eva, minha filha", recitava ele cada vez que a procurava. "Ela fez Adão pecar, e você faz a mim." Até os seus nove anos, ela suportou as mórbidas frases e a paixão ainda mais mórbida dele; e então fugiu para viver em prostíbulos. Continuava sendo uma Eva pecaminosa, pensava ela, fazendo os homens pecar.

Roland afastou o longo cabelo de Minette do rosto dela e beijou-a. "Amanhã não virei ver você", disse Roland. "Amanhã é Dia de Finados, e Celestine insiste que eu a leve para ouvir o santo."

Minette empurrou-o brincando. "Celestine de novo."

Ele fez cócegas no queixo dela. "Minette. Ela é minha esposa."

"Afinal, que santo é esse? A cada mês há um santo novo em Limoges."

"Você não escutou falar no padre Antônio? Ele é guardião do convento dos frades. Vive em Limoges, mas viaja a pregar por aí. Ninguém que você conheça fala dele? Estou surpreso."

Minette se esforçou para lembrar. "Acho que Janine o mencionou. Ela disse que ele restaurou o cabelo de Claudine depois que o marido o arrancou."

Brincando, Roland puxou o cabelo de Minette. "É aquela que ficava levando carne para os frades enquanto o marido estava fora? E, quando ele a flagrou, bateu nela?"

Minette atirou a cabeça para trás e sentiu o puxão no cabelo. "Sim. Claudine. É uma boa mulher."

Roland parou de puxar as mechas dela e começou a acariciá-las. "Minette, não existe mulher boa a não ser que seja santa. Claudine foi desobediente ao marido. Mereceu apanhar."

Minette tremeu, lembrando as pancadas que o pai tinha dado nela. "Ninguém merece ser espancado", disse ela amargamente. "O santo não achou que ela o merecesse. Ela o chamou, e ele restaurou o cabelo dela e curou as machucaduras. Foi isso que Janine contou."

"O santo pensa mais como santo do que como homem, e agora ele fez o marido pensar a mesma coisa. Ouvi dizer que ele acompanha Claudine ao convento para levar carne aos frades."

"O que há de errado nisso?"

Roland encolheu os ombros. "Nada, suponho eu. Ele faz penitência, enquanto eu me divirto." Ele puxou Minette para junto de si e abraçou-a com força.

"Mas nada de diversão amanhã. Amanhã você tem de escutar o santo. Por que Celestine não lhe obedece e fica em casa?"

Roland deu uma gargalhada. Ele estava tão perto de Minette que o corpo dela tremeu junto com o dele. "Ela me obedeceria, mas eu teria de agüentar sua língua resmungona e sua cara rabugenta. É preferível escutar o santo. E talvez ele fale contra os pecados dos clérigos como fez no Sínodo em Bourges. Isso eu gostaria de ouvir."

"Um sacerdote jamais falaria contra os clérigos."

"Você nunca ouviu o padre Antônio. Dizem que o sermão dele no Sínodo fez os clérigos enrubescerem. Havia centenas deles ali, todos empertigados e respeitáveis em suas mitras e vestes sacerdotais. O padre Antônio exclamou em seu sermão: 'Vocês aí em suas mitras!'. Então lhes enumerou todos os seus pecados."

"*Todos* os seus pecados?" Minette deu uma risadinha.

"Sim, minha pomba. E dizem que alguns o procuraram depois e se confessaram. O arcebispo Simon de Sully foi um deles."

Minette riu quando pensou nos clérigos finamente vestidos, desfilando como se fossem nobres. Como ela teria adorado ouvir alguém censurar abertamente um daqueles homens!

"O que ele confessou, Roland?"

"Apenas sua desconfiança em relação aos irmãos pobres que seguem Francisco e aos frades pregadores que seguem Domingos. Ele disse que agora lhes daria as boas--vindas em sua diocese."

Minette suspirou. "Só isso?"

"Isso significou muito para o santo. Ele também segue Francisco."

Minette cruzou os braços e virou o ombro para Roland. "Portanto, não verei você amanhã porque quer escutar o santo. E então você seguirá Francisco também."

Roland deu uma gargalhada. "Se eu seguir Francisco, não poderei ter você." Suas mãos grossas puxaram Minette de volta para ele.

***

Quando Roland retornou dois dias mais tarde, Minette estava curiosa.

"Como foi ver o santo?" perguntou ela, enquanto ele sentava-se na beira da cama dela e removia seu gorro. Minette estava sentada, completamente vestida, ao lado dele.

Roland deixou seu gorro cair no assoalho. "O santo saiu-se bem. Ele pregou no cemitério de São Paulo."

Minette riu com alegria. O cemitério. Haveria lugar melhor do que esse para o sermão do Dia de Finados?

"Ele pregou sobre um verso dos salmos. Algo sobre como, à noite, haverá choro, mas, pela manhã, alegria. Disse que havia três noites e três manhãs. As noites eram a queda de Adão e Eva, a morte de Cristo e a nossa própria morte."

Minette torceu o nariz. "Não parece um sermão de que eu gostaria."

Roland estava tirando sua camisa de baixo, afrouxando as mangas apertadas para que passassem pelos seus grossos punhos. "Ele disse que as três manhãs eram o nascimento de Cristo, a ressurreição de nosso Senhor e nossa própria ressurreição."

"Isso soa mais alegre."

"Suponho que sim", disse Roland, deixando cair no chão a camisa, "se a pessoa estiver indo para o lugar certo". Ele virou-se para Minette e colocou as mãos sobre os ombros da camisola dela. "Mas nós podemos ter algo melhor do que o céu aqui hoje à noite, não é verdade, Minette? E, quando morrermos, nós dois iremos para o inferno e, então, poderemos continuar a desfrutar um do outro."

Quando Roland vestiu sua camisa de novo, Minette falou primeiro. Ela sabia que seria melhor se falasse rapidamente, ou Roland começaria a falar. Então ela não teria uma resposta para a pergunta que a estava perturbando.

"Você realmente pensa que vou para o inferno?"

Roland começou a rir. "Para onde mais, Minette? Para o purgatório? O purgatório é para as pessoas que estão, pelo menos, tentando ser boas. Você nem mesmo tenta."

Minette sentiu-se magoada. "Mas eu não sou uma pessoa má."

Roland tomou o rosto dela em suas mãos enormes e ásperas. "Minette, todas as mulheres, exceto as santas, são pessoas más. Com quem os homens pecam, se não com mulheres? Olhe para onde você vive. Olhe para o que você faz. Saí daqui muitas vezes com menos moedas em meu bolso do que eu deveria ter depois de pagar você."

Minette enrubesceu. "Talvez você as tenha perdido no caminho."

Ele beliscou as bochechas dela. "Talvez você as tenha pegado, minha pomba, mas não me importo. Aprendi a carregar somente poucas moedas quando venho para cá. Entretanto, você não necessitará de moeda nenhuma no inferno."

Minette agarrou os pulsos de Roland e afastou as mãos dele de seu rosto. "Você não é sacerdote. Não sabe para onde vou."

Roland riu de novo. "Então pergunte ao cônego Jacques na próxima vez que ele visitar você." Roland tentou se livrar das mãos de Minette, para mexer com ela.

"Vou visitar o santo e perguntar a ele."

"A ele? Então você saberá. Para você, Minette, e para mim, Deus não tem perdão."

***

"Para você, Minette, Deus não tem perdão."

As palavras ficaram marcadas na mente de Minette como rodas de carruagem no barro. Nas noites seguintes, depois que os homens tinham deixado o quarto dela, Minette remexera-se durante o sono. A bolsa de moedas roubadas escondida debaixo da cama dela parecia inchar até cutucar suas costas. Todas as noites ela se perguntava se o inferno era um fogaréu furioso ou um deserto de gelo. Às vezes, sonhava estar em um lugar ou em outro, junto com os homens que a procuravam. Os homens batiam nela, como o pai havia feito, e a chamavam não de Minette, mas de Eva.

Será que ela iria para o inferno? Ela tinha de saber. O Santo poderia dizer-lhe isso, mas ele tinha saído de Limoges para pregar em Saint Junien.

Depois de ela perguntar, durante vários dias, a seus amantes sobre o santo, Roland lhe disse: "O padre Antônio vai pregar no antigo anfiteatro romano amanhã à tarde."

"Então não me procure", disse Minette, "pois estarei lá para ouvi-lo."

***

Sob um céu cinzento e ameaçador, Minette dirigiu-se ao anfiteatro. Ela abriu caminho entre a multidão que pechinchava junto às numerosas tendas do mercado até chegar à clareira no centro da praça, onde uma multidão imensa, possivelmente mil pessoas, havia se reunido. Minette, sentindo-se demasiadamente indigna para se aproximar mais do santo, ficou parada bem no fundo da aglomeração. Ela podia ver que uma plataforma de madeira tinha sido levantada. Perto de Minette, dois homens estavam apontando para a plataforma.

"O diabo fez com que caísse aquela plataforma que construíram para ele em Saint Junien", disse um dos homens. "O padre Antônio predisse que isso iria acontecer. Entretanto ninguém se feriu, como ele havia dito." O homem levantou sua camisa e apontou para um martelo preso ao seu cinto. "Vim preparado para ajudar a refazer essa, se cair. É isso que os homens de Saint Junien tiveram de fazer."

Minette olhou curiosamente para a plataforma. O diabo? Durante toda a sua vida, ela tinha acreditado que o diabo usava-a para fazer mal aos homens. Agora o diabo estava perseguindo o santo?

Quando o padre Antônio chegou, por volta do meio-dia, ele subiu ao púlpito, e a multidão inquieta silenciou.

"Ó Luz do mundo", bradou o Santo em uma voz clara que revelava apenas um levíssimo sotaque. "Tu és o Deus infinito, Pai da eternidade, doador de sabedoria e conhecimento e inefável concessor de toda graça espiritual. Tu conheces todas as coisas antes que sejam feitas. Tu criaste as trevas e a luz. Estende tua mão, toca minha boca e torna-a uma espada afiada para proferir eloqüentemente tuas palavras."

Os olhos de Antônio estavam erguidos para o céu enquanto ele orava. Minette curvou a cabeça. Apesar de ela estar distante da plataforma, ouviu com clareza cada palavra da oração.

"Meus queridos amigos", começou Antônio, "obrigado por terem vindo. Uma igreja teria sido mais confortável para vocês, mas vocês teriam levado muito mais tempo para ampliá-la a fim de conter todos vocês do que levaram para construir esta plataforma para mim".

Minette deu uma risadinha, enquanto o riso percorria a multidão.

"Não se alarmem com o céu ameaçador. Vocês continuarão secos se permanecerem aqui. E, assim, comecemos. 'Eu sou o caminho, a verdade e a vida', João 14,6. Em nome do Pai e do Filho e do Espírito Santo."

Fazia muito tempo que a mãe lhe havia ensinado, mas Minette lembrava-se de como se persignar. Ela e a multidão fizeram o sinal-da-cruz em um movimento suave e macio.

A voz do frade ergueu-se gentil, mas forte. "'Eu sou o caminho', disse Jesus, 'o caminho' sem erro para aqueles que o procuram. O profeta Isaías falou desse caminho. 'Haverá aí uma estrada, um caminho que será chamado de caminho santo. Nenhum impuro passará por ele. Será para eles um caminho reto: nele nem os tolos se perderão'."

A palavra "impuro" ressaltou-se. Minette pensou em todos os homens que a procuravam e sentiu a imundícia de seus muitos pecados. "Nenhum impuro passará por ele." Isso se referia a ela.

"A mensagem de Cristo consiste em não dar importância às coisas deste mundo. Não, os sábios valorizam e saboreiam as coisas do outro mundo, as que pertencem a Deus e à eternidade."

A eternidade. Onde Minette passaria a eternidade? Roland disse que ela iria para o inferno. Seu pai lhe havia dito o mesmo.

"Os justos não caminham pelos campos malditos dos pensamentos mundanos e evitam os vinhedos dos desejos carnais e devassos."

Minette sentiu-se fraca e exposta. Certamente todas as pessoas ao redor dela podiam ver que ela era uma mulher de desejos devassos que satisfazia a esses mesmos desejos nos homens.

"Os justos seguem, sem se desviar, a vereda pública e muito trilhada que é Cristo, que disse 'Eu sou o caminho'. O caminho de Cristo é público, pois está aberto a todos. É bem batido, porque foi percorrido por perseguidores e foi pisoteado e desprezado por quase todos os pés."

Ela tinha desprezado o caminho. Ela havia pisado sobre Cristo.

"Apenas os justos trilham o caminho de maneira fiel e humilde. Eles seguem-no fielmente até a morte e entram na Terra Prometida. Portanto, Cristo é esse caminho."

"Cristo é a 'verdade'. Ele é a 'verdade' sem falsidade para as pessoas que o encontram. 'A verdade é grande e mais forte do que tudo. Toda a terra invoca a verdade, e os céus a abençoam. Não há verdade em reis maus ou mulheres más ou em toda descendência da iniqüidade. Não existe verdade em suas palavras más. Eles perecerão na própria pecaminosidade. Mas a verdade permanece e se torna forte até a eternidade. Ela vive e reina para sempre.'"

Assim, ele lhe dera a resposta que ela procurava. Era uma mulher má e, como a filha bastarda de um ladrão, a descendência da iniqüidade. Ela pereceria em sua pecaminosidade. Havia muito tempo, quando ela ainda era criança, espancada pelo pai, tinha se esquecido de como se chorava. Ela gostaria de poder lembrar, pois queria chorar pela perda de sua alma.

"Sim, mesmo que as tentações da carne e a impureza sejam fortes, a verdade de Cristo é mais forte e vence todos esses pecados."

"Cristo é a vida para as pessoas sem vida. 'Porque eu vivo, e vós vivereis', disse Jesus."

Será que ela estava ouvindo bem? Havia esperança? Jesus a salvaria do pecado, a levaria para a vida eterna?

Um estalido ocorreu no ar, e Minette tremeu com o raio que cruzou o anfiteatro. Um murmúrio de pânico percorreu a multidão.

"Não temam", bradou Antônio. "Pedi Àquele que cria as tempestades para nos proteger. A tempestade passará."

Algumas pessoas correram para as saídas do anfiteatro. A maioria cobriu a cabeça com sua capa, mas não saiu do lugar. Minette puxou o capuz sobre a cabeça e encolheu-se, esperando pela chuva.

"Vocês que se estão dirigindo às portas do anfiteatro!" exclamou Antônio. "Vocês sairão diretamente para a tempestade! Em vez disso, passem pela porta que é Cristo, e ele os protegerá, pois ele disse: 'Eu sou a porta. Quem entrar por mim será salvo; poderá entrar e sair, e encontrará pastagem'. Pastagem nos campos eternos do céu, pois os dias de Cristo são eternos, e os dias de seus eleitos também serão eternos. 'Eu sou a vida' significa que Cristo é nossa vida em exemplo, verdade em promessa, vida em recompensa; um caminho que é reto, uma verdade que não engana, uma vida que jamais termina. Ele é a porta para a glória através de quem todas as pessoas têm de passar em seu caminho para o Pai."

Como Minette poderia entrar pela porta de Cristo? Certamente devia haver um porteiro, um anjo, que impediria a entrada dela.

"Havia uma porta em Jerusalém chamada de 'buraco da agulha'. Era tão estreita que um camelo não conseguia passar por ela, pois o camelo é um animal orgulhoso e altivo. Ele se recusava a se abaixar o suficiente para passar pela porta. Essa porta é o Cristo humilde. Os orgulhosos e avarentos, aqueles que carregam falsas pretensões e riquezas, não podem entrar por essa porta.

"Os que desejam entrar têm de se humilhar curvando-se. Têm de se ajoelhar em humildade diante de Cristo, o mais humilde de todos, e admitir seus pecados. Então entrarão pela porta e serão salvos, contanto que perseverem."

Minette sentiu o rosto úmido. Lágrimas? Ouviu-se o ribombar de um trovão, e o vento transformou-se em uivo. As gotas eram de chuva. Minette estreitou a capa em torno de si. Ela enfrentara tempestades antes. Somente iria embora quando o frade fosse. Ele continuou seu sermão, elevando a voz para que ficasse mais alta do que o vento. A multidão permaneceu, esperando por um dilúvio que nunca veio. Aqueles primeiros pingos foram toda a chuva que caiu no anfiteatro. Quando Antônio estava terminando seu sermão, as espessas nuvens negras estavam se adelgaçando, deixando entrever trechos de azul límpido.

"Louvor a ti, meu Senhor Cristo, 'o caminho, a verdade e a vida', 'a Porta' através da qual o pecador humilde pode entrar no reino de Deus. Amém."

Quando a voz de Antônio silenciou, a multidão lançou-se na direção dele. Minette perdeu-o rapidamente de vista, pois ele fora engolido pela massa. A cabeça dela estava confusa. Precisava falar com ele, mas o que diria? Quando a multidão em torno dela diminuiu, ela ficou só. Sem saber ao certo o que deveria fazer, ela foi no sentido oposto ao da multidão que estava junto à plataforma e, através de ruas lamacentas salpicadas de granizo da tempestade, contornou poças e córregos até chegar ao prostíbulo.

No entanto, ao abrir a porta de seu quarto, ela viu-o com outros olhos. Sabia que, atrás dos finos brocados pendurados, as paredes estavam podres e manchadas de umidade. Sua cama, ninho para muitos homens, causou-lhe repulsa. Debaixo da cama, na poeira e fora do alcance dos olhos, uma bolsinha de moedas roubadas atestava a sua ganância.

Ficou andando pelo quarto. Não sabia o que fazer, pois o modo como sempre tinha vivido subitamente a deixou enojada. No entanto, ela não sabia fazer outra coisa. De repente, em um ato de desespero irrefletido, tirou a bolsa de moedas de baixo da cama e, agarrando-a como uma doida, saiu correndo da casa para as ruas encharcadas. Se ela se apressasse, talvez chegasse ao anfiteatro antes que o santo fosse embora.

Ela não precisava ter corrido; muitas pessoas esperavam na frente dela, e Minette ficou parada, com os sapatos enlameados, apoiando-se contra a plataforma, durante várias horas.

Ela teve tempo de examinar o longo e magro rosto do santo, seus grandes e fundos olhos negros e o sorriso gracioso que parecia uma parte viva de seu rosto. Obviamente era de boa ascendência. O que a fazia pensar que podia se aproximar dele?

Ela estudou a multidão. Barões, nobres, camponeses, servos, mulheres, homens de todas as classes sociais e até dois cônegos. Muitos choravam. Vários se ajoelharam diante do sacerdote. Outros lhe deram bolsas ou derramaram regaços cheios de moedas aos pés dele. Alguns lhe entregaram seus punhais e espadas. Três outros frades de túnicas cinza, que estavam perto dele, recolhiam silenciosamente as doações em bolsas, enquanto o sacerdote falava aos penitentes e enviava cada um para casa com sua bênção.

Alguns iam embora desapontados. "Tudo que eu lhe pedi foi um fio de sua túnica, e ele o negou", murmurou uma mulher.

"Por que ele não quis dá-lo?" perguntou a amiga que a esperava.

"Ele disse que os fiéis levam relíquias de santos e que ele não é um santo."

Os tornozelos de Minette estavam fraquejando, e o sol estava se pondo entre as nuvens que se dispersavam, quando o frade finalmente se aproximou dela, que estava apoiada contra a plataforma.

"Você esperou todo esse tempo", disse ele, "e agora não restou ninguém exceto você. Qual é seu nome, minha filha?"

"Minette."

"E o que a está perturbando, Minette?"

"Padre, eu...", Minette tropeçou nas palavras. Ela mordeu o lábio, e duas lágrimas amargas desceram por seu rosto; as primeiras lágrimas reais em mais de uma década.

Ela sabia que Antônio tinha percebido que seu rosto estava molhado, mas ele virou-se para os três irmãos silenciosos atrás dele. "Vão agora com aquilo que lhes foi dado hoje. Vendam as armas e então distribuam o dinheiro que ganharem por elas e as outras moedas aos pobres. Retornem ao convento quando suas bolsas estiverem vazias." Levantando a mão para abençoar os três homens, o sacerdote dispensou dois. O terceiro afastou-se para onde não pudesse ouvir a conversa e sentou-se numa pedra, de frente para o sacerdote, esperando.

Antônio tocou o cotovelo de Minette e apontou para os degraus da plataforma. "Minette, vamos sentar aqui."

Ela obedeceu. Nunca tinha sentado tão perto de um homem que não tivesse olhado para ela com desejo. Ela reconheceu compaixão no rosto daquele homem; um olhar que ocasionalmente tinha visto em outros rostos, mas em nenhum era dirigido a ela. Minette afastou sua cabeça da cabeça dele, com os olhos ardendo demais inclusive para olhar os seixos junto aos seus pés.

"Minha irmã", sussurrou Antônio com voz trêmula, "não tenha medo. Eu confesso-lhe e sempre o confessarei que, se o Senhor não me tivesse auxiliado, minha alma teria caído em todo pecado. Anime-se. O Senhor consolará toda pessoa que lamentar seu próprio pecado".

Minette acenou com a cabeça. Quão desesperadamente ela desejava consolo! Tentou falar, mas as palavras não saíam. Tentou de novo, e as palavras ficaram presas em sua garganta. Os pecados dela eram horríveis demais para serem expostos àquele homem santo.

"Minette", disse Antônio, "você sabe escrever?"

Ela acenou afirmativamente com a cabeça. Sim, sabia escrever. Um pouco.

Ela escutou o farfalhar de uma túnica, e então um pergaminho em branco e uma pena foram colocados nas mãos dela. Surpresa, ela olhou para cima através de suas lágrimas e viu Antônio segurando um potinho com tinta.

"Escreva seus pecados", disse ele suavemente; e guiou a mão de Minette para os degraus de madeira, colocando o pergaminho nela. Então mergulhou a pena na tinta, largando a mão dela.

Tremendo, ela escreveu com dificuldade. "Eu minto. Eu roubo. Eu faço homens pecar. Eu vou para o inferno."

Fraca de medo das recriminações dele, entregou a pena e o pergaminho a Antônio.

Antônio olhou para o pergaminho e então falou: "Minette, imagine que a plataforma atrás de nós seja o Monte Calvário, e você, como Maria Madalena, esteja sentada aqui, exausta de pesar, aos pés da cruz. Consegue ver, Minette?"

Ela fechou os olhos e imaginou uma enorme estaca de madeira assomando sobre sua cabeça e apoiando suas costas.

"Você vê Cristo pendurado nu na cruz da humilhação?"

Minette acenou afirmativamente com a cabeça. Ouviu-se de novo a voz gentil: "Foi assim que Maria Madalena viu Cristo. Agora olhe para o rosto de Jesus, inchado e machucado e coberto de lágrimas. Ele sofreu 'embora não tivesse praticado violência nem houvesse engano em sua boca'. Ele 'fez intercessão pelos criminosos' inclusive na cruz, quando pediu a seu Pai que perdoasse os que o perseguiam".

As lágrimas de Minette correram mais depressa. *Ele estava orando por mim? Ele me perdoará?*

"O sangue de Cristo traz perdão e vida para os perseguidores dele. Você consegue vê-lo, Minette? Você consegue ouvir seus gritos de oração?"

Ela conseguia ver, ouvir. *Oh, Senhor, perdoa-me.*

"Agora olhe de novo, Minette. Você vê a Mãe de Cristo chorando ao seu lado aos pés do Filho dela?"

Ela conseguia vê-la, uma mulher três décadas mais velha do que ela própria, com o rosto sujo de poeira, riscado de lágrimas, sua beleza distorcida por uma tristeza insuportável.

"Minette, você acha que vai para o inferno, mas por que desesperar da salvação se tudo aqui fala de misericórdia e de amor? Olhe para os dois advogados que defendem sua causa diante do tribunal da Justiça Divina: uma Mãe e um Redentor."

Com uma visão mais clara do que ela jamais tivera, Minette conseguia ver a cena. O Filho. A Mãe. Ela própria.

A voz de Antônio era como bálsamo. "Veja diante de nós Maria, que apresenta ao Filho o coração dela traspassado pela espada do pesar. Veja Jesus, que apresenta ao seu Pai as chagas em seus pés e mãos e seu coração traspassado pela lança do soldado. Anime-se. Com tal mediador, com tal intercessor, a Misericórdia Divina não pode rejeitar você." Ele fez uma pausa. "Você diz que roubou. Você está arrependida disso?"

Minette procurou a bolsa em sua manga e depositou-a no colo de Antônio.

"Estas são as moedas roubadas? E você quer que eu as dê aos pobres?"

"Sim, padre." A voz dela era pouco mais do que um chiado.

"E você mente? São Pedro também mentiu. Ele arrependeu-se e foi perdoado."

"É tão difícil para mim dizer a verdade, padre."

"Eu sei, Minette, mas em Cristo todas as coisas são possíveis."

"Eu me arrependo dessas mentiras, padre. Vou me esforçar mais."

"Então as mentiras são perdoadas."

"Padre, eu faço homens pecar. As coisas que eu fiz – contá-lo a você me deixaria enojada. Eu faço homens pecar. Eu sou má."

Antônio apontou para as palavras de Minette escritas no pergaminho em seu colo. "Você não faz os homens pecar. Os homens que pecam com você pecam por iniciativa própria. Quem lhe disse que você é má?"

Ela respirou fundo. "Um homem. Homens."

"Esses homens eram Cristo? Ou verdadeiros seguidores dele?"

Minette ficou surpresa com a pergunta. Antônio estava sorrindo para ela. "Também achei que não. Então por que acreditar neles?"

"Mulheres como eu não são más, padre? Não vou para o inferno?"

"Deus criou as mulheres. Deus não cria o mal."

"Mas olhe para mim. Você sabe o que eu sou."

"Eu sei o que você era. O que você é agora fica entre você e Deus."

"Mas, padre, eu pequei de uma maneira que nem mesmo Deus pode perdoar."

"Lembre-se, Minette, de que todo pecado que aconteceu antes pode ser perdoado para quem deseja fazer um novo começo. É isso que você quer? Fazer um novo começo?"

"Oh, padre, mais do que qualquer outra coisa."

"Então deixe os homens que procuram você e busque a pureza. Nosso pior inimigo pode ser nossa carne. Temos de vencer a luxúria e mantê-la sob controle por meio de uma salutar penitência, pois a luxúria é um inimigo extremamente perigoso."

Minette ousou olhar diretamente nos olhos negros do sacerdote. Ela não encontrou condenação nem falsa pena ali. Apenas aceitação e pureza, que é amor.

A voz de Antônio era suave. "Minette, na nova aliança de Cristo, até mesmo nossos pensamentos são julgados. Quanto mais nossas ações! O pecado sexual permite que coisas indignas entrem no coração, e então se perde a fé. A vida da alma é a fé, Minette. A fornicação leva à morte a alma que Deus formou à sua semelhança. A fornicação priva o coração da fé e, assim, da vida."

Como ela podia olhar tão atentamente para aquele homem puro? Ele sabia tudo a respeito dela. Quão envergonhada ela se sentia! Desviou a cabeça daqueles olhos que estavam perscrutando a alma dela.

A voz confortante de Antônio continuou: "Temos de preferir morrer a vender nossa herança no céu. Temos de preferir sofrer qualquer dificuldade a entregar nossa glória eterna em troca do prazer carnal. Se fizermos isso, qualquer pesar que sentirmos por negar nossa própria carne se transformará em alegria. Você entende, Minette?"

Sem olhar para o sacerdote, Minette acenou afirmativamente com a cabeça.

Antônio colocou a mão sob o queixo de Minette e virou-o de tal forma que os dois estavam se olhando novamente nos olhos. "Você gostaria de aprender uma oração que eu próprio uso muitas vezes, sempre que me sobrevêm pensamentos impuros ou tentações?"

"Existe uma oração assim? Uma oração que funcione?"

Antônio sorriu. "Existe. Agora, persigne-se." Minette o fez desajeitadamente. "Agora diga: 'Olhem para a cruz do Senhor'."

"Olhem para a cruz do Senhor." A voz dela estava trêmula.

"Fujam, ó poderes hostis!"

"Fujam, ó poderes hostis!"

"O leão da tribo de Judá, o rebento de Davi, saiu vencedor. Aleluia! Aleluia!"

Minette repetiu as palavras suavemente. Antônio fez com que ela fizesse o sinal-da-cruz mais uma vez e repetisse a oração. Subitamente ela sorriu. Imaginou gritar essa oração na próxima vez que Roland batesse à porta dela. Isso o afugentaria!

"Minette, olhe para mim." Antônio fez o sinal-da-cruz sobre ela enquanto falava. "Em nome do Pai e do Filho e do Espírito Santo. Absolvo você de todos os pecados de sua vida passada. Você não é má e não vai para o inferno, Minette. Seus pecados estão perdoados."

Ele entregou a Minette o pergaminho, que ainda estava em seu colo. As palavras que Minette escrevera nele tinham desaparecido.

"Padre, as palavras", gaguejou ela.

"Você não vai para o inferno. Seus pecados estão perdoados", repetiu Antônio. "Sua alma está tão limpa quanto esse pergaminho."

Minette olhou para a folha em branco. Um suspiro do fundo de seu ser irrompeu de sua garganta e escapou como um pássaro assustado, e, juntamente, foram-se as palavras maldosas de seu pai e dos outros homens. Ela não era má. Ela estava perdoada.

"Eu não sou má, padre?"

"Qualquer pessoa renascida em Cristo é boa, Minette." Antônio fez uma pausa. "Contudo, ainda sou obrigado a lhe impor uma penitência."

"Mesmo que fosse para vestir pano de saco durante o resto de minha vida, padre, não seria severo o suficiente."

Antônio balançou a cabeça. "Não, Minette. Para sua penitência, quero que reze diariamente a oração que lhe ensinei. Reze-a muitas vezes, em cada tentação. Pense em Cristo, que deu a vida dele pela sua. Ele ajudará você. Fará isso?"

"O senhor pede muito pouco. Sim, farei isso."

"Além disso, você tem de deixar para trás seu estilo de vida e nunca mais retomá-lo. Você gostaria que eu a mandasse para algum lugar onde pudesse encontrar trabalho e ter uma boa vida cristã?" Quando Minette acenou com a cabeça em concordância, ele deu-lhe a bolsa. "Enquanto estivermos a caminho, quero que você distribua essas moedas."

Antônio e a mulher caminharam por ruas lamacentas, acompanhados pelo frade que tinha esperado em silêncio no anfiteatro. Minette deu duas moedas a um mendigo cego, um punhado a um homem de muletas e o restante, juntamente com a bolsa vazia, a uma mulher magra cujos três filhos estavam agarrados à sua saia manchada. Como era bom dar as moedas!

Repentinamente, Antônio parou junto a uma pequena casa e bateu à porta. Quando uma jovem mulher roliça, de vassoura na mão, abriu a porta, o sacerdote disse:

"Minette, esta é a senhora Beaudoin. Ela é uma das benfeitoras de nosso convento. Senhora, esta é Minette." A mulher sorriu amavelmente para Minette, que ficou embaraçada com a boa vontade, a qual lhe era estranha. *Ela sabe o que eu sou,* pensou Minette. *No entanto, ela parece gentil.*

"A senhora faria a gentileza de permitir que Minette passasse a noite na sua casa? Amanhã mandarei dois irmãos do mosteiro para buscá-la."

"É claro, padre", disse a mulher com amabilidade.

O sacerdote virou-se para Minette. "Minette, com sua permissão, os irmãos acompanharão você até um convento. Lá as monjas vão amá-la, abrigá-la e instruí-la no ofício de tecelã. Se você ficar e fizer como lhe ensinarem, aprenderá a ganhar o sustento. Você não precisa vestir o hábito, a não ser que seja sua vontade e as monjas testem sua vocação. Vou pedir a elas que mantenham você como empregada até que deseje ir para outro lugar. Você está disposta a ir para um convento desses?"

A mente de Minette estava redemoinhando. Um convento? Ela em um convento? Ali estaria em segurança. Ali nunca mais teria de usar seu corpo pecaminosamente.

"Será difícil para você mudar de vida, Minette. No entanto, com Jesus, todas as coisas são possíveis."

Minette sorriu. Ela pensou em Cristo olhando para ela da cruz e na mãe dele.

Pensou nas palavras gentis do santo e no pergaminho em branco. Pensou em aprender a tecer em um convento e em um novo começo.

Com Jesus, todo pecado pode ser perdoado. Com Jesus, todas as coisas são possíveis.

Capítulo 18

CAMPONESA

Cabana, Marselha, França (fim de 1226)

A camponesa estava amassando pão há talvez dois minutos, quando ouviu baterem levemente à porta de sua cabana. Pelo menos ela pensou ter ouvido uma batida. Com o vento açoitando todo o interior com a fria chuva de dezembro, ela não podia saber com certeza se tinha escutado uma batida à porta ou a batida de um galho de árvore contra o telhado. Portanto, encolheu os ombros e continuou a amassar o pão. Se ela tivesse visitantes, eles bateriam de novo. E bateram.

Limpando as mãos no avental, ela foi até a porta. É claro que os convidaria a entrar; isso se não fossem hereges. Os cátaros, muitas vezes chamados de albigenses naquela região, estavam fugindo dos exércitos franceses, comandados pelo rei Luís IX, ainda garoto, e sua mãe, Blanche. Ela tinha ouvido dizer que a guerra estava violenta. Ela própria tinha visto pouco da luta, mas muitas vezes tinha visto exércitos de cavaleiros e soldados da infantaria marchando pelas estradas e, às vezes, bandos apressados de hereges em fuga.

O tempo estava horrível, porém, se os visitantes fossem hereges, ela os amaldiçoaria e mandaria seguir seu caminho. Mas que cátaro seria ousado o suficiente para bater à porta dela? Ela havia ouvido dizer que os hereges tinham redes secretas de seus próprios apoiadores. Certamente um herege se dirigiria a uma casa que se soubesse ser de um simpatizante.

Muito provavelmente seus visitantes não eram hereges, mas peregrinos a caminho de um santuário em Le Puy, Mont Saint Michel, Vezelay, ou de muitos outros lugares na França. Se fossem verdadeiros seguidores de Cristo, ela lhes ofereceria um pedaço de pão, se estivessem dispostos a esperar até que crescesse e assasse. Cristo não disse que os que acolhiam estrangeiros acolhiam a ele? A mulher imaginava que, algum dia, abriria a porta e talvez o próprio Salvador estivesse parado aí.

Naquele dia não havia Salvador, mas não faltava muito, pensou ela sorrindo para si mesma. Eram dois pobres frades, molhados até os ossos.

"Senhora, viemos de longe", disse o mais baixo, que tinha aproximadamente a altura dela. A mulher percebeu na voz dele uma certa aflição cansada que vem junto com uma tristeza muito profunda. A voz dela própria tivera aquele tom gutural durante meses após a morte do marido.

Ela rapidamente os fez entrar em sua cabana de um único cômodo. Ela tinha muito pouco, mas o que tinha estava seco.

Notou à primeira vista que eram seguidores do pobre homenzinho de Assis, Francisco. Portanto, ela sabia qual era o motivo do seu pesar.

Ela ouvira dizer que o santo Francisco tinha morrido em Assis. Aqueles homens estavam de luto por seu fundador. Quem não choraria a morte dele? Era uma lenda. Domador de lobos, pregador para os pássaros, poeta da oração. E, ela tinha acabado de ouvir dizer, portador das chagas de Cristo. Tinha escutado falar que, depois da morte dele, as cotovias tinham levantado vôo, formando uma cruz no céu. Com

Francisco, morrera um amor, uma bondade e uma humildade especiais, que tinham sido cantados em música e narrados em prosa, inclusive ali na França.

Como a mulher desejava poder aliviar a dor dos frades! Se ao menos tivesse roupas secas para lhes oferecer! No entanto, nada tinha além de seu próprio manto fino e esfarrapado e uma camisa extra, pendurada em um prego junto à lareira. Não podia pedir-lhes que tirassem a roupa molhada para secá-la acima das chamas. Sabia que aqueles frades nada vestiam sob a túnicas, exceto as calças.

Com um sobressalto, deu-se conta de que tinha arregaçado as mangas da camisa para amassar o pão. Jamais nenhum homem, exceto seu falecido marido, tinha visto seus braços nus. Embaraçada, puxou as mangas para baixá-las. O que faria? Com as mangas baixadas, ela não podia amassar o pão sem sujar a roupa. Se não terminasse de amassar o pão, nada teria para oferecer aos dois homens.

O frade mais baixo tocou de leve a mão dela. "Não se preocupe, minha senhora. Eu mesmo já amassei pão." Levantou a mão acima dela e abençoou-a em silêncio.

A mulher sorriu e fez uma mesura desajeitada. "Aqueçam-se junto ao fogo enquanto termino aqui. O pão logo vai crescer e assar. Terão pão e vinho."

"Obrigado", disse o frade.

A mulher voltou a amassar o pão. Os frades ficaram sentados em silêncio diante do fogo, com suas túnicas espraiadas diante deles. A água que pingava de suas roupas formava poças barrentas no chão.

"De onde vieram?" perguntou ela.

O frade mais alto virou-se para responder: "De Brive."

Como ele é jovem! pensou a mulher. *Não tem nem vinte anos.* "Passarão a noite aqui?"

O frade alto olhou para o outro para obter uma resposta. O frade mais baixo virou-se para a mulher e sorriu: "Obrigado, senhora. Com sua boa vontade, ficaremos até a chuva parar. Depois temos de continuar nossa jornada para Assis."

A mulher sorriu contente. Pelo menos até que a chuva parasse, teria companhia para aliviar a solidão e a monotonia.

De repente, o frade mais alto perguntou ao mais baixo: "O que você acha que vai acontecer no capítulo geral, padre? Acredita que o irmão Elias vá ser escolhido superior de novo? Quem ocupará o lugar do padre Francisco?"

O sacerdote, pois agora ela sabia que o mais baixo era sacerdote, colocou a mão no ombro do jovem. "O padre Francisco criou essa Ordem por determinação de Deus, e nas mãos de Deus ela deve permanecer. Temos de continuar a orar para que se faça a vontade de Deus. O padre Francisco está orando conosco, disso você pode estar seguro."

A mulher colocou os dois pães sobre uma tábua e cobriu-os com um pedaço de linho. Pôs os pães no chão, perto da lareira, e olhou de lado para os frades. Finas e brilhantes linhas de água escorriam dos olhos deles. Ela desviou o olhar.

Alguma coisa no frade mais baixo a fez parar. Parecia que o tinha visto em algum lugar, que tinha ouvido aquela voz.

"Você acha que o irmão Elias vai mandá-lo pregar em Spoleto?" perguntou o frade mais jovem.

"Farei tudo que ele me mandar. Como Francisco não está mais entre nós, devemos obediência ao irmão Elias."

A mulher ficou boquiaberta e então se recompôs. Aquele era o Padre Antônio. Ela o tinha ouvido pregar quatro vezes, mas sempre tinha ficado bem atrás na multidão. A visão dela tinha piorado tanto com a idade que nunca o havia enxergado com clareza, mas a voz, sim, a voz era a dele.

Ela tinha escutado falar que o padre Antônio ocupava uma posição importante em Limousin, de guardião ou algo assim. O irmão Elias, quem quer que fosse, devia ter convocado todos os administradores importantes dos frades para voltar a Assis e tratar de detalhes de sua Ordem, uma vez que o santo Francisco estava morto.

Oh, céus, com um homem tão importante em sua casa, o que ela deveria fazer? Ele estava tão fatigado com a viagem e o luto, e tudo que ela tinha para lhe oferecer era pão e vinho. O queijo estava mofado em uma bolsa de couro junto à cama dela. Ela própria podia mordiscá-lo, mas não poderia oferecer algo tão ruim aos frades.

Ela tinha apenas xícaras e pratos de madeira simples e arranhados para servir a refeição. Se ao menos tivesse algo fino para proporcionar um pouco de alegria àqueles homens! Sua vizinha tinha um cálice de vinho. O padre Antônio tinha de beber de um cálice. Certamente estava acostumado a essas coisas refinadas. Ele não a tinha chamado de "senhora" e sido bem-educado como um nobre?

A mulher ergueu-se de junto da lareira e apanhou sua capa de chuva com capuz. "Tenho somente xícaras toscas para servir a bebida, padre. Minha vizinha tem um fino cálice de vidro. Vou pedir emprestado a ela para que possa usá-lo, padre."

Antônio parecia espantado e consternado. "Minha senhora, não se incomode. Estou vivendo em uma caverna em Brive e bebendo água corrente com minhas mãos. Não necessito de um cálice chique."

"Uma caverna? Padre, não brinque comigo. Não, o senhor terá seu cálice. A cabana dela fica logo atrás da colina."

Antônio levantou de um pulo. "O tempo está muito ruim. Não vá. Não é necessário."

"Minha capa está velha, mas não está furada", disse a mulher com orgulho.

"Então deixe que eu a vista e vá em seu lugar", ofereceu-se Antônio.

"Claro que não, padre. Fique aqui, e logo estarei de volta. Então o pão estará pronto para ser assado." A mulher saiu apressadamente pela porta antes que o bondoso sacerdote pudesse continuar a protestar.

A capa a manteve seca, mas os sapatos estavam um barro só quando ela voltou para a cabana. Não havia problema. Andou com eles alegremente para lá e para cá enquanto colocava o pão para assar e então preparou a mesa, com o delicado cálice para vinho adornando-a, como se estivesse à espera de um bispo ou do próprio Salvador. Ela convidou seus hóspedes a sentar no banco.

Tenho tão pouco a oferecer, pensou a mulher de novo. *O pão e o vinho terão de ser suficientes.*

A mulher colocou o pão, juntamente com uma faca, sobre a mesa, então colocou a capa de chuva sobre a cabeça.

Pegou um jarro e saiu apressadamente para tirar vinho da única pipa que havia em sua adega. Quando ela voltou com um jarro cheio, o frade mais jovem encontrou-se com ela junto à porta. O rosto aflito dele revelou a ela que havia algo desesperadamente errado.

Ele estendeu as duas mãos para ela. Em uma estava o cálice, na outra a base dele. A mulher quase soltou um grito.

"Sinto muito", disse o jovem com uma voz aguda e trêmula. "Estava apenas olhando o cálice, e ele escorregou."

"O cálice de minha vizinha", gemeu a mulher. "A coisa mais preciosa que ela tem. Jamais poderei substituí-lo. Santa Mãe de Deus, tenha misericórdia! O que direi a ela? Santa Mãe de Deus, tenha misericórdia!"

O jovem parecia desamparado e estava prestes a chorar. Por que ela tinha falado tão depressa? Deveria ter calado a boca.

"Não se preocupe com isso", disse ela quase rápido demais. "Somos amigas. Ela me perdoará. Eu pedi o cálice para o padre Antônio. Ela me perdoará."

Um pouco trôpega, a mulher caminhou até a mesa e colocou o jarro ali. Antônio estava sentado no banco, com os cotovelos apoiados sobre a mesa, as mãos segurando o rosto. Sua cabeça tonsurada brilhava à luz do fogo.

"Padre, está se sentindo mal?" perguntou ela.

Enquanto ele balançou a cabeça em negativa, ela subitamente se lembrou de algo.

"Amada Mãe de Deus, esqueci de fechar a torneirinha!"

Ela saiu correndo em direção à adega. O vinho estava correndo a toda para o chão, tingindo a terra de preto. A mulher fechou a torneirinha e apoiou-se contra a pipa, gemendo. Começou a bater de leve na pipa de vinho de baixo para cima. Ainda não tinha chegado ao meio dela quando ouviu o fraco eco que indicava espaço vazio. Antes estava quase cheio, mas nesse momento estava praticamente vazio. A terra tinha bebido quase todo o seu suprimento de vinho para o inverno.

Arrastou-se de volta para a casa. Teria de parecer animada aos seus hóspedes. Estavam sentindo tristeza suficiente, e ela era a única ali para consolá-los. Além disso, um dos dois era o famoso pregador. Oh, ela quase desejava que ele tivesse ido à cabana da vizinha em vez de ter procurado a sua. Primeiro, o cálice para vinho. Depois, o vinho. Era assim que Deus recompensava quem servia a seus servos?

A mulher entrou e pendurou a capa. Procurou sorrir para não preocupar os frades. Pediria ao padre Antônio que desse uma bênção e então os serviria. Antes disso, ela foi ao armário de louça buscar sua segunda xícara de madeira.

Quando se virou para a mesa, Antônio sorriu levemente para ela. "Estou contente que tenha decidido se juntar a nós, senhora. Só que vou preferir usar aquela xícara de madeira que pegou para si mesma. Creio que a senhora, como nossa graciosa anfitriã, merece usar o fino cálice."

Ele estendeu a mão para ela. Atônita, ela pegou o cálice da mão dele. Estava intacto.

Ele continuou a falar, com voz cansada e abafada: "Agora, para que possamos desfrutar nossa refeição juntos, posso lhe pedir que vá verificar seu barril de vinho de novo?

Creio, senhora, que o encontrará cheio. Esperaremos até que volte para orarmos juntos."

"Sim, padre", disse a mulher, surpresa. Sem nem mesmo se preocupar em vestir a capa de chuva, ela saiu correndo para a adega e bateu de leve na pipa. Primeiro no fundo, depois mais para cima, em seguida no meio e por fim perto da parte superior. Cada vez escutou a mesma pancada surda que significava somente uma única coisa. Vinho.

Parte IV

RETORNO À ITÁLIA

Capítulo 19

PAPA GREGÓRIO IX

Palácio de Latrão, Roma, Itália (1227)

Ao romper do dia, Ugo despertou lentamente, lembrando-se de quem ele era. Tinha seguido esse processo de auto-exame quase todas as manhãs havia três semanas e meia. Para o mundo, ele era portador de muitos títulos. Cardeal Ugolino dei Conti di Segna. Sobrinho-neto do falecido papa Inocêncio III. Antigo cardeal bispo de Óstia e Velletri. Pouco tempo antes, conselheiro-chefe do adoentado Santo padre Honório III. Anteriormente, havia muito tempo, conde de Anagni no Patrimônio de São Pedro. Então papa Gregório IX, vigário da santa Igreja Católica Romana, mas, diante de Deus e de si mesmo, ele era Ugo, peregrino em uma jornada para a vida eterna. E para as pombas arrulhando nos telhados e torrezinhas da residência papal, o Palácio de Latrão, ele era simplesmente um outro romano de barba branca que estava acordando.

Enquanto estava deitado sob os cobertores, observando a escuridão que começava a se dissipar, Ugo reviveu sua eleição como se estivesse acontecendo de novo. Honório tinha morrido no dia 18 de março. No dia seguinte a seu sepultamento, os cardeais haviam se reunido no mosteiro de São Gregório para celebrar a missa do Espírito Santo e então eleger o novo pontífice. Ugo estivera rezando para pedir orientação em sua opção, mas, depois que todos haviam votado, a escolha havia caído sobre ele mesmo.

293

"Não!" tinha gritado ele. Havia visto de primeira mão como o papado devorara Honório e Inocêncio. Também ele deveria ser consumido por preocupação e responsabilidade, carregando a Igreja até sua morte?

"Eu não sou digno!" exclamou ele. "Não sou capaz."

Quando dois cardeais, segurando o manto papal, aproximaram-se dele, o quase octogenário Ugo lançou-se para a porta trancada. Mãos o agarraram. Aflição e horror irromperam em sua alma. Gritando, agarrou sua batina, com os braços tremendo com a força que vem de uma dor insuportável.

"Não!" Seus dedos agarraram a vestimenta vermelha sobre seu coração, puxando-a violentamente como se quisesse arrancar de si mesmo o medo e a dor avassaladores. Quando a batina rasgou no peito de Ugo, ele sentiu o manto papal sendo colocado à força sobre seus ombros.

"Não resista à vontade do céu", parecia dizer uma voz interior. Ugo deixou os braços caírem ao lado do corpo à medida que ele se rendeu à vontade inevitável de Deus. Havia dois dias, no domingo de Páscoa, tinha sido coroado. A mitra ainda pesava sobre sua cabeça. O trono papal sobre o qual sentava ainda parecia grande demais.

"Senhor, por que me deste este ofício? Não sou nem digno nem capaz dele", orou ele, enquanto estava deitado na cama. "Senhor, tua Igreja parece estar caindo aos pedaços. Muitos de teus clérigos ignoram os ensinamentos de Cristo. São gananciosos, concupiscentes, orgulhosos, vestem-se como pavões, enquanto os pobres usam trapos. Até mesmo alguns dos cardeais cometem esses pecados. Portanto, as pessoas estão sem orientação, e a fé está morrendo. O que queres que eu faça?"

Ugo estava sentado no trono papal, vestindo o manto do papa Gregório IX. A manhã toda, desde que acabara a missa, tinha recebido em audiência este ou aquele clérigo. Então as grandes portas diante dele abriram-se de novo, e as duas figuras seguintes, descalças e vestindo túnicas cinza esfarrapadas, foram introduzidas na sala.

Ugo abriu um sorriso. Reconheceu um dos homens mesmo antes que seu nome fosse anunciado. Ugo havia se encontrado com ele quatro antes quando, junto com o irmão Francisco, havia se reunido com Ugo para discutir a regra da Ordem de Francisco.

O cônego que estava na função de pajem anunciou: "Irmão Antônio e irmão Jerônimo, dos frades menores".

Os dois frades caminharam rapidamente em direção a Ugo e ajoelharam-se diante dele, curvando a cabeça quase até o chão. Ugo fez o sinal-da-cruz sobre seus ombros baixados. Algo no irmão Antônio parecia diferente. A idade, talvez?

"Levantem-se, irmãos."

Ugo abraçou primeiro o homem jovem e magro, de olhos escuros e barba negra rala. "Irmão Jerônimo, prazer em conhecê-lo. Seja bem-vindo."

Então ele se virou para Antônio, que estava escanhoado. "Irmão Antônio, é tão bom vê-lo de novo."

Enquanto abraçava cordialmente Antônio, sua alegria transformou-se em perplexidade. Quatro anos antes, quando Ugo tinha abraçado tanto Antônio quanto Francisco, sentira as costelas deles sob a túnica. Naquele momento, apenas

Jerônimo estava magro. O estômago de Antônio parecia inchado.

Ugo soltou Antônio lentamente. "Deixe-me olhar para você." Ele examinou Antônio, do rosto sorridente até o estômago um pouco saliente e os pés descalços e um tanto intumescidos. Ugo tinha visto cardeais e bispos que estavam gordos por ingerir comida substanciosa. A gordura não se parecia com aquilo nem era assim ao tato. Aquilo era diferente. Era inchaço.

"Você está bem, irmão?"

"Sim, Santidade."

"Talvez você devesse consultar um médico."

"Estou bem."

"Não tenha tanta certeza. Aqueles que como você vivem sua regra ao pé da letra morrem jovens. Você é duro demais consigo mesmo. Veja o irmão Francisco. Não tinha nem cinqüenta anos quando morreu."

O sorriso de Antônio desapareceu. Ugo percebeu um leve tremor em volta dos lábios do frade. "As chagas de Cristo mataram o padre Francisco", disse Antônio com brandura, "exatamente como mataram nosso Senhor".

Ugo olhou para os olhos baixados do jovem. A súbita umidade que brilhava nos cílios negros de Antônio deixou-o embaraçado. Engoliu o nó que se formara em sua própria garganta e, ao fazê-lo, reprimiu suas próprias lágrimas. "Eu também o amava, irmão."

Como Ugo o tinha amado! Francisco era um homem apaixonado que tinha entregue tudo a Deus. Ah, se Ugo ao menos tivesse o comprometimento e a coragem para se submeter tão totalmente ao Todo-Poderoso! Como tinha invejado a fé de Francisco! E invejava ainda mais a fé daquele homem, cinqüenta anos mais jovem do que ele, que estava parado diante dele com o amor de Francisco brotando em seus olhos negros.

Enquanto Francisco tinha sido filho de mercador, não um nobre, Antônio provinha de um ambiente muito parecido com o de Ugo. Contudo, enquanto Ugo tinha subido na hierarquia da Igreja e alcançado o ofício mais alto de todos, Antônio seguira o caminho inverso para se tornar um servo desconhecido. Deus e não Antônio tinha elevado o homem à proeminência. Deus lhe dera um conhecimento ilimitado, uma voz de ouro e uma profunda santidade pessoal.

No entanto, ele não tem noção, percebeu Ugo, *de sua verdadeira grandeza.*

"Então você está vindo da França. Entendo que está exercendo a função de *custos* [guardião] de Limousin. Como se estão saindo os mosteiros lá, tanto os estabelecidos quanto aqueles que você criou durante seu mandato? Os noviços e os frades compreenderam a teologia que você ensinou? Conseguirão pregar a Boa-Nova de Cristo e combater a heresia com eficácia?"

"São homens bons, Santidade. Amam a Cristo e servem-no. Somente isso tornará suas palavras eficazes."

Ugo assentiu com a cabeça. "Assim será. E o que os frades na província acham da regra de Francisco?"

Antônio balançou a cabeça. "Alguns pensam que é rigorosa demais. Outros aderem a ela."

Ugo acenou afirmativamente com a cabeça. "O mesmo acontece aqui. O modo de vida do irmão Francisco ainda está dividindo os frades. E o irmão Elias mandou você falar comigo sobre a regra antes da reunião do capítulo de sua Ordem. Como se eu pudesse resolver a discordância."

"Obedecemos à Igreja, santo padre", disse Antônio. "Vamos cumprir sua decisão."

"Quando acontecerá a reunião do capítulo?"

"Começará no dia 30 de maio e se estenderá até junho."

"Ah, em junho vocês estarão em Assis, e eu estarei em Anagni. Roma fica insuportável no verão. Insalubre. Jamais venham para cá no verão, irmãos."

Ugo levou os dois frades para uma grande mesa de carvalho em torno da qual estavam dispostas doze cadeiras, seis em cada lado, com uma cadeira grande e ornamentada na cabeceira, na qual Ugo sentou-se. Ele fez um sinal aos frades para que se sentassem, um à sua direita, outro à sua esquerda.

O rosto bem bronzeado de Antônio esta contraído, como se estivesse mordendo as bochechas por dentro. "Eu sei", disse Ugo, batendo de leve sobre o punho do frade. "Desta vez, será difícil discutir a regra sem o irmão Francisco."

"Tenho rezado para que o Espírito Santo nos guie", disse Antônio calmamente, "da mesma forma como o Espírito Santo guiou a ele".

Ugo acenou com a cabeça em concordância. Quão bem o Espírito Santo tinha guiado Francisco! Aquela reunião do capítulo em Assis, em 1217, estava presente na memória de Ugo como um testemunho desse Espírito. Determinado a assistir ao capítulo diariamente, Ugo, como cardeal, subira até a planície em torno da pobre e pequena igreja de Santa Maria dos Anjos. Ali se encontrou com grupos de sessenta, cem, trezentos frades, todos solidamente confinados como um batalhão de cavaleiros. Ele viu-os orando, ouviu-os falando juntos de Deus, observou a palha sobre a qual dormiam.

Este é o exército de Cristo, pensara ele. *Se homens podem viver desta forma diante de Deus, como vão ser as coisas para aqueles de nós, clérigos, que ficamos à vontade no conforto e no luxo?*

Quando os frades reconheceram seu visitante, começaram a juntar-se em torno de Ugo, dando vivas e abençoando-o. Lágrimas tinham brotado de seus olhos quando desceu do cavalo, jogou seu luxuoso manto vermelho sobre a sela e tirou seus sapatos macios. Descalço como os frades ao redor dele, Ugo dirigiu-se à capela para celebrar a missa. Francisco fez o sermão.

Ah, Francisco era inflexível. Um dia, alguns frades tinham convencido Ugo a insistir com Francisco para que seguisse uma regra estabelecida, talvez a de Santo Agostinho ou São Bento ou São Bernardo. Quando Ugo, a quem Francisco chamava de seu "papa", propôs essa idéia a Francisco, o pequeno frade de rosto magro tomou a mão de Ugo e apresentou ambos ao capítulo.

"Irmãos, irmãos", tinha bradado ele. "O caminho em que ingressei é um caminho de humildade e simplicidade. Ele foi-me ensinado por Deus mesmo, e não seguirei nenhum outro. Portanto, não me falem de Santo Agostinho ou São Bento. O Senhor deseja que eu seja um novo tipo de tolo neste mundo e não me conduzirá por nenhum outro caminho."

Mais tarde, Francisco tinha partido para converter o sultão e, em sua ausência, aqueles na Ordem mais mundanos do que ele começaram a voltar para o mundo. Quando ele retornou, em 1220, a dissensão entre os frades ameaçava destruir a Ordem. Francisco pediu ajuda ao papa. "Para que eu não tenha de continuar a perturbá-lo", tinha dito ele a Honório III, "conceda-me o bispo de Óstia como protetor e defensor da Ordem". Honório tinha concordado.

Entretanto Ugo, o bispo de Óstia, não pôde comparecer ao capítulo de 1221. Naquele capítulo, Francisco apresentou sua regra ampliada, que ele, auxiliado pelo erudito César de Espira, tinha redigido com muito cuidado. A regra era sublime, poética, heróica, uma clarificação da primeira regra. Os frades que desejavam viver como Francisco fizeram com que ela fosse aprovada, mas os que se opunham não descansaram. Em 1223, os frades estavam se dividindo em duas vertentes: os que queriam manter a regra original de pobreza absoluta e confiança total e diária na vontade Deus, e os que achavam que uma Ordem em crescimento necessitava de mais direção e estabilidade.

Naquele ano, o irmão Elias, superior geral dos frades menores, tinha notado uma divisão. Ele enviou um Francisco fisicamente debilitado, tendo Antônio como seu companheiro de viagem, ir ter com Ugo para elaborar uma nova regra. Enquanto Antônio tinha escutado e feito comentários ocasionais, Ugo e Francisco tinham discutido.

"Sua Ordem cresceu para além da regra original dela", tinha insistido Ugo. "Você não pode exigir heroísmo de seus muitos seguidores."

"Cristo viveu em pobreza absoluta", havia argumentado Francisco. "O Evangelho é nossa regra. Deus a deu a mim por meio de um sacerdote. Ele leu a passagem para mim na capela da Porciúncula, na festa do apóstolo São Matias."

"Eu sei. O Evangelho de Mateus, capítulo 10, versículos 9 e 10: 'Não leveis ouro, nem prata, nem dinheiro à cintura; nem sacola para o caminho, nem duas túnicas, nem sandálias'."

Francisco tinha olhado diretamente para Ugo. Apesar da dolorosa doença que estava tirando sua visão, os olhos penetrantes do pequeno homem brilhavam com fervor. "Nossa regra é a mensagem que Cristo deu aos seus discípulos. Se Cristo conseguiu vivê-la, por que não nós? É suficiente. Durante 15 anos, os frades e eu vivemos de acordo com essa Regra."

Ugo, igualmente insistente, tinha devolvido o olhar. "Para os discípulos, foi suficiente; para você e seus primeiros seguidores, foi suficiente, mas agora não é. Sua Ordem está crescendo, irmão Francisco. Seus irmãos e os frades pregadores de frei Domingos são a esperança de nossa Igreja. Juntos, seus seguidores transformarão o mundo. Frei Domingos está morto, mas a Ordem dele continua estável, porque os frades dele seguem uma regra razoável. Esperar que seus irmãos vivam apenas de esmolas, não tenham bens, não tenham coisa alguma, está além do razoável. Você tem de ter estrutura ou então sua ordem vai acabar se desfazendo e não terá valor algum para o mundo ou para Deus."

No final, Francisco conformara-se. Ugo reescreveu a regra, tentando manter o espírito de Francisco e implementando algumas das sugestões de Antônio. No entanto, ele insistiu numa formulação em que aqueles que eram menos do que heróicos pudessem viver e à qual pudessem obedecer.

A regra foi aceita, mas Francisco não ficou satisfeito. Ugo tinha apagado o fogo presente em suas palavras.

A saúde de Francisco piorou, Antônio foi enviado para a França e Ugo continuou a ser conselheiro do papa. No entanto, tudo havia mudado. Francisco estava morto, Antônio tinha sido chamado de volta para Assis, o próprio Ugo era papa, e a regra que os três tinham escrito em conjunto ainda era fonte de controvérsia. Alguns frades interpretavam as frases cuidadosamente redigidas por Ugo de uma forma, outros, de forma diferente.

Assim, Antônio e Ugo estavam sentados, enquanto Jerônimo escutava e, ocasionalmente, fazia comentários. Ponto por ponto, repassaram a regra de 1223. O que significava isso? E aquilo? Como Antônio deveria apresentar as interpretações do papa ao capítulo?

Os homens trabalharam até o final da tarde. Finalmente, Ugo ficou satisfeito. Levantando da mesa, acompanhou os dois irmãos até a porta. "Antes que você vá, irmão Antônio, peço-lhe dois favores. Amanhã, quero que pregue aos cardeais na assembléia deles. No dia seguinte, pregará dos degraus do Latrão à multidão que veio para cá obter as indulgências da Páscoa. A Igreja está necessitando de reforma. Talvez suas palavras possam começar a provocar algumas mudanças."

Antônio balançou a cabeça em discordância. "Excelência, a Igreja é constituída de indivíduos. Se o Espírito Santo converter almas de indivíduos, então a Igreja mudará."

Pensativo, Ugo assentiu com a cabeça. "Você está pensando", disse ele, "sobre quem, afinal, vai para o céu? A Igreja institucional ou os indivíduos dentro dela? Almas convertidas, com certeza, reformarão a Igreja de acordo com a vontade de Deus". Ugo colocou sua mão direita no ombro de Antônio. "Irmão, pregará para mim? E quem o Espírito Santo tocar, ele tocará. Então você estará livre para voltar ao irmão Elias."

Antônio curvou-se. "Com sua bênção, santo padre."

Ugo traçou novamente o sinal-da-cruz primeiro sobre a cabeça de Jerônimo e então sobre a de Antônio.

"Irmão Antônio, vá consultar um médico", disse Ugo, dispensando os frades.

***

No início da tarde seguinte, Antônio ajoelhou-se novamente diante do trono de Ugo. De novo, Ugo abençoou-o.

"Fui ver um médico", disse Antônio, levantando a cabeça. "Ele disse-me para comer e beber mais."

Ugo suspirou. "Eu mesmo poderia ter-lhe dito isso. E você está fazendo isso?"

"Comecei hoje." Antônio sorriu. "Não se preocupe comigo, Santidade. Estou bem."

"Eu oro para que seja assim." Ugo levantou. "Venha, irmão Antônio. Os cardeais estão reunidos."

Sob o alto teto ricamente esculpido da corte papal, estava assentada uma assembléia de cardeais. Ugo sentou-se atrás do púlpito em que Antônio agora rogava eloqüentemente pela inspiração de Deus. Ugo tinha uma vista ampla dos prelados em mantos vermelhos que estudavam o frade descalço e vestido com uma túnica remendada.

Eles estão céticos, sabia Ugo. Um sorriso aflorou em seus lábios. *Logo verão que Antônio merece sua consideração.*

303

A voz de Antônio soou como a de um arauto. "A palavra de Deus foi dirigida a João, o filho de Zacarias, no deserto. Ele percorreu toda a região do Jordão, pregando um batismo de conversão para o perdão dos pecados, como está escrito no livro dos oráculos do profeta Isaías: 'Voz de quem clama no deserto'. Lucas 3, versículos 2 a 4. Em nome do Pai e do Filho e do Espírito Santo."

Como um organismo escarlate gigantesco, cada membro da assembléia inteira persignou-se.

Antônio afastou-se do púlpito, quando começou a falar, e sua voz chegava facilmente aos cantos mais distantes do recinto. "O nome Zacarias significa 'uma lembrança do Senhor'. João, o filho de Zacarias, simboliza um prelado ou um pregador que deveria lembrar, lembrar constantemente, a paixão memorial de nosso Senhor Jesus Cristo."

Ele se movimentava entre os prelados, olhando de um para outro enquanto falava. "O livro do Êxodo adverte-nos: 'Servirá para ti de sinal em tua mão e de lembrança em tua fronte'. Portanto, a paixão de Cristo tem de ser um memorial e um sinal para nós." Ele ergueu suas longas mãos na direção dos prelados. "Tem de ser um sinal em nossas mãos, quando usamos estas mãos para tocar outras pessoas em nome de Cristo e para consagrar o pão e o vinho que se tornam seu corpo e sangue." Estendendo os braços para a frente e para cima, ele continuou: "De forma semelhante, a paixão de Cristo tem de estar sempre diante de nossos olhos, quando oramos e vemos em outros a figura e a criação de Deus".

Fazendo uma pausa, Antônio ergueu os olhos para o céu, e então bradou: "Somos verdadeiros filhos de Zacarias? Se um prelado ou um pregador é um verdadeiro 'filho de Zacarias', a palavra do Senhor 'virá a ele', assim como veio a João. A palavra é uma palavra de vida e paz, de graça e verdade. Será uma palavra doce, oferecendo esperança e conforto para um pecador como 'água fresca para quem tem sede', como 'a boa notícia que vem de longe'. Assim diz Provérbios 25, versículo 25".

Antônio virou-se e olhou diretamente para Ugo. "Ao verdadeiro filho de Zacarias, 'Deus fará saber sua palavra', como se lê em Primeira Reis, 'como o sussurro de uma brisa leve'. É dessa maneira que vem a inspiração do Deus onipotente."

O frade virou-se para os cardeais. "Jó 32, versículo 8 o diz bem: 'Mas, pelo que vejo, [a Sabedoria] é um espírito no ser humano, e a inspiração do Poderoso é que dá a inteligência'."

A garganta de Ugo contraiu-se de emoção. *Oh, Deus, tu falaste a mim, e eu resisti à brisa leve de tua palavra. Faze-me aceitar este ofício em que tu me colocaste. Faze-me abraçar tuas palavras e aceitar a vontade do céu.*

"João Batista efetivamente foi afortunado, porque a palavra do Senhor veio a ele!" Antônio ergueu novamente os olhos e braços para o céu. "Peço-te, Senhor, 'já que tua palavra é lâmpada para meus pés', que tua palavra seja revelada 'a teu servo, de acordo com tua palavra em paz'."

Antônio continuou seu sermão, admoestando os prelados a se apressar em difundir a mensagem de Cristo e a pregar arrependimento e administrar penitência em amor. Eles devem ser exemplos de Cristo, proclamou ele, pois levam a mensagem de Cristo ao mundo.

"O que posso dizer sobre os prelados debilitados de nossos tempos?" bradou ele. "Como mulheres jovens prestes a serem dadas em casamento, eles se vestem com elegância espalhafatosa, cobrindo-se de couro; seus excessos evidenciam-se em ostentosas liteiras pintadas, na ornamentação refinada de seus cavalos e em suas esporas, manchadas de vermelho com o sangue de Cristo."

Ugo estudou os cardeais que fitavam o sacerdote mendigo. Ele viu alguns rostos colorirem-se de um vermelho um pouco mais claro que as vestes que os prelados usavam. Viu alguns olhos desviarem-se do olhar penetrante de Antônio, que parecia enfocar um cardeal após o outro.

"Olhem para aqueles a quem está confiada a noiva de Cristo, o mesmo Cristo que estava envolto em fraldas e deitado em uma manjedoura. Eles, em nítido contraste com Cristo, refestelam-se luxuriosamente em suas camas de marfim e adornam-se com couro. O profeta Elias e João Batista cingiram seus rins com peles. Que isto seja um sinal para vocês, ó prelados da Igreja: 'Encontrareis um recém-nascido, envolto em faixas e deitado numa manjedoura'. Vocês, que vivem do patrimônio dele, marquem-se com o selo da humildade e abstinência desse Infante, com o selo de sua pobreza sem preço. Mortifiquem a pele de seu corpo, que está destinado à morte. Então o receberão glorificado na ressurreição geral."

Antônio falava enquanto caminhava lentamente de volta para o púlpito. "Desçam para servir humildemente a seu próximo que tiver sido pisoteado. Desçam para auxiliar e dignem-se a erguer seu irmão caído. 'Que as pessoas nos considerem como ministros de Cristo e administradores dos mistérios de Deus', escreve Paulo em sua Primeira Epístola aos Coríntios. Isaías diz no capítulo 61: 'E vós sereis chamados sacerdotes do senhor, ministros do nosso Deus'."

Ele postou-se diante de Ugo, olhando para ele de novo. "Os ministros e administradores são prelados e pregadores da Igreja que atentam para a palavra de Deus e pregam o batismo de penitência para a remissão dos pecados."

Do púlpito então, Antônio virou-se para olhar a platéia. "Quanto a esses ministros, Isaías diz: 'Que beleza', pois eles estão livres da imundície do pecado. 'Que beleza, pelas montanhas, os passos de quem traz Boas-Novas, daquele que traz a notícia da paz!' A Boa-Nova é a mensagem da salvação oferecida por meio da paz que Deus mesmo estabeleceu entre ele próprio e a humanidade. Que nós 'mostremos o bem' e 'preguemos a salvação', de modo que proclamemos a cada alma: 'Teu Deus', e não o pecado, 'reinará' em ti. Amém."

Quando Antônio desceu do púlpito, ele voltou-se para Ugo e se curvou. Ugo levantou e abraçou-o, então fez com o frade encarasse de novo a corte. "Olhem, a arca do testamento!" exclamou Ugo para a assembléia. "Se a Bíblia se perdesse, o irmão Antônio poderia escrevê-la de memória."

Da maioria dos cardeais e legados ouviram-se estrondosas manifestações de aclamação que encheram o recinto. Ugo percebeu imediatamente que os que estavam aplaudindo por mera polidez eram exatamente aqueles que ele tinha visto andando pela cidade em suas liteiras pintadas ou montados em seus caros cavalos. As palavras de Antônio tinham calado fundo. Ugo sorriu para Antônio, que tinha o rosto enrubescido.

"Eu falo a palavra de Deus, Santidade", disse Antônio em voz baixa, "não a minha. A palavra de Deus. A ele pertence este louvor".

***

Em uma cálida e ensolarada manhã de abril, a praça do lado de fora da basílica de São João de Latrão estava lotada de peregrinos vindos de todas as nações imagináveis. Quando Ugo e Antônio saíram juntos da basílica, a multidão irrompeu em gritos de aclamação. Ugo ergueu as mãos para pedir silêncio e, então, apresentou Antônio. Ouviram-se mais gritos de aclamação. Ugo recuou para a sombra da basílica, enquanto Antônio caminhou para a frente, até a borda do degrau superior, e baixou a cabeça.

Depois de sua oração de abertura, Antônio recitou o texto que tinha escolhido. "Jesus perguntou a Simão Pedro: 'Simão, filho de João, tu me amas mais do que estes?' João, capítulo 21, versículo 15. Em nome do Pai e do Filho e do Espírito Santo."

Ugo observou o amplo movimento da cruz percorrer a multidão. Aquelas pessoas, viajantes provenientes de muitas localidades, próximas e distantes, eram seus filhos, que moravam na casa de sua Igreja. Será que ele poderia ser um bom e santo Pai para eles? A Igreja deles subsistiria?

A voz de Antônio ressoou. "Jesus não perguntou a Pedro somente uma vez, mas uma segunda e uma terceira vez. 'Simão, filho de João, tu me amas mais do que estes?'"

"Três vezes o Senhor escutou Pedro responder que o amava. 'Sim, Senhor, tu sabes que te amo.'"

Antônio fez uma pausa. "Por que, talvez, vocês perguntem, Jesus fez a pergunta três vezes em lugar de uma só? Porque Pedro tinha negado três vezes ao seu Senhor." Antônio levantou a mão esquerda com três dedos erguidos para a multidão. Para Ugo, o sol nascente era visível bem debaixo do braço de Antônio; os raios reverberavam no hábito escuro do frade, emoldurando-o em esplendor. "Depois da prisão de Cristo no jardim, Pedro havia negado três vezes que conhecia Cristo." O frade estendeu a mão direita com três dedos erguidos. "Agora, três vezes ele proclamou seu amor." Enquanto falava, ele aproximou as mãos até que os dedos de uma mão tocassem os da outra. A luz do sol brilhava em torno dos braços que se encontravam, transformando o corpo de Antônio na sombra de uma cruz. "A tríplice declaração de amor por parte de Pedro forma um paralelo com sua tripla negação. Dessa maneira, Pedro mostra que a língua deveria ser movida mais por amor do que por temor."

Assim se desdobrava o sermão de Antônio, contrapondo as negações de Pedro, seu arrependimento e sua declaração de amor. Ugo viu-se novamente arrebatado pelas palavras do frade.

Repentinamente, Antônio virou-se para a Basílica de Latrão e abriu os braços. "Vejam a Igreja!" Então se virou para a multidão e estendeu os braços sobre ela como se quisesse abraçar todas as pessoas. "Vejam a Igreja! A Igreja, desde o menor de seus membros até o mais nobre da hierarquia, foi confiada a Pedro por Cristo com as palavras: 'Apascenta minhas ovelhas'. Pois nós somos as ovelhas de Cristo. Cristo se preocupa conosco. Ele, como o pastor fiel, 'deu sua vida por suas ovelhas'. Tendo nos remido por um preço tão alto, ele quis nos confiar a Pedro em seu lugar."

Antônio deixou pender os braços e virou-se diretamente para Ugo. "Jesus ordenou a Pedro: 'Apascenta minhas ovelhas'. Apascenta-as com as palavras de tua pregação. Apascenta-as com a ajuda de tuas devotas orações. Apascenta-as com o exemplo de uma vida exemplar."

A mensagem direta dirigida por Antônio a ele surpreendeu Ugo e interrompeu sua concentração na mensagem que o frade pregava. Ele percebeu o sol de novo, consideravelmente mais alto no céu do que quando Antônio tinha começado a pregar. Quanto tempo cada rosto na multidão tinha se mantido ininterruptamente focado no frade? Certamente as pessoas que entendiam o dialeto romano que Antônio estava falando compreendiam suas palavras, mas muitos na multidão eram da Alemanha, Inglaterra, Portugal e outras nações. Como ele tinha conseguido prender a atenção deles? Ugo não conseguia ver um só rosto desatento.

Antônio voltou a olhar novamente para a multidão. "Onde Cristo apascenta suas ovelhas? Na Igreja. Aqui na Igreja o pecador é readmitido por meio da fé e do arrependimento. Aqui a pessoa arrependida pode partilhar de todos os bens espirituais que existem em abundância na casa do Pai."

Antônio estendeu o braço esquerdo para trás apontando para Ugo. "Quem deve guiar a Igreja senão Pedro?" Puxando esse braço para a frente e levantando o braço direito para encontrar-se com ele sobre sua cabeça, Antônio juntou e apertou firmemente as mãos. "Jesus declarou a Pedro em Mateus 16: 'Tu és Pedro e sobre esta pedra construirei a minha Igreja, e as forças da morte não poderão vencê-la'." Antônio abriu os braços sobre a multidão. "Jesus não disse que Pedro seria chamado de pedra, mas que ele é verdadeiramente uma pedra." Agora ele reuniu as mãos, juntando-as de novo firmemente. "Pedro foi transformado em pedra por Cristo. Ele passou a compartilhar o único fundamento que é Cristo e sobre o qual a Igreja está edificada." Soltando as mãos, ele levantou-as, bem como o rosto, para o céu. "De fato, São Paulo escreve na Primeira Epístola aos Coríntios:

'Ninguém pode colocar outro alicerce diferente do que já está colocado: Jesus Cristo'."

Antônio virou-se e olhou para Ugo por um breve momento, então voltou a encarar a multidão. "Portanto, não precisamos temer pela estabilidade da Igreja. Mesmo que a furiosa perseguição do diabo e de seres humanos se lance contra ela; mesmo que correntes heréticas, como rios transbordantes, rompam o dique; mesmo assim não precisamos temer que a nossa Igreja seja devastada."

Uma vez mais ele levantou os braços e juntou as mãos sobre a cabeça. "Nossa Igreja sempre permanecerá firme, porque está edificada sobre uma pedra."

Ugo baixou a cabeça. *Senhor Deus, quão maravilhoso és tu! Tu falaste a mim por meio das palavras desse homem. Obrigado por me lembrares que tua Igreja permanecerá.*

"Jesus disse a Pedro: 'Eu te darei as chaves do Reino dos Céus'. Pedro, a pedra, foi feito o cabeça dos apóstolos e da Igreja universal. A ele foi confiado o poder de ligar e desligar. O que é esse poder? É a capacidade de distinguir o digno do indigno e o poder de deixar entrar aquele e excluir este do reino de Deus."

Ugo, o sucessor de Pedro, sentiu uma palpitação de fé percorrer suas veias. Ele conhecia o que Antônio tinha pregado. Tinha escutado isso durante toda a vida, mas naquele momento Deus estava falando ao seu coração. As palavras tinham sido ditas diretamente a menos do que duzentos homens durante toda a história. Ugo era um deles.

Antônio voltou-se para Ugo e tomou sua mão. Puxando Ugo para a frente, levantou a mão dele para o alto. "Embora toda a Igreja tenha poder em seus sacerdotes e bispos, embora todos os sacerdotes e bispos tenham de apascentar o rebanho, Deus deu poder e uma missão a Pedro de forma especial. 'Pedro, tu me amas mais do que estes?' Em sua submissão à vontade de Deus ao conduzir todos os fiéis para a vida eterna, Pedro deu sua resposta."

Ainda segurando a mão de Ugo no alto, Antônio ergueu a outra mão dele para o céu e olhou para o alto. "Que todos oremos por Pedro e obedeçamos a ele, enquanto guia o rebanho de nossa Igreja. Que o Espírito Santo lhe conceda as palavras para 'apascentar' as 'ovelhas' do aprisco. Que o Filho, o Bom Pastor, capacite Pedro também a 'dar a sua vida pelas ovelhas'. Que o Pai aumente em Pedro a sabedoria e a santidade para dirigir a Igreja." Sua voz ergueu-se, enquanto seus braços erguidos tremiam. "Ó Senhor, na unidade da fé e na comunhão com a Igreja, que sejamos absolvidos do pecado e entremos no céu. Amém."

Antônio apertou mais a mão de Ugo antes de soltá-la e deixar pender seus braços. Ugo ficou parado com a mão erguida sobre a multidão.

Exclamações de júbilo irromperam dos ouvintes. O nome que Ugo ouviu não foi o de Antônio, mas o seu próprio. "santo padre, ore por nós."

Antônio recuou, enquanto Ugo foi para a frente e levantou a outra mão para pedir silêncio à multidão. Subitamente Ugo percebeu que todas as pessoas que estavam a uma distância em que podiam ouvir Antônio tinham compreendido cada palavra que o frade havia pregado. Como isso era possível?

"Não resista à vontade do céu", escutou ele de novo em seu coração. "Escolhi Antônio para falar com poder ao meu povo. Escolhi você para conduzir meu rebanho. Guie-os bem em meu nome até que eu o leve para casa."

Uma paz profunda penetrou na alma de Ugo. A missão de Antônio era pregar, e Deus abençoaria essa pregação. A missão de Ugo era conduzir, e Deus abençoaria essa condução. Cada ser humano estava onde Deus o tinha colocado. Nesse lugar, estavam a submissão última de cada ser humano a Deus e a salvação última. Nesse lugar, cada qual seria eficaz para Cristo.

Baixando a cabeça, com os braços estendidos sobre seu rebanho, Ugo bradou, em uma voz clara e profunda, para a multidão silenciosa: "Que o Senhor de toda a criação os abençoe. Que o seu Espírito Santo os guie. Que Seu Filho os salve e conduza à vida eterna. Eu agora os abençôo a todos em nome do Pai e do Filho e do Espírito Santo. Amém."

Capítulo 20

SENHORA DELORA

Pátio do castelo, Rimini, Itália (fim da década de 1220)

A senhora Delora, de 22 anos de idade, caminhava pelo pátio do castelo do conde Silvestro. Cães latiam junto a seus calcanhares, e galinhas saíam voejando de seu caminho. Era a primeira vez que passava a pé pelo pátio. Outras vezes o havia atravessado a cavalo, precedida de estandartes e seguida por damas a serviço. Seu vestido, então, tinha sido de seda cintilante, com suas mangas longas, salientes, roçando os flancos do cavalo, e seu cabelo castanho trançado no centro e engrinaldado com flores. Naquelas vezes ela atravessara o pátio como nobre e esposa. Nesse momento retornava como uma viúva *perfecta* coberta com um manto negro.

A dor pela morte de seu jovem esposo retornou a ela rápida e inesperadamente. Malditas guerras feudais; uma das quais tinha custado a vida de seu esposo. Enquanto caminhava, lembrava como ele estivera naquele pátio três anos antes, orgulhosamente montado em seu alazão, enquanto ela o seguia. Esse mesmo cavalo tinha levado para casa seu corpo quebrado e ensangüentado. A senhora Delora respirou fundo. Isso afastava a tontura e – sabia ela – punha uma cor em seu rosto. Tinha prometido a si mesma que não choraria, que mostraria saber, como todos os *perfecti*, que o sofrimento neste mundo era a sina dos seres humanos.

A morte do marido a tinha aberto para a doutrina cátara. Sua vacilante fé católica romana não a confortara em sua perda. Tampouco o seu sacerdote lhe tinha proporcionado qualquer consolo. Ele fora rápido em aceitar a oferta para o funeral, mas nada fizera para consolá-la.

Ela tinha de saber algumas respostas, de modo que procurou um "homem bom" que estivera pregando em Rimini. Ele lhe havia dito que seu marido não entraria na vida eterna, pois não conhecia o Deus bondoso. Em vez disso, seu espírito renasceria em outro corpo. Somente quando se tornasse um cátaro lhe seria assegurado o céu.

Então ele lhe perguntara: "E quanto a você?". A senhora Delora admitiu que sabia muito pouco de sua fé romana e nada da doutrina cátara. "Nosso cônego disse-nos que evitássemos ouvir os cátaros, e foi isso que fizemos", havia confessado ela.

O presbítero dera-lhe conselhos, garantindo-lhe que o destino dela estava assegurado se também ela se tornasse cátara. Ele usou a Escritura ao instruí-la. Certamente ele tinha de estar com a razão. Portanto, ela tinha jejuado e estudado durante um ano e recebido o *consolamentum*. Então tinha ido viver em um abrigo, onde orava, jejuava e instruía outras mulheres que visitavam o local. Algumas delas estavam se preparando para se tornar "boas cristãs".

O conde Silvestro tinha convidado a senhora Delora para suas festas no castelo várias vezes, desde a morte do marido dela. Aquela era a primeira vez que ela se sentia forte o suficiente para ir. O conde dissera-lhe que alguns "homens bons" também estavam convidados. Os demais, incluindo ele próprio, eram crentes cátaros.

"Senhora Delora!"

Ela virou-se para a direita ao ouvir seu nome e sorriu.

O conde Silvestro saiu de um pulo da área dos estábulos e apressou-se na direção da mulher. Ela sorriu para a musculosa figura vestida em seda vermelha e preta que imediatamente caiu sobre um joelho diante dela e colocou as mãos no chão. "Louvado seja o Senhor", disse ele, virando a cabeça para um ombro e curvando-se.

Como era estranho um bom amigo saudá-la da forma típica dos cátaros! No entanto, lembrou-se, ela era cátara então. Virou a cabeça para um ombro e respondeu: "Louvado seja o Senhor. Que Deus o leve a um fim abençoado!".

O conde pôs-se de pé. A senhora Delora queria que ele a abraçasse castamente como costumava fazer, mas ele conteve-se. Ela sentiu uma pontada de dor pela perda desse toque. Nenhum homem podia tocar uma *perfecta*.

"É tão bom vê-la", disse o conde com entusiasmo genuíno. "E onde está sua companheira de viagem?"

"Ela ficou doente, com febre. Vim sozinha."

"Mas as estradas não são seguras."

"Deus está comigo."

"Sim, é claro. Permita que a conduza para a sala do banquete, senhora." Então o conde virou-se para o estábulo e gritou: "E alimente bem os cavalos de meus hóspedes."

Um cavalariço de capuz espiou pela porta e respondeu: "Sim, meu senhor".

O conde Silvestro sorriu para a senhora Delora. "Hoje à noite você terá uma surpresa. Hoje à noite verá o avanço dos cátaros na Romagna."

"Está brincando comigo", disse ela, enquanto subiam uma escada em curva para o castelo.

"De forma alguma. Convidei o frei Antônio para jantar conosco hoje à noite."

Ela tentou ocultar seu espanto com um sorriso, mas o conde Silvestro tinha notado o rápido e breve franzir dos seus lábios.

"Eu sei. Ele é perigoso."

Perigoso. Uma palavra inadequada. Antônio criara uma agitação quando viera para Rimini havia alguns anos, antes de viajar para outras partes do Império Romano e para a França. Mais do que uma vez, ele estivera na residência papal. Tornara-se provincial da Romagna e, como tal, tinha jurisdição sobre todos os frades menores na região. À sua palavra, eles tinham de obedecer, fazendo e dizendo o que ele ordenasse. E podia lhes ordenar que incitassem as pessoas contra os *perfecti,* como os seguidores do frei pregador Domingos de Gusmão tinham feito na França. Se as guerras francesas fossem reproduzidas na Romagna, os cátaros sofreriam pilhagem e morte nas mãos dos cruzados católicos.

"Você teme que o frei Antônio instigue os católicos a pegar armas contra nós", disse o conde Silvestro. Ele não esperou por uma resposta. "É o que todos nós todos tememos. Isso não acontecerá."

O conde Silvestro conduziu a senhora Delora para dentro do salão do banquete. Muitos convidados já estavam presentes, alguns deles vestidos completamente de preto.

Perfecti. Ela também viu que Antônio estava parado perto de dois desses "homens bons". Ele acenava com a cabeça em concordância enquanto eles falavam.

Uma pontada de medo subiu pela espinha dorsal da senhora Delora e contraiu o seu rosto. Era o mesmo medo sem nome, mas real, que embrulhara, durante dois dias, seu estômago antes que o cavalo trouxesse seu marido morto para casa.

***

A senhora Delora foi assentada a uma mesa de banquete com outras mulheres, uma delas *perfecta*, e as demais 24, crentes. O conde Silvestro tinha deixado de lado o costume de fazer homens e mulheres jantar em separado. Em vez disso, fez com que homens e mulheres se assentassem na mesma sala, embora em mesas diferentes. "Todos nós desejamos ouvir suas palavras, frade", havia dito ele ao sacerdote católico.

"Ou talvez queiram me ver comer outro sapo", respondera o sacerdote com um sorriso bem-humorado.

Um riso de desconforto percorreu a sala do banquete. A senhora Delora tinha ouvido falar da história sobre o sapo. Um barão cátaro havia convidado o sacerdote, juntamente com vários outros cátaros, para o jantar. Pretendiam ridicularizar o frade servindo-lhe um enorme sapo gordo, bem assado e colocado sobre uma camada de salsa.

Quando o prato fora colocado diante de Antônio, os outros participantes do banquete começaram a gargalhar. Naquela mesa ornamentada com os alimentos mais seletos, ninguém ousaria tocar tal criatura repulsiva.

"Simplesmente queremos ver se você segue a Escritura", tinha dito o barão. "Pois São Paulo escreveu: 'Se um não-cristão vos convida para uma refeição e queres ir, comei de tudo o que vos for servido, sem levantar nenhum problema de consciência'."

Antônio sorrira gentilmente, fizera o sinal-da-cruz sobre o anfíbio e comera-o com o mesmo apetite que teria se estivesse comendo uma deliciosa galinha assada. Depois da refeição, ele tinha explicado longamente sua fé aos convidados, alguns dos quais retornaram à Igreja Católica.

"Nada de sapo hoje à noite, frade", disse o conde Silvestro.

"Estava bastante bom", disse Antônio com um sorriso, "embora a maioria das pessoas preferisse uma truta ou uma galinha".

Novamente se ouviu uma gargalhada dos comensais. Após isso, o clima da reunião ficou mais descontraído. No entanto, a senhora Delora sentiu aquela pontada de ameaça. Talvez se sentisse pouco à vontade, porque o conde Silvestro estava sendo extraordinariamente gentil com um sacerdote que ela temia. Ele tinha assentado o frade à sua direita, onde a senhora Delora podia vê-lo claramente insistir com o sacerdote para que comesse bastante desta ou daquela iguaria.

À medida que o banquete transcorria, as mulheres falavam em voz baixa entre si. Os homens estavam mais animados, envolvendo-se numa disputa verbal com o sacerdote. Um barão fazia uma observação sobre um tópico da doutrina, fundamentando-o com a Escritura, e Antônio respondia com um tópico e uma citação dele mesmo da Escritura. Termos como "Eucaristia", "purgatório" e "anjos" eram lançados para lá e para cá como se fossem uma bola.

Criadas estavam colocando pequenos pratos com trigo cozido, temperado com ervas, óleo de oliva e verduras diante de cada convidado. A senhora Delora e os outros convidados apenas estavam à espera de que o senhor Silvestro começasse a comer. Observando discretamente seu anfitrião colocar alguns grãos na boca, a senhora Delora viu Antônio estender a mão para seu prato e então a recuar.

Ele falou calmamente: "Então, meus amigos, convidaram-me ao banquete para me envenenar." Ouviram-se rápidas negações em toda a sala.

"Isso não agrada nosso bom Deus, que, todos concordamos aqui, condena o homicídio."

A senhora Delora olhava horrorizada para a comida de Antônio. Ela não conseguia ver absolutamente coisa alguma que a distinguisse da comida das outras pessoas. E por que haveria de parecer diferente? Se alguém quisesse envenenar o sacerdote, o criminoso teria escolhido uma substância que fosse insípida, invisível e potente.

"Por que vocês querem me matar?"

"Não desejamos matá-lo", disse o conde Silvestro. "Somente queremos colocar à prova este texto da Bíblia. Não está escrito a respeito dos apóstolos de Cristo: 'Se [...] beberem veneno mortal, não lhes fará mal algum?'. Ou você crê nas palavras do Evangelho ou não crê. Se crê nelas, por que hesita em comer? Coma então."

Antônio olhou diretamente para Silvestro. "É desnecessário que a verdade desse texto seja sempre demonstrada para toda pessoa que o coloca à prova. Deus somente realiza esse milagre quando é necessário para o seu plano."

"Você afirma que Deus quer que voltemos à Igreja Católica. Isso não é, em sua opinião, o plano de Deus?" perguntou um dos "homens bons".

"Vocês sabem muito bem que jamais deveríamos tentar o poder infinito de Deus com essas provas. Nem mesmo sua própria fé depende de provas."

"É verdade. A verdade de Deus é verificada por revelação divina. Jamais ensinamos que esse texto deveria ser tomado ao pé da letra. A ingestão mortal não se refere a bebidas ou comidas, que, sendo materiais, são produtos do deus mau. Refere-se, antes, ao consumo de doutrinas de crenças falsas que os 'bons cristãos' enfrentam e destroem."

"Você está equivocado", respondeu Antônio. "Essa passagem deve ser entendida literalmente. Nos primórdios da Igreja, esse e outros milagres alimentaram a fé que, como uma planta tenra, necessitava de raízes para crescer. A fé, agora bem plantada e crescida, não tem necessidade de milagres especiais para florescer."

"Você está entendendo mal", disse o conde Silvestro. "Queremos dizer que, se o virmos comendo este alimento envenenado sem que lhe cause dano, então creremos no que prega. Tornar-nos-emos católicos, porque você terá provado que a Igreja Romana defende a verdade."

Antônio acenou com a cabeça em concordância e curvou-a, então ergueu os olhos para o céu. Quando voltou a olhar para o conde Silvestro, disse: "Vou comer este alimento, não para tentar a Deus, mas apenas para honrar seu Evangelho. Se eu ficar vivo, atenham-se à sua promessa. Se eu morrer, será por causa do meu pecado, não devido a algum erro das palavras de Deus ou à impotência de nosso Criador."

Então, mantendo sua mão direita acima do trigo envenenado, ele fez o sinal-da-cruz. Apanhou sua colher, mergulhou-a na comida e então levou-a à boca. O tempo pareceu parar. Ninguém falou. Até mesmo os cães que andavam debaixo das mesas à cata de pedaços de comida pararam de se mexer.

O sacerdote engoliu uma colherada e então outra. Levou o copo d'água aos lábios, tomou um gole generoso e então terminou de comer o prato de grãos temperados com ervas.

"Você deve dizer ao seu cozinheiro-chefe para envenenar mais vezes a comida, conde Silvestro. Jamais saboreei algo tão gostoso."

A senhora Delora fitou o sacerdote. Não era tanto pelo fato de ele ter permanecido ileso, mas pelo fato de ter comido. Ela jamais tinha visto alguém com tamanha confiança em Deus.

Os convidados voltaram à sua refeição. A discussão foi retomada à mesa dos homens. As empregadas trouxeram mais comida. A festa continuou por mais uma hora. No final, o conde Silvestro e vários outros crentes tinham prometido voltar à Igreja Católica. A senhora Delora não era uma dessas pessoas.

Ele pode ser um sacerdote bom e santo, pensou ela, *e Deus certamente está com ele.* Contudo, ela não conseguia apagar da memória a maneira rude com que fora tratada depois da morte de seu marido. Ela sabia que Antônio a teria tratado com bondade e compreensão. *No entanto, ele é um frade itinerante,* disse ela para si mesma. *Ele não é a Igreja toda.* Por enquanto, ela permaneceria com os caridosos e compassivos cátaros. Milagres e teologia não a tornariam católica. Só o amor faria isso.

Capítulo 21

SALTEADOR

Estrada, Pádua, Itália (Quaresma de 1228)

Juntamente com outros 11 homens, metade em um lado da estrada e a outra no outro, o salteador esperava entre os arbustos. Tinha coberto o cabelo castanho encaracolado com uma faixa verde-oliva e amarrado um pano cinza em torno do nariz e da boca, de modo que somente se viam seus olhos negros. Os grossos joelhos apertavam com força os flancos de seu alazão, e as grandes e grossas mãos seguravam com firmeza as rédeas. Pensou ter ouvido o tinido de pequenos sinos. Nesse caso, significava que em breve estaria passando um grupo de ricos paduanos.

Pádua era um tesouro para o salteador e seu bando, um lugar onde a riqueza fluía como água. Sedas ricas, jóias vistosas e peles exuberantes cobriam os muitos cidadãos que viviam nos extravagantes palácios da região. Havia dinheiro em abundância, e as pessoas que não tinham dinheiro suficiente encontravam muitos prestamistas de quem podiam emprestá-lo, se estivessem dispostas a pagar juros exorbitantes.

Sim, ele tinha ouvido o repique de sinetas. Um suave tinido encheu o ar. O salteador sabia que os sinos estavam atados às correias dos peitorais de cavalos montados. O coração do salteador começou a bater alvoroçado, com expectativa e temor. Ele odiava esses assaltos, mas como poderia viver sem eles?

Cinco anos antes, quando ele tinha 16, era um servo, trabalhando com o pai, avô e irmãos para um dos barões de Pádua. Como ele odiava semear, capinar e ceifar! Seus olhos ardiam por causa do trabalho. Seu corpo roliço suava como o de um animal. Os resíduos do trigo e a poeira dos sulcos grudavam nas juntas dos seus joelhos e cotovelos e irritavam-no. Quantas vezes ele tinha desejado ficar livre da labuta para sempre? No entanto, tinha nascido servo e morreria servo.

Então o musculoso e inteligente Egídio, que era três anos mais velho do que ele, e filho de outro servo, apresentou um plano. Eles fugiriam e se tornariam ladrões. Pelo menos, estariam livres do trabalho extenuante e do sol inclemente. Uma noite, seguindo o plano, os dois jovens encontraram-se e saíram às escondidas da propriedade. Nas florestas de Pádua, viveram alguns dias antes de se encontrar com um bando de outros oito jovens ladrões. Juntando-se a eles, Egídio em breve se tornou o líder. O bando tinha aumentado para 12 homens e seus correspondentes cavalos roubados. Os homens eram aqueles que, além do salteador, esperavam entre os arbustos, enquanto o tinido dos sininhos ficava mais forte.

Como acontecia cada vez que o bando reunia-se para emboscar um grupo, o salteador resistia ao impulso de fazer voltar o cavalo e ir em disparada para dentro da floresta. Ele gostaria de viver sozinho, como um ermitão, entre as clareiras. Adorava perambular entre as árvores grossas e compactas, sentir a suave plumagem verde das samambaias separando-se diante de seus pés. Para ele, mais preciosos do que as jóias que roubava eram os córregos cristalinos cujas águas dançavam e cantavam sobre leitos de seixos polidos, mais inebriante do que o perfume da folhagem outonal, e mais saborosas do que finos bolos eram as amêndoas e nozes selvagens que ele colhia na floresta. Ali, a vida era livre, e ele estava em paz.

No acampamento, ele sentia-se diferente. No acampamento, os gracejos grosseiros dos outros homens muitas vezes acabavam em brigas, freqüentemente com armas em punho. O vinho, bebido em demasia, intensificava as rixas, e várias vezes ele tinha se afastado da proteção de um fogo noturno, preferindo se arriscar com ursos ou lobos, a tomar parte em discussões cada vez mais intensas e perigosas entre seres humanos bestiais.

Os próprios assaltos não eram do seu gosto. Mesmo naquele momento, enquanto se preparava para cometer outro crime, ele lamentava o medo que via nos olhos das pessoas que assaltava, como se ele, que não era mais perigoso do que um gatinho, fosse violentar, ou matar, ou espancar um outro ser humano. Ele ficava aterrorizado com a idéia de que talvez fosse efetivamente fazer tais coisas algum dia e se transformar num dos seres bestiais com que convivia. Por fim, ele detestava a realidade repugnante de que pudesse cometer um erro e dar as costas a uma faca. Ele a sentiria entrar no seu flanco e cairia do cavalo para morrer na poeira da estrada.

Pior do que todos esses pensamentos era aquele que espreitava no fundo de sua alma. Ele nutria continuamente a acusação persistente de que aquilo que fazia estava errado, tão errado aos olhos de Deus, que seus roubos nesta vida lhe valeriam a condenação na próxima. Pensar em seu destino final e eterno o aterrorizava.

Entretanto, como poderia abandonar a vida que levava? Ele não podia retornar aos campos para trabalhar. Se alguma vez voltasse a ser servo, seu espírito secaria como um figo ao sol.

O som das sinetas estava ficando mais forte. Baseado nele, o salteador tinha condições de concluir que aquela comitiva era composta por mais ou menos seis membros. O salteador agarrou as rédeas com mais firmeza e forçou seu espírito vacilante à submissão. Os assaltos eram sua vida. A alternativa era fazer isso ou morrer.

Quando os cavalos ricamente ornamentados apareceram diretamente na frente dos olhos do salteador, Egídio, seguido por outros cinco salteadores, irrompeu dos arbustos no lado oposto da estrada. O jovem ladrão esporeou seu cavalo como fizeram os outros salteadores no seu lado da estrada. Imediatamente o cortejo ficou cercado.

Bem em seu caminho cavalgava uma matrona de cabelo prateado, usando um vestido marrom e uma capa azul. Freando repentinamente a montaria diante do cavalo mosqueado dela, o salteador puxou seu punhal de lâmina fina da bainha e, sem dizer palavra alguma, apontou para dois anéis de ouro que estavam na mão da mulher.

Quando o cavalo da mulher parou abruptamente, ela olhou atônita para o salteador. Este fitou os olhos dela, olhos esbugalhados como os de uma lebre encurralada, e ficou com vontade de dizer-lhe que não a machucaria. Entretanto, nada disse. Em vez disso, apontou de novo para os anéis.

Com os dedos muito trêmulos, a mulher tentou arrancar os anéis, que, sabia o ladrão, estavam grudados nos dedos suados dela. Ele esperou com paciência que ela os tirasse como havia esperado muitas outras mulheres fazerem-no. Por fim, a matrona conseguiu tirar as jóias. O salteador estendeu a mão firme, e a mulher deixou cair os anéis na palma da mão aberta.

Então, com a lâmina de sua faca, o salteador apontou para um grande broche de ouro que prendia a capa da mulher. Enquanto o salteador fazia seu cavalo andar para lá e para cá diante dela para bloquear qualquer fuga, a mulher tentava abrir o broche. Finalmente este se soltou. O salteador esticou seu punhal na direção da mulher que, apesar de estar com a mão tremendo violentamente, conseguiu enfiar a valiosa peça na ponta da lâmina. Levantando rapidamente a lâmina de modo que o broche ficasse seguro na base do punhal, o salteador fez uma profunda mesura e então, destramente, fez o broche cair na palma de sua mão. Enquanto ele guardava todas as jóias em uma bolsa de couro que trazia amarrada à cintura, os outros salteadores afastaram-se do séqüito, e Egídio fez um movimento com o braço apontando na direção da floresta. Em um instante, o salteador tinha direcionado o cavalo para a floresta e voltava celeremente para o acampamento dos ladrões.

O salteador fez seu ofegante cavalo parar diante da caverna dos ladrões, bem no fundo da floresta. Desmontando, tirou a sela do dorso do animal e começou a esfregá-lo com um pano que estava pendurado em uma árvore próxima.

Rapidamente a clareira encheu-se com outros salteadores. Egídio, com sua túnica cinza, foi o último a entrar na clareira e descer de seu cavalo cor de ouro. Com um floreio, pegou um velho cesto de um prego em um bordo e lançou-o ao chão.

Um após outro, os salteadores jogaram no cesto os frutos da pilhagem. O jovem salteador ficou contente em deixar cair nele os anéis e o broche, cujo brilho zombava de sua própria indignidade. Ele, que nascera para espalhar esterco no campo, havia roubado os bens de uma baronesa.

Egídio, de cabelo desgrenhado, apanhou o cesto e fez tinir seu conteúdo. "Muito bem, homens. Isso vai nos sustentar por um tempo."

Enquanto os salteadores esfregavam a espuma de suor de seus cavalos cansados, começaram suas brincadeiras habituais.

"Então, Egídio, hoje você rouba dos ricos e amanhã vai escutar o Santo, certo?" gritou um dos homens, enquanto massageava o flanco de seu cavalo.

"Dizem que ele prega como o profeta Elias", disse um outro.

"Vou acreditar nisso quando eu o escutar", exclamou um terceiro.

"Quem não está curioso de ouvi-lo?", disse Egídio, tirando a sela de sua própria montaria.

"Nós todos vamos ouvi-lo pregar."

O assaltante esfregou a espuma branca das ancas do alazão ofegante e pensou sobre a idéia de escutar um santo pregar no dia seguinte. Será que Deus o mataria antes de permitir que desonrasse a presença de um homem santo?

***

No dia seguinte, os salteadores entraram em Pádua em grupos de dois ou três. Todos tinham se barbeado e vestido túnicas e meias limpas. Cada qual tentava parecer confiante e não ameaçador. Nenhum deles queria ser reconhecido, de modo que deixaram seus cavalos roubados na caverna. Como os animais pertenciam a moradores de Pádua, é provável que fossem reconhecidos.

Quando se aproximaram da praça principal da cidade, o salteador afastou-se de seu parceiro. Tinham concordado em se separar para chamar menos a atenção. O salteador escolheu um lugar a uma boa distância da plataforma, perto de onde se encontrava a multidão. Ali ele poderia escutar o santo, mas também fugir rapidamente caso fosse reconhecido. Procurou, em sua bolsa, uma amêndoa, escolhida de quatro cestos cheios que havia catado na floresta no outono anterior.

Enquanto quebrava a dura casca com seus dentes, estudou a multidão. A julgar pela imensidão dela, a reputação do frei Antônio deveria tê-lo precedido. Tendo pregado em Treviso e Veneza, o sacerdote tinha ido para Pádua na quarta-feira de Cinzas para proferir os sermões da Quaresma. Era um desses sermões diários que o salteador estava prestes a ouvir.

O frade estava parado sobre a plataforma a uma boa distância do ladrão. Ele baixou a cabeça, que estivera erguida em oração para o céu. O sacerdote fitou a enorme multidão de uma extremidade até a outra e então bradou, com voz retumbante: "[Pedro] encontrou aí [em Lida] um homem chamado Enéias, que havia oito anos estava deitado numa maca, paralisado. Pedro disse-lhe: 'Enéias, Jesus Cristo te cura! Levanta-te, carrega tu mesmo tua cama!'. Imediatamente Enéias se levantou. Livro de Atos, capítulo 9, versículos 33 e 34." Antônio baixou a cabeça e persignou-se: "Em nome do Pai e do Filho e do Espírito Santo".

O salteador também fez o sinal-da-cruz.

"Enéias significa pobre e miserável. Enéias é o pecador em estado de pecado mortal; é pobre de virtude e miserável porque é escravo do diabo. Esse pecador é paralítico, pois jaz em uma cama de concupiscência carnal com todos os seus membros dissolutos." Antônio levantou a mão esquerda sobre a multidão. "E qual será o resultado desta paralisia?"

Ele fez uma pausa, enquanto a mente do salteador e provavelmente de todos os demais ouvintes também, procurava uma resposta para a pergunta.

"A morte! 'Com efeito, a paga do pecado é a morte', nos diz Paulo em Romanos 6. Todos nós morreremos."

Antônio fez uma pausa. Suas palavras penetraram na multidão, que esperava quieta como um conjunto de cadáveres. O salteador se viu deitado na estrada, com um punhal enterrado em suas costas.

"O Livro do Gênesis diz: 'Tu és pó e ao pó hás de voltar'. Como somos frágeis! O salmo 90 diz: 'Nossos anos serão considerados como os de uma aranha'."

Como os de uma aranha cuja teia muitas vezes pendia, molhada de orvalho, no canto superior da caverna do salteador.

"O que é mais frágil do que a teia de uma aranha? Um movimento com a mão pode varrê-la num único instante. A vida de uma pessoa também se acaba tão facilmente assim. Um pequeno ferimento ou uma febrezinha pode destruir uma vida. Quando uma pessoa miserável considera quão frágil ela é, começa a pensar sobre a eternidade."

O salteador não teria 21 anos sempre; algum dia, ele morreria. Poderia morrer de doença, ou ferimento, ou peste, ou acidente, ou velhice. Poderia ser enforcado como ladrão ou ser morto por alguém que tentasse assaltar. Algum dia, ele morreria. Isso era certo.

"'A paga do pecado é a morte.' Quem peca mortalmente já estabeleceu um lugar para si mesmo", Antônio fez outra pausa, "no inferno".

Inferno? Não havia um mandamento em algum lugar que dizia: "Não furtarás"? Quanto ele tinha roubado nos últimos cinco anos? Jóias? Moedas? Ouro? A paz de espírito de suas vítimas? Talvez acordassem gritando de noite, quando sonhavam de novo que estavam sendo emboscadas em uma estrada.

"Os pecadores estão presos pelo jugo da morte eterna, pois os demônios que acossam uma pessoa e mantêm-na cativa impõem um jugo pesado sobre seu pescoço. Eles arrastam o pecador com uma corda, conduzindo-o como um boi ou asno e não dando descanso algum à pessoa fatigada, enquanto a levam de um pecado para outro."

Ele começara a detestar os campos. Abandonara seu pai e fugira. Dedicara-se aos assaltos. Rira de gracejos grosseiros e, embora ainda não tivesse atacado uma mulher, não tentara impedir Egídio ou alguns dos outros de fazê-lo. Era apenas uma questão de tempo, e ele se tornaria como aqueles com quem convivia. O jugo do pecado pesava sobre seu pescoço. Ele passaria de um pecado para outro tão certamente quanto uma pedra chutada morro abaixo desce até chegar lá embaixo.

"No entanto, não somos animais como o são os bois e asnos. Podemos ordenar que os demônios que nos acossam parem. O pecador faz isso? Quão louco se pode ser de não querer parar quando se está extenuado em uma estrada? Somente quando o pecador diz: 'Chega. Não quero mais', ele forma uma vontade de se arrepender. E essa vontade não é criação do próprio pecador. Deus chama a nós, miseráveis, para uma nova vida. Pela inspiração de sua graça e a pregação da Igreja, o Senhor chama a alma pecadora para o arrependimento."

O salteador baixou a cabeça. Se ao menos ele pudesse se arrepender, mas arrepender-se significava desistir. Como poderia desistir de seu modo de vida? Ele não tinha outros talentos. Não podia retornar para os campos.

"O vigário de Pedro diz ao pecador: 'Enéias, pobre e miserável, deixa Jesus Cristo te curar. Levanta-te através da contrição e coloca tua vida em ordem mediante a confissão. Tu mesmo, não um outro, tens que te colocar em ordem'."

Como? Como ele poderia fazer isso? O sacerdote não fazia idéia de como era difícil mudar um modo de vida quando não existia alternativa.

"Certamente, quando o pecador estiver verdadeiramente arrependido, Deus o perdoará, pois a pessoa verdadeiramente arrependida se propõe a confessar-se. Quando isso acontece, o Senhor absolve imediatamente essa pessoa do erro e da morte eterna. Por causa do remorso do pecador pelo seu pecado, sua morte eterna é transformada em uma dívida de punição no purgatório. A pessoa contrita procura então o sacerdote e confessa-se."

Procura o sacerdote e confessa-se? O salteador estremeceu. Falar a um sacerdote sobre anos de roubo? Como ele poderia fazer tal coisa? A própria idéia de desnudar a alma fazia seu estômago se contorcer.

"Tão logo a alma se confessa, ocorre algo maravilhoso. A alma é abandonada pelo diabo e então erguida para Deus. O diabo não pode habitar em uma alma penitente. E a pessoa que o diabo abandona dessa forma é adotada por Cristo." Antônio levantou as duas mãos como se estivesse levantando uma criança. "Vejam, Deus preocupa-se mais com a salvação dos seres humanos do que o diabo com a perdição deles. Venham, pois. Confessem seu pecado, e o diabo os abandonará nos braços de seu Pai."

Será que isso era verdade? Deus poderia verdadeiramente querer a ele, um pecador?

"'Imediatamente Enéias se levantou.' Ele deixou sua cama de carnalidade e, junto com ela, a paralisia do pecado. Ele se levantou, porque Cristo, em seu perdão, curou-o e absolveu-o de quaisquer grilhões de maldade."

Como o salteador quereria também se levantar, caminhar de novo em vida nova e bondade, conhecer o poder da graça!

"E, para mostrar que o perdão deve ser genuíno, o sacerdote impõe à alma arrependida uma penitência temporal. Essa penitência temporal substitui ou diminui a pena no purgatório. Se a expiação temporal é levada a cabo de forma autêntica, a pessoa está pronta para entrar na glória. Assim, Deus e o sacerdote juntos perdoam e absolvem."

Que penitência ele possivelmente teria de pagar por todos os seus crimes? Quantas chicotadas teria de levar para expulsar o pecado de si? Quantas vezes teria de pender da forca para restituir à sociedade tudo que tomara de forma ilegal?

"E agora o pecador, tendo se confessado e recebido o perdão, tendo entrado na senda da penitência, não está só, pois Jesus, cuja mão é forte, conduz a alma para a frente, de uma virtude a outra. Isaías proclama: 'Eu sou o Senhor, o teu Deus, eu te pego pela mão e digo: Não temas, que eu te ajudarei'. Todos vocês já viram como uma mãe amorosa segura a mão do filho que tenta subir os degraus atrás dela. Ela apóia e incentiva a criancinha a dar um passo após o outro, jamais abandonando, nem uma vez sequer, a criança que está aprendendo a caminhar."

O salteador imaginou sua mãe ensinando-o a caminhar, conduzindo-o de um degrau para outro. Quando ele deu esses primeiros passos vacilantes, devia ser uma criança desajeitada, uma criança cujos pés freqüentemente se enroscavam. No entanto, a mãe o tinha ajudado, levado junto, segurado quando caía e beijado para que ele esquecesse suas machucaduras.

"Como a mãe conduz o filho, exatamente assim, com uma mão igualmente amorosa, o Senhor toma a mão do humilde penitente para capacitá-lo a subir os degraus até a cruz. O Senhor apóia e incentiva o penitente, enquanto este sobe cada vez mais alto, sem abandonar nem uma vez sequer a alma arrependida. Na verdade, Deus ajuda essa alma a alcançar o nível dos perfeitos onde ela mereça contemplar aquele tão desejável de ver, o Rei em seu esplendor, para o qual os anjos desejam olhar."

Será que Deus dava tanto apoio assim? Deus o conduziria ao longo de todo o caminho para a vida eterna?

"Portanto, venham vocês que estão paralisados pelo pecado e que o diabo estimula a passar de um erro grave a outro. Venham, vocês que estão cansados da vida e cuja cama de carnalidade está repleta de todas as coisas desagradáveis. Venham a Cristo em confiança total, pois o próprio Filho diz em Isaías: 'Fui eu quem fez, eu mesmo hei de levar, eu mesmo hei de carregar e hei de livrar'. Eu o criei e o carregarei sobre meus ombros como uma ovelha errante e cansada. Carregarei você como uma mãe carrega uma criança em seus braços. Como o Pai pode responder a tudo isso senão dizendo: 'Eu salvarei você'?"

Estaria Deus disposto a salvá-lo, inclusive a ele, um ladrão?

"No entanto, dirá você, 'não creio que Deus me salve'. Jesus falou de modo inequívoco sobre isso. 'Pedi e vos será dado', prometeu ele. 'Pedi e vos será dado! Procurai e encontrareis! Batei e a porta vos será aberta! Pois todo aquele que pede recebe, quem procura encontra, e a quem bate, a porta será aberta.' Peçam por fé. 'Buscai em primeiro lugar o Reino de Deus e a sua justiça.' Comecem pedindo pelas coisas do céu, onde nosso tesouro, isto é, nossa salvação, está e onde nosso coração deveria estar, pois no tesouro de nossa salvação está a alegria perfeita. 'Peçam', portanto, por perdão e por fé, 'e vocês receberão ambas as coisas, para que sua alegria seja completa. E ninguém lhes tirará essa alegria'."

Alegria? O que era a alegria? Se ele ao menos pudesse sentir isso, se é que alguma vez o tinha sentido.

"Não sejam mais escravos do pecado, pois 'a paga do pecado é a morte, mas o dom de Deus é a vida eterna no Cristo Jesus, nosso Senhor'. A lei da liberdade perfeita é o amor de Deus, que é perfeito em todos os sentidos e torna-nos livres da escravidão. Sobre a vastidão lamacenta dos prazeres mundanos, as obras dos pecadores escorregam, de modo que se afundam de pecado em pecado e, por fim, desabam para dentro do inferno. Contudo, os passos do homem justo não vacilam, pois a lei do amor está em seu coração. Quem persistir nessa lei do amor será abençoado naquilo que faz. Porque o amor de Deus concede graça nesta vida presente e felicidade na vida futura. 'Deus nos deu a vida eterna, e esta vida está em seu Filho.' Que Deus nos conduza a seu Filho, que é bendito para sempre. Amém."

Quando Antônio terminou de falar, a multidão irrompeu em estrondoso aplauso, entremeado de choro. O salteador estava parado, olhando fixamente para o frade. Ele não sabia o que fazer com sua vida, mas tinha de expô-la diante do sacerdote.

Espalhados em torno da plataforma e pela praça havia grupos de pessoas, cada qual reunido em volta de um sacerdote. Alguns dos sacerdotes estavam vestindo as túnicas cinza ou preta dos frades mendicantes ou pregadores. Outros usavam as vestes pretas de clérigos seculares. Muitos dos sacerdotes estavam em pé. Aqui e ali um estava sentado sobre o assento de uma carroça, ou sobre um barril emborcado, ou um banquinho. Os cidadãos de Pádua e das cidadezinhas adjacentes ficavam parados, esperando pacientemente para se confessar.

O salteador ficou para trás, esperando que os grupos se dispersassem. Então, à sua direita, ele viu o ladrão que o tinha acompanhado para ouvir o santo. Seu parceiro estava ajoelhado, com o rosto nas mãos. O salteador foi até ele e tocou seu ombro.

"Eu também vou me confessar", disse o salteador. Seu amigo, com os olhos úmidos e vermelhos, acenou com a cabeça e levantou.

Os dois homens abriram caminho para se aproximar de Antônio. Da esquerda deles, vieram mais três membros de seu grupo. Reunidos em torno do sacerdote estavam Egídio e os outros. Admirados e embaraçados, os homens olharam uns para os outros. O bando todo estava ali.

Trocaram-se comentários.

"Ele nos mostrou um caminho melhor."

"Não quero mais saber de roubo a partir de agora."

"Uma vida honesta para mim."

"A pobreza é melhor do que o inferno."

Os homens esperaram a sua vez. Passaram-se horas, enquanto penitentes faziam fila até onde estava Antônio; sentavam-se ao seu lado nos degraus da plataforma e, muitas vezes, choravam. Então chegou a vez deles. Egídio, sendo o líder, foi o primeiro. Depois foi outro do bando. E mais outro. O sol começava a se aproximar do horizonte, e o salteador percebeu que o dia quase tinha passado. Antônio havia começado a falar de manhã, terminara depois do meio-dia e estava ouvindo confissões desde então.

Era a vez do salteador. Ele vasculhou sua bolsa. Ainda tinha algumas amêndoas. Ao sentar ao lado do sacerdote, tirou as nozes e estendeu-as para o frade.

"Não comeu nada durante o dia todo, padre."

Antônio sorriu. "Estou acostumado com isso." Apanhou uma noz e olhou para ela. "Você também é ladrão, não é?" Havia brandura em sua voz.

O salteador baixou a cabeça. "Sim, Padre."

"E roubou estas nozes?"

"Não, padre. Eu as apanhei na floresta."

Antônio sorriu. "Muito bem então." Ele meteu a noz na boca e mordeu-a com força. A casca abriu. Antônio apanhou a noz dos lábios e segurou-a em uma mão e a casca na outra.

"A amêndoa lhe pode ensinar uma lição, meu irmão. Em Gênesis, Jacó diz: 'O Deus Poderoso me apareceu em Luza na terra de Canaã'. Luza significa amêndoa", disse Antônio, levantando a parte comestível da noz para o sol. "A amêndoa é um símbolo apropriado da penitência, pois, como a penitência, a amêndoa é composta de três partes."

Surpreso com a comparação, o salteador ficou olhando boquiaberto para a noz suspensa entre os longos e magros dedos do frade que estava sentado ao lado dele.

"A amêndoa tem uma película amarga, uma casca dura e uma semente doce. As amêndoas que você trouxe hoje não têm a película amarga. Por quê?"

"Bem, padre, quando a noz está madura, o envoltório abre-se e a noz dentro dele cai para o chão. Peguei estas do chão, padre."

"É claro. Na película amarga, reconhecemos a amargura da penitência, porque a penitência sempre é amarga no início. No entanto, você notará que já começou sua penitência ao se aproximar do Senhor. A película amarga de admitir o erro abriu-se e caiu, libertando você para encontrar a alegria do perdão."

Segurando a semente da noz em sua mão, Antônio tomou a mão do salteador em sua própria e abriu sua palma. Então deixou cair nela, de sua outra mão, a casca quebrada. "Na casca dura, identificamos a força da perseverança. A penitência, se é sincera, sempre exige perseverança. Com perseverança, um pecador que está contrito pode realizar até mesmo a mais difícil penitência."

Então levantou a semente da noz para a luz. "Na semente doce, exultamos na esperança do perdão." Ele colocou a semente na palma da outra mão do ladrão, sobre a pequena pilha de nozes fechadas. "O Senhor aparece, então, em luz, na terra de Canaã. Canaã significa mudança. Meu irmão, você terá paz verdadeira se mudar do pecado para a justiça, pois ali onde acontece mudança, onde acontece penitência, o Senhor aparece." Antônio pegou uma outra amêndoa da mão do ladrão, quebrou a casca com os dentes e colocou a semente na boca.

"Agora, se você está disposto a mudar, confesse seus pecados a Deus."

O salteador olhou para a casca quebrada em uma mão e para a semente na outra. Pensou no envoltório amargo da penitência, já rachado e libertando-o para falar. Começou sua confissão. Contou a Antônio tudo de que se lembrava, incluindo as vezes em que tinha mentido para o pai antes de fugir de casa. Antônio escutava, acenando com a cabeça.

"Você se arrepende de todas essas ofensas? E decide, com a ajuda de Deus, jamais cometê-las de novo?"

A cabeça do ladrão redemoinhava. Ele desejava não cometê-las nunca mais, porém como conseguiria? "Padre, não posso decidir coisa alguma. Estou farto de roubar, mas não sei fazer outra coisa. Não suportaria voltar aos campos. Eu me sentiria preso como... como..."

"Como uma cotovia engaiolada." Antônio bateu de leve no joelho do salteador. "Eu também adoro a liberdade da floresta, mas uma liberdade maior está com Deus. Você precisa rejeitar o pecado se deseja ser verdadeiramente livre."

O salteador baixou a cabeça. Como desejava ser verdadeiramente livre! Mas como poderia? E se o sacerdote o mandasse de volta ao barão?

"Você precisa se arrepender e se afastar do pecado. Confie em Deus. Ele não lhe pedirá mais do que você consegue suportar." A mão do sacerdote aquecia seu joelho, aceitando-o, incentivando-o.

O salteador lutava em seu íntimo. Será que conseguiria arrepender-se de verdade?

"O arrependimento é um ato da vontade. Queira-o, e Deus lhe dará a graça de executá-lo."

Ele sentiu sua resistência ficar mais fraca. Olhou de novo para a mão que continha a casca quebrada da amêndoa. Virando a palma da mão para baixo, observou a casca deslizar para o chão. "Quero isso, padre", disse ele num fio de voz.

A voz do sacerdote exultou com uma alegria tranquila. "Muito bem. Então eu o absolvo de seus pecados." E abençoou o homem. "Agora tenho de lhe impor uma penitência. Seus pecados foram graves e merecem uma reparação grave. Você precisa fazer 12 viagens para os sepulcros dos apóstolos em Roma. A pé. Não deve levar nada consigo exceto as roupas do corpo. Durma onde quer que encontre abrigo." O salteador levantou a cabeça e olhou para o sacerdote, cujos olhos piscavam.

"Inclusive na floresta. Se necessitar de comida, pode procurar por ela na floresta ou trabalhar por ela ou pedi-la. Faça suas peregrinações, confiando na misericórdia de Deus. E, ao chegar aos sepulcros, lembre-se de mim lá em oração. Fará isso?"

Doze peregrinações? Para Roma? Caminhando e trabalhando ao longo do caminho? Isso levaria anos. Quantas florestas havia entre Pádua e Roma? Quantas clareiras de samambaias, flores selvagens e nogueiras? Ele encontraria essas belezas durante suas jornadas. Sua penitência o libertaria.

O rosto do salteador abriu-se num sorriso. "Você é bondoso demais comigo, padre."

"Não. Deus é bondoso com você." Antônio tocou a mão do salteador que continha a semente deitada em meio a algumas amêndoas fechadas.

Envolvendo as nozes com os dedos do salteador, o sacerdote tomou o punho do jovem em suas próprias mãos e apertou-o gentilmente. "Você fez um bom começo. Agora espere aqui até que os outros tenham se confessado."

Exatamente quando o sol tingia o céu com o púrpura e o rosa vespertinos, o último salteador terminou de se confessar ao sacerdote. Todos os 12 estavam parados, desajeitados, quando Antônio levantou. As demais pessoas tinham ido para casa, com exceção de um frade que, todo esse tempo, estivera sentado bem longe da plataforma, onde não podia ouvir as conversas deles. Deveria estar esperando por Antônio.

"Abençoarei todos vocês", disse Antônio. Os homens ajoelharam-se diante do frade, formando um grupo de túnicas e capas coloridas.

"Entretanto, antes de abençoá-los, tenho uma última palavra a lhes dizer. Vocês são 12, que é o número dos apóstolos de Cristo, nenhum dos quais era perfeito. Portanto, tenham ânimo. Cristo transformou aqueles 12 homens e pode transformar vocês. Vocês expressaram remorso por seus pecados, e cada qual decidiu cumprir a penitência que é sua. Agora, lembrem-se disto. Se permanecerem fiéis a seu Deus e seguirem-no fielmente, receberão uma recompensa eterna junto com aqueles 12 que deixaram tudo para seguir nosso Senhor. Contudo, se voltarem ao pecado, rejeitando, portanto, aquele que morreu para salvá-los, vocês terão um fim miserável. Compreendem?"

Doze vozes expressaram concordância.

"Agora baixem a cabeça." Quando o salteador baixou a cabeça e fechou os olhos, o frade estendeu os braços sobre o grupo de homens ajoelhados. "Amados irmãos, roguemos humildemente a misericórdia de Jesus Cristo, para que ele venha e esteja em nosso meio." A voz de Antônio tremia de seriedade. "Que ele nos conceda a paz, nos absolva de nossos pecados e remova toda dúvida de nosso coração. Que ele grave a fé em nossa mente de modo que nós, juntamente com os apóstolos e os fiéis da Igreja, mereçamos a vida eterna." A voz de Antônio começou a se erguer como se ele estivesse cantando. "Que ele nos conceda isso; ele, que é bendito, digno de louvor e glorioso por todos os séculos. Que toda alma fiel diga: 'Amém. Aleluia!'."

"Amém. Aleluia!" exclamaram juntos os salteadores.

Capítulo 22

IRMÃ HELENA ENSELMINI

Convento de Arcella Vecchia, Pádua, Itália (primavera de 1230)

A irmã Helena Enselmini estava sentada sobre um banco estreito no jardim do convento, com as costas magras escoradas contra o tronco de um alto carvalho que servia de apoio para uma extremidade do banco. Ela sabia que a outra extremidade estava apoiada em um segundo carvalho. Suas mãos magras consertavam, com ajuda do tato, a túnica puída que estava em seu colo. Enquanto os dedos procuravam os buracos e então os costuravam, ela se alegrava com o calor do sol e a carícia de uma brisa primaveril.

Durante todo o inverno ela tinha sentido frio no convento, juntamente com as outras Damas Pobres, enquanto o implacável vento norte açoitava as paredes. Diariamente ela havia manquejado pelos corredores com pernas tão castigadas pela dor que quase não conseguia ficar de pé. Então as paredes geladas do convento ou o braço cálido de uma outra irmã tinham sido seu apoio.

A primavera já estava no ar. Helena tinha pedido à irmã Sancia que a ajudasse a sair e sentar na bem-vinda luz solar. Tinha trazido a roupa que precisava remendar, pois nesse dia os dedos dela, que tinham estado rijos e desajeitados durante todo o inverno, estavam ágeis. O sol e a brisa primaveril tinham causado a mudança.

A primavera era a estação da nova vida na fragrância da terra úmida, fazendo crescer sementes, e no canto dos pássaros que chamavam para o acasalamento. Era também a estação das semanas finais de Cristo na terra, de sua paixão e morte. De sua agonia sangrenta, tinham brotado tanto a ressurreição quanto a salvação. Helena sentiu a alegria agitando-se em seu coração; uma alegria que, durante semanas, ela receava ter perdido. *Amado Jesus, Filho de Deus, faze teu sol renovar meu fervor*, pediu ela. *Faze o vento de teu Espírito remover meu descontentamento.*

Desde que Helena conseguia se lembrar, não amava nenhum ser humano tanto quanto amava Cristo. Não conseguia lembrar quantos anos tinha quando se cansou de brinquedos e companheiros de brincadeira, de vestidos novos e enfeites para o cabelo. Cristo, de quem tinha ouvido falar na Igreja, não vivia dessa maneira. Cristo era pobre e sofreu. Certamente ele, que era Deus, tinha escolhido o melhor caminho. Ela também o escolheria.

Dez anos antes, quando ela tinha 12, Francisco de Assis chegara a Pádua para pregar e estabelecer um mosteiro ali do lado de fora dos muros. Os nobres da família Enselmini, todos bons católicos, foram ouvi-lo pregar em uma das igrejas. Helena estava sentada perto da mãe e fitava o frade, que parecia Cristo encarnado. Ali estava um homem humilde que não tinha absolutamente nada senão o Salvador. As palavras e modos de Francisco ardiam de zelo por Deus. Helena percebeu que, ficando perto dele, sentia calor irradiando dele como de um fogo.

Ela lembrava como Francisco, com os olhos erguidos para o céu, tinha concluído o sermão com uma canção, entoada de forma belíssima, de sua própria autoria.

"Santa Rainha Sabedoria!
O Senhor te salve,
junto com tua irmã, pura e santa Simplicidade;
Senhora Santa Pobreza, Deus te guarde,
junto com tua irmã santa Humildade;
Senhora Santa Caridade, Deus te guarde,
junto com tua irmã, santa Obediência.
Todas santas virtudes,
Deus as guarde,
Deus, de quem vocês procedem e vêm.
Em todo o mundo não há ninguém
que possa ter qualquer uma de vocês
sem primeiro morrer para si mesmo."

Desesperadamente, Helena desejava possuir todas as virtudes que obviamente tinha o poeta que cantava sobre elas. Durante os dias seguintes, esperou tão impacientemente que Francisco terminasse seu mosteiro, quanto outras crianças da idade dela esperavam por um feriado. Quando Arcella Vecchia foi concluído, ela se apresentou a Francisco e pediu para ser admitida. Com suas próprias mãos, ele cortara o esvoaçante cabelo negro que ela passara a desprezar e lhe entregara uma túnica cinza remendada. Ela tinha ido a um quarto adjacente, onde duas Damas Pobres a haviam ajudado a remover suas pérolas e jóias, sua saia e camisa, seus sapatos confortáveis e fitas. Vestiu a túnica, afastou com o pé o monte de coisas finas e sentiu uma profunda paz. Ela pertencia àquele lugar.

Embora as irmãs de Arcella Vecchia costurassem e bordassem em troca de esmolas, as paredes de seu convento separavam-nas do mundo. Ali, assim como a nobre senhora Clara Schiffi de Assis, que fundou a Ordem das

Damas Pobres, as irmãs viviam em pobreza extrema, jejuns freqüentes e orações, com horas marcadas de dia e de noite. Os frades, que viviam em um pequeno mosteiro pertinho do convento, aconselhavam as mulheres e assistiam-nas com esmolas. Entre esses frades existia um cuja família em Pádua era tão respeitada quanto a de Helena. Era o irmão Lucas Belludi, que se tornara companheiro de viagem do padre Antônio.

Quando Helena ingressou em Arcella, nunca mais olhou para trás. Cristo tornou-se tudo para ela. Ela lhe deu seu tempo, suas orações, sua disciplina, seu amor. Ele poderia tomar dela o que quisesse. E, seis anos depois de Helena ter ingressado em Arcella, ele tomou.

Dor e febre como ela jamais experimentara fustigaram seu corpo. Não falou com ninguém sobre isso, mas as irmãs perceberam a agonia no rosto dela e viram que não conseguia ingerir nenhum alimento senão a hóstia sagrada. Portanto, cuidaram dela e oraram. A doença persistiu durante meses, às vezes lançando-a em convulsões e delírio.

Então ela havia se recuperado um pouco, mas não muito. À medida que a enfermidade continuou a dominá-la, as pernas dela ficaram fracas e latejantes de dor. A visão foi desaparecendo. A voz enfraqueceu. Um dia, ela não conseguiu andar sem apoio. Então seus olhos não enxergavam mais nem sequer o brilho de uma tocha colocada na frente dela. A sua garganta não mais era capaz de produzir nem sequer o mais débil sussurro. Estava dolorosamente paralítica e completamente cega e muda. A enfermidade continuava a se manifestar inesperadamente em forma de febre e dor e então amenizava, mas sempre retornava. Helena não se preocupou mais com seu sofrimento. Deus tinha vindo até ela.

Certa vez, quando estava orando, tivera uma visão da glória de Francisco e seus seguidores no paraíso. E ela estava entre eles. Como se alegrou com isso! Então uma voz celestial disse: "Francisco foi poderoso na terra, mas no céu ele é muito mais poderoso". *Oh!, padre Francisco,* tinha rezado ela, *fale a Jesus a respeito de minha alma. Faça-a arder por ele.*

Em outra ocasião, Deus a tinha lançado no tormento do purgatório. Ah! como as almas sofriam no fogo que as purificaria para seu ingresso na eternidade. No entanto, ela viu como as orações e boas obras dos fiéis na terra eram para essas almas como xícaras, cântaros e baldes de água derramados sobre as chamas, debelando lentamente o fogo, enquanto davam vida às almas que sofriam nele. Depois daquela visão, aumentou suas orações pelas almas que sofriam naquele lugar e sabia que algumas delas estavam no céu porque ela rezava.

Ela estava orando, enquanto remendava à luz do sol. Uma das monjas de Arcella tinha morrido havia pouco tempo. Essa monja era o foco das orações de Helena.

Contudo, enquanto orava, lembrou-se de outros dias, dias de inverno, quando havia tiritado no convento, e suas orações tinham vindo por pura força de vontade, sem a espontaneidade que ela sentia no momento. Naqueles dias, a chama em sua alma parecia morrer.

Ela tinha ingressado em Arcella radiante de alegria. Sua alegria tinha aumentado com a novidade e a simplicidade e santidade de sua pobreza. Então tinham vindo a enfermidade e as visões, mergulhando-a mais profundamente nos sofrimentos e êxtases de Cristo.

Contudo, nesses dias, ela se sentia, às vezes, como se estivesse em um lugar tranqüilo como aquele poço estagnado em um rio acima das corredeiras, longe de qualquer das margens, onde as águas simplesmente estão paradas. O modelo de vida de convento, a mesmice de sua enfermidade, a repetição de orações a estavam abrandando, amortecendo. Talvez fosse esperar demais que a alegria que sentira havia dez anos, ao entrar em Arcella, persistisse. E se seu amor por Cristo morresse? Não podia suportar a idéia.

Enquanto Helena estava pensando nessas coisas, escutou, quase imperceptivelmente, três pares de pisadas aproximando-se pelo pátio de seixos. Então, sentiu o toque de um dedo sobre a mão esquerda.

"Irmã Helena." Era a voz da irmã Sancia. "O padre Antônio está aqui para vê-la."

O padre Antônio! O seu confessor. Nos últimos anos, ele estivera pregando em Florença, Ferrara e todas as outras cidades e cidadezinhas da Romagna, mas ia fazer visitas a ela regularmente, assim como a algumas das outras monjas que estavam em Arcella. Por causa da enfermidade dela, fora-lhe permitido comunicar-se com ele dentro do convento. As outras Damas Pobres tinham de se confessar a ele através da grade do convento, onde conseguiam ouvir a voz dele, mas não ver coisa alguma.

Sorrindo, Helena enfiou a agulha no pano que estava em seu colo e levantou as mãos. Duas outras mãos, cálidas e parecendo um tanto intumescidas, tomaram as suas e apertaram-nas. "A paz de Deus e tudo de bom para você, irmã." Ela sentiu o banco ceder um pouco, quando Antônio sentou-se ao lado dela.

Um outro par de mãos, estas magras e fortes, tomaram as suas e apertaram-nas brevemente. "Irmão Lucas, irmã. A paz de Deus e tudo de bom para você."

Helena sorriu para o irmão Lucas, enquanto ele soltava as mãos dela. Então ouviu os passos suaves dos pés dele pisando nas pedras do pátio, enquanto se afastava para uma certa distância e, como ela sabia, sentou-se para esperar. Os frades sempre viajavam em duplas como Francisco desejava.

Ela também ouvira os passos da irmã Sancia, que se retirara atravessando o pátio e então subira para a varanda do convento, onde esperaria e observaria em silêncio o encontro de Helena e Antônio. Toda uma preocupação com a castidade. Helena sorriu. As monjas não deveriam olhar para os frades a não ser que recebessem uma licença, que, naturalmente, a irmã Sancia, a protetora da virtude, tinha ganho. Contudo, Helena imaginava que vários pares de olhos curiosos estavam tendo dificuldade em não espiar. As monjas iam querer espiar o padre Antônio, que elas, como o resto da Lombardia, consideravam um santo. No entanto, a verdade é que a cega, ela mesma jamais o tinha visto.

Helena estava contente por todas as protetoras da virtude, assim como por quaisquer irmãs que estivessem espiando. Ela amava Antônio com um amor que a perturbava, porque era muito profundo. Queria tanto fundir sua personalidade com a dele, que ficava assustada. Esse amor podia se transformar de fusão espiritual em física. Não sabia se ele sentia o mesmo em relação a ela – na verdade, duvidava disso —, pois ele tinha muitos filhos e filhas espirituais e pregava constantemente sobre a pureza em pensamento e ação. Ela confiava em Antônio. No entanto, como não confiava totalmente em si mesma, estava contente que suas irmãs em Cristo, assim como o irmão Lucas, estivessem observando.

Em um procedimento costumeiro, as mãos um tanto inchadas colocaram as mãos da própria Helena no colo dela. Então ela sentiu uma tábua posta sobre seu joelho. Ela pegou a prancha lisa, levantou os dedos para segurar a borda de um pergaminho e então, com a outra mão aberta, esperou pela pena. Dois dedos tocaram o punho que segurava o pergaminho, e Helena tateou por essa mão para procurar um estreito recipiente de tinta. Lá estava ele, na palma da mão de Antônio.

Então se ouviu a voz gentil. "Você está bem, irmã?"

Ela sorriu e acenou afirmativamente com a cabeça, levantando a mão com a pena na direção do frade para dar ênfase à sua resposta.

"Tem algo que deseje me dizer?"

Oh, como ela gostaria de poder falar! No entanto, Deus lhe tirara a voz, e ela não a pediria de volta. Helena mergulhou a pena na tinta e começou a escrever no pergaminho. "Tive outra visão do céu. Religiosos que vivem em comunidade eram mais exaltados do que ermitães. Perguntei a nosso Senhor o porquê disso. Ele disse que os religiosos vivem sob obediência como ele, que assumiu nossa carne e sofreu e morreu na cruz. A obediência torna as ações deles mais meritórias." Ela parou de escrever.

"Como diz Gregório: 'A obediência incorpora em si o resto das virtudes e preserva todas elas'."

Ela começou a escrever de novo. A mão de Antônio tocou a dela e a guiou para ir descendo no pergaminho. Ela sabia que devia estar escrevendo sobre o que tinha escrito antes.

"Essa visão me deixou feliz, mas não como me teria deixado no passado. Estou me tornando triste. Isso me assusta."

A mão de Antônio bateu levemente sobre a dela. "Irmã, sei o que está pensando. A obediência é difícil. A aflição como a que você está sofrendo é algo oneroso. A oração torna-se rotina."

Helena acenou vigorosamente com a cabeça em concordância. Antônio tinha percebido tudo em sua desajeitada revelação.

"Você pergunta, irmã: por que minha alegria não é o que costumava ser?"

Helena segurou o pergaminho para baixo com a pena na mão. Colocou sua outra mão sobre o punho de Antônio e apertou-o. De novo ela acenou com a cabeça. Ele devia entender que falara ao coração dela.

"Quando esses pensamentos lhe sobrevierem, irmã, pense nisto: o Pai nos enviou seu Filho, a dádiva melhor e perfeita, que é coeterna com o Pai. Pense nesta agulha que você está usando com tanta habilidade." Antônio ergueu a mão de Helena de seu punho e colocou a agulha na palma dela.

"O orifício é a misericórdia gentil de Cristo que ele mostrou em sua primeira vinda; a ponta é a justiça penetrante com que ele nos perfurará no julgamento. Com esse tipo de agulha, Cristo, nosso bordador, fará para a alma fiel uma linda túnica, surpreendente pela cor múltipla de suas virtudes."

Ela sentiu a agulha ser erguida de sua mão e, então, uma picada leve em sua palma. A picadinha surpreendeu-a, mas não a machucou.

"No entanto, a justiça fura e pica como fazem esses seus pensamentos. Apesar disso, permaneça fiel a Cristo. Deixe-o bordar em sua alma como parecer apropriado a ele. Com cada dor da alma, o orifício da misericórdia de Cristo está passando um fio de virtude através de você. Irmã, você se lembra das cores, não se lembra?"

Helena acenou vigorosamente com a cabeça em concordância. Como se lembrava delas! A chama do sol. O azul brilhante das violetas. O branco cegante da neve.

"Tente imaginar as cores agora, irmã."

Ela sentiu o fio sendo puxado ao longo da palma de sua mão, enquanto Antônio falava.

"A púrpura da paixão de Cristo e de seu próprio sofrimento." O fio titilava a palma de sua mão.

"O branco da castidade."

O fio foi puxado novamente ao longo da palma de sua mão. E assim foi com cada cor.

"O azul da contemplação. O escarlate do amor de Deus e do próximo. E assim por diante. Cristo, a dádiva de valor supremo, pode lhe costurar uma túnica eterna se você, a despeito dessas lutas interiores, permanecer obediente a ele. E como será bela e colorida essa túnica, tecida com todas as virtudes!"

Antônio colocou suavemente a agulha na palma da mão de Helena.

Ela apanhou a agulha com a mão e deslizou-a por entre os dedos. Ah, se Cristo bordasse para ela uma túnica como Antônio dizia! Seu Salvador a tinha favorecido com visões, mas seu entorpecimento interior fazia com que ela se sentisse como Judas.

Tateando, ela pegou a túnica que estivera remendando e colocou nela a agulha com a linha. Então procurou pela pena. Antônio retirou o pedaço de pergaminho sob os dedos dela e substituiu-o pelo que Helena sabia ser uma folha em branco. Então conduziu a pena dela para a tinta, e ela escreveu de novo.

"Sinto-me como se estivesse traindo meu Senhor."

"Vamos ver então como você está traindo. Cristo usava uma túnica que ele mesmo desenhou. Era uma túnica de pano de saco, estirado na cruz por nós, rasgado por cravos e furado com uma lança."

Helena tremeu, pois, sob a túnica que estava usando, sem que ninguém o soubesse, ela vestia uma camisa de pano de saco. Será que de alguma forma Antônio sabia disso?

"Pano de saco é um sinal de culpa, vestido por um penitente, vestido por um pecador, não por um Redentor. No entanto, Cristo vestiu essa túnica, costurada com carne humana e sofrimento, quando ele assumiu o fardo e a culpa de nossos pecados."

"E o pano de saco de nossos pecados, com que ele tinha ocultado sua divindade, levou-o à morte na cruz. Cristo veio para nos redimir, pois 'estávamos mortos no pecado', mas Cristo morreu para que nós vivêssemos em Deus. Não foi Cristo, então, a dádiva mais perfeita de Deus?"

Helena assentiu com a cabeça. Suas mãos começaram de novo a escrever. "Eu sei disso, mas ainda me sinto como se o estivesse traindo. Sou tão negligente. Ele me deu tanto."

"Irmã, enquanto costura e reza, pense no pobre pano de saco do corpo terreno que Cristo costurou para si mesmo, uma vestimenta que ele restaurou para a imortalidade por sua sabedoria e pelo poder de sua ressurreição. Pense, também, na túnica gloriosa que Cristo está fazendo para você, à medida que você permanece obediente a ele. Sua vestimenta, irmã, vai se assemelhar à dele e sua recompensa estará com ele."

"E, quando você estiver tentada a desistir, porque a vida parece onerosa, e a oração, ordinária, e a pobreza, difícil demais, e a alegria, desaparecida, pense naquele que você está trocando e pelo quê."

Antônio retirou a pena da mão de Helena. Tomou suas duas mãos e colocou ambas, com as palmas para cima, sobre o pergaminho que estava em seu colo. Então, com o dedo, traçou uma cruz na palma da mão direita dela.

"'Que me dareis', disse Judas, 'se eu vos entregar Jesus?' Que preço pode ser estabelecido em troca do Filho de Deus? O que eles podem dar a você? Se lhe dessem Jerusalém..."

Helena sentiu um seixo cair em sua mão esquerda.

"Galiléia..."

Outro seixo.

"E Samaria..."

Um terceiro seixo ainda.

"Seria isso um preço adequado pelo Filho de Deus?"

De novo um dedo traçou uma cruz na palma da mão direita dela.

"Se lhe fossem dar o céu com todos os seus anjos..."

Uma chuva de seixos caiu na palma de sua mão esquerda.

"A terra com todos os seus povos, os mares e tudo que há neles..."

Uma aspersão maior de seixos.

"Tudo isso seria suficiente em troca de Jesus,..."

De novo, o traçado de uma cruz.

"'Em quem estão ocultos todos os tesouros de sabedoria e conhecimento?'"

Antônio fechou os dedos das duas mãos dela. Aquela com os seixos estava pesada e arenosa, a outra, com a cruz, leve.

"Irmã, somente Deus sabe qual é 'o caminho do espírito'. O autor da carta aos Hebreus diz: 'A palavra de Deus [...] julga os pensamentos e as intenções do coração. [...] Tudo está nu e descoberto aos olhos daquele a quem devemos prestar contas'. Portanto, ele sabe que, nessas aflições, você está à procura dele. E ele prometeu: 'Quem perseverar até o fim, esse será salvo'. À medida que você permanecer obediente a Cristo quando o fervor diminuir, ele estará costurando sua túnica de vida eterna com o fio de ouro da perseverança e o fio de prata da obediência. E você terá uma vestimenta preciosa se não colocar o mundo..." disse ele, batendo levemente na mão que segurava os seixos, "no lugar do Senhor".

Ele bateu levemente na mão em que traçara a cruz.

"Com o tempo, a canção da noiva no Cântico será novamente sua quando ela cantar: 'Desperta, vento do norte e vem, vento do sul: sopra no meu jardim, para que se difundam os aromas'. O vento norte que congela as águas da alma é o diabo, que, com sua malícia fria, remove as consolações de Deus. Ao diabo, você dirá de novo: 'Desperta e vai embora', e ao vento sul, o Espírito Santo: 'Vem'."

Ela sentiu um dedo cálido em sua face, voltando com gentileza seu rosto diretamente para a brisa, e então um dedo sob seu queixo, levantando seu rosto completamente para a luz do sol.

"Vem, sopra através de minha consciência para que o perfume de minhas lágrimas possa fluir. Você vivenciará de novo as coisas ocultas da contemplação, o júbilo do espírito, a agradável experiência da alegria interior, que são os segredos do Espírito Santo, pois ele habitará em você e, com o seu habitar, soprará por você a brisa suave de seu amor."

Helena estava sentada quieta como uma pomba descansando, com a cruz em uma mão, o mundo na outra, e com o rosto envolvido pela brisa e o calor. Um fogo parecia queimar na mão com a cruz. Ela se sentiu transportada para dentro da Paixão de Cristo, revivendo-a como ele a vivera. Zombaria de Herodes. Traição de Pilatos. Flagelação. Espinhos enfiados no couro cabeludo. Escárnio do populacho. Viga de madeira ferindo a delicada omoplata. Dedos descalços agarrando-se a pedras no esforço de caminhar. Caindo. Levantando aos trancos. Sendo jogado sobre madeira dura. O ardor de cravos de ferro sendo martelados na carne. A cruz sendo erguida. A indignidade da nudez. Sangue viscoso escorrendo pelas costas, braços, barriga, pernas. Moscas e mosquitos, zunindo, picando, coçando. Sol cegante. Sede ardente. Abandono de Deus. Morte. Então sepulcro. Ressurreição. Vida.

Quando a meditação dela tinha terminado, suas mãos ainda estavam fechadas, contraídas no colo. A brisa esfriara, e o calor do sol desvanecera. Com os punhos, tateou no colo à procura da túnica, mas não estava lá. Helena esticou e abriu seus dedos comprimidos. Jogou os seixos ao chão e apertou a cruz imaginária contra o coração. Então tateou a área junto a seus pés e encontrou a túnica que tinha caído de seu colo. Quando se abaixou para apanhá-la, um dedo seu encostou na agulha, e a ponta picou-o. A dor súbita a fez lembrar-se das palavras de Antônio sobre a agulha da misericórdia e justiça de Cristo. Virou-se para agradecer ao frade, procurando por sua mão, mas ele tinha ido embora. Segurando a agulha em uma mão e apertando a túnica contra o peito, onde antes apertara a cruz, ela se encaminhou de volta para o convento.

Há alegria na alegria, compreendeu ela. E pode haver alegria na aridez. Onde está Cristo, tudo é alegria. Em comparação com a dádiva perfeita de Cristo, o mundo todo não passa de seixos.

Capítulo 23

IRMÃO ELIAS

Colina do Paraíso, Assis, Itália (30 de maio de 1230)

Na luz desvanecente do final do dia, o irmão Elias Bombarone estava parado, olhando para a basílica que ele projetara. Com uma mão afagava a cabeça abaixada de seu asno pardo, com a outra segurava a maçaneta da sela. Ele hesitou um momento antes de montar.

Naquela última semana, Elias estivera ocupado concluindo os planos para a cerimônia do ressepultamento dos restos mortais do padre Francisco naquela mesma basílica. Elias, cujas pernas e pés fracos não permitiam que ficasse parado demais e caminhasse demais, tinha ficado de pé e caminhado muito além da conta. E, então, as delgadas panturrilhas de suas pernas compridas estavam latejando com a dor familiar da aflição crônica. Seus pés fracos, calçados em macios sapatos de couro, estavam doendo. No entanto, naquele início de noite, as dores físicas em seus membros não se comparavam com a aflição espiritual em seu coração.

Pela última vez, ele olhou para a compacta e inacabada basílica de pedra rosa e branca que se projetava para o céu diante dele. A majestosa e inconclusa igreja de Assis estava começando a parecer tão solene e sagrada quanto Elias intencionara ao projetá-la, tendo como modelo os sepulcros fortificados que tinha visto, quando era superior provincial da Síria.

De acordo com as ordens do papa e sob a orientação de Elias, trabalhadores tinham escavado e lavrado as profundas fundações da igreja sobre aquele promontório denteado rochoso que, no passado, era chamado de Colina do Inferno. No entanto, esse afloramento que descia ingrememente até o rio Tescio tinha um nome novo: Colina do Paraíso, pois ali, no magnífico nível inferior da igreja, o qual se assemelhava a uma gruta, jazia o corpo do maior santo daquela época: Francisco de Assis.

Àquela hora adiantada do dia, tudo estava quieto. Os trabalhadores tinham ido para casa. O arquiteto da construção, Filipe de Campello, tinha abraçado Elias com lágrimas nos olhos e então tinha deixado o lugar.

"Quando o verei de novo?" conseguira perguntar Filipe com dificuldade.

A voz de Elias saíra grave e rouca. "Eu não sei."

Depois que Filipe partira, Elias caminhara sozinho através da basílica, acarinhando pilar, altar e porta como se tocá-los fosse retê-los em sua memória até que ele retornasse.

Diferentemente de Jean Parenti, o superior geral dos frades menores, Elias não possuía o dom das lágrimas, mas, embora nenhuma gotícula brotasse de seus enormes olhos negros, seu coração estava em pranto. Ele tinha de deixar a basílica nas mãos de Filipe de Campello. Tinha de abandonar os restos mortais de Francisco, a quem amava, e tinha de passar um tempo, não sabia quanto, sozinho e em vergonha, até que outros lhe dissessem que havia se arrependido.

Levantando a bainha de sua túnica cinza, Elias montou o asno, afastando o animal da estrutura mergulhada nas sombras para descer o íngreme declive que levava para Assis.

Usando a bênção que o próprio Francisco havia ensinado, ele sussurrou para a brisa noturna: "A paz de Deus e todo o bem, padre Francisco".

Se ao menos pudesse esquecer aquele mesmo dia! Mas as memórias estavam grudadas à sua mente como cardos.

Seis horas antes, Elias estivera sentado em sua cela no ermitério que Francisco amava, a Porciúncula. Diante dele estava aberto um livro de contabilidade. Sua mente estivera girando às voltas com cálculos. O provincial da Alemanha mandara uma certa quantia de dinheiro para a basílica, e o provincial da Toscana mandara mais. Quanto o imperador Frederico daria se Elias lhe pedisse para fazer outra doação? Que materiais eram necessários para concluir o nível superior da basílica e quanto custavam?

Os pés de Elias estavam doendo. Na última semana, havia caminhado demais. Estava esticando suas pernas quando ouviu uma rápida e brusca batida à sua porta.

Sem levantar, gritou: "Entre."

O irmão Sebastio entrou com um monte de frades atrás dele.

"Venha à reunião do capítulo", havia pedido Sebastio. "Queremos você como superior geral em lugar do irmão Jean."

Antes que Elias pudesse responder ao inesperado pedido, um outro frade falou: "O irmão Jean cercou-se de clérigos".

E uma outra voz: "O padre Francisco queria que a Ordem fosse simples".

Então mais homens gritaram, um após o outro.

"O irmão Jean permite que eles tenham breviários. O padre Francisco jamais deixou."

"Nós frades viemos todos a Assis para o enterro do padre Francisco na basílica. Você tinha razão ao afirmar que poderíamos assistir à reunião do capítulo. O irmão Jean não tem o direito de nos deixar de fora."

"Antes de morrer, o padre Francisco abençoou você, não o irmão Jean. Você tem de ser o superior geral."

Elias estava confuso, mas sentiu-se honrado. "Não consigo caminhar. Meus pés."

"Nós vamos carregá-lo", propôs o irmão Sebastio.

Subitamente Elias foi erguido acima das cabeças de cinco frades. Ele deveria protestar? Se todos aqueles homens queriam que fosse superior geral, talvez essa fosse a vontade de Deus. Ele permitiu ser carregado, balançando sobre os ombros dos homens, com suas vozes impulsivas afastando as dúvidas dele.

Quando o irmão Sebastio bateu à porta da casa de reunião do capítulo e exigiu que fossem admitidos, ouviu-se uma voz de dentro. "Você conhece a regra. Somente provinciais e guardiães podem participar da reunião do capítulo."

Antes que alguém pudesse pará-lo, o irmão Sebastio tinha golpeado a porta. A madeira rachou, a porta cedeu, e os frades irromperam na sala carregando Elias. Quase como um só homem, os provinciais e guardiães levantaram, com a ira e a surpresa enrubescendo-lhes a face.

Os frades tinham baixado Elias perto de um Jean Parenti atônito. O que Elias deveria dizer? Deixaria que o irmão Sebastio e os outros falassem.

Sebastio empurrou Jean para o lado.

"O irmão Elias será nosso superior geral."

Vários provinciais e guardiães objetaram. Alguns avançaram com ímpeto. Os frades que acompanhavam Elias os retiveram. Ouviam-se gritos dos dois lados.

"Fiquemos em paz."

"Sentem-se todos."

"Vocês nos barraram. O padre Francisco jamais faria isso."

"O irmão Elias disse que poderíamos vir ao capítulo."

"É a regra. Somente guardiães e provinciais podem participar."

"Em nome de Deus, irmãos, fiquemos em paz."

Mais gritos. Mais empurrões.

Antônio, provincial da Romagna, tinha de alguma forma ido para a frente da assembléia. Com as mãos e o rosto erguidos, ele começou a recitar, em uma voz que era, ao mesmo tempo, rogo e comando, uma oração que o padre Francisco tinha ensinado e tinha aplicado a si mesmo. Antônio a estava aplicando à assembléia.

"Altíssimo e glorioso Deus, ilumina a escuridão de nosso coração e dá-nos uma fé correta, uma esperança certa e um amor, uma compreensão e um conhecimento perfeitos, ó Senhor, para que possamos cumprir teu sagrado e verdadeiro mandamento."

Sebastio empurrou-o para o lado: "Você não é o padre Francisco. Ele não mudou nossa regra para permitir que você ensinasse e usasse livros? Você não permitiu que os irmãos fossem proprietários da igreja e do convento em Bassano, quando o padre Francisco nos proibiu de ter propriedade? Você não tem o direito de proferir as palavras dele".

Antônio ajoelhou-se, com a cabeça curvada, rezando. Elias olhou para ele, enquanto os gritos e empurrões aumentavam. Rapidamente outros provinciais e guardiães ajoelharam-se. Alguns frades que tinham carregado Elias também se ajoelharam.

Indeciso, Elias ficou parado, observando em silêncio, perguntando-se o que fazer ou dizer.

Subitamente Jean Parenti rasgou sua túnica e lançou seus calções para o lado. O homem estava parado nu diante da assembléia. Elias desviou o olhar, embaraçado com aquele gesto agoniado, tão semelhante ao do Sumo Sacerdote que tinha rasgado suas vestes, enquanto exclamava que Jesus blasfemara ao afirmar que era Deus.

Todas as pessoas reunidas ficaram paralisadas com a ação de Jean. Em meio ao silêncio, cinco noviços, que tinham ido com Elias, falaram, com as vozes trêmulas.

"Éramos cavaleiros."

"Depusemos nossas armas para trilhar um caminho de paz."

"Isso não trará qualquer bem para nossa Ordem."

"Não pode haver Ordem com desordem."

Os grupos recuaram. O tumulto foi amainando. Um dos homens que tinham ido com Elias entregou a Jean seus calções e sua túnica. Jean vestiu-se de novo.

Ainda parado, com os pés doloridos, o calor subindo por sua nuca, sua mente redemoinhando, Elias não se mexeu.

Um provincial gritou: "O que fazemos com estes intrusos?"

Um guardião respondeu: "Imponham-lhes uma penitência."

Com o rosto vermelho, Jean virou-se para Elias. "Vou designar alguns infratores a cada provincial, que lhes imporá uma penitência."

Antônio levantou. "Lembra-se, irmão Jean, que pedi para ser substituído em meu posto como provincial da Romagna?"

"Eu tinha esquecido", disse Jean. "Você não está bem o suficiente para viajar para longe. Está dispensado. Vá para onde quiser e pregue." Ele fez uma pausa, e seu olhar varreu a sala. "Irmão Alberto, você ocupará o lugar do irmão Antônio como provincial."

Alberto, um frade de rosto gentil, bem passado da meia-idade, assentiu amigavelmente com a cabeça.

"Obrigado, irmão Jean", disse Antônio, sentando-se. Elias subitamente viu o homem de outra forma. O corpo de Antônio estava inchado por causa da hidropisia, e rapidamente, na mente de Elias, o homem pesado diante dele não era mais Antônio, e sim Francisco, pois a hidropisia também tinha estufado o corpo de Francisco. Durante longos meses, Elias tinha cuidado de Francisco. Enquanto Elias estava parado naquela reunião de capítulo, veio-lhe à mente a imagem de Francisco montado em uma mula. As palmas inchadas e ensangüentadas de suas mãos estavam balançando na lateral do corpo dele, e Elias caminhava, segurando as rédeas. Os pés de Francisco, inchados e ensangüentados, batiam contra a barriga do asno. A ferida na lateral de seu corpo manchava de vermelho a esfarrapada túnica cinza. Francisco tinha as mãos, os pés e a lateral de seu corpo perfurados pelas chagas de Cristo, os *estigmata*.

Subitamente Elias estava revivendo os últimos dias de Francisco. Quando Francisco ficara fraco demais para pregar, Elias levara-o de carroça para Assis. Ali, na cama, Francisco colocara sua mão na cabeça de Elias e proferira uma bênção em sua voz fraca. "Minha bênção sobre você, meu filho. Abençôo em você, tanto quanto eu puder, todos os meus frades e os meus queridos filhos."

Francisco tinha abençoado o pão e o havia passado aos seus irmãos, mas Elias estivera chorando tão intensamente que não conseguiu comê-lo.

Francisco morreu. Mentalmente, Elias viu as pálpebras tremerem de novo, e de novo, e uma vez mais, e então ficarem imóveis. Uma dor tão palpável que podia apertá-la aflorou de novo em seu coração exatamente quando, com uma parte da consciência, Elias escutou Jean designando este e aquele frade a este e aquele provincial para a administração da penitência.

Depois da morte de Francisco, Elias tinha escrito aos irmãos: "Eu choro, e não sem razão, pois o pesar inundou meu coração como uma torrente poderosa. Ele que foi nosso esteio e nossa consolação não está mais entre nós. Quanto a nós, jamais podemos chorar o suficiente, privados que estamos da luz de sua presença e mergulhados, por assim dizer, na escuridão e na sombra da morte".

Escuridão. Elias permanecia na escuridão desde a morte de Francisco.

"Irmão Elias."

O chamado de Jean interrompeu a lembrança de Elias.

"Irmão Elias, você usurpou sua autoridade três vezes em uma semana. Uma vez, quando permitiu aos que o papa não nomeou que cuidassem do corpo do padre Francisco e enterrassem-no. De novo, quando disse a esses frades que poderiam assistir a esta reunião do capítulo. E hoje, ao interromper ilegalmente esta reunião e ao tentar ser nomeado superior geral à força. Você irá daqui para seu ermitério em Cortona, onde fará penitência até nós determinarmos que está totalmente arrependido. O trabalho na basílica ficará aos cuidados de Filipe de Campello e Picardus Morico até você retornar."

Elias olhou diretamente para a frente, enquanto ouvia o julgamento.

"Irmão Aymo, por favor, acompanhe o irmão Elias até a porta."

Apoiado no braço de um frade para quem nem sequer olhou, Elias arrastou-se até a porta; do lado de fora, esperavam muitos dos frades que tinham carregado Elias para dentro da reunião. Eles então o levantaram sobre seus ombros e carregaram-no de volta para sua cela. Elias quase não escutou as observações iradas e as desculpas deles. Sua mente estava voltada para a basílica.

"Você fará penitência até nós determinarmos que está totalmente arrependido", havia dito Jean. "O trabalho na basílica ficará aos cuidados de Filipe de Campello e Picardus Morico até você retornar."

"Até você retornar." Quando seria isso?

No dia seguinte, ao alvorecer, Elias iria para Cortona, para sua cela de barro e pedra ao lado de uma profunda garganta. Durante seis anos, após ingressar na Ordem, ele tinha vivido naquela cela. Francisco tinha morado, por um tempo, em uma cela próxima. Elias viveria como um rato, sozinho com ratos, e não se banharia nem barbearia até que fosse chamado de volta. Quando seria isso?

Os frades depositaram Elias em sua própria cela na Porciúncula. Alguns queriam ficar e conversar com ele. Sem tempo para falar, ele os dispensou.

Elias juntou seu livro de contabilidade, os registros e as plantas arquitetônicas para a basílica. Dobrando-os e guardando-os com cuidado em duas bolsas, colocou a sela no asno que estava amarrado sob uma árvore próxima, então jogou as bolsas sobre as costas do animal. Montando na sela, Elias fez o animal rumar para Assis. Com os calcanhares doloridos, Elias pôs o asno a trotar.

Depressa, animal. Preciso encontrar Picardus e Filipe.

Picardus era um gênio em contabilidade e cálculos. Filipe era o arquiteto da basílica. O nível inferior da igreja estava pronto, mas não o convento ou a igreja superior. Na ausência de Elias, o trabalho tinha de continuar. Ele precisava encontrar Picardus e Filipe e dar-lhes os papéis que estavam balançando contra as costelas do asno.

Picardus não estava em casa. Tinha ido a Foligno, disse o servo que atendeu à batida frenética de Elias. Este se dirigiu apressadamente para a casa de Filipe, onde esperou impacientemente até a empregada chamar o alto e loiro arquiteto em alguma parte do interior da casa.

As palavras de Elias para o digno cavalheiro vestido em uma túnica verde saíram jorrando. "Filipe, preciso sair de Assis até ser chamado de volta. Trouxe-lhe o livro de contabilidade e as plantas para a basílica. Você terá de falar com Picardus. Ele não está em casa. Venha comigo. Preciso mostrar-lhe algumas coisas na basílica antes de partir."

Nas sinuosas e íngremes ruas de Assis, o cavalo negro de Filipe curveteava impaciente ao lado do asno que avançava lentamente. Apenas cinco dias antes, aqueles mesmos dois homens tinham cavalgado juntos pelas mesmas ruas, só que então as alamedas estavam repletas de pessoas. Naquele dia, 25 de maio, o corpo de Francisco, que tinha descansado em um pesado sarcófago sob o altar na igreja de São Jorge, fora carregado solenemente em uma carreta daquela igreja para sua morada permanente na basílica.

Os problemas de Elias tinham começado naquele dia. Não, não naquele dia. Alguns dias antes.

Alguns dias antes, Elias, Filipe, Picardus, o podestade de Assis, o conselho da cidade e outros cidadãos proeminentes estavam finalizando os planos para a magnífica celebração que acompanharia o ingresso de Francisco em seu imponente sepulcro.

Um dos membros do conselho havia levantado a questão. "E se o pessoal de Perúgia tentar roubar o corpo?"

A cidade de Perúgia era inimiga de Assis havia muito tempo. Antes de sua conversão, Francisco tinha excursionado como cavaleiro para lutar contra os perugianos. Depois de sua submissão a Cristo, Francisco tinha lutado, com pouco sucesso, para fazer a paz entre as duas cidades.

"Teremos uma guarda, como tivemos todos estes anos na igreja de São Jorge", disse Elias. "Isso não será suficiente?"

"Talvez. Talvez não", disse o podestade, que era o governante de Assis. "As próprias pessoas talvez se aproximem demais do corpo e o dessacralizem."

"A grade colocada sobre o sarcófago é forte. As aberturas são estreitas. Ninguém conseguiria introduzir a mão para tocar o corpo."

"Irmão Elias, quem pode dizer que um martelo pesado empunhado por um homem robusto ou uma serra grossa não poderiam destruir essa grade?" observou o podestade. "Ou que alguém não pudesse ter inventado uma espécie de faca estreita ou tenaz para enfiar por entre a grade?"

"Se permitirmos que cheguem perto demais, poderão cortar pedaços da túnica de Francisco", ponderou um dos membros do conselho.

"Ou arrancar seu cabelo."

"Cortar um dedo."

Elias estremeceu. As pessoas eram loucas por relíquias sagradas. Se os perugianos não roubassem o corpo inteiro, os cidadãos de Assis poderiam perfeitamente roubar partes dele.

"Já sei o que faremos", disse o podestade. "Irmão Elias, você fica com o corpo de Francisco sobre a carroça. O resto de nós vai cavalgar na frente, atrás e nos dois lados dela. Vamos colocar soldados em todas as partes assim como ao longo do trajeto." O podestade tinha parado de falar por um momento antes de acrescentar: "E, se a multidão começar a ameaçar o corpo, vamos afugentá-la e levar o corpo para dentro da basílica. Se trancarmos as portas, ninguém conseguirá entrar, e poderemos colocar Francisco na tumba antes que alguém possa tocar nele".

"Somente os frades nomeados pelo papa têm permissão de tocar o sarcófago e o corpo", salientou Elias. "O padre Francisco é um santo. Seu corpo é sagrado."

"Irmão Elias", tinha dito Picardus, "se o corpo de Francisco estiver em perigo, o papa não vai se preocupar com quem o tocar para mantê-lo em segurança".

Portanto, Francisco, que tinha sido batizado na igreja de São Jorge quando bebê, em 1181, e canonizado lá, em 1228, foi levado dessa igreja para a basílica. O descalço Jean Parenti, delegado oficial do papa, e Elias comandaram a remoção do sólido sarcófago de pedra contendo o corpo enrugado de Francisco. Depois de erguer cuidadosamente o caixão de sua cripta sob o altar, um contingente de frades robustos, devidamente indicados pelo papa, levantou o caixão para dentro de uma caixa maciça de madeira e então a colocou sobre uma carroça aberta puxada por dois bois cobertos de seda púrpura. Jean afagou ternamente a caixa de madeira, chorando publicamente, e então a cobriu com suntuosos estandartes de púrpura.

Elias engoliu o nó em sua garganta, subiu na carroça e sentou-se ao lado do condutor. Jean e outros frades e cardeais nomeados pelo papa para serem seus representantes tomaram seus lugares atrás da guarda armada. O condutor da carroça estalou as rédeas, e os bois iniciaram sua lenta jornada cercados por todos os membros do governo de Assis e uma bem-armada escolta.

O ar estava repleto de gritos de alegria e da música de inúmeras gaitas de fole e tamborins. Atrás da carroça e dos representantes papais desfilavam numerosos arqueiros vestidos com cores vivas, um exército todo de cavaleiros montados com armadura completa e todas as guildas de Assis, carregando uma centena de estandartes. Entupindo as ruas em torno de todos eles, assim como precedendo e seguindo a procissão, estavam quase todos os cidadãos de Assis. Havia também uma enxurrada de visitantes. Tinham dormido nas ruas e campos. Muitos estavam dançando e saltando de alegria. Misturados com eles, igualmente cantando e dançando, estavam dois mil frades que haviam ido a Assis para assistir ao sepultamento de Francisco.

Elias também estava com vontade de cantar, mas sentia-se importunado por um medo persistente em seu peito. *Senhor, faze com que os guardas consigam manter os festejadores sob controle.* No entanto, embora fizessem todo o possível, os guardas não conseguiam manter afastada a multidão. Corpos metiam-se entre os soldados montados, mãos estendiam-se reverentemente, dedos agarravam os tremulantes estandartes purpúreos, mãos acarinhavam o caixão.

"Padre Francisco, reze por mim."

"Padre Francisco, abençoe-me."

A procissão parava e avançava, pois de quando em quando a carroça era forçada a deixar de ir além, uma vez que as pessoas na frente dela obstruíam as ruas ou as pessoas nos lados chegavam perto demais, dificultando o movimento. Durante essas retardações, dedos puxavam o manto de Elias.

"Abençoe-me, irmão", exclamavam vozes.

Agitado pela desordenada alegria, Elias levantou repetidas vezes a mão para dar a bênção, enquanto se mantinha alerta para qualquer movimento suspeito que significasse profanação em vez de devoção.

Quando a procissão se aproximou da Colina do Paraíso, Elias viu a basílica diante dele, projetando-se na luz do sol como um altar gigantesco. Quando apareceram as maciças portas de carvalho da igreja inferior, a multidão à direita da carroça fez pressão contra os guardas. Assustado, Elias viu que os guardas estavam tendo dificuldades em reter a multidão. Mais pressão. Empurrões. Gritos. Uma multidão de camponeses, nobres, frades e cavaleiros desconhecidos cercavam a carroça, procurando alcançar o caixão de madeira, tocando-o. Mãos estendiam-se para os soldados, agarrando-os, tentando arrancá-los de suas selas.

De repente, Elias escutou um grito. Era o podestade. "Levem a carroça para dentro da basílica. Imediatamente!"

O condutor da carroça chicoteou os bois, fazendo com que avançassem celeremente. A multidão dispersou-se diante dos animais que troteavam. Os guardas montados repeliam as mãos que se agarravam neles e na carroça.

Elias agarrou o braço do condutor. "Depressa!" ordenou ele.

Os gritos das pessoas bombardeavam os ouvidos de Elias como granizo.

"Deixem-me tocá-lo."

"Deixem-me beijá-lo."

"Nosso amado santo."

"Tenha dó de nós, São Francisco."

Diante das portas de carvalho, guardas repeliram a multidão. A carroça, cercada pelo grupo de proteção formado por funcionários do governo e soldados de Assis, precipitou-se para dentro da igreja, que brilhava com archotes já acesos.

"Bloqueiem a porta!" gritou o podestade.

375

A madeira encaixou-se com estrondo. Ouviu-se o baque de trancas. Do lado de fora, ergueram-se gritos demoníacos, irados. Pancadas assustadoras ecoaram nas portas.

"Para lá", gritou o podestade para o condutor da carroça. Este seguiu o cavalo do podestade para a cripta com quase quatro metros de profundidade aberta no assoalho da basílica para o sepultamento.

"Removam o caixão", ordenou o podestade.

Atrás de Elias, um grupo compacto de soldados musculosos agarrou o maciço caixão e baixou-o da carroça. Os estandartes de púrpura ficaram presos debaixo do caixão. Elias ouviu um rasgão quando os estandartes foram arrancados, a caixa de madeira, aberta, e o que uma vez fora um cocho de beber para animais, removido. Por um brevíssimo instante, os homens olharam através da robusta grade de ferro presa sobre o cocho e em torno dele por grossos tubos. Sob a grelha jazia um corpo enrugado em uma túnica cinza remendada.

"Depressa", ordenou o podestade.

Padre Francisco, ajude-nos, rezou Elias.

Seguindo as orientações frenéticas de Elias e Filipe, os soldados agarraram uma série de cordas e roldanas. Prenderam-nas ao pesado caixão e à grade que o cobria, tanto em cima quanto embaixo. A pressão contra as portas da basílica aumentou. De repente, ouviu-se uma pancada vindo das janelas estreitas nas laterais da capela. O coração de Elias bateu forte. *Deus, não permitas que quebrem o vidro.* Elias e Filipe meteram-se entre os homens, segurando cordas, certificando-se de que as roldanas funcionavam e estavam firmes.

"Está pronto", disse Filipe.

Elias concordou. "Baixem o caixão", ordenou ele.

Com os homens controlando com força as cordas, o caixão baixou lentamente no buraco retangular preparado para ele. Elias viu-o descer para a cripta que estava revestida com lajes de travertino que haviam sido esculpidas com esmero e brilhavam brancas à luz das tochas.

As cordas esticadas afrouxaram quando o caixão chegou à base do buraco revestida com travertino.

Subitamente, as portas da igreja se abriram com violência. Com um vozerio selvagem, o populacho avançou. Os soldados montados no interior do prédio cercaram o caixão, impedindo sua visão com os corpos de cavalos nervosos e suados.

"Soltem as cordas", ordenou Elias. "Puxem de volta as roldanas." Em questão de segundos, o mecanismo que baixara Francisco por quase quatro metros na rocha não servia mais para tirá-lo de novo.

A multidão irada fez pressão contra os guardas enquanto o podestade de Assis avançou com seu cavalo. "Ou vocês fazem ordem ou vamos prender os desordeiros", advertiu ele.

Os empurrões cessaram. Forçando as pessoas a recuar, os guardas criaram certa ordem entre elas. Soldados cavalgavam para lá e para cá entre a multidão para manter a paz. As pessoas começaram a fazer fila junto ao buraco, ajoelhando entre as roldanas e cordas para espiar o santo lá embaixo. Algumas deitavam no chão e estendiam as mãos para baixo, tentando sem êxito tocar a grelha sobre o corpo de Francisco. Outras se escoravam no caixão de madeira vazio e choravam. Algumas esfregavam contra suas faces os panos de púrpura descartados. Algumas poucas jogaram uma ou duas moedas sobre o corpo de Francisco abaixo delas.

"Irmão Elias." A voz estava trêmula e sufocada, como se estivesse acompanhada de lágrimas. Elias desviou o olhar das pessoas que veneravam o cadáver e dirigiu-o para a fonte do pesar. Um frade jovem, com o rosto molhado de lágrimas, estava parado junto ao ombro de Elias.

Com as palavras trêmulas de emoção, o frade falou: "Irmão Elias, sou o irmão Tiago de Iseo. Eu... eu toquei o caixão dele. Ali fora junto à porta. Eu... eu apenas queria rezar. E a hérnia... Eu tinha uma hérnia desde que era menino. A hérnia." O frade passou a mão sobre a barriga. "Desapareceu, irmão." O frade baixou os olhos e mordeu o lábio. "Por que o enterraram desta forma? Antes que nós frades pudéssemos vê-lo? Antes que qualquer pessoa pudesse tocá-lo?" Os olhos castanhos ergueram-se e brilharam. "O padre Francisco poderia tê-los curado. Assim... como curou a mim."

Antes que Elias pudesse responder, uma outra voz interrompeu, ríspida e vindo da direita. Elias virou-se para ela. Era o irmão Jean. "Como pôde planejar essa pantomima, irmão? O papa ordenou rigorosamente que ninguém exceto seus delegados oficiais tocassem os sagrados restos mortais. Você transformou esta cerimônia sagrada em uma zombaria."

Uma zombaria? As palavras doeram. Elias, zombar de Francisco? Preferiria morrer a fazer isso.

E era assim que Elias sentia-se, enquanto retornava para o Porciúncula atravessando a floresta. Ele tinha vontade de morrer. Primeiro, a confusão cinco dias antes na basílica. Então, a turbulenta reunião do capítulo. Havia uma hora, sua conversa com Filipe e a triste despedida da igreja em que ele tinha depositado seu coração. Ele deveria se afastar para fazer penitência. Até quando? Como poderia viver afastado da igreja que continha o corpo do homem que significara a vida para Elias? Se Elias ao menos pudesse morrer! Então estaria em paz. Paz. Paz como a paz que o cercava naquele momento.

Paz.

Pois o dia estava no fim. Sons suaves do anoitecer se faziam ouvir na floresta. Sons que acalmavam. Grilos guizalhando. Rãs coaxando. Brisas suspirando ternamente, embalando o mundo. Elias passou pelas silenciosas e escuras celas dos outros frades. A marcha penosa e lenta do asno não acordou ninguém, se é que alguém o escutou. Ou se preocupou.

Paz.

Ó crepúsculo familiar e gentil! Que bálsamo precioso! Que droga magnífica! As sombras cinzentas tragando o verde da folhagem sorviam a angústia da alma de Elias. Ali tudo estava como sempre estivera. A violência e a desordem do dia, da última semana, nada tinham em comum com a paz do anoitecer. Poderia seu banimento ter sido um pesadelo? No ventre do anoitecer, Elias poderia convencer-se de que nada havia mudado. Ele esfregaria o pelo suado de seu animal e então cairia sobre o catre e dormiria. Dormiria e esqueceria. No dia seguinte acordaria e voltaria à basílica para supervisionar os trabalhadores.

Pois nada poderia realmente ter acontecido. Ele estava havia vinte anos na Ordem, tendo sido investido pelo próprio Francisco. Superior provincial da Síria. Superior geral subordinado a Francisco, seu vigário durante seis anos. Projetista da maior igreja do mundo. Amigo do papa, do imperador, de reis. Ninguém poderia querer mandá-lo embora para fazer penitência. Não a Elias.

Enquanto amarrava o asno a uma árvore, seus olhos perceberam um movimento ao lado de sua cela. Seu coração deu um salto. Seria um urso? Um ladrão?

"Irmão Elias." A voz era gentil, e a figura corpulenta era vários centímetros mais baixa do que Elias. Era o irmão Antônio. "Espero não ter assustado você. Estou esperando aqui desde o final da reunião do capítulo, na esperança de que você voltasse. Esteve na basílica, não esteve?"

Antônio estava então ao lado de Elias, e as linhas escuras na sua testa e sob seus olhos pareciam ainda mais escuras na luz débil.

Elias retirou a sela leve de cima do asno e jogou-a sobre um toco de árvore. "Como você sabia que eu estaria na basílica?"

"Porque se eu fosse você, eu teria ido para lá. Para deixar as coisas em ordem antes de ir embora."

A negação de Elias de que os eventos do dia tivessem efetivamente acontecido fragmentou-se como gelo. Pedaços congelados da verdade fincaram-se em sua alma. A reunião do capítulo não era um pesadelo. O banimento era realidade.

Enquanto mexia entre raízes de árvore à procura de panos que havia jogado lá, ele repentinamente percebeu: *Esta é minha última noite neste lugar. Amanhã estarei a caminho de Cortona.*

Elias encontrou os panos e começou a esfregar o pescoço do animal com um deles.

"Dê-me um pano, irmão, e o ajudarei."

Elias procurou mais pano entre as raízes da árvore e entregou uma tira a Antônio. Este contornou o animal e, no lado oposto àquele onde Antônio estava, começou a esfregar o pescoço do asno.

Com o canto dos olhos, Elias examinou Antônio. Ele o tinha visto pela última vez na canonização de Francisco. Percebeu os dedos e pés inchados do homem, bem como sua barriga, que se assemelhava à de uma gestante. Que doença mudara de tal forma o corpo de Antônio no período de dois anos?

Elias conhecia esse homem. Quando Francisco ainda estava vivo, Elias tinha mandado Antônio e Francisco ao papa para discutirem a regra. Elias soube então que Antônio era vigoroso, e o tempo apenas tinha provado quão vigoroso ele era. Antônio podia chegar a ser mordaz em sua pregação.

Certamente Antônio tinha ido até ali para repreendê-lo. E ele havia pensado que sua penitência começaria no dia seguinte, quando partisse para Cortona. Ah, não, não era assim. Antônio a começaria naquele dia. Ali. Naquele instante.

Elias rangeu os dentes. Não diria nada. Esfregaria seu animal suado e permitiria que as censuras caíssem como granizo sobre seu coração congelado.

Enquanto secava o pescoço do animal, Antônio falou. "Irmão Elias, necessito de sua ajuda. O irmão Jean está enviando uma delegação de sete pessoas para Roma para falar com o papa. Devo liderar o grupo. Nossa tarefa é discutir o último testamento do padre Francisco. Os irmãos querem saber o que é obrigatório e o que não é. Você estava com o padre Francisco quando ele ditou o testamento, não estava?"

Elias continuou a esfregar o animal e assentiu resmungando.

"Talvez possa me falar sobre isso."

Isso era um truque, uma maneira de pegá-lo desprevenido? Falar sobre o testamento, então contra-atacar com um comentário sobre o pecado. Elias falou a verdade, mas com cautela. "O padre Francisco estava morrendo, quando ditou o testamento. Este expressa seus firmes desejos para a Ordem. Queria que a regra fosse seguida conforme ele a tinha escrito. Tudo o que está escrito no testamento é como ele o desejou."

"Isso parece estar claro. 'Antes, como o Senhor permitiu-me falar e escrever de forma simples e clara a regra e estas palavras, de modo igualmente simples e sem interpretação vocês devem entendê-las e, por meio de obras santas, executá-las até o fim.' Foi assim que o padre Francisco concluiu o testamento antes de sua bênção, não foi?"

"Você o lembra bem."

Antônio secava o peito do animal. "O padre Francisco consultou alguém enquanto compunha o testamento?"

"Não. Como você mesmo acabou de recitar, ele disse que a mensagem lhe foi concedida pelo Senhor."

Antônio assoviou baixinho. "Você acha que o papa Gregório vai aceitar isso?"

Elias estava esfregando a garganta do asno. "Quando o papa Gregório ainda era cardeal de Óstia, não aceitou a regra de Francisco. Isso foi em 1221. Francisco disse que também essa regra foi dada por Cristo."

Antônio suspirou. "Irmão Elias, seja lá o que for que o papa decrete em relação à regra, temos de aceitá-lo, concordando ou não. Ele é o cabeça da Igreja. Ele fala em nome de Cristo. No entanto, irmão, você orará por nós? Por nossa Ordem? Por mim? Enquanto examinarmos isso para o futuro e o bem dos irmãos, você orará?"

Elias abaixou-se para esfregar a pata frontal do asno. Antônio ainda estava parado, secando a cernelha. O que Elias deveria dizer? Ele se abriria ao ataque de Antônio. Diria a verdade. "Irmão, a oração não é meu forte."

"Gostaria que fosse?"

Elias estava curvado, esfregando o machinho do asno e tentando ajeitar seus próprios pés doloridos para ficar de cócoras em uma posição confortável. "Com o padre Francisco, eu conseguia rezar, porém, quando ele morreu, isso também pareceu morrer."

Dedos cálidos tocaram o punho de Elias. Antônio estava abaixado, estendendo a mão por baixo do asno. "Irmão, entramos na Ordem para seguir a Cristo, não a Francisco. Era isso que o padre Francisco queria."

As palavras de Elias vieram demasiadamente rápidas, veementes, verdadeiras. "Não consegui encontrar Cristo sem Francisco."

Os longos dedos intumescidos de Antônio apertaram o punho de Elias: "Irmão, a oração leva-nos até aquele que é a Paz". Então o aperto afrouxou, e Elias viu a figura volumosa de Antônio levantar para esfregar o lombo do asno.

Aqui vem a repreensão, pensou Elias.

"Irmão, tenho uma charada para você. Você é servo deste asno? Ou ele é seu servo?"

Elias grunhiu enquanto se levantava. "Ele é meu servo, é lógico."

"Você somente está correto pela metade. Irmão Elias, você cuida de seu animal. Você o alimenta, dá-lhe abrigo e cuida de suas necessidades. Portanto, você é servo dele."

Enquanto esfregava o lombo do asno, Elias protestou: "Ah, ele também é meu servo, pois me carrega para lá e para cá."

"É verdade. Agora escute. Deus não se tornou nosso servo durante 33 anos sobre esta terra, inclusive a ponto de morrer por nós para nos libertar da escravidão ao diabo? Alguma vez você pensou que Deus tornou-se nosso servo para que nos tornássemos os seus?"

"Não tinha pensado nisso."

"Pense nisso da seguinte maneira: você vai deixar a basílica para sempre do jeito como ela se encontra hoje?"

"É claro que não. Ela está apenas parcialmente terminada."

"Você deseja, então, dar a estrutura inteira, concluída, como um monumento ao padre Francisco. Do mesmo modo Deus se deu de maneira completa a nós para que nos déssemos totalmente a ele. Deus não quer somente uma parte de nós. Se reservarmos uma parte para nós, então somos nossos e não dele."

Antônio levantou um braço para o céu, com o pano em sua mão tremulando como um estandarte contra o céu profundamente cinzento. "Ó Pai, dar-te tudo é provar nosso amor por ti! Todas as nossas faculdades, todos os nossos pensamentos, a nossa consciência inteira e a nossa vida toda temos de devolver a ti, que os deste primeiro a nós. Tudo o que somos, tudo o que temos, devemos dar a ti, Senhor, pois tu és o objeto do nosso amor."

Com sua mão ainda erguida para o céu, Antônio parou por um longo momento. Então estendeu a mão por sobre o lombo do asno e agarrou a mão de Elias: "Temos de dar tudo a Deus. Tudo. Todas as nossas obras, todas as nossas ações. Tudo. Tudo o que fazemos por amor à nossa própria glória perdemos completamente. Quando as nossas ações visam a glorificar a nós mesmos, não podemos perseverar até o fim e, por conseguinte, perdemos a glória celestial. Apenas totalmente em Deus tornamo-nos totalmente quem Deus deseja que nós sejamos".

Antônio baixou-se para esfregar a pata frontal do asno. "Escute, irmão, os sons da noite. Você ouve a melodia do vento nas folhas?"

Elias ouviu-a, a suave e alegre cantiga da noite.

"Será que as folhas criam uma melodia por si mesmas ou é o vento que nelas está criando a música?"

"As folhas somente farfalham quando o vento as assopra. Portanto, o vento cria o som."

"Suponhamos que cada folha se movesse por conta própria. Ou não se movesse, dependendo de seu próprio desejo. Suponhamos que algumas balouçassem furiosamente, enquanto outras simplesmente se mexessem ou apenas ficassem quietas. Ouviríamos a melodia que ouvimos hoje à noite?"

"Ouviríamos alguma coisa, mas nada tão harmonioso ou belo."

"Correto. Se cada folha agisse por conta própria em vez de agir como o vento a assopra, a floresta produziria uma música muito inferior. Do mesmo modo, como as folhas vibram com a carícia do vento, nossa alma deve vibrar ao toque do Espírito Divino. Nós, à semelhança de folhas, não devemos agir com base em nossa própria vontade, mas somente segundo a orientação do sopro do Espírito. Então nossas ações serão como Deus quer e não como nós desejamos. Nossa vida se tornará como uma melodia digna dos ouvidos de anjos. O segredo do sucesso é agir em nome de Cristo, na inspiração de Cristo e atribuir todas as coisas a ele e nada a nós mesmos."

Antônio levantou e começou a esfregar o lombo do asno. "Escute. Você ouve o coaxar das rãs perturbando a harmonia do crepúsculo?"

Elias ouvia-as; seus coaxos discordantes interrompiam a paz.

"Alguma vez comeu uma rã, irmão?"

Elias grunhiu. "Não consigo imaginar nada mais repulsivo."

Antônio riu. "Comi um sapo uma vez. Não tinha um gosto tão ruim assim, mas um peixe é bem mais gostoso. É por isso que os pescadores, quando lançam suas redes, recolhem os peixes para comer, mas jogam fora as rãs."

Subitamente Antônio jogou a cabeça para trás e abriu bem os braços, com o rosto arqueado para cima, a voz trêmula com um pesar contido. "Ó Senhor, somente em teu nome lançarei minha rede, pois cada vez que o fiz em meu próprio nome, atribuindo o mérito a mim, e não a ti, eu preguei Antônio e não Cristo, minhas coisas, não tuas coisas. Portanto, nada peguei exceto talvez alguma rã coaxante que cantava meus louvores, mas, em verdade, nenhum peixe. De fato, não peguei coisa alguma."

Lentamente ele baixou os braços e olhou atentamente para Elias.

"Em nosso próprio poder, irmão, nada fazemos de valor. Como é vital submeter toda a nossa vontade a Deus!"

Antônio baixou-se para esfregar a barriga do asno. "E é fácil entregarmo-nos completamente ao nosso Senhor, quando lembramos quem nós somos. Olhe para seu animal aqui. Ele me lembra dos tipos de pessoas no mundo. Há asnos selvagens que, como as pessoas arrogantes e vaidosas, tornam-se orgulhosos nos sinais externos de sua posição elevada ou na vaidade interna de seu próprio coração, mas são, em última análise, apenas asnos."

A voz calma e coloquial deu lugar ao barulho de pano passado sobre pêlo.

"E então há outras pessoas que, como o asno no Domingo de Ramos, carregam humildemente o Cristo Rei até o mercado."

Silêncio. O barulho de uma batida em alguma cavidade. Antônio estava batendo de leve na lateral do corpo do animal.

"Ambos são asnos. Um compreende que é um asno. O outro acha que é muito mais. Um vive na verdade, o outro no engano. Cristo disse que ele é a verdade. Jamais podemos conhecer a verdade sobre Cristo a não ser que saibamos a verdade sobre nós mesmos. Nosso valor provém não de nós mesmos, pois somos apenas humildes animais, mas do fato de, como o asno do Domingo de Ramos, estarmos carregando Cristo. Se nos virmos dessa maneira, um dia Cristo, nossa verdade, nos dirá em seu eterno banquete: 'Meu honesto e humilde amigo, venha mais para cima'."

Antônio esticou-se para esfregar a garupa do animal. Elias estava fazendo o mesmo. "Assim como todos os vícios dependem do orgulho, pois este é o início de todo pecado, a humildade é a mãe e a raiz de todas as virtudes. Deus resiste ao orgulhoso, mas mostra-se ao humilde e usa-o."

Enquanto deslocava seu peso de um pé latejante para o outro, Elias esfregava a parte que vai do rabo do animal até sua coxa. Antônio, no outro lado do animal, seguia o mesmo padrão de enxugamento.

"Irmão, sabe que não sou capaz nem mesmo de construir um castelo de areia, enquanto você constrói uma basílica?"

Elias deu uma gargalhada. Quando era menino, tinha construído maravilhosos castelos de areia, completos, com fossos, pontes e torres, todos tendo como esteio um gradeamento interno de pedras e galhos.

Antônio gritou num tom alegre: "Você está rindo de mim, irmão".

"Estou", casquinou Elias.

"A basílica é magnífica. Nunca vi um edifício como esse. Um dia, vai se projetar para o alto porque você colocou o alicerce bem fundo na rocha. Dessa maneira, você pode compreender a verdade do que diz o bendito Bernardo: 'Quanto mais fundo você colocar o alicerce da humildade, mais alto o prédio poderá se erguer'."

Antônio agachou-se para esfregar a pata traseira do animal. "A verdadeira humildade não pode sofrer nem dor por causa de alguma injustiça nem rancor por causa da boa sorte de outra pessoa. É assim que deveria ser, pois, se a humildade fracassa, a estrutura inteira das virtudes entra em colapso como um castelo na areia. Só a pessoa verdadeiramente humilde pode amar a Deus, que se humilhou para se tornar homem. E apenas o amor de Deus leva à oração."

Antônio endireitou-se e entregou seu pano encharcado por sobre o lombo do asno para Elias. "Seu animal está seco deste lado. Tem alguma água para ele aí?"

"Há um balde cheio à direita da cela."

Elias esfregou a pata traseira do asno em seu lado, e o animal ficou seco também desse lado. Elias estendeu os panos molhados sobre um arbusto próximo, enquanto Antônio colocava o balde de água diante do animal. O asno bebeu sequiosa e barulhentamente, enquanto Elias tateava no escuro à procura de um conhecido feixe de raiz. Tão logo se sentou, o latejamento em seus pés pareceu se esvair por seus dedos como um sopro gigantesco.

Antônio contornou o animal e sentou-se ao lado de Elias. "Esteve sedento alguma vez, irmão? Tão sedento quanto este asno?" perguntou Antônio.

"Muitas vezes. Às vezes, até mais."

"Então sabe como é bom ter a sua sede saciada. Da mesma forma como seu animal está sedento por água, temos de estar sedentos pela água viva de Cristo, pois Cristo diz-nos que, se bebermos dele, jamais teremos sede de novo. E beberemos dele se procurarmos, antes de tudo, o reino de Deus. O reino de Deus é o bem supremo, a coisa mais importante em nossa vida. Tudo mais tem de ser procurado em vista desse reino; além dele, não se deve pedir mais nada. Tudo que pedimos deve servir a esse propósito."

Elias sentiu uma mão firme sobre seu ombro. Ele se virou para olhar para Antônio, cuja forma era agora uma sombra escura quase perdida no negro e suave manto da noite.

"Pedimos tudo em oração, irmão. A oração dá-nos a graça de agir para Deus. Somente das alturas da contemplação podemos descer para instruir e trabalhar entre os fiéis, para mostrar em nossa própria vida o caminho da salvação às pessoas. Irmão, o Espírito Santo lhe ensinará a rezar."

Enquanto a respiração do asno, ainda parado, indicava que estava prestes a adormecer, Elias sentiu a mão deslizar de seu ombro, enquanto Antônio punha-se diante dele e ajoelhava-se. Elias tentou se colocar de joelhos, mas uma mão firme fez pressão contra seu peito e o reteve.

"Sente-se, irmão. Seus pés estão doendo."

Com um suspiro de alívio, Elias sentou-se de volta sobre as raízes. Os dedos cálidos e intumescidos de Antônio fecharam-se em torno das mãos de Elias. Embora Antônio estivesse olhando Elias de frente, a escuridão era agora tão profunda que seus olhos não passavam de sombras.

"O apóstolo Paulo, em sua epístola a Timóteo, mostra como devemos proceder na oração: 'Antes de tudo, peço que se façam súplicas, orações, intercessões, ação de graças'. Primeiro, súplicas. A súplica é um pedido urgente a Deus. Na súplica, jamais devemos colocar o conhecimento antes da graça, ou encontraremos somente frustração. Portanto, temos de pedir por graça primeiro se desejamos obter qualquer coisa a mais. Com a graça de Deus, saberemos como agir."

Antônio comprimiu as mãos de Elias contra seu próprio peito. A magreza sobre o coração do homem, em contraste com seu ventre inchado, alarmou e assombrou Elias. Francisco tinha sofrido da mesma estranha combinação de magreza e inchaço antes de morrer.

A voz de Antônio era um rogo gentil. "Ó Senhor, dá-nos a graça de te seguir como queres que o façamos e de te conhecer como desejas ser conhecido."

Ele baixou as mãos enquanto ainda as mantinha juntas. "A oração é o estado expressamente afetuoso de uma pessoa unida com Deus. Durante a oração, falamos a Deus de maneira familiar e respeitosa e desfrutamos a presença de Deus enquanto sua graça o permite."

Elias sentiu suas mãos sendo erguidas para o céu. "Bendito sejas tu, ó Senhor, nosso Deus, Filho de Deus. Nós, os filhos de Sião, exultamos em nosso coração e alegramo-nos em nossa obra, porque nos deste o Espírito da Graça, que nos ensina a mostrar sua justiça para cada e qualquer pessoa. Que tu, Espírito Santo, que és o Amor do Pai e do Filho, cubras a profusão de nossos pecados com tua caridade. A ti, ó Senhor, seja a honra e a glória para sempre."

As palavras de Antônio cessaram, mas suas mãos não baixaram. Durante longos momentos, no silêncio da noite, os homens fizeram uma pausa, com as mãos e rostos levantados para o céu, enquanto as folhas muito acima deles desapareciam no negrume.

Finalmente, Antônio baixou as mãos. "O pedido é qualquer tentativa, por meio de oração, para obter a satisfação de algumas necessidades temporais da vida. No pedido, Deus aprova a boa vontade da pessoa que pede, mas ainda faz o que ele julga melhor. Quando pedimos, na fé, qualquer coisa em particular, temos de submeter sempre a nossa própria vontade à vontade de Deus. Temos de orar com uma fé como a das crianças e jamais nos apegar obstinadamente às nossas exigências, pois não sabemos o que é verdadeiramente necessário ou bom para nós em assuntos temporais, mas nosso Pai Celestial sabe."

Antônio colocou as mãos de Elias no colo do frade cansado. Então Elias sentiu uma pressão firme de dedos contra seus macios calçados de couro, dedos comprimindo seus pés, envolvendo-os.

"Ó Pai, meu irmão Elias sofre de dores em seus pés e pernas. Se for a tua vontade, Senhor, alivia-o de sua dor. Seja feita tua vontade para ele, ó Senhor."

A pressão aumentou e então cessou. Elias sentiu novamente suas mãos sendo levantadas por Antônio. "As ações de graça são uma incansável e constante inclinação de uma boa vontade para Deus, mesmo que às vezes não haja agradecimento externo nem nenhuma afeição interior ou mesmo que seja dado de uma forma apática. Esta é a caridade que jamais cansa; é rezar sem cessar e dar graças sempre."

De novo Antônio levantou suas mãos segurando as de Elias. Ele bradou: "Amado Pai, como alguma vez podemos te agradecer o suficiente pela dádiva de ti mesmo? Senhor Jesus, enviarás teu espírito para que esteja com o irmão Elias em sua jornada amanhã; sempre o chamarás quando ele orar em sua cela. Ó Pai Divino, tu colocas a humilhação e dor a serviço do teu propósito. Curas a alma ferida e perdoas. Ajuda-nos a conceber o espírito da salvação e, por meio de um coração contrito, gerar a nós mesmos, como herdeiros da vida eterna. Que mereçamos beber de ti, Senhor, o Rio de

Água Viva, para que nos alegremos junto contigo na Jerusalém celestial. Concede-nos isso, tu que és bendito, glorioso, digno de louvor, digno de amor, gracioso e imortal por todos os séculos. E permite-nos exclamar: Amém. Aleluia!".

Enquanto Antônio baixava suas mãos, apertou mais firmemente os dedos de Elias. "Irmão, você pode orar desta maneira? Súplica. Oração. Intercessão. Ação de graças. Você tentará? Rezará por mim, irmão?"

"Tentarei."

Antônio apertou cordialmente as mãos de Elias. "Muito bem. Então venha. Eu o acompanharei até sua cela. Eu trouxe pão. Você tem de comer, pois do contrário não terá forças para sua jornada."

***

Cinco meses mais tarde, quando as folhas se tingiam de vermelho e amarelo, e o ar em torno da cela de Elias em Cortona tornava-se frio com o outono, chegou uma carta.

"Meu prezado irmão Elias, o papa Gregório falou. O testamento de Francisco não é obrigatório, pois ele não consultou os outros superiores antes de escrevê-lo, e um superior não pode obrigar outro a nada. Podemos viver em casas, bem como usar móveis e livros, contanto que sejam propriedade de outros. O dinheiro pode ser aceito, mediante um intermediário, para necessidades futuras."

"Irmão, você pode ver que nossa Ordem está mudando, mas o padre Francisco, que vivia em pobreza extrema, tinha também pobreza no espírito. Com grande esforço e profunda fé, é possível reter a pobreza no espírito em meio a quaisquer circunstâncias. Independentemente do que pensemos sobre o decreto do papa, temos de fazer o que o padre Francisco sempre fez e nos submeter humildemente à decisão do Vigário de Cristo.

"Continuo a orar por você diariamente. Por favor, continue a orar por mim."

"Irmão Antônio."

Elias leu a carta duas vezes. Se o testamento de Francisco não era obrigatório, então o que era? Os irmãos que Francisco queria vivendo em pobreza extrema iriam se tornar agora monges bem-abrigados e viveriam em segurança, exatamente como qualquer outra Ordem. Não era isso o que Francisco tinha desejado. Não foi isso que Francisco disse que Cristo havia revelado a ele.

Mesmo em sua cela, Elias sentiu o frio do inverno ferroando seu rosto através da barba que estava deixando crescer como penitência. Sentiu então um frio tocar seu coração. Se ao menos tivesse a fé e a confiança de Antônio!

Antônio queria que Elias submetesse tudo a Deus. Elias tinha tentado. Ele tinha rezado. No entanto, não podia entregar-se totalmente ao Senhor. Se fizesse isso, Deus poderia engoli-lo.

Naquelas circunstâncias, Elias estava desaparecido e esquecido naquela cela remota. Se desse a Deus tudo, poderia perecer ali no nada. Ele não podia suportar ser nada. Seus dons eram grandes demais; seu intelecto, aguçado demais. Certamente Deus não queria que ele enterrasse a si mesmo.

Contudo, o que Deus queria? Afinal, era possível sabê-lo? Francisco tinha dito que seu testamento era de Cristo. No entanto, o papa, o Vigário de Cristo, o havia rejeitado. Cristo tinha falado com Francisco? Ou a interpretação de Francisco tinha sido equivocada? Ou a do papa? A regra e o testamento tinham sido bons para sua época, mas não eram mais bons para aquele momento? E se Francisco fosse uma fraude? E se as visões que afirmava ter fossem produto de doença ou da imaginação? E se os *stigmata* fossem auto-infligidos, a maneira peculiar do próprio Francisco de vivenciar corporalmente a paixão de Cristo?

Elias tremeu com a dúvida que se revolvia nauseativamente em seu estômago. Como poderia estar certo de qualquer coisa que não fosse ele mesmo? Como alguém poderia conhecer a mente de Deus?

Algum dia, a penitência de Elias iria terminar. Algum dia, ele deixaria aquela cela e retornaria para o trabalho na basílica, que se estava erguendo então sem ele, e erguendo-se bem, de acordo com relatos que chegavam à sua cela. Ele iria rezar, sim, enquanto estivesse ali. E iria rezar quando fosse embora. No entanto, ele também pensaria. Antônio havia dito para procurar primeiro a graça, e não o conhecimento. Contudo, o conhecimento não era um dom do Espírito? A graça era intocável como o hálito, mas o conhecimento podia ser fixado em palavras ou posições de honra ou estruturas de pedra. Elias podia confiar no conhecimento porque podia ver seus resultados, mas e quanto à graça? Onde estava isso em um testamento que o papa rejeitou?

Elias leu a carta de novo e então a jogou sobre um montículo de cinzas do lado de fora de sua cela. Naquela noite, para ter calor, queimaria um cepo ou dois, e a carta iria crepitar e morrer nas chamas. Talvez Francisco, Antônio e alguns outros conseguissem confiar em um Deus que não podiam ver, mas Elias confiaria apenas naquele com o qual podia contar. Ele mesmo.

Parte V

O MÊS FINAL

Capítulo 24

EZZELINO DE ROMANO

Castelo fortificado, Verona, Itália (maio de 1231)

Montado em seu alazão de peitoral largo e patas fortes, Ezzelino de Romano conduziu seu bando de seis cavaleiros à vista de seu castelo fortificado. Atrás dele, o mugido triste de uma vaca quase se sobrepunha ao resfolegar dos cavalos suados, que, como sabia Ezzelino, podiam então sentir no ar o cheiro do estábulo deles. Os animais queriam ser esfregados e alimentados e forcejavam contra seus bocados de freio, impacientes por disparar para lá.

A vista dos maciços muros de pedra de seu castelo fez com que Ezzelino também quisesse se apressar. Agora que ele e seu bando tinham completado o patrulhamento da Lombardia, tendo tido igualmente um pouco de diversão, Ezzelino estava ansioso por se ver livre da pesada armadura. Ariana, sua serva de 11 anos, sabia como banhar seu corpo moreno e coberto de pêlos escuros e então tirar o cansaço de seus músculos protuberantes com uma boa massagem. Ela desfaria o emaranhado de seu abundante cabelo castanho e delicadamente apararia a barba curta de seu rosto.

Ezzelino tinha matado um camponês que cambaleara para fora de sua cabana, meio adormecido e provavelmente meio bêbado. Por que mais ele ameaçaria seis cavaleiros e Ezzelino, o senhor daquele território, com uma foice? A ameaça era uma boa desculpa para abater o homem.

O próprio Ezzelino havia tomado conta do servo, cavalgando até ele e atravessando-o com sua espada.

Uma mulher, provavelmente a esposa do homem, e dois menininhos apareceram na porta da cabana. A mulher gritou. Ezzelino fez um sinal para dois de seus soldados. Imediatamente, foram para a cabana e mataram as crianças e a mulher. Então os homens arrastaram os quatro corpos para dentro da cabana e incendiaram-na.

Ezzelino fez com que seu cavalo se dirigisse para a pastagem atrás da cabana, onde tinha visto uma vaca marrom, com o úbere repleto de leite, e sua cria. Desceu do cavalo, caminhou até o confiante bezerro olhudo. A criatura de patas trôpegas permitiu que ele se aproximasse e acarinhasse sua larga cabeça, enquanto a mãe observava. Com um rápido golpe, Ezzelino cortou a garganta do animalzinho e drenou o sangue, enquanto sua curiosa mãe ficou olhando.

Quando os cavaleiros contornaram o estábulo à procura de Ezzelino, ele gritou: "Toquem fogo no prédio". Enquanto a fumaça subia tanto da cabana quanto do celeiro com estábulo, Ezzelino lançou o bezerro, com a língua gotejando sangue, sobre a montaria de um cavaleiro e então montou seu próprio cavalo. Ele sabia que a vaca seguiria a cria. E ela o fez, ao longo de todo o percurso até o castelo de Ezzelino, onde se reuniria ao rebanho dele.

***

Ezzelino estava deitado de bruços, sem roupa, com a mão esquerda dobrada sob sua face esquerda e um travesseiro de seda vermelha sob sua cabeça. Seu braço direito pendia por sobre a borda do estrado em que ele estava deitado, e os dedos brincavam com as orelhas macias e caídas de um grande cão preto que cochilava ao lado dele sobre um tapete avermelhado de lã.

    Ariana, de cabelo dourado e no limiar de se tornar mulher, estava ajoelhada ao lado do cão, e seus dedos delgados aliviavam com a massagem a tensão dos bem esfregados ombros de Ezzelino. Sua massagem passaria pelos braços dele, desceria pelo dorso e nádegas até suas musculosas coxas e panturrilhas. Por fim, ela iria massagear as solas de seus pés, friccionando cada músculo de seu corpo perfeitamente limpo com uma doce fragrância, enquanto fazia a massagem. Então ele se viraria de costas, e ela repetiria o processo.

    Quando Ariana tivesse completado sua tarefa, ela o ajudaria a vestir roupas limpas de seda e então faria uma mesura para se retirar. Antes de dispensá-la, Ezzelino colocaria nas tenras mãos dela, como regalo especial, alguns bolinhos de amêndoas. Ela iria sorrir e dizer, como sempre fazia: "O senhor é um bom amo, senhor Ezzelino". E ela realmente achava isso. No castelo de Ezzelino, toda mulher permanecia virgem até sua noite de núpcias e era fiel ao marido depois disso. Caso contrário, as pessoas não castas eram mortas.

    A virgindade era honrosa, de forma que Ezzelino insistia na castidade e praticava-a ele mesmo. Embora não seguisse religião alguma, ele protegia os cátaros e concordava com a ênfase deles na pureza. Se Ezzelino flagrasse qualquer um, inclusive seu cavaleiro mais capaz, violentando uma mulher, ele matava ali mesmo o agressor. Seguia essa política também na batalha e abatera pessoalmente mais do que um cavaleiro que flagrara violentando uma mulher capturada. Tirar a vida de uma mulher, inclusive de forma violenta, era algo típico na guerra, mas tomar a honra dela era um crime.

Os dedos de Ariana massageavam a região lombar de Ezzelino. Ele fechou os olhos e suspirou. Como era bom ser senhor da Lombardia! O menino que se considerara, um dia, pequeno e gordo demais para ser cavaleiro era então o terror de sua região. Sorriu ao pensar nisso. Ele, um terror? Quando era criança, tinha sonhado em ser tão poderoso quanto seu pai e seu avô, que tinham ambos o mesmo nome que ele. Então perto dos quarenta anos, ele tinha ultrapassado em muito seus sonhos, pois retivera as cidades que sua família tinha controlado e colocara outras sob seu domínio.

O pai de Ezzelino desaprovava a sede de poder do filho. O que ele sabia, ele que tinha ficado louco na velhice? Ezzelino se lembrava bem do dia em que o pai, que em sua juventude, para se vingar, lutara contra um homem até a morte, anunciou à família que o poder era vazio. Apenas a fraqueza diante de Deus, disse ele a Ezzelino e a seus outros filhos, era força suficiente para satisfazer a alma. Ezzelino não entendeu uma só palavra. Lutando contra amargura e raiva, ele se despediu do pai, quando o homem que tentava imitar deixou sua família e seu castelo para se tornar um monge pobre de túnica preta. A igreja de São Donato, perto da ponte de Bassano, era um constante lembrete da tolice do pai, pois Ezzelino, o monge, tinha doado aquela igreja aos seguidores de Francisco, o frade então canonizado de Assis.

Ezzelino jamais abrandaria. Retomou as batalhas que o pai havia abandonado. Uma após outra, as cidades da Lombardia caíram diante dos homens de Ezzelino. Com cada vitória, mais barões e senhores emagreciam em suas masmorras dispersas. Mais camponeses e clérigos tremiam com sua aproximação. Mais histórias sobre as carnificinas promovidas por seu exército difundiam-se pela região, facilitando a tomada de sucessivas cidades. Nobres e religiosos eram convencidos a se aliar a ele em vez de se arriscar a ser preso ou morrer. Ezzelino ganhou apelidos: "O Tigre", "O Feroz", "O Diabo". Ele os adorava.

Sorrindo, Ezzelino coçou a cabeça ossuda do cão. *Ah, você serve a mim,* pensou ele, *e eu sirvo a mim. Está certo assim! As pessoas todo-poderosas servem a si mesmas, mesmo quando fingem servir a outras.*

Pensou em Frederico II, cabeça do Império Romano. Frederico era um excelente exemplo de egoísmo, mas Ezzelino desprezava a forma como ele cuidava de seus negócios.

Ezzelino respeitava o poder e as façanhas militares de seu imperador, mas desprezava sua pessoa. Para Ezzelino, o agradável imperador de cabelo avermelhado era um devasso e um hipócrita. Frederico teve duas esposas, ambas falecidas, mas boatos de suas aventuras com essa ou aquela serva, mesmo quando estava casado, chegaram a Verona. No entanto, Frederico fingia devoção, assistindo à missa, carregando o estandarte papal, adulando o papa.

A despeito de suas promessas inteligentemente formuladas, Frederico nunca seguia efetivamente a ordem do papa, quando conflitava com seus próprios objetivos. Como Ezzelino, consultava regularmente astrólogos em vez de orar. Os conselhos deles e sua própria percepção orientavam as maquinações de Frederico.

O imperador Frederico tinha enganado continuamente o papa Honório III, prometendo ajuda com essa ou aquela cruzada ou projeto papal sem levá-lo a cabo. Depois da morte de Honório, em 1227, cruzados aglomeraram-se nos portos da Puglia para navegar à Terra Santa. Depararam-se com uma falta de navios, mas com uma abundância de peste.

Adoecendo ele próprio, Frederico, que tinha prometido navegar em agosto, adiou a cruzada até a primavera. O novo papa, Gregório IX, não aceitou sua desculpa e excomungou-o imediatamente.

Não havia problema. Ávido por expandir seu império, Frederico partiu de Brindisi para a Terra Santa em junho de 1228. Pacificamente, por meio de tratados, assegurou a Terra Santa para si mesmo e para a cristandade, entrando em Jerusalém em março de 1229. Junto ao sepulcro do Salvador, ele colocou a coroa em sua própria cabeça. Como rei de Jerusalém autocoroado, em vez de ser coroado pelo papa, Frederico aumentou consideravelmente sua popularidade no império, enquanto fazia o papa de tolo. O imperador excomungado continuou a expandir seu território e a consolidar seu poder enquanto fingia ser um homem devoto injustiçado por um papado corrupto.

Diferentemente de Frederico, Ezzelino era honrado demais para se valer do logro para angariar poder. Ele se recusava a fingir que servia a um legado de uma Igreja na qual não acreditava. Tampouco fingia seguir as crenças dos cátaros, embora simpatizasse com seus ideais. A lealdade de Ezzelino estava com mortais vivos, não com um Deus crucificado.

Diferentemente de outros senhores que faziam e rompiam alianças para obter ganhos pessoais, a fidelidade de Ezzelino jamais mudava, pois ele não fazia alianças se não estivesse disposto a mantê-las. A lealdade era um dos traços mais fortes da família Romano. Duzentos anos antes, os ancestrais de Ezzelino tinham ido da Alemanha para a Lombardia na comitiva do imperador Conrado II. Desde então, a família permanecera leal ao imperador. O pai de Ezzelino tinha cavalgado e jantado com o predecessor do imperador Frederico, Oto IV. Ezzelino assegurara a Lombardia para Frederico. A vitória não fora fácil.

Algumas cidades eram difíceis de controlar. Sempre leal ao papa, Pádua era uma delas. O avô de Ezzelino, Ezzelino I, conhecido como "o gago", tinha sido cidadão de Pádua e construíra o admirável Palácio de Santa Lúcia. O pai de Ezzelino, Ezzelino II, tinha sido amistoso para com a cidade. No entanto, à medida que Ezzelino III consolidava sua aliança com o imperador excomungado, Pádua aliava-se cada vez mais com o papa.

Ezzelino tinha um plano. Por enquanto, deixaria Pádua em paz. A paz relaxaria a vigilância da cidade. O frade Antônio, do qual Ezzelino ouvira falar, mas que jamais escutara pregar, fez da cidade seu lar. O frade continuaria a exortar os cidadãos a depor suas armas. Em breve os paduanos não saberiam mais lutar. Sua pacatez seria vantajosa para Ezzelino. Quando eles menos esperassem, Ezzelino lançaria um violento ataque de surpresa e asseguraria seu controle. É claro que teria êxito. Nenhum deus podia deter aquele "diabo".

***

Ezzelino estava sentado à mesa, desfrutando uma substanciosa refeição com os 12 cavaleiros que comandavam suas companhias. Cada cavaleiro usava um cálice de vinho e uma tigela feitos de ouro, todos roubados de vários barões e senhores. O vinho era parte do dízimo que Ezzelino exigia dos cidadãos da região de Treviso.

A sopa de vitela que comiam era um dos pratos preferidos de Ezzelino. O cozinheiro-chefe fervera no leite da mãe o bezerro cuja garganta Ezzelino cortara três dias antes, e então acrescentara salsa, cenouras e um pouco de sal. Ezzelino estava na metade de sua segunda tigela quando um servo aproximou-se dele vindo pela porta para o vestíbulo. Ele dirigiu-se a Ezzelino e curvou-se.

"Senhor Ezzelino, um frade pede licença para entrar no castelo."

Ezzelino mergulhou um pedaço de pão em sua sopa. "Um frade? Você quer dizer dois."

"Não, meu senhor. Um só."

Ezzelino virou-se para seus cavaleiros. "Os frades não viajam em duplas?"

Todos concordaram.

"Somente um frade, meu senhor", repetiu o servo.

Ezzelino colocou o pedaço de pão ensopado na boca. Visões rápidas de clérigos que ele pessoalmente havia estripado passaram céleres por sua mente. O frade era ou um tolo ou um santo para ir sozinho até Ezzelino. O que deveria fazer com ele?

"Peça-lhe que entre", disse Ezzelino.

O frade corado e obeso que entrou no salão do banquete encaminhou-se diretamente para Ezzelino. Respirando com dificuldade, ele curvou-se até a cintura, e então falou: "Vim para pedir a libertação de Ricciardo, conde de São Bonifácio, e dos outros que o senhor mantém presos". O ousado pedido foi expresso de forma gentil, mas firme.

Ricciardo? Ezzelino soltou uma sonora gargalhada. "Você vem a mim para pedir a libertação de meu cunhado? Desde quando frades se intrometem em questões de família?"

"O conde Ricciardo e seus homens estão em sua prisão há quatro anos. Isso é uma questão de justiça, não uma disputa familiar."

"É justiça apenas aos olhos dos nobres que se aliam contra o nosso imperador. Qual deles mandou você para cá? Meu tio Tiso talvez? E quão santa é aquela família de Camposampiero?" Ezzelino cuspiu as palavras. "Certamente ouviu falar da cortesia com que o irmão de Tiso tratou minha mãe."

O frade permaneceu parado, sem expressão no rosto.

"Quer dizer que não ouviu falar." Ezzelino pensou rapidamente. Deveria mencionar a primeira esposa de seu pai, Speronella, que fugira de casa depois que seu pai fizera um comentário sobre a beleza de uma outra mulher que ele tinha visto tomando banho? Não. Falaria logo de Cecília. "O irmão do conde Tiso, Gerard, violou a mulher que era uma mãe para mim. É assim que a nobreza, tão leal à sua santa Igreja, comporta-se. Agora tenho um outro conde na prisão. Privei Ricciardo de seu lar, é verdade, mas não de sua honra. O nobre Gerard tirou da senhora Cecília ambos."

"Nem o conde Ricciardo nem os outros prisioneiros que o senhor está retendo têm nada a ver com Gerard", disse o frade calmamente. "Eles não são responsáveis pelo crime violento contra sua mãe."

"Eu ofereci-lhes a liberdade. Se Ricciardo transferir para mim seu bem-armado castelo, todos podem ir em liberdade hoje mesmo."

"Isso não é uma exigência razoável. Em nome de Deus, peço-lhe que liberte esses homens."

Ezzelino olhou diretamente para o frade. "Em nome de Deus", repetiu ele caçoando, "não".

"Vim para pedir. O senhor se recusou a conceder. Deus somente lhe dará misericórdia se o senhor a estender a outros", disse o frade.

Ezzelino deu uma risada. "Misericórdia? Você sabe quem eu sou?"

"Quem não conhece o diabo da Lombardia?"

"É disso que me chama?"

"É disso que o chamam em toda esta região."

"E de que você me chama?"

"Um filho rebelde de Deus. Um pecador a caminho do inferno. Um homem por cuja salvação Cristo morreu." A reprimenda foi dada com a mesma cortesia de um elogio.

Ezzelino mergulhou outro pedaço de pão em sua sopa e estendeu-o ao frade. "Coma um pedaço. Você tem a aparência de quem gosta de uma boa refeição."

O frade balançou a cabeça em negativa.

"Por que não prova?"

"Não quero comida ganha com derramamento de sangue."

Ezzelino deixou cair o pão em sua tigela. "Você sabe que, com um estalar de meus dedos, qualquer um destes cavaleiros o matará em um instante?"

"Sei disso."

"Talvez preferisse a tortura."

"Aceitarei tudo que o Senhor permitir."

Ezzelino fitou os olhos negros do frade, procurando alguma inconstância que denotasse medo. Não encontrou nenhuma, mas percebeu outra coisa. O rosto era magro, e os olhos eram encovados, com círculos escuros abaixo deles. Estudou o homem, seus pés descalços e tornozelos inchados, seus longos e gordos dedos cruzados sobre uma barriga protuberante. O frade estava respirando fundo demais. Isso não era uma obesidade saudável. Era doença. Bastante avançada.

"Como você chegou aqui?" perguntou Ezzelino.

"Caminhei."

"De onde?"

"De Pádua."

Pádua. Sua principal rival. Só poderia ser. Ezzelino admirou-se que o frade tivesse viajado de tão longe sem sofrer um colapso. Fez um sinal ao cavaleiro do outro lado da mesa para ceder sua cadeira. O cavaleiro levantou. "Sente-se", ordenou Ezzelino ao frade. O homem obedeceu.

"Ouvi dizer que o frei Antônio está em Pádua."

"Sou eu."

Ezzelino cruzou os braços sobre o peito e acenou com a cabeça. "Portanto, o santo vem ao diabo."

Antônio sorriu levemente. "Eu não diria que nenhum desses termos está correto."

Ezzelino gostou da franqueza do frade. Decidiu fazer-lhe a vontade. "O que, além de libertar os prisioneiros, você quer que eu faça?"

"Passe do pecado para a vida."

É claro que um frade diria isso, mas por que ele não levantava a voz em condenação como faziam os outros frades? Ezzelino inclinou-se para trás em sua cadeira, firmando-se com as mãos na mesa. "Por que eu deveria fazer isso?"

"Porque, se não o fizer, morrerá em seus pecados e será condenado para sempre ao inferno. Olhe para mim. Sofro de uma doença chamada hidropisia, que causa uma acumulação anormal de água no corpo. Um dos sintomas dessa doença é uma sede insaciável. Quanto mais água eu bebo, mais sede tenho."

Antônio colocou suas mãos intumescidas ao lado das robustas de Ezzelino. "O senhor pode ver como a hidropisia me desfigurou. A hidropisia é apropriadamente comparada ao apego doentio de uma pessoa ao poder e à ganância." Antônio olhou diretamente nos olhos de Ezzelino. "O poder por amor ao poder e a ganância por posses mundanas infligem a hidropisia à alma, desfigurando-a e produzindo nela uma sede que não pode ser saciada. Não tenho razão, senhor Ezzelino?" O tom da pergunta era suave como uma carícia.

Ezzelino fitou o frade, que tinha decifrado a própria alma dele.

"Ganância e poder são buracos sem fundo. Eles mantêm a alma aprisionada como um inimigo em uma fortaleza sitiada. Salomão diz: 'Não encontrei'. Amando o pecado, ele não tem esperança de glória futura."

Antônio inclinou-se na direção de Ezzelino. "Hoje vim para lhe pedir que liberte prisioneiros que desistiram da esperança de liberdade. Suponha que o semhor estivesse na prisão, e não eles. E suponha que tivesse ficado sabendo que o homem que o libertaria finalmente tinha chegado. O senhor não daria pulos de alegria? Certamente que sim."

Antônio colocou suas mãos intumescidas sobre as de Ezzelino. O toque do frade era gentil e cálido, e a voz denotava muita preocupação. "Bem, senhor Ezzelino, está na prisão. Está na prisão do pecado, e há somente um que o libertará. O Senhor Jesus veio para libertá-lo do poder do diabo e da prisão interminável no inferno."

Ezzelino tinha ouvido o suficiente. Ele queria ver até que ponto aquele frade permaneceria pacífico.

Impetuosamente, ele afastou as mãos de Antônio. Pondo-se de pé de um salto, Ezzelino contornou a mesa e aproximou-se do frade pela lateral. Antônio levantou-se para encará-lo. A mão de Ezzelino voou para sua cintura, onde agarrou o punho da espada. Ele examinou o frade como um lobo fita uma corça encurralada, esperando por algum sinal de medo antes de lançar-se ao ataque.

O frade permaneceu firme, olhando fixamente para Ezzelino, com o rosto tranqüilo. Ezzelino não podia ameaçar aquele homem.

Ezzelino deixou escapar um assobio baixo de derrota. O jogo tinha ido longe demais. De repente, arrancou o cinto de sua cintura e colocou-o em torno do pescoço como se fosse um laço. Com gestos exagerados, curvou-se até o chão, enquanto estendia o cinto para Antônio com um grande floreio. Então levantou a cabeça para o frade, com olhos negros fixos friamente em olhos negros. "Você quer que eu coloque minha cabeça em um laço, que me curve a seu Deus e me torne seu escravo?" Ezzelino fez uma pausa e franziu o cenho. "Nunca. Você tem razão. Sou prisioneiro da ganância e do poder. E adoro isso. O único deus que conheço sou eu."

Ezzelino arrancou o cinto do pescoço e lançou-o ao chão. Ele se pôs de pé de um salto, enquanto sua ira dava lugar à gratidão. Por algum ato da graça, não tinha matado o frade. Se o tivesse assassinado, toda a Lombardia teria se levantado contra o homem que abatera o santo deles.

"Conduza-o para fora em segurança", ordenou Ezzelino ao cavaleiro mais próximo. Então, impulsivamente, agarrou um dos cálices de ouro e estendeu-a a Antônio. "Para você."

Antônio balançou a cabeça em negativa. "Não, senhor Ezzelino." Sua voz era quase um soluço sussurrado. "A única coisa ganha com derramamento de sangue que eu quero é sua alma. Cristo derramou seu sangue por isso. Vou rezar pelo senhor."

Enquanto observava Antônio seguir o cavaleiro porta afora, Ezzelino pensou no próprio pai. "Apenas na fraqueza diante de Deus é que existe força", havia dito ele. Ezzelino então compreendeu o que o pai pretendera dizer.

Capítulo 25

CONDE TISO DE CAMPOSAMPIERO

Camposampiero, 18 quilômetros distante de Pádua, Itália (maio de 1231)

Ao montar seu cavalo malhado de cinza no estábulo de sua propriedade, o conde Tiso de Camposampiero parecia ele próprio um cavalariço. Quase tão bem-apessoado quanto era 50 anos antes, o senhor de cabelos brancos estava confortavelmente vestido em uma desbotada túnica cor de marfim, grosseiros calções de trabalhador e meias cinza presas em volta das pernas com tiras de pano. Não se preocupava em parecer um homem comum. Estava indo para o trabalho e estava animado para começar.

O velho coração do conde estava cantando de alegria, quando o cavalo enveredou por uma das estreitas estradas sulcadas que levavam para o ermitério dos frades menores na divisa da propriedade de Tiso, Camposampiero. O santo estava indo para Camposampiero! Indo para ficar no ermitério.

Antônio tinha pregado diariamente em Pádua até 11 de maio, Pentecostes, e durante um curto período de tempo após essa data. Quando o cereal amadureceu nos campos, ele parou de pregar e dispensou seus ouvintes para começarem a colheita. Ele havia se retirado para o convento de Santa Maria, no coração da cidade, para trabalhar unicamente em seus "Sermões sobre os Santos", que o cardeal Rinaldo dei

Conti, bispo de Veletri e Óstia, tinha incumbido a ele. Poucos dias antes, em um momento de inspiração, Tiso concebera um plano. Cavalgara até Pádua para convidar Antônio a deixar o Santa Maria e ficar em Camposampiero.

Antônio estivera algumas vezes no ermitério de Camposampiero. Ali, a 18 quilômetros de Pádua, deixavam-no em relativa paz, enquanto no Santa Maria estava constantemente assoberbado com visitantes e pedidos, que ele nunca negava, para visitar os doentes e os moribundos. Se fosse a Camposampiero, poderia trabalhar tranqüilamente em seus sermões. Antônio necessitava de uma folga.

Pela sugestão não muito sutil de Tiso e outros nobres de Pádua, Antônio acabara de retornar de uma missão fracassada junto ao tirano Ezzelino. A jornada de Antônio foi um esforço de último recurso, pois os nobres de Pádua que tinham empregado a força das armas contra o "diabo da Lombardia" haviam sido repelidos. Ezzelino negara o pedido de Antônio para que libertasse o defensor de Pádua, o conde Ricciardo, e os outros que Ezzelino tinha aprisionado. Se a crueldade de Ezzelino deprimia Tiso, devia ter devastado Antônio. Só Deus sabia o que os prisioneiros sofriam nas prisões de Ezzelino. Negligência? Sujeira? Fome? Tortura? Por causa do fracasso de Antônio, era possível que os prisioneiros morressem.

Além de lidar com este desapontamento, Antônio estava sofrendo fisicamente. Desde sua primeira chegada a Pádua, em 1227, o corpo do frade tinha inchado e enfraquecido. Para se recuperar mental e corporalmente, Antônio necessitava de descanso.

Por isso, Tiso tinha ido a Pádua. Encontrou Antônio em sua cela no Santa Maria, com papéis e livros esparramados, um pergaminho diante dele, pena na mão.

Antônio foi receptivo ao convite de Tiso. "Contudo, primeiramente tenho de pedir a permissão do meu superior provincial", disse ele.

"É claro que ele vai concedê-la", disse Tiso.

Antônio assentiu com a cabeça. "É muito provável que sim." Então fez uma pausa. "E também tenho de pedir permissão a você para fazer algo, irmão Tiso. Lembra-se da nogueira enorme que lhe mostrei certa vez perto do ermitério? Terei de construir uma cela para mim se me for permitido permanecer em Camposampiero por qualquer período de tempo. Você se importaria se eu a construísse naquela árvore?"

Importar-se? Tiso teria permitido que Antônio construísse vinte celas em vinte árvores.

A nogueira que Antônio tinha em mente era uma beleza. O próprio Tiso sempre admirara a árvore gigantesca de cujos três troncos maciços partiam seis grandes galhos que se erguiam como uma coroa. Um dia, não fazia dois meses, quando ele e Antônio estavam caminhando na floresta, Antônio tinha parado debaixo da nogueira.

"Ah, conde Tiso, que árvores magníficas Deus fez crescer em sua propriedade!" Antônio tinha aberto amplamente os braços como se fosse abraçar todo o vale. "Sempre que visito este lugar, as vozes das árvores chamam-me, mas esta aqui me chama com a voz mais alta. Veja como a irmã nogueira ergue as mãos ao Pai em louvor. 'Venham', diz ela, 'venham e sentem-se na minha palma e gritem comigo: Glória a ti, Poderoso Senhor!'. E então tenho de dizer à irmã nogueira:

'Minha irmã, posso ser tão pardo como os pássaros sentados em seus galhos, mas, infelizmente, não sou um deles. Portanto, cantarei a meu Senhor aqui do chão.'"

Antônio tinha se virado para Tiso com um sorriso. "Meu irmão, você não deseja às vezes que fosse apenas um pobre pardal, tão desinteressante e pequeno que ninguém prestasse a mínima atenção em você? Você estaria livre de todo clamor e preocupação e poderia voar para uma árvore como esta e ocultar-se em seus galhos e louvar para sempre a Deus com seu canto." Durante longos momentos, Antônio tinha olhado para a árvore; então, suspirando e dando palmadinhas carinhosas na sua casca, havia retomado sua caminhada na floresta com Tiso.

Sim, Antônio viria alegremente para Camposampiero e construiria uma cela para si naquela árvore. Antônio escrevera a seu superior provincial, pedindo permissão para aceitar o convite de Tiso. Certamente um anjo deve ter levado sua carta para o escritório do superior, pois rapidamente voltou a resposta positiva.

Em três dias, o irmão Rogério, um frade do Santa Maria, chegaria precedendo Antônio para ver se tudo estava pronto para a chegada dele. Dois dias depois, chegariam Antônio e seu companheiro, o irmão Lucas.

Sim, Tiso surpreenderia todos os três! Enquanto fazia com que seu cavalo seguisse por uma trilha que levava ao coração da floresta, Tiso sentia-se tão alvoroçado quanto um estudante que planejava secretamente mandar violetas para a namorada.

As palavras de Antônio tinham proporcionado tanta paz e alegria a Tiso, que o conde amava profundamente o homem que lhe havia ensinado Quem é Amor. E ele praticaria um ato de amor. Ele próprio construiria para Antônio sua casa na árvore, uma casa muito mais forte e maior do que Antônio algum dia poderia construir por si mesmo.

Quando Antônio fora a Pádua pela primeira vez na Quarta-feira de Cinzas de 1227, Tiso era um homem diferente. Naquela época, ele e seus apoiadores participavam nas guerras ferozes que assolavam a Lombardia. As cidades estavam divididas entre sua lealdade ao papa e ao imperador Frederico, que estava em rota de colisão com a Igreja. Em 1227, o sobrinho de Tiso, Ezzelino, tomara a vizinha Verona em um ataque de surpresa, assegurando a cidade para Frederico e estabelecendo ali seu quartel-general. Os nobres leais ao papa que não fugiram a tempo foram aprisionados. Entre eles estava o conde Ricciardo de São Bonifácio, o cunhado de Ezzelino, que Tiso tinha em alta estima.

Logo depois da prisão de Ricciardo, Ezzelino tomou de assalto o castelo de Fonde da família Camposampiero e levou aprisionado o jovem neto de Tiso, Guilherme. Tiso reagiu. Reunindo seus seguidores e outros nobres de Pádua, atacou Ezzelino, forçando-o a soltar primeiramente a criança e então a abrir mão do castelo. Com a ajuda de Ezzelino, os habitantes de Treviso voltaram para tomar a propriedade do arcebispo. Novamente Tiso e os outros nobres de Pádua marcharam contra eles e forçaram-nos a devolver as propriedades. Desse modo, as batalham sucediam-se. Assim era a vida de Tiso naqueles dias, quando acreditava que Deus muitas vezes promovia sua causa por meio de armas e da guerra. Ele não acreditava mais nisso. Antônio, o homem da paz, tinha ensinado a ele, e a grande parte de Pádua, algo diferente.

Pois, a partir de 1227, Antônio pregou em Pádua e nas outras cidades da região de Treviso. Multidões iam ouvi-lo. Tantos homens queriam aderir aos frades menores que Antônio fundou o mosteiro de Santa Maria para eles no centro de Pádua. De Pádua, Antônio partiu para as cidades adjacentes e então para o sul, para Florença. No final de 1229, ele estava de volta a Pádua, vivendo no Santa Maria.

Por volta de 1229, Pádua e outras cidades próximas em que Antônio pregava começaram a mudar. Mais e mais cidadãos reuniam-se para ouvir o frade que chamavam abertamente de santo. Depois de seus sermões, outros frades, alguns deles corpulentos, cercavam Antônio para impedir que a multidão o esmagasse. Os frades colocavam certa ordem na multidão para que somente uma ou duas pessoas tivessem acesso ao homem de cada vez. De vez em quando, uma pessoa, quase sempre uma mulher, retirava uma tesoura de seu vestido para cortar um pedaço do hábito de Antônio como relíquia. Essas eram as únicas pessoas que ele mandava embora de forma brusca.

Pecadores notórios e hereges famosos se arrependeram e voltaram à fé. Consentindo com o pedido deles de viverem juntos em comunidade, enquanto expiavam seus pecados, Antônio ordenou-lhes que comprassem uma casa na cidade. Ali construíram uma capela para a Virgem da Pomba. Ocasionalmente, Tiso via um desses penitentes, vestindo uma longa e tosca túnica cinza com um cordão na cintura.

Outros também se converteram. Às centenas, pessoas atiravam suas armas aos pés do frade.

Algumas pessoas abriram mão de tudo e aderiram aos irmãos menores ou às Damas Pobres, a segunda Ordem que Francisco de Assis tinha fundado. Muitos mais continuaram a viver em seus lares, enquanto adotavam a regra dos irmãos e irmãs abstinentes, uma regra dada por Francisco em 1221 a leigos e leigas. Ser recebido nessa Ordem de penitentes acarretava um compromisso permanente e um voto religioso. Parte da obrigação era a recusa de portar ou ter armas e de se abster de juramentos de lealdade a qualquer partido humano. Assim, esses seguidores penitenciais de Francisco de Assis, com sua fé renovada por meio da pregação de Antônio, privaram de apoio os nobres em guerra.

Em conseqüência da postura dos homens e mulheres penitentes da região, a paz veio a reinar na área de Treviso.

Junto com a paz veio a tolerância para com os pobres. Antes da chegada de Antônio, prestamistas em Pádua recorriam à usura para enriquecer com facilidade. Com juros na faixa de 20 a 30 por cento sobre o dinheiro emprestado e com alguns usurários cobrando até 75 por cento de juros, havia devedores em abundância. Aqueles que não tinham condições de pagar eram despojados de sua propriedade, condenados a alguma punição ou aprisionados. Antônio falava vigorosa e freqüentemente contra a usura, o orgulho e a avareza. Contava-se a história de que, em Florença, ele tinha pregado no funeral de um usurário sobre o texto "Onde está teu tesouro, estará também teu coração". Seus ouvintes ficaram tão comovidos que foram ver o tesouro do morto e descobriram um coração humano, ainda quente, entre as moedas.

Esse rumor e os sermões mudaram a cidade. As pessoas que tinham pedido dinheiro emprestado venderam sua propriedade para pagar suas dívidas. Outras que tinham adquirido bens de forma desonesta lançaram-os, chorando, aos pés do santo. Muitas mais haviam devolvido o dobro ou o triplo aos que haviam enganado. Em 15 de março daquele mesmo ano, Pádua aprovou um decreto determinando que "ninguém, a partir de agora, deveria ser mantido preso por causa de dívidas em dinheiro, passadas, presentes ou futuras, se perdesse seus bens. E isso se aplica tanto aos devedores quanto a seus fiadores. Este decreto foi aprovado por instância do venerável e bendito irmão Antônio, confessor da Ordem dos Frades Menores".

Nos poucos meses anteriores, dezenas de devedores, vestidos somente com camisa e calça, tinham sentado cada qual três vezes, chorando, na pedra de acusação na Piazza delle Erbe. Diante de cem testemunhas, cada qual tinha proclamado: "Abro mão de meus bens", invocando o decreto que levava o nome de Antônio.

Antônio, que tinha produzido a conversão de uma cidade, também tinha produzido a conversão de um conde. Quando Antônio chegou a Pádua pela primeira vez, Tiso prestara pouca atenção nele. Outros frades tinham pregado na cidade, entre eles o frei pregador Alberto, filho de um conde alemão. Alberto fora educado na Universidade de Pádua, e seu tio, que Tiso conhecia bem, vivia na cidade. A pregação do jovem frei Alberto converteu muitas pessoas, mas Tiso ouviu somente dois de seus sermões.

Tiso era um homem ocupado. Certamente Deus sabia que ele tinha pouco tempo para dedicar a assuntos espirituais. Ele estava envolvido em todos os deveres que acompanham naturalmente o fato de ser o chefe de uma das mais ricas e poderosas famílias da região. Negócios de sua família, propriedade, cidade e território consumiam seus dias. Às vezes, sentia-se como uma lebre que, em uma tentativa fútil de provar a horta toda, pula das beterrabas para os repolhos e então para as cenouras sem jamais consumir completamente nenhuma das plantas.

A julgar pelos padrões do mundo, Tiso era um homem bom. Tratava seus servos com justiça. Assistia à missa dominical e dava esmolas generosamente. Confessava-se e recebia a Eucaristia a cada ano, como era exigido. Inclusive tinha doado aos seguidores de Francisco de Assis um canto de sua enorme propriedade para construírem um ermitério, um lugar silencioso para descansarem depois de suas intensas atividades em Pádua.

Tiso apoiava não só sua Igreja, mas também sua cidade. Emprestava dinheiro ao órgão governante da cidade e cuidava para que os nobres fossem adequadamente protegidos pelas leis. Também emprestava dinheiro para indivíduos a um juro razoável e era paciente em esperar o pagamento. Diferentemente de alguns outros nobres, Tiso tinha apenas alguns devedores na prisão, e estes eram patifes irresponsáveis e preguiçosos que haviam incorrido em dívidas imensas.

Quando Antônio tinha ido a Pádua, Tiso quisera ouvi--lo pregar, porém parecia não encontrar tempo para isso. Contudo, os amigos de Tiso falavam tão bem dos sermões de Antônio que a curiosidade levou a melhor sobre o conde. Com tempo ou sem tempo, ele mesmo tinha de ir escutá-lo.

Os sermões de Antônio perturbaram Tiso; indicaram--lhe seu vazio espiritual. Portanto, Tiso passou a rezar mais. Debaixo de suas sedas, usava uma camisa de tecido feito de crina. Começou a assistir à missa algumas vezes durante a semana. Convidava o frade a se alojar em sua casa em Pádua ou no ermitério em Camposampiero, e Antônio freqüentemente aceitava o convite.

No entanto, independentemente do que fazia, Tiso não conseguia especificar ou suprimir a crescente inquietação que sentia em sua alma. Ele não era um grande pecador. Por que as palavras do frade o estavam deixando tão perturbado? Até dois meses antes, Tiso tinha lutado com esses sentimentos, que, às vezes, durante semanas seguidas, morriam como flores que definham. Contudo, então, exatamente quando Tiso tinha se convencido de que era realmente um homem bom que havia dado muito a Deus, um lampejo de percepção na missa ou durante suas orações o inundava com uma enxurrada de graça. Então as perguntas que estavam quase desaparecendo em sua alma reviviam e afloravam, mais fortes do que nunca.

Tiso era um homem bom. Um homem ocupado. Um homem importante. Certamente Deus não queria mais dele do que aquilo que ele já estava fazendo.

Para a Quaresma daquele ano, Antônio propôs-se a pregar diariamente. Na Quarta-feira de Cinzas, Tiso tinha ido ouvi-lo. Com inúmeras outras pessoas aglomeradas na missa, Tiso fizera lentamente seu caminho em direção ao frade para receber as cinzas. Ao fazê-lo, as palavras de Deus arderam em seu cérebro: "Porque tu és pó e ao pó hás de voltar".

Tiso começou a tremer de expectativa. Algo no corpulento frade de estatura mediana vestindo uma desbotada túnica cinza, na multidão heterogênea, na própria inquietação interior de Tiso, sussurrava à sua alma: "Tiso, depois desta Quaresma, você jamais será o mesmo".

Quando Tiso ajoelhou-se diante de Antônio, com sua cabeça baixada para receber uma cruz de cinzas sobre o topo, sentiu a manga do frade roçar seu rosto. Isso o fez vibrar como se tivesse sido tocado pela asa de um anjo.

Depois disso, Tiso tinha ido ouvir Antônio pregar tantas vezes quantas o permitiam seus afazeres. As palavras que ouvia eram como um contínuo e suave chuvisco primaveril. Dia após dia, ele aguava as flores da graça em sua alma, fazendo brotar vida nova e verde na paisagem estéril.

Inclusive no momento em que cavalgava a um trote tranqüilo rumo ao ermitério, ele se lembrava das palavras renovadoras de Antônio.

"Se o espírito não colocar de lado o cuidado ansioso com coisas temporais, jamais se aproximará de Deus. As pessoas que estão presas em infinitas preocupações temporais fazem com que os fardos do pecado e o peso da preocupação com o mundo alcancem sua alma. As coisas temporais são como uma nuvem matinal. Não são absolutamente nada, no entanto, como uma nuvem, parecem ser algo. A nuvem matinal impede que vejamos o sol, e o excesso de bens temporais desvia a alma dos pensamentos de Deus."

Tiso, que diariamente estava de pé cedo, cavalgando pelos campos de sua propriedade, muitas vezes tinha visto as nuvens matinais que obscureciam o sol.

Em outra oportunidade, Tiso ouviu: "A alma estéril é sufocada por uma abundância de bens temporais. Então é enterrada e empurrada para baixo pelo grande peso de suas próprias maldades. O homem rico que, segundo o evangelista Lucas, 'se vestia com roupas finas e elegantes' foi enterrado nas dores do inferno porque, durante sua vida terrena, ele se enterrou em prazeres."

Tiso tinha ido para casa, procurado o versículo e o lera de novo: "'Parece gostoso o pão ganho com a fraude, mas depois a sua boca se enche de areião'. O pão ganho com fraude é toda pompa e glória mundana que enganosamente afirma que é algo, quando não é nada. A glória deste mundo, por ser doce ao paladar do homem, encherá sua boca com o areião da cinza abrasadora na punição eterna, onde ele não conseguirá engolir".

Nos dias seguintes, Tiso não conseguiu comer pão doce de passas sem lembrar as palavras de Antônio.

E então, num terceiro dia, o próprio Cristo tinha falado a Tiso nas palavras do santo frade. "O Senhor disse em Mateus, capítulo 19, versículo 21: 'Se queres ser perfeito, vai, vende os teus bens, dá o dinheiro aos pobres, e terás um tesouro no céu. Depois, vem e segue-me'. A uma pessoa com caridade e com o desejo de compartilhar a pobreza de Cristo, o Senhor aparece.

"Pois Cristo diz: 'Segue-me'. Vocês que nada têm, que jamais possuíram coisa alguma, sigam-me. Vocês que são oprimidos pelas dificuldades da vida, sigam-me. Para me seguir, vocês têm de pôr de lado qualquer coisa que os empurre para baixo ou os retenha, pois não serão capazes de me acompanhar se estiverem onerados com peso extra. 'Quem deseja ser meu seguidor deve negar a si mesmo', renunciar à sua própria vontade, 'tomar sua cruz' de negação e mortificação 'cada dia' sem cessar 'e seguir meus passos'. Foi isso que Cristo quis dizer quando disse: 'Segue-me'.

"Como somente Cristo conhece o caminho, quão tranqüilizantes são suas palavras, quando ele nos convida a segui-lo! Quando seguimos Cristo, andamos por um caminho muito estreito. É o caminho de justiça, pobreza e obediência, um caminho que Cristo seguiu ao longo de toda a sua vida. Embora seja um estreito caminho de coragem moral, é possível caminhar por esse caminho com grande liberdade. Embora a obediência e a pobreza pareçam confinar e restringir nossa liberdade, em realidade nos livram de nossos grilhões e nos libertam. Quem seguir Jesus ao longo do caminho reto e estreito não será estorvado pelo apego a coisas materiais ou pela dependência egoísta de sua própria vontade, que impedem e limitam o progresso espiritual.

"Sigam-me e eu lhes mostrarei 'o que os olhos não viram, os ouvidos não ouviram e o coração humano não percebeu'. Sigam-me e eu 'lhes darei tesouros ocultos e riquezas escondidas', e 'vocês verão e ficarão radiantes; seu coração estremecerá e se dilatará'. Verão a Deus 'face a face, como ele realmente é'. Vocês se tornarão radiantes em corpo e alma; seu coração estremecerá e transbordará de admiração com os coros de anjos e o reino celestial dos santos."

Tiso era velho o suficiente para ver, de forma extremamente nítida, a transitoriedade dos bens temporais e o fim próximo de sua vida terrena. Ele percebeu que o claro chamado de Antônio para seguir Cristo talvez fosse o último convite que possivelmente receberia. A alegria e a paz totais e evidentes que irradiavam de Antônio e permeavam seus sermões encheram Tiso com um anseio desesperado por Cristo. No entanto, como ele, um velho, poderia prescindir de suas riquezas e seguir o chamado que ardia cada dia mais intensamente em sua alma? Finalmente, após três semanas de sermões, Tiso não mais podia suportar a dor implacável de uma vida que se tornara opressiva e sem sentido. Ele convidou Antônio a passar a noite em sua casa dentro dos muros da cidade.

Na noite anterior à terça-feira em que Antônio deveria chegar, Tiso acalmou sua alma irrequieta e dormiu quase tão profundamente quanto o cão de caça aos pés de sua cama, mas então, embora a noite estivesse silenciosa e escura, ele despertou repentinamente, como se alguém o tivesse cutucado com uma vara. Com os olhos arregalados, fitou a escuridão enquanto todos os seus temores e perguntas surgiram em sua alma como mariposas. Eles voejaram por seu cérebro, pousando aqui e ali, deixando-o em agonia. O que Deus queria dele? E se fosse demais para dar? Ele deveria mudar? Como? E se nunca se modificasse em absoluto? Poderia então viver em paz consigo? Se mudasse, poderia conviver consigo? O sacerdote lhe pediria para renunciar a todos os seus confortos? Ele conseguiria?

 Cada pergunta parecia gerar outra, e nenhuma resposta vinha para engolir suas interrogações. Finalmente, desesperado, jogou para o lado suas cobertas macias e tateou no escuro à procura de seus calções que estavam pendurados no prego acima da cama. Ele se vestiu rapidamente, como se estivesse sendo perseguido por demônios, pondo as roupas de seda que usara no dia anterior para ir a uma reunião com um dos seus notários. Tateando, encontrou a saída do quarto para o corredor e, levando consigo uma das lamparinas, apressou-se pela casa em silêncio e saiu.

 Como Tiso tinha previsto, seus pensamentos pareciam se dissipar um pouco na vastidão da cidade adormecida. Em seus muitos anos de negócios e disputas legais, aprendera que os problemas que espremiam a vida para fora dele no quarto sempre pareciam menores ao ar livre.

 Naquela manhã de terça-feira, o céu ainda estava negro, mas, logo além dos contornos das casas, o mais sutil dos tons róseos tingia o céu. Nada se movia. Nem um cão latia. Nem um galo cantava. Nem uma serva apressava-se para o mercado ou jogava água suja na rua. Usando a lamparina para guiá-lo, Tiso caminhou pela cidade adormecida.

Ó *Deus*, rezou ele, *quero que o padre Antônio venha, mas tenho medo do que ele vai exigir. Ajuda-me, Senhor. O que tu queres de mim?*

Orvalho pesado aderia como gotículas de vidro às flores e videiras plantadas na frente das casas de madeira e de pedra. Inclusive o lixo amontoado aqui e ali emitia cintilações.

Em um lampejo de percepção, Tiso lembrou-se da mensagem de Antônio no dia anterior.

"O orvalho é como o Paracleto, o Espírito da Verdade, que penetra gentilmente no coração do pecador e esfria os desejos da carne."

Poderia a agitação dentro dele ser o movimento do Espírito de Deus?

Perdido nos pensamentos, ele ficou parado na rua, com a luz de sua lamparina brincando sobre pontas de raiz descartadas e verduras murchas espalhadas ao lado do meio-fio. O orvalho cintilava sobre elas, fazendo com que parecessem quase pedras preciosas, mas debaixo do brilho continuavam a ser refugo em decomposição. Ele via dentro de si o Espírito de Deus, purgando e transformando sua indiferença, negligência de Deus e imersão no mundo. Debaixo do brilho, na luz de uma alma em renovação, ele podia sentir a podridão.

Na casa em frente ao monturo em decomposição, veio um grito estridente que arrancou Tiso com um sobressalto de sua reflexão. Então um outro berro, um ofego que terminou em choro e soluço baixo. Em seguida, silêncio. Por um momento, pensou que um marido irado estivesse batendo na esposa, mas então escutou a voz de novo, uma voz de mulher, aguda devido a uma dor repentina. Uma respiração rápida, agoniada. Um grito de surpresa. Um gemido prolongado. E então a voz de um homem, áspera. "Agüente. Mais um pouco de força, e você o terá."

Tiso sorriu. No quarto acima dele, estava nascendo uma criança.

As palavras de Antônio caíram como orvalho sobre seus pensamentos.

"Isaías diz: 'Em tua presença, Senhor, concebemos e geramos o espírito da salvação'."

Tiso também estava no processo de dar à luz?

"Depois de ficar grávida com a graça do Espírito Santo, sua alma se sente aflita, pois tem consciência de seus pecados. 'Uma mulher, quando está em trabalho de parto, fica aflita, porque sua hora é chegada.'"

Sim, sua alma estava fazendo força para dar à luz, para extrair o homem novo do velho. Havia só uma maneira de fazer isso, e envolvia o padre Antônio.

"A hora do nascimento é sua hora de confissão. Agora sua alma está pesarosa, expressando gemidos amargos, de modo que, envergonhada pelo seu pecado, possa reconhecê--lo, lamentá-lo e, em lágrimas, receber a graça. Então você será libertado."

Do quarto acima da cabeça de Tiso, irrompeu um grito estridente assustador, um longo gemido, e então se ouviu uma risada. "Oh, minha preciosa filha. Eu queria uma filha, doutor. Só temos filhos."

Tiso sorriu ao imaginar a mulher segurando a recém-nascida junto ao peito.

"Se a alma suportasse a dor do parto, sem dúvida se alegraria com o nascimento. Sobre esse nascimento espiritual, o Senhor diz: 'Assim haverá no céu alegria por um só pecador que se converte'. Pois, como diz Isaías: 'As coisas antigas nunca mais serão lembradas, jamais voltarão ao pensamento. Mas haverá alegria e festa permanentes'."

A mulher no quarto acima dele, a mulher que gerara vida nova logo além da podridão orvalhada aos pés de Tiso, regozijava-se com sua criança. Ela não sabia o que essa criança se tornaria, mas Deus sabia. Bastava ter gerado o bebê e deixar o futuro da criança nas mãos do Senhor que a criara. Tiso estivera se debatendo com o nascimento de seu próprio homem novo e se preocupando com o que o novo homem seria. Era suficiente que ele gerasse o bebê e deixasse Deus determinar seu futuro.

Naquela noite, Tiso, que se perguntara preocupado se poderia assustar o sacerdote com os seus pecados, contara-lhe todos eles em grande paz. Junto às brasas agonizantes de um fogo em uma lareira de mármore esculpida com ornatos, Antônio tinha proferido a absolvição e a bênção. Tinha ministrado uma penitência – restituição em dobro de qualquer ganho desonesto, libertação das pessoas que havia aprisionado por dívida e presença diária na missa durante o resto de sua vida. E Tiso o havia convidado a passar mais tempo na casa dele, tanto em Pádua quanto em Camposampiero. O frade tinha concordado.

À medida que aumentava a quantidade de semanas após a conversão de Tiso, também aumentavam as inspirações do Espírito Santo. Ele começou a pensar mais e mais nas pessoas que são conhecidas como penitentes. Em simplicidade, caridade e santidade, elas entregavam sua vida a Deus. O desejo de se submeter completamente a Deus cresceu no coração de Tiso. Um dia, quando Antônio visitava o ermitério em Camposampiero, Tiso pediu para lhe falar sobre a questão. Juntos, os dois tinham caminhado para a floresta.

"Padre, acha que eu poderia me tornar um penitente? Estou velho, sou muito apegado ao mundo e fraco em determinação. Quero fazer isso, mas pergunto-me se vou conseguir."

"Ah, conde Tiso, você me lembra as mulheres que foram ao sepulcro de nosso Senhor para ungir o corpo dele. O Espírito Santo atraiu-as para lá, e elas queriam muito prestar esse serviço ao nosso Senhor. Contudo, no caminho, elas comentavam entre si: 'Quem vai remover para nós a pedra da entrada do túmulo?', pois era uma pedra grande, provavelmente muito maior do que esta aqui." Antônio colocou o pé descalço sobre um bloco de granito cinza que se projetava do chão da floresta e tinha aproximadamente a metade da altura de um homem. "Quando chegaram ao sepulcro, conde Tiso, o que elas constataram?"

"Que a pedra já havia sido removida."

"Sim. Agora, seria difícil, na verdade eu diria impossível, que você e eu deslocássemos este bloco de pedra que está junto aos nossos pés. Concorda?"

"Não tenho idéia da profundidade em que está enterrado no chão. É possível que nem mesmo uma junta de bois consiga removê-lo."

Antônio acenou afirmativamente com a cabeça. "Contudo uma pedra, provavelmente maior do que esta, já havia sido removida quando as mulheres chegaram ao sepulcro. Foi o Espírito Santo que fez isso." Antônio tocou o braço de Tiso. "Meu conde, você propôs tornar-se um penitente. Essa idéia não veio de você, mas do Espírito Santo. No entanto, você diz: 'Quem vai remover a pedra para mim? Conseguirei suportar a severidade da vida religiosa? Conseguirei tolerar os jejuns freqüentes, a vestimenta simples, a pobreza voluntária, as orações diárias exigidas?'. Não tema, conde Tiso. A pedra já foi removida. Como o anjo que removeu a pedra para as mulheres santas, o Espírito Santo já removeu a pedra para você. O Espírito diz-lhe: 'Fortalecerei sua fraqueza, tornarei leve a severidade e adoçarei qualquer amargura com o bálsamo de meu amor. Veja, a pedra está removida. Venha e entre no sepulcro, onde verá o lugar em que o seu Salvador foi ressuscitado'."

Tiso tinha olhado para o bloco de pedra sob o pé de Antônio. Tinha olhado para seu próprio coração temeroso. E tinha saltado para os braços de Deus.

E posteriormente, quando se aproximava do ermitério, Tiso o fazia como penitente. Tinha trocado suas sedas por um tecido humilde, não tingido e barato, e suas luxuosas capas de pele por vestes de lã de carneiro. Havia abandonado todos os outros adornos. Abstinha-se de carne três dias por semana, excetuados os dias de festa, e jejuava várias vezes durante o ano. Orava diariamente as sete Horas Canônicas. Todo mês confessava-se e recebia a Eucaristia depois. Participava de várias obras de caridade, que incluíam visitar toda semana os enfermos, dar esmolas espontaneamente e ajudar nos funerais de outros membros de sua fraternidade. Além disso, recusava-se a portar armas e a fazer juramentos e, toda noite, repassava seus pecados do dia e orava a Deus por perdão. A cada mês, ele se reunia com outros penitentes para celebrações religiosas, onde palavras trocadas entre eles os fortaleciam em sua vida renovada. E, no ano seguinte, seria aceito permanentemente na Ordem deles.

Tiso jamais tinha sido mais feliz. Quando viu a nogueira, riu de alegria. Faria Antônio feliz.

Tiso havia dito a dois de seus servos para encontrar-se com ele junto à árvore. Ambos, quatro décadas mais jovens do que Tiso e musculosos como bois, estavam esperando debaixo da nogueira. Tiso sabia exatamente o que queria. Fez parar o cavalo e amarrou-o a uma árvore. Deslizando da sela, gritou: "Uma cela de junco entretecido, com um assoalho firme e um telhado em forma de triângulo. Espaçosa e impermeável. E tão alta na árvore quanto pudermos fazê-la. Padre Antônio vai escrever seus sermões aqui. Deve ficar confortável e protegido".

Os jovens acenaram com a cabeça em concordância. "Trouxemos as ferramentas, meu senhor."

"Ele terá dois frades para atendê-lo", continuou Tiso, "por isso, quero duas celas adicionais, mais embaixo na árvore e menores, para esses dois frades. Eles devem ficar perto o suficiente do padre Antônio para escutá-lo chamar, mas distantes o suficiente para não perturbá-lo".

"Não será difícil, meu senhor. A árvore é grande o suficiente para três celas."

Portanto, Tiso e os jovens começaram a construção. Como Tiso trabalhou! Sentiu-se anos mais jovem enquanto suas mãos cortavam e entreteciam o junco. As celas tinham de ficar certas. E, no final do dia, estavam. Tiso andou em volta das celas concluídas, com seus assoalhos planos e lisos, suas pequenas janelas abertas para as brisas e os pássaros. Então fechou bem as celas e esperou que chovesse.

A natureza não o desapontou. No dia seguinte, houve um temporal. Tiso, coberto com uma grossa capa, cavalgou até a árvore, cujos galhos o vento agitava violentamente. Após amarrar seu cavalo, subiu pela firme escada pregada no tronco e inspecionou primeiramente as duas celas menores. As portas e janelas estavam bem fechadas, e, dentro, o assoalho estava seco. Então, golpeado pelo vento, Tiso subiu para a cela de Antônio. Abriu a porta e entrou. O oratório tremia no vento, mas continuava firme. Tiso verificou cada centímetro de parede e assoalho. Tudo seco. Satisfeito, ajoelhou-se no assoalho e agradeceu a Deus. Não subiria ali de novo. A partir de então, a cela pertencia ao santo.

Capítulo 26

IRMÃO LUCAS BELLUDI

**Estrada fora da cidade, Pádua, Itália
(por volta de 30 de maio de 1231)**

Por entre as árvores esparsas que margeavam aquela estrada estreita fora de Pádua, o irmão Lucas Belludi olhava para o declive da colina com grama que se erguia à sua direita. No meio da subida, um rebanho de ovelhas pastava em um prado luxuriante, pontilhado de flores. O declive não era especialmente íngreme para alguém com boa saúde, mas... e para Antônio?

"Quero ver Pádua pela última vez", tinha dito ele a Lucas, mas deveria subir aquela colina para vê-la? Logo depois das laudes, ao romper da aurora, os frades tinham saído do Santa Maria para começar sua jornada de 18 quilômetros até Camposampiero. Já quando o sol rumava para seu zênite, a respiração profunda e difícil de Antônio forçava seus pulmões. Eles ainda tinham quilômetros pela frente.

Lucas olhou para o rosto magro do companheiro, sua pele seca e pálida como pergaminho. "Tem certeza de que quer subir, irmão?" perguntou Lucas.

"Vou descansar um pouquinho debaixo desta árvore", disse Antônio, sentando-se. Com a árvore escorando suas costas, ficou sentado com as pernas estendidas diante dele. "Se eu descansar, vou ter condições de completar a subida."

Lucas baixou do próprio ombro a sacola de lã que continha os manuscritos dos sermões e o breviário de Antônio, bem como as *Concordâncias morais* e o *Comentário sobre os Salmos*, que Antônio havia escrito para seu próprio uso. Era a primeira vez que Lucas carregava aqueles preciosos fardos. Antes, Antônio sempre tinha insistido em carregá-los ele mesmo, jogados sobre seu ombro esquerdo, enquanto os dois frades tinham caminhado de um lugar a outro para pregar. Não era que Antônio não confiava em Lucas para carregá-los; era simplesmente que se sentia responsável por carregar seus próprios fardos. Contudo, as pernas inchadas de Antônio então mal e mal conseguiam carregar seu corpo.

"Eu vou carregar os escritos", havia dito Lucas a Antônio naquela manhã. "Já é difícil o suficiente para você caminhar sem ter de carregar ainda mais peso."

Antônio tinha aceitado o favor.

Lucas colocou os preciosos sermões perto dele sobre a grama; então Antônio encolheu as longas pernas, encostando-as no queixo, e envolveu-as com seu hábito. Depois de pôr os braços compridos ao redor das pernas, apoiou o queixo ossudo nos joelhos, como costumava fazer quando era menino.

Com o canto dos olhos, observou Antônio. Sob o hábito do frade projetavam-se pés intumescidos que se uniam a pernas grossas como toras debaixo de um pano cinza esfarrapado. As mãos de Antônio estavam fechadas sobre o abdome distendido, e a cabeça inclinava-se para o magro ombro direito. Pálpebras da cor de um mar fustigado pela chuva fecharam-se. Uma coloração de carvão vegetal circundava suas profundas órbitas oculares castanhas.

Antônio estava ressonando.

Lucas sentiu-se aliviado. Se Antônio dormisse, sua respiração pesada talvez abrandasse, e o frade talvez tivesse condições de subir a colina.

Quando o superior geral tinha designado Lucas pela primeira vez para acompanhar o sacerdote, Antônio já estava doente. A hidropisia, que tinha inchado seu abdome, a essa altura intumescia tanto o homem que, apesar do contínuo jejum de Antônio, sua barriga estava tão distendida como a de um glutão e sua capacidade de se movimentar com rapidez havia desaparecido.

Lucas estendeu a mão e gentilmente alcançou o capuz da túnica de Antônio por trás das costas dele. Puxando o capuz sobre a nuca morena de Antônio, colocou-o cuidadosamente sobre a cabeça tonsurada, apertando o tecido em torno dos ouvidos de Antônio. Então, num movimento rápido, puxou para cima seu próprio capuz. Os mosquitos não molestariam nenhum dos dois homens. Lucas fechou os olhos para descansar.

Nascido por volta do início do século, Lucas tinha deixado para trás a opulência da família Belludi, que vivia nas proximidades de Pádua, para se unir aos seguidores de Francisco. Na época, Lucas tinha vinte anos. O próprio bendito Francisco, a quem Lucas admirava profundamente, tinha vestido o jovem. E lá estava ele então acompanhando um outro homem que igualmente estimava muito.

Enquanto Antônio cumpria seus deveres como provincial, Lucas tinha viajado com ele pelas cidades da Romagna: Milão, Vercelli, Varese, Bréscia, Breno, Lago de Garda e Mântua. Nas estradas, tinham visto o desfile comum de clérigos, frades, nobres, cavaleiros, fazendeiros e camponeses, mas também criaturas extraordinárias e estranhas trazidas da Ásia e da África pelo imperador. Elefantes. Leões. Macacos. Antônio observava esses animais exóticos e, às vezes, utilizava-os para ilustrar seus sermões. Bastava ele mencionar um leopardo, uma vaca selvagem ou um rinoceronte, para sua curiosa platéia ficar imediatamente atenta.

Em suas viagens, Antônio tinha empurrado ambos os homens até seus limites e, algumas vezes, para além deles. O sacerdote tinha pregado, orado, fundado conventos, acolhido noviços, perdoado pecados, compartilhado esmolas com aleijados e mendigos, curado os enfermos e ressuscitado os mortos. Nele, Lucas tinha visto a união íntima do divino e do humano.

Em uma cidade, uma mulher tinha se aproximado dos dois frades. Ela tinha nos braços uma criança pálida e flácida cujas pernas estavam encolhidas contra o próprio peito como se estivesse numa agonia de morte. O corpo pálido e torcido encheu Lucas de pesar.

"Pode curá-lo, irmão?" pediu Lucas.

"Vou abençoá-lo", disse Antônio.

Fazendo o sinal-da-cruz sobre a criança e sua mãe, Antônio mandou os dois embora. Na manhã seguinte, a mulher foi até a plataforma onde Antônio estava se preparando para pregar. Com passos rápidos e curtos, a criança caminhava ao lado dela.

"Padre!" exclamou a mulher.

Antônio levantou a mão para silenciá-la. Fazendo novamente o sinal-da-cruz sobre os dois, proferiu as seguintes palavras antes que eles se misturassem à multidão: "Dêem glória a Deus por sua misericórdia".

Em outra ocasião, um jovem chamado Leonardo tinha procurado Antônio para se confessar. Como fazia com todos os penitentes, Antônio tinha ouvido pacientemente, dado conselhos e a absolvição e enviado o jovem para casa. Não muito tempo depois, disseram a Antônio que Leonardo tinha cortado fora seu pé. O rosto de Antônio ficou pálido. "Oh, Jesus, não!", tinha sussurrado ele.

Ele e Lucas foram às pressas para a casa do jovem, onde encontraram sua mãe chorando e o coto do jovem sangrando profusamente.

Tomando o rosto de Leonardo em suas mãos, Antônio perguntou com a voz cheia de agonia: "Leonardo, por que você fez isso?".

"Padre", chorou o trêmulo rapaz, "quando lhe contei que tinha chutado minha mãe, você disse que o pé da pessoa que faz isso merece ser cortado fora".

Com a cabeça baixada, Antônio gemeu, com a voz tão cheia de aflição que assustou inclusive Lucas: "Oh, Leonardo, meu sincero penitente. Onde está o pé?".

Leonardo apontou para um cesto. Antônio levantou pelo dedão o pé azul e ensangüentado. Com os olhos levantados para o céu, ele se ajoelhou ao lado de Leonardo enquanto pressionava o pé contra o coto. Então fechou os olhos e tremeu.

"Senhora, depressa, um pano", disse ele.

A soluçante mãe do garoto agarrou um pano de um prego na parede e entregou-o a Antônio. "Rasgue-o em tiras, Lucas", ordenou ele.

Com a ajuda de uma faca de cozinha, Lucas fez algumas faixas esfarrapadas com as quais Antônio enrolou o pé e o coto. Quando os dedos ensangüentados de Antônio deixaram lentamente de pressionar o calcanhar, o pé permaneceu preso.

"Fique na cama, Leonardo. Que Deus tenha misericórdia de você." Antônio abençoou o jovem e então tomou as mãos dele nas suas próprias. "Leonardo, o corpo é o templo de Deus. Nunca, nunca o mutile. Como me arrependo de ter dito o que eu lhe disse! Por favor, perdoe-me."

Antônio curvou a cabeça em direção às mãos do rapaz. "Por favor, perdoe-me."

O garoto arqueou as sobrancelhas e olhou de Lucas para a mãe e novamente para Lucas. Timidamente tirou uma das mãos de baixo do rosto de Antônio e, com um movimento rápido e leve, tocou o ombro do sacerdote. Então retirou a mão e manteve-a junto ao peito, como se não soubesse o que fazer com ela.

Sua voz saiu em sílabas hesitantes. "Tudo bem, padre. Acho que o senhor não queria dizer que eu realmente deveria cortá-lo."

Antônio levantou a cabeça, seus olhos fechados abriram-se e um profundo suspiro escapou de seu peito. "Vamos rezar, Leonardo." Durante longos momentos, os quatro na casa oraram em conjunto. Então Antônio levantou-se para ir embora. "Não remova essa atadura durante muitas semanas. Continuarei a orar por sua cura."

Muitas semanas mais tarde, quando Leonardo removeu a atadura, o pé permaneceu preso. Ele tinha mostrado a Antônio e Lucas a enorme cicatriz denteada que indicava onde o pé havia sido cortado.

Em outra ocasião, Lucas e Antônio faziam parte de uma multidão reunida para ouvir um abade da Ordem dos frades dominicanos. Em sua pregação, o abade tinha citado o discurso de São Paulo a Dionísio e aos outros cidadãos de Atenas.

"O Deus que fez o mundo e tudo o que nele existe, o Senhor do céu e da terra, não habita em templos feitos por mãos humanas nem é servido por mãos humanas, como se precisasse de alguma coisa, ele que a todos dá vida, respiração e tudo mais. De um só ele fez todas as nações para habitar toda a face da terra e fixou os tempos de sua existência e os limites dos lugares em que viveriam. Tudo isso para que procurassem a Deus, mesmo que às apalpadelas, e se esforçassem por encontrá-lo, embora ele não esteja longe de cada um de nós. 'Pois nele vivemos, nos movemos e existimos', como alguns de vocês, aliás, já disseram: 'Também nós somos a sua linhagem'."

Enquanto Antônio escutava essas palavras, um grande sorriso formou-se em seus lábios, e seu rosto todo pareceu radiante de alegria. Ajoelhou-se na perna esquerda, com o joelho direito dobrado, as mãos cruzadas e apoiadas sobre a coxa direita e o rosto erguido para o céu. Durante o restante do sermão, ele ficou nessa posição, permanecendo imóvel inclusive quando o pregador parou de falar e a multidão dispersou-se. Lucas manteve os curiosos afastados. "Ele está em êxtase", disse-lhes. Lucas esperou, ficando de guarda até que Antônio baixasse os olhos e se levantasse.

"O que viu, irmão?" havia perguntado Lucas.

Antônio tinha levantado a mão para os lábios e balançado a cabeça para os lados. Lucas não perguntou de novo. Tampouco perguntou a respeito de êxtases subseqüentes, que se estavam tornando mais freqüentes. Realmente, às vezes, Antônio já parecia estar vivendo no céu, porém, outras vezes, como na parada da subida da colina, quando o ronco forte de Antônio indicava a progressão de sua doença, o homem parecia muito atolado na terra.

Antônio tinha seguido um cronograma rigoroso, chegando finalmente a Pádua, onde trabalhara diligentemente em seus sermões. Ainda estava trabalhando neles; era por isso que Lucas os estava carregando para Camposampiero.

Lucas tinha lido trechos dos sermões. "Tentei, na medida em que a graça divina mo concedeu e meu pobre e parco suprimento de conhecimento respondeu, estabelecer uma concordância", havia escrito Antônio na introdução. "Embora esteja bem consciente de minha própria insuficiência para realizar um trabalho tão grande e difícil, deixei meu medo e respeito diante da tarefa serem superados pelas orações e pelo amor dos irmãos que me incentivaram." Lucas sorrira quando lera isso. Ele havia sido um dos irmãos que haviam incentivado Antônio.

Mais tarde, Antônio havia acrescentado: "Ó caros irmãos, eu sou o menor entre vocês, seu irmão e servo Antônio. Para sua consolação, para a edificação dos fiéis e para a remissão de meus pecados, eu escrevi, empregando o melhor de minha capacidade, esta obra sobre o Evangelho. Portanto, peço-lhes que, ao lerem essas páginas, ofereçam a Deus a memória de mim, seu irmão".

Lucas engoliu um nó que surgiu de repente em sua garganta. Será que os escritos de Antônio seriam em breve tudo que restaria dele? Ah, Lucas os leria e oraria pelo homem que estava cochilando ao seu lado.

Antônio tinha trabalhado naqueles sermões até a Quaresma e então tinha pregado diariamente ao longo dos quarenta dias. Quando Lucas tinha tentado dissuadi-lo daquele cronograma brutal, Antônio havia sido inflexível. "Não, tenho de pregar", dissera ele. "A seara é grande, e tenho de trabalhar enquanto ainda há tempo. Para mim, a noite está chegando, porém, enquanto ainda é dia, vou trabalhar na vinha de meu Senhor."

Antônio tinha pregado todo dia, não nas igrejas que haviam sido escolhidas para isso, pois eram pequenas demais para as multidões que iam ouvi-lo, mas nos prados. De noite, as ruas de Pádua eram iluminadas por tochas e lanternas. Nobres e cavaleiros, camponeses e mendigos encaminhavam-se para o lugar onde Antônio iria pregar. Toda manhã, o gramado estava lotado com ouvintes que tinham acampado durante a noite para ouvir o seu santo. Às vezes, as multidões chegavam a trinta mil pessoas, e todas as vozes, incluindo as dos vendedores que estavam ali para vender suas mercadorias, silenciavam quando Antônio começava a falar.

Lucas e vários outros frades que acompanhavam Antônio enfileiravam as pessoas para a confissão, enquanto Antônio, que diariamente nada comia até o pôr-do-sol, ficava tão absorto em ouvir confissões que nem sequer chuvaradas diminuíam seu zelo. Tantas pessoas iam até lá para se confessar a Antônio e aos outros sacerdotes de Pádua, que clérigos de cidades vizinhas eram chamados para ajudar. Pádua estava entrando no reino de Deus em uma avalanche.

Como nuvens de mosquitos, as multidões sugavam de Antônio sua força decrescente e retiravam-se fortes, repletas de fé e animadas. No final do dia, Antônio arrastava seu corpo para o pequeno mosteiro de Santa Maria, no coração da cidade, onde o sono, interrompido por orações, jamais repunha completamente a energia que ele havia perdido.

Às vezes, distúrbios outros que não orações interrompiam aquele precioso descanso. Numa noite, por volta do início da Quaresma, Lucas acordou ao ouvir algo que pensou ser uma sufocação agoniada. Vestindo rapidamente a túnica, saiu correndo de sua pequena cela iluminada com uma vela para a cela vizinha. Antônio estava sentado ereto em seu catre, fitando a parede.

Lucas ficou parado no vão da porta, sem saber o que fazer. À fraca luz da vela, ele podia ver, pelo brilho do rosto do frade, que este estava vivenciando um outro êxtase. Em determinado momento, Antônio fechou os olhos e suspirou profundamente.

Lucas deu um passo para dentro da cela e ajoelhou-se junto ao frade. Pegou rapidamente o cobertor que estava sobre o colo de Antônio e enxugou gotas de suor do peito e pescoço magros do homem.

Antônio estendeu a mão para cima e tomou as mãos de Lucas nas suas. Sua voz era gentil, mas trêmula. "Você é o pai que vem consolar o filho que é perturbado pelos terrores da noite."

"Teve um sonho, irmão?"

"Pareceu-me como se o diabo estivesse tentando me sufocar. Quase não consegui respirar."

Lucas sentiu o terror surgindo nele mesmo. "Irmão, não!"

Antônio sorriu. Ele deu uma palmadinha na mão de Lucas. "Estou bem, irmão. Pedi à Santa Mãe que me ajudasse e cantei o hino dela: 'Ó Senhora Gloriosa'. Quando fiz o sinal-da-cruz sobre minha testa, fiquei livre do poder do demônio."

"Você o viu, irmão?"

Antônio balançou a cabeça em negativa. "Não. Pensei que fosse vê-lo quando acordasse, mas, em vez disso, meu quarto estava iluminado com um brilho celestial. Eu vi Nossa Senhora."

Lucas temia pela segurança de Antônio. "Talvez Satanás retorne. Vou ficar com você hoje à noite."

Antônio sorriu. "Não, irmão. Nada tenho a temer do diabo. Na luz do amor de Deus que inundou minha cela, o anjo das trevas não teria como permanecer. Volte para a cama agora. Estarei bem."

A Quaresma continuou, terminou, e a Páscoa veio e foi-se. Se Antônio confrontou-se com o diabo de novo, não o mencionou. A única confrontação que esteve próxima disso ocorreu quando Antônio visitou Ezzelino de Romano. Recusando-se a levar Lucas junto na perigosa missão, Antônio tinha intercedido pelos parentes do conde Tiso que o tirano mantinha presos. Lucas havia rezado fervorosamente pela libertação deles e pelo retorno em segurança de Antônio, mas Deus tinha atendido somente uma de suas orações.

Depois da Quaresma, e até aquele momento, Antônio tinha continuado a pregar aos domingos e em muitos dias de semana. Diariamente ele escrevia, consolava, perdoava, visitava os doentes e os pobres. Então, quando o cereal amadureceu nos campos, Antônio parou de pregar durante a semana. "Seu dever, minha gente, é com o cereal", bradou ele no seu último sermão diário. "Enquanto o limpam, lembrem-se de que Cristo veio a vocês como um humilde grão de trigo. Esmagado e quebrado pelos seus pecados, ele os alimenta com o Pão de sua vida e, assim, lhes dá vida eterna."

E, antes do romper do dia, os dois frades tinham partido do Santa Maria para ir para Camposampiero. Lá Antônio poderia descansar e trabalhar em seus sermões em paz. E ele queria desesperadamente terminá-los. Escrevia-os com o intuito de que servissem de notas muito detalhadas para pregadores itinerantes e clérigos com dificuldades em compor seus próprios sermões. Esses homens obteriam inspiração, conhecimento e orientação das palavras de Antônio e poderiam, então, escrever suas próprias homilias. Quando Antônio terminasse esses escritos intensivos, repletos de textos da Escritura, de exemplos tomados da natureza e de analogias, ele queria escrever um livro para todos os cristãos lerem. Queria que o Espírito de Deus banhasse de luz as pessoas que lessem suas palavras.

Em Camposampiero, Antônio teria a oportunidade de concluir seus sermões e começar sua próxima obra sem interrupções demais da parte de seus devotos. Apenas aquelas pessoas de Pádua que necessitassem vê-lo pessoalmente fariam o longo trajeto até a propriedade do conde Tiso, especialmente durante o calor sufocante do verão. É claro que Antônio continuaria a receber todos os visitantes afavelmente como sempre fazia. Os devotos em Pádua que simplesmente queriam ver e falar com o homem que veneravam como um santo teriam de se contentar com os outros frades do Santa Maria.

Lucas estava quase adormecendo. Subitamente um adejar de asas roçou seu rosto. Desperto com o susto, surpreendeu uma pomba-rola alçando vôo. No mesmo instante, os olhos de Antônio abriram-se. O sacerdote sorriu. "Por um momento, pensei que eu estivesse de novo cantando o responsório na igreja de Santa Maria."

Lucas sorriu. No dia 2 de fevereiro, na festa da purificação de Maria, Antônio cantara com sua maviosa voz: "Ofereceram ao Senhor pelo retorno de Jesus duas pombas-rolas ou duas pombinhas".

Subitamente duas pombas-rolas voaram sobre o púlpito. A canção de Antônio adquirira mais júbilo. Em seu sermão, perguntou com alegria maravilhada: "Alguma vez vocês se perguntaram que dádiva a Sagrada Família ofereceu? Eu próprio estava me perguntando agora. 'Nossa Senhora, eram duas pombas-rolas ou duas pombinhas?'." A mão de Antônio ergueu-se na direção do local nas vigas onde duas pombas-rolas estavam empoleiradas. "Hoje a Santa Mãe revelou-nos a dádiva."

No local onde os dois então estavam, a pomba-rola voou para o alto e desapareceu.

"Não sou uma ágil pomba-rola, meu irmão. Sou uma velha mula que dormita no arreio", disse Antônio. "Contudo, ela está pronta para seguir adiante, se você estiver."

Lucas levantou-se e espreguiçou-se, afastando o sono. Sacudiu as pernas para livrar-se das cãibras. "Eu também estava cochilando, irmão." Estendeu a mão para Antônio, que, com esforço, se pôs de pé. Lucas apanhou a bolsa dos escritos de Antônio e colocou-a sobre o ombro.

Os dois homens subiram a colina, passando por capim macio e pisoteando flores cor-de-rosa e púrpura cuja fragrância subia em frágeis ondas. Ovelhas baliam e afastavam-se quando os homens passavam entre elas. Os dois subiam em silêncio. Às vezes, Antônio parava para recuperar o fôlego enquanto Lucas esperava. Outras vezes, quando chegavam a uma inclinação particularmente íngreme ou a montes de pedras, Lucas ajudava a puxar e empurrar o rechonchudo e desajeitado corpo do frade.

"Eu sou um incômodo", disse Antônio.

"Não. Você é meu irmão", respondeu Lucas. E ambos riram.[2]

No topo da colina, Antônio parou. Bem além deles, para o norte, erguiam-se as Montanhas Tirolesas, com seus picos cobertos de neve projetando-se para o céu pálido. Afocinhando para cima, em sua direção, como cordeirinhos lactentes, viam-se as colinas de Vicenza. Mais para o leste, serpenteavam as sinuosas Montanhas de Este, atravessando uma vasta planície verde de gramados e árvores. Diante delas, no vale, jazia Pádua, uma cidade descansando entre as colinas com a mesma naturalidade com que uma criança dorme entre os seios da mãe. À luz do sol, brilhavam palácios de mármore. Cúpulas e torres de sinos erguiam-se gloriosamente para os céus. Pontilhados de trabalhadores e animais em movimento, numerosos campos e vinhedos marrons e verdes cercavam os tetos vermelhos, as paredes cinza de pedra e os espaços abertos dos mercados de Pádua. Daquela altura, inclusive as cabanas dos pobres pareciam singulares e convidativas.

---

[2] Jogo com as palavras inglesas *bother* (incômodo) e *brother* (irmão) [N.T.].

Lucas sentiu uma mão cálida sobre a sua. "Olhe para Pádua, irmão", disse Antônio. "Há um local mais belo em todo o mundo? Sua beleza é uma prova da existência de Deus."

Antônio abriu os braços como se fosse abraçar tudo o que se via. "Bem-aventurada és, ó Pádua, pela beleza de teu lugar!" Sua voz, firme e poderosa e cheia, soou através das colinas. "Bem-aventurada és pela colheita de teus campos! Bem-aventurada és em teu povo que segue o Senhor." Então, levantando as mãos para o céu, ele exclamou: "Bem-aventurada também serás pela honra com que o céu está prestes a te coroar!".

Durante longos momentos, ele permaneceu com as mãos estendidas para o alto, os olhos fitando os céus, o corpo todo esticando-se para cima como se pudesse voar para lá simplesmente pelo fato de querer isso. Lucas curvou a cabeça e cruzou as mãos. Lágrimas rolaram por seu rosto, mas ele não sabia se eram de alegria ou tristeza. *Ó Senhor*, rezou ele, *ele está me dizendo que vai morrer? Ele sabe como as pessoas acorrerão para cá se ele morrer?*

Até que o sol começasse a lançar longas sombras sobre Pádua, os dois homens permaneceram assim, Antônio esticando-se para o alto, Lucas ajoelhado com a cabeça abaixada. Com o surgimento de uma brisa vespertina, a intensidade do Espírito afastou-se, e os frades olharam de novo para Pádua, que agora parecia mais cinza e mais fosca no crepúsculo.

Antônio foi o primeiro a falar. "Adeus, cidade amada", disse ele com voz trêmula. "Não pregarei mais em ti."

Através do lusco-fusco, os dois frades desceram a colina rumo a Camposampiero. Quando chegaram, o fusco tornara-se escuridão.

Capítulo 27

IRMÃO ROGÉRIO

Convento dos Frades Menores, Camposampiero, Itália (13 de junho de 1231)

Em sua plataforma de madeira nos galhos de uma grande nogueira, um enorme frade de bochechas redondas contorcia-se em seu cochilo. Embora estivesse quase alvorecendo, o irmão Rogério não estava bem adormecido. Nessas noites, ele nunca parecia estar bem adormecido. Não que se importasse de comprimir seu pesado corpo contra aquela pequena plataforma, tampouco se incomodava em dormir com suas mãos e pés extraordinariamente grandes espremidos contra as paredes feitas com ramos de salgueiro entretecidos de sua cela. Não era o desconforto que o mantinha acordado. Era Antônio.

Antônio, que dormia sobre uma plataforma maior, com a parte superior em forma de triângulo, respirou com dificuldade durante toda a noite e ocasionalmente roncou. O irmão Lucas, que também vivia na árvore, em uma pequena cabana construída logo acima da de Rogério e à direita do tronco, murmurava em seu sono. Esses sons, todavia, não incomodavam Rogério, que aprendera a dormir bem na companhia de frades que roncavam e tossiam a noite inteira. O que o perturbava era a doença de Antônio e o fato de que, a qualquer hora, ela pudesse lhe custar a vida.

Quando os homens tinham começado a viver juntos na árvore, Lucas dissera a Antônio: "Se você necessitar de ajuda durante a noite, deve nos chamar."

Antônio havia encolhido os ombros e olhado de Lucas para Rogério. "Vocês, irmãos, precisarão de seu descanso, pois não sabem com o que vão deparar-se de manhã. Eu estarei bem."

Será que Antônio chamaria se tivesse uma crise? Rogério sentiu-se mal com o pensamento de encontrar o corpo rígido do sacerdote de manhã e encolheu-se de medo diante da possibilidade de cuidar dele em sua agonia de morte durante a noite. Quando a escuridão descia e os homens se deitavam para dormir, Rogério não conseguia relaxar. Durante a noite toda, esperava ouvir um grito, uma sufocação, um murmúrio ou o silêncio absoluto que significaria que a morte tinha entrado na cela coberta acima da sua própria.

Toda noite, enquanto ficava na escuta, as memórias da morte de seu avô voltavam. Quando Rogério tinha oito anos, ele e o homem de sessenta anos estavam limpando o canteiro de cenouras da família quando as garras da dor cravaram-se no peito do idoso. O avô havia se curvado, agarrando o peito do garoto, com os olhos castanhos arregalados de medo e agonia. Quando caíra sobre os fofos brotos verdes, ele se agarrara a Rogério e sibilara: "Chame seu pai."

Aterrorizado, Rogério havia corrido para o campo onde o pai estava arando o restolho da colheita de trigo. "O vovô caiu e gritou na horta", havia bradado Rogério. Tinha visto os olhos do pai se arregalar de medo e também o pânico quando ele tinha jogado as rédeas ao chão e afundado o arado na terra para firmá-lo. Deixando os bois parados estupidamente nos sulcos, ele tinha ultrapassado o filho na corrida para casa. Quando o atarracado Rogério chegou lá, sem fôlego por causa da corrida e do medo, o velho homem estava deitado dentro de casa sobre sua cama, apertando a mão do filho e gritando de sofrimento.

Durante dez minutos, o homem que Rogério amava até mais do que amava o próprio pai gritou e tremeu. Então, após terríveis convulsões, seu corpo todo amoleceu. Enquanto os olhos do avô viravam para trás, o cônego da cidade tinha entrado correndo, sem fôlego, na cabana. Sobre o corpo imóvel, recitou as orações e realizou a unção que acompanharia a alma do velho ao céu.

O incidente deixara uma impressão em Rogério. A morte era horrível. Nunca mais queria ver ninguém morrer. E nunca mais viu. Embora tivesse ajoelhado ao lado de frades moribundos no convento de Santa Maria em Pádua e recitado com outros frades os salmos penitenciais, não tinha visto ninguém morrer. No que deve ter parecido piedade para outros, mantivera seus olhos firmemente fechados, o corpo imóvel, a mente concentrada nas palavras das orações. Ele rezava assim até que alguém anunciava a morte e, então, respirando fundo e desviando os olhos do cadáver, levantava e afastava-se da presença do corpo, olhando para o chão.

Rogério detestava essa sua secreta aversão infantil. Embora cresse de todo o coração na misericórdia salvadora de Deus, embora tivesse se unido aos frades menores para morrer para o mundo, embora soubesse que tinha de conceber sua vida presente como mera preparação para a morte, a despeito de toda a sua fé, ele ainda tinha medo de ver alguém morrer. Com quem ele poderia falar sobre esse terror não--cristão? Quem compreenderia?

Rogério tinha pensado algumas vezes em falar com o irmão Antônio sobre seu medo, pois ele era gentil e bondoso. Contudo, o irmão Antônio estava ele mesmo doente, enfraquecido ainda mais pelo contínuo fluxo de visitantes que continuavam a ir ao Santa Maria à procura de seu conselho. Rogério considerava demais o homem para molestá-lo com um medo que não deveria ter nenhum domínio sobre um seguidor de Cristo. E, bem no seu íntimo, temia ficar sozinho com um homem cujo corpo intumescido estava obviamente alimentando a morte. E se Antônio fosse fulminado na presença de Rogério? Portanto, preferia sorrir para o sacerdote, cumprimentá-lo, ouvi-lo ensinar e então o deixar em paz.

Entretanto tudo havia mudado. Duas semanas e meia antes, o guardião dos frades do Santa Maria tinha mandado chamar Rogério.

"Todos nós estamos cientes de que o irmão Antônio não está bem", começara a falar o guardião. "Agora ele não tem forças para saudar as numerosas pessoas que vêm aqui para vê-lo. O conde Tiso convidou-o para ir para Camposampiero, e o provincial, irmão Alberto, deu-lhe permissão para ir."

Rogério balançou a cabeça para a frente e para trás. Ele próprio estivera em Camposampiero algumas vezes. Realmente era um lugar tranqüilo.

"Alguém tem de ficar com o irmão Antônio todo o tempo. Será o irmão Lucas", continuou o guardião. "Contudo, você também deve cuidar dele."

A designação veio como um soco na virilha de Rogério.

"Se ele pedir uma pena, ou um pergaminho, ou um gole d'água, você deve buscar isso. Ele pode mandá-lo de volta para cá ou para Arcella para cumprir certas tarefas. Talvez necessite de ajuda para caminhar. À medida que ficar mais fraco, talvez não consiga levantar da cama. Você é forte e pode assisti-lo em suas necessidades físicas. Irá para

Camposampiero dois dias antes do irmão Lucas e do irmão Antônio para assegurar que tudo esteja preparado para a chegada deles. Junto com o irmão Lucas, você permanecerá em Camposampiero para cuidar do irmão Antônio até o fim, se necessário."

À medida que toda a importância da incumbência penetrou no cérebro de Rogério como uma pedra no estrume, a náusea dominou-o, e ele quase vomitou. O guardião pareceu não notar. Com as pernas bambas, saiu da cela do guardião e, do lado de fora da porta, sentiu engulhos. O guardião incumbira-o de observar Antônio morrer.

Durante dias, Rogério esperou secretamente o indizível – que o sacerdote morresse no Santa Maria ou a caminho de Camposampiero, mas ele não morreu. Duas semanas mais tarde, depois de escurecer, Antônio e Lucas tinham chegado à propriedade do conde Tiso.

Era óbvio que Antônio estava definhando. Embora adorasse ficar sentado na casa que o conde Tiso havia construído para ele na árvore, tinha muita dificuldade em subir até lá. Rogério sabia que o sacerdote fazia o possível, porém era necessário que ele e Lucas, um puxando as mãos do frade e o outro guiando seus pés grotescamente inchados, levassem o homem escada acima. Antônio permanecia todo o dia na casa excetuados os momentos de ofício divino e das duas leves refeições diárias que fazia com os outros irmãos no pequeno refeitório rústico.

Freqüentemente Antônio ditava em voz alta notas ou comentários para Lucas, que os registrava em papéis que tinha consigo em sua própria cela frondosa. Rogério era o menino de recados. Providenciava penas de aves e pergaminhos e, em dias de brisa, pedras para impedir que as folhas voassem. Em dias quentes, passava xícaras de água através da massa de folhas que encobriam os irmãos.

Para os visitantes que percorriam todo o caminho desde Pádua à procura do sacerdote, Rogério, mais alto do que a maioria deles, sempre fazia um comentário com autoridade. "O irmão Antônio não está bem. Ele está escrevendo seus sermões na árvore e só consegue descer com grande dificuldade. Podem falar com ele aqui de baixo ou, se quiserem, subir a escada até ele."

Rogério tinha escutado uma dúzia de sermões pregados das alturas frondosas para ouvidos sequiosos lá embaixo. Uma vez, uma multidão de ouvintes descuidados tinha pisoteado um dos campos de trigo do conde Tiso em sua ansiedade por cruzar a propriedade e surpreender Antônio em sua árvore. Quando Antônio ouviu falar a respeito da destruição, pediu a Rogério e Lucas que se unissem a ele em oração. No dia seguinte, Rogério teve de contornar o campo, quando foi à mansão senhorial do conde Tiso para pedir mais pergaminhos para Antônio. O trigo estava ereto no campo.

Muitas vezes, peregrinos vinham individualmente ver o sacerdote. Rogério havia ajudado mais ou menos duas dúzias de pessoas a subir na árvore, incluindo algumas senhoras nobres corpulentas que tentaram, sem sucesso, segurar os vestidos estufados em torno dos tornozelos, enquanto subiam a escada. Rogério tinha paciência com esses penitentes. Sabia que iam procurar o perdão e a orientação de Deus refletidos nas palavras do sacerdote.

Independentemente de Antônio estar sozinho ou com um visitante, Rogério sempre estava, subconscientemente, à escuta daquela respiração profunda e penosa. Ele se acostumara com ela e, muitas vezes, nutria uma fantasia. Talvez

Antônio não estivesse tão doente como todos supunham. Talvez, no ar estival, ele se recuperasse e voltasse ao Santa Maria. No entanto, de noite, os contos de fadas de Rogério desfaziam-se. Mais altos até do que os uivos distantes de lobos, Rogério escutava sons que vinham da cela acima dele.

Naquela sexta-feira, quando um matiz de luz começou a clarear a escuridão, Rogério acordou. Escutou um ruído acima dele e à sua direita. Levantando-se, removeu a palha de sua túnica e amontoou-a toda num canto da cela. De noite ele a espalharia novamente pelo chão para fazer uma cama. Enquanto empurrava para o lado o galho flexível que passara a considerar como sua porta, ele viu Lucas subindo a escada para a cela de Antônio. Rogério subiu atrás dele.

Depois de ajudar Antônio a descer a escada, os três homens caminharam uma curta distância através da floresta até a capelinha que o conde Tiso tinha construído para eles. Ali, diante de um altar de madeira e um pequeno tabernáculo iluminado por uma única vela, os três irmãos juntaram-se a uma meia dúzia de outros frades para entoar o ofício matinal.

Depois do ofício, Lucas e Rogério ajudaram Antônio a subir para seu frondoso oratório. Lucas e Rogério ocuparam seus lugares nas próprias plataformas. Embora o dia já estivesse quente, Antônio estava ocupado, terminando os sermões que o bispo, cardeal de Óstia, lhe havia encomendado. O farfalhar de pergaminhos e o arranhar da pena fizeram com que Rogério caísse em uma espécie de torpor.

O céu clareou. O canto matinal dos pássaros ficou mais forte. Formiguinhas pretas que subiam e desciam constantemente dessa árvore corriam pela casca. As horas passaram enquanto Rogério orava e Lucas anotava aquilo que Antônio lhe ditava. Quando o sol estava alto no céu, ouviu-se um sino do convento. Rogério e Lucas subiram a escada para ajudar Antônio a descer para a primeira refeição do dia.

Como de costume, faltavam vários frades a essa refeição do meio-dia, pois haviam ido a Pádua ou cidades vizinhas para pregar, trabalhar ou esmolar. Os dois que haviam ficado em Camposampiero, um dos quais era o guardião, estavam parados à mesa no refeitório. Quando Antônio tomou seu lugar, com Lucas e Rogério a seu lado, os irmãos baixaram a cabeça, enquanto o guardião recitava a bênção. Então os frades sentaram-se, e o guardião partiu o pão que os servos do conde Tiso tinham trazido e passou-o em volta da mesa. Quando Antônio tentou pegar a porção dele, sua mão tremeu e caiu. O pesado corpo vergou, enquanto seus dedos grossos agarravam-se à mesa. Se Rogério e Lucas não o tivessem segurado, talvez tivesse caído ao chão.

O guardião do convento levantou de um salto. "Ele está em êxtase?" perguntou.

Antônio balançou a cabeça em negativa.

"Irmão, talvez devesse deitar-se", sugeriu Lucas.

Antônio assentiu com a cabeça, então tentou ficar de pé. Ao fazê-lo, suas pernas dobraram-se. Lucas e Rogério seguraram os braços dele. Os outros frades agarraram o corpo. Em um grupo de túnicas cinza e marrons, Antônio foi meio carregado, meio escoltado até a cabaninha de palha mais próxima. Uma vez dentro dela, Antônio pareceu perder toda a sua força quando o corpo pendeu, primeiro com a cabeça, sobre o colchão de ramos de videira. Com grande dificuldade, os irmãos viraram-no de modo que ficasse deitado de costas. Antônio mal e mal cabia na cabana. As costas de Rogério faziam pressão contra uma parede, e as de Lucas contra a outra. Os outros dois frades ficaram parados junto à porta, sem saber o que fazer.

"Irmão Lucas, não deixe meus sermões na árvore", disse Antônio com voz fraca.

Quando Lucas saiu, Antônio virou-se para Rogério. Seus olhos escuros mantinham Rogério gentilmente preso. "Irmão Rogério, estou morrendo."

As palavras sussurradas pareciam gritar no cérebro de Rogério. Ele fitou esses olhos, que pareciam especialmente enormes e encovados no rosto magro, e viu de novo os olhos do avô girar para trás em suas órbitas. Quando uma enorme onda de terror o percorreu, ele começou a tremer de forma incontrolável.

A mão esquerda de Antônio ergueu-se muito lentamente até seus dedos tocarem o punho de Rogério: "Não tenha medo, irmão. Agora vem o fim da noite que é a vida turvada pelo pecado. O dia está raiando para mim, irmão. Não há necessidade de mais luta". O sorriso em seu rosto era fraco. "A miséria da vida está no fim, e a glória está começando." A mão de Antônio parecia pesada sobre o punho de Rogério, pesada, cálida e calma. Calor e paz fluíam do toque.

"Irmão, estou indo para casa."

Rogério balançou a cabeça para a frente e para trás, afastando o medo que o desconcertava.

Antônio continuou a falar: "Irmão, pode me fazer um pequeno favor? Estes eremitas têm sido muito gentis conosco, mas eles vieram à propriedade do conde Tiso para viver em solidão serena. Nestas duas últimas semanas, eles suportaram pacientemente visitas de penitentes que me procuraram".

Rogério assentiu com a cabeça: "Eu sei, irmão".

"Não quero impor a estes frades as despesas e os incômodos de meu funeral. Se eu morrer aqui, eles e o conde Tiso terão de suportar as fileiras sem fim de peregrinos que virão a este lugar encantador."

"O mundo todo o chama de santo, irmão", conseguiu dizer Rogério com a voz embargada.

Antônio assentiu debilmente com a cabeça. "Seria um grande fardo para todo mundo. Se você aprovar, iremos imediatamente para casa, para o Santa Maria. Oh, quem me dera morrer e ser enterrado lá! Na igreja dedicada à Mãe de Deus! Você vai providenciar uma carreta, irmão?"

Quando Lucas entrou na cabana com os manuscritos de Antônio, uma onda de alívio apossou-se de Rogério. Sairia rapidamente. Talvez Antônio morresse em sua ausência. Cuidadosamente, tomou a mão cálida e intumescida de Antônio e colocou-a sobre seu peito. "Vou arrumar uma carruagem", disse ele com voz áspera.

Rogério voou pela floresta até o estábulo do conde Tiso. Sua mente estava agitada. *Senhor, permita que ele morra antes de eu voltar.*

Com voz trêmula, Rogério disse a um cavalariço: "O padre Antônio necessita de uma carruagem para ir ao Santa Maria".

O homem de barba grisalha balançou a cabeça em negativa. "O conde Tiso saiu com a carruagem, mas há uma carreta aí."

Rogério concordou, e o cavalariço colocou os arreios numa junta de bois. Juntos, ele e Rogério jogaram enormes braçadas de feno na carreta, e então o servo atrelou os animais a ela. Rogério subiu, assentou-se e tomou as rédeas nas mãos.

Quando se aproximava do convento, o guardião correu ao encontro dele. "Você terá de levá-lo. Ele se recusa a ficar aqui."

O coração de Rogério disparou. Antônio ainda estava vivo.

Lucas, Rogério e os dois outros frades carregaram o corpo inchado para fora da cabana e colocaram-no na cama de feno da carreta. Então, com Rogério conduzindo e Lucas sentado atrás segurando a mão de Antônio, a carreta afastou-se de Camposampiero sacolejando.

Se Rogério ao menos pudesse tornar a viagem mais suave! Estava acertando todo sulco e pedra na estrada. A qualquer momento ouviria um gemido aflito ou um grito de dor. Não ouviu nenhum. A carreta continuou sacolejando. Um quilômetro. Dois. Três. Sempre que a carreta passava por um trecho menos irregular da estrada, o que não era freqüente, Rogério conseguia escutar, acima do rangido da madeira, o ofegar de Antônio. Ele ainda estava vivo.

Quinze quilômetros. A distância, Rogério podia ver o tranqüilo subúrbio de Capo di Ponte. Quem era aquele que vinha na direção deles? Um outro frade?

Quando o hábito marrom chegou mais perto, Rogério reconheceu o irmão Ignoto, capelão de Arcella.

Ignoto abanou a mão. "Como vai o irmão Antônio? Estou indo visitá-lo."

Rogério balançou a cabeça e apontou para a parte traseira da carreta. Ignoto soltou um gritinho quando Rogério puxou as rédeas para os bois pararem.

"Ele quer ir para o Santa Maria." Era a voz de Lucas.

Rogério sentiu um puxão na sua manga. Era Ignoto. "Ele não conseguirá chegar ao Santa Maria", sussurrou ele ao ouvido de Rogério. Então Ignoto disse num tom mais alto: "Irmão Antônio, se for para o Santa Maria, haverá um vai-e-vem de tantas pessoas que os frades não terão como mantê-las fora de sua cela. Ninguém lá terá nem um momento sequer de paz. Por que não vai para Arcella? É um pulo daqui, e você pode ficar em minha cela."

"É uma boa idéia, irmão", disse Antônio com voz rouca. "No entanto, peço-lhe, por favor, dê-me sua promessa de obediência. Quando eu morrer, leve meu corpo, se for possível de uma ou outra maneira, para ser enterrado na igreja de Santa Maria, a casa da Mãe de Deus."

"Eu prometo, irmão", disse Ignoto. Então ele saltou para o assento ao lado de Rogério, que conduziu a carreta rumo à abadia.

Em Arcella, junto à porta do capelão, Ignoto ajudou os dois outros a conduzir Antônio para dentro de um pequeno quarto e a deitá-lo sobre um colchão de palha. Eles mal tinham entrado, quando os outros frades de Arcella começaram a se reunir. Logo os finos e maviosos cantos das monjas atravessaram as paredes. Estavam cantando os salmos para o moribundo, rezando para que os portões do céu se abrissem para seu amado confessor, Antônio.

Rogério saiu para cuidar dos bois, mas um dos frades de Arcella já estava tirando os arreios deles. Um outro estava esfregando seus flancos suados com a borda de sua túnica.

"Entre, irmão. Ele talvez necessite de você", disse o frade que enxugava os bois.

Era a última coisa que Rogério queria fazer.

Quando entrou no quarto, viu imediatamente que Antônio mal e mal conseguia respirar. Seu peito subia e descia em grandes ondulações, e seu rosto moreno estava molhado de suor. Os olhos estavam arregalados, a boca estava aberta de pavor.

"Irmão Rogério, rápido!" gritou Lucas. "Levante a cabeça dele."

Rogério pensou que fosse vomitar. Suas respirações sobrepunham-se uma à outra rápidas e superficiais.

"A cabeça dele, irmão. Ele precisa sentar."

Rogério meteu as mãos atrás da cabeça e nuca do sacerdote. Com as mãos de Lucas atrás das costas dele, os frades levantaram Antônio para que pudesse sentar. Ignoto puxou uma cadeira para perto da cama. Juntos, os três frades levantaram Antônio e sentaram-no nela. Ajoelhando-se ao lado dele, Rogério continuou a manter ereta a cabeça do frade, pois Antônio não tinha forças para mantê-la erguida ele mesmo. Enquanto os três irmãos cuidavam de Antônio, os outros frades de Arcella lotaram o pequeno quarto e ajoelharam-se junto às paredes, com a cabeça baixada.

Antônio continuava a expirar em golfadas. Seus olhos arregalados estavam concentrados num ponto perto da porta, e seu corpo tremia como uma folha na brisa de novembro.

"A água está subindo em seu peito", disse Ignoto. "Ele está sufocando."

"Talvez um demônio tenha aparecido para atormentá-lo", propôs Lucas.

Ele está com medo de morrer, pensou Rogério.

Rogério olhou para o lugar perto da porta, enquanto o pescoço úmido sob sua mão tremia. Rogério não viu coisa alguma.

De repente, Antônio suspirou profundamente e parou de tremer. Fechou os olhos e caiu para trás na cadeira, com a tensão desaparecendo de seu corpo tão certamente quanto abandona uma cabra que acabou de pular em um precipício, deixando para trás o lobo que a perseguia.

"Irmão Ignoto, tenho de fazer minha confissão." A voz saiu em um sussurro rouco.

Rogério e Lucas trocaram olhares. Antônio pareceu ler seus pensamentos. "Não importa que ouçam meus pecados. Vocês os ouvirão de qualquer maneira no juízo final."

Em uma tentativa de abafar as palavras sussurradas de Antônio, Rogério fechou bem os olhos e rezou o pai-nosso repetidamente em rápida sucessão. Contudo, ele não pôde deixar de ouvir. "Pensamentos ilícitos. Distração na oração. Desejo por conforto. Orgulho na minha pregação. Atração pela popularidade. Fracasso em confiar plenamente na misericórdia de Deus." Então, com voz trêmula: "Dúvida quanto à minha salvação". Finalmente, sua voz silenciou.

Mas livrai-nos do mal. Amém, orou Rogério, concluindo a oração. Ele abriu os olhos.

"Eu o absolvo de todos os seus pecados", estava dizendo Ignoto, "incluindo os confessados e os esquecidos". Então Ignoto tomou a mão direita de Antônio em sua própria e traçou o sinal-da-cruz sobre o homem, enquanto o abençoava. "E abençôo-o em nome do Pai e do Filho e do Espírito Santo. Amém."

"Amém", disse Antônio com um suspiro. Então um grande sorriso espalhou-se por seu rosto e, com uma voz clara, mas fraca, Antônio começou a cantar.

"Ó Senhora Gloriosa,
Erguida acima das estrelas,
Aquele que te criou com presciência
Tu o alimentaste com o leite de teu santo seio."

A voz de Antônio tornou-se mais forte, mais alta. Sua cabeça fazia pressão contra as mãos de Rogério, enquanto levantava os olhos para o céu.

"O que a triste Eva tirou
Tu devolveste por meio de teu filho amado.
Para que nós, pobres miseráveis, pudéssemos ascender aos céus,
Tu te tornaste a janela do céu."

Era assim que alguém deveria morrer? Rogério sentiu que o medo cedia dentro dele, quando Lucas, Ignoto e os outros frades passaram a cantar juntos a terceira estrofe.

"Tu és a porta do Excelso Rei.
Tu és a porta brilhante da luz.
Ó nações redimidas,
Aclamai a vida dada a vós por meio da Virgem."

As vozes fortes e claras e o significado das palavras familiares cantadas durante o ofício matutino penetraram na alma de Rogério como água em pão. Antônio tinha enfrentado e expulsado o terror da morte. Enquanto Antônio entrava na eternidade cantando, a luz eterna de Deus inundou a alma do próprio Rogério com uma paz semelhante. Com voz grave e forte, ele cantou a estrofe final com os demais.

"Glória a ti, ó Senhor,
Que nasceste da Virgem,
Com o Pai e o Espírito Santo
Pelos séculos dos séculos."

Quando suas vozes se calaram, Antônio ergueu a cabeça ainda mais. Seus olhos concentraram-se no canto superior do quarto e dilataram-se de admiração e alegria. Uma exclamação de surpresa brotou de seus lábios, enquanto seu sorriso tornou-se radiante.

"O que você vê, irmão?" perguntou Rogério.

"Vejo meu Salvador."

Rogério fitou o canto. *Meu Jesus, o que devo fazer em tua presença? Agradeço-te por vires até ele. Por vires até mim. Meu Jesus, sou um pecador. Não mereço estar aqui em tua santa presença.*

"Irmão Antônio", Ignoto interrompeu a oração de Rogério. "Eu trouxe o óleo sagrado para ungi-lo."

O olhar de Antônio abandonou o canto e virou-se para Ignoto.

"Irmão, não há necessidade de você me prestar este serviço", disse ele gentilmente. "Tenho esta unção dentro de mim. No entanto, ela é boa e dá-me felicidade." Ele estendeu as palmas das mãos para a unção, enquanto, através das paredes, continuavam a fluir os cantos das monjas.

Ignoto ungiu os olhos de Antônio. "Pela força desta sagrada unção e sua grande misericórdia, que o Senhor perdoe os pecados que você cometeu com sua visão." Com sua voz expressando uma súplica fervorosa, Antônio sussurrou as palavras junto com Ignoto.

O sacerdote ungiu os ouvidos, nariz, boca, mãos, laterais do corpo e pés de Antônio, orando para que Deus perdoasse qualquer pecado cometido por meio do respectivo membro do corpo, enquanto Antônio continuava a rezar com ele.

Quando o sacerdote guardou seus óleos santos, os frades ajoelhados começaram a recitar os sete salmos penitenciais. Com as mãos cruzadas, Antônio uniu sua voz trêmula à deles.

Com as mãos apoiando a cabeça de um homem moribundo, Rogério começou a recitar o salmo 6. Ele observava o rosto de Antônio enquanto orava, procurando qualquer sinal de dificuldade de respiração, ajustando o ângulo da cabeça para ajudá-lo a respirar melhor.

"Tem piedade de mim, Senhor, porque desfaleço."

Enquanto orava, Rogério compreendeu que estava apoiando um santo. No entanto, aquele que tinha perdoado os pecados de tantas pessoas orava com paixão as palavras do salmo 32: "Eu disse: 'Confessarei ao Senhor as minhas culpas', e tu perdoaste a malícia do meu pecado."

A voz de Antônio cresceu em fervor com o salmo 38. "Em ti espero, Senhor, tu me responderás, Senhor meu Deus." Rogério sentiu um tremor percorrer o frade. Era uma sensação de antecipação, alegria, admiração?

A nuca de Antônio tremeu. Os frades estavam orando o salmo 51. "Sacrifício para Deus é um espírito contrito; não desprezas, ó Deus, um coração contrito e humilhado."

Quando chegaram ao salmo 102, lágrimas estavam brotando nos olhos de Rogério. Ele e o homem cuja cabeça apoiava tinham mais ou menos a mesma idade. Por que o Senhor estava levando aquele que sabia tanto, que amava tão profundamente, que perdoava tão prontamente, e estava deixando o outro, um boi desajeitado?

"Quebrantou-se minha força no caminho, meus dias se encurtaram. Eu digo: 'Meu Deus, não me retires no meio dos meus dias, teus anos duram de idade em idade'."

As lágrimas estavam gotejando rapidamente das faces de Rogério, causando-lhe cócegas e molhando o peito de sua túnica. Ele não podia enxugá-las sem deixar de segurar Antônio. As palavras do salmo 130 penetraram em sua tristeza. "Espero no Senhor, minha alma espera na sua palavra. Minha alma aguarda o Senhor mais do que as sentinelas a aurora."

Então veio o salmo final. A voz de Rogério não era mais do que um sussurro, enquanto a de Antônio tremia de emoção: "Pois em ti confio. Indica-me a estrada que devo seguir, porque a ti elevo minha alma [...], pois sou teu servo".

Quando o salmo 143 terminou, Antônio afundou nos braços de Rogério. Os frades permaneceram ajoelhados, com suas orações calmas percorrendo como ondas o quarto, abafando o canto agudo das vozes das monjas. Mantendo os olhos no rosto de Antônio, Rogério orou repetidas vezes os salmos, o pai-nosso, suas próprias súplicas aflitas e louvores gloriosos. Antônio estava deitado quieto, com os olhos fechados. A respiração do sacerdote era profunda, rítmica, tornando-se paulatinamente menos freqüente até que, mais ou menos meia hora depois, cessou. A cabeça pesava nas mãos de Rogério, como um melão completamente maduro e doce.

Ignoto, que permanecera ajoelhado ao lado de Antônio, foi o primeiro a falar. "Ele foi para casa. Amém. Aleluia."

"Amém. Aleluia", ecoaram os frades.

Rogério e Lucas baixaram o pesado corpo. Por entre suas lágrimas, Rogério podia ver que a pele já estava perdendo a cor. O tom moreno estava desvanecendo e, com isso, a pele de Antônio branqueava.

"Ele parece uma criança", observou um dos frades.

"Ele não é uma criança", disse Ignoto abruptamente. "É um santo, e, quando Pádua descobrir que ele morreu aqui, as pessoas lotarão este lugar."

"O que faremos?" perguntou um outro frade.

"Não devemos permitir que ninguém fique sabendo que ele está morto. Ainda não. Talvez se levarmos o corpo secretamente para o Santa Maria, os frades ali saibam o que fazer."

Rogério assentiu com a cabeça. Iria preparar a carreta.

Ouviu-se uma batida à porta do capelão. Rogério, que estava de saída, enxugou as lágrimas de seus olhos e abriu a porta. Uma menininha estava parada ali.

A criança levantou a cabeça, curiosa. "Você está triste?" perguntou ela.

Rogério tentou, sem êxito, diminuir a rouquidão de sua voz. "O que você quer?"

"Quero ver o padre Antônio."

Capítulo 28

PADUANA

Rua da cidade, Pádua, Itália (13 de junho de 1231)

Paduana, de seis anos de idade, estava de cócoras na sombra da casa modesta de seus pais, brincando com os tocos de madeira que usava como bonecas. Fios de seu encaracolado cabelo castanho soltavam-se das duas curtas tranças que a mãe lhe tinha feito três dias antes. As pernas e pés descalços estavam cinzentos com a poeira de uma rua seca, e seu singelo vestido branco estava sujo. Enquanto os dedos dos pés mexiam na sujeira, levantavam pequenas nuvens de pó que se depositava nos dedos e sobre a pequena cena que ela estava imaginando.

Ela não tinha brincado de "ser curada" durante várias semanas, mas nesse dia estava com vontade de brincar disso novamente. Era porque ia com o pai levar alguns bolos de figo ao padre Antônio. O padre Antônio, o pai e ela eram os personagens principais em "ser curada".

No café dessa manhã, o pai vestira sua túnica marrom--escura e meias que combinavam. O bigode, que caía pelos cantos da boca, e a barba pontuda estavam cuidadosamente penteados, e Paduana sentiu uma onda de perfume caro e raramente usado. Todas essas coisas significavam que o pai ia viajar para algum lugar importante. No entanto, antes que Paduana pudesse perguntar para onde, o pai deu uma mordida num enorme pedaço de pão e, com sua grande boca cheia de comida, tinha comentado: "Como será que está o padre Antônio?".

Paduana também estava comendo seu pão. "Ele está bem?" tinha perguntado ela.

"Bambina, você sabe que ele está muito doente", tinha dito o pai, titilando o queixo dela. "É por isso que ele saiu do Santa Maria."

Paduana pensou na avó que tinha estado muito doente antes de morrer. Ela olhou para o rosto redondo e amável do pai. "Ele vai morrer, papai?"

"Todos nós vamos morrer um dia, Bambina."

"Mas o padre Antônio não vai. Ele é bom demais para morrer."

"Até mesmo Jesus morreu, Paduana", dissera a mãe. A mãe estava vestindo a túnica cor-de-creme do dia-a-dia. Isso queria dizer que ela não ia com o pai, pois, neste caso, teria colocado seu único vestido, de dobras finas e macias, aquele que Paduana queria ter.

A mãe encheu uma xícara com leite de cabra para Paduana. "Fiz uns bolos de figo para o padre Antônio. Ele gosta deles. Talvez façam com que ele se sinta um pouco melhor. Hoje papai tem de levar dez rolos de tecido para o conde Tiso. Ele vai levar os bolos para o padre Antônio."

Paduana ficou tão emocionada que quase derrubou sua xícara. "Posso ir também, papai? Na carruagem? Por favor? Por favor?"

"Só se prometer não comer os bolos no caminho, Bambina", disse o pai.

"Papai!", protestou paduana.

"Prometa", disse a mãe.

Paduana transformou seu riso em uma careta. "Prometo."

"Fiz alguns bolos extras para você", disse a mãe com um sorriso.

Portanto, Paduana tomou o leite de cabra e então saiu para passar o tempo até que o pai estivesse pronto para ir embora. Ao ver os tocos de madeira na extremidade da pequena horta da família, Paduana pensou em brincar de "mercado". Três dias antes, ela tinha juntado lentilhas que haviam crescido fora do canteiro de lentilhas para suas bonecas comprarem e venderem, mas estava enjoada de "mercado". De que poderia brincar nesse dia?

Ela ia ver o padre Antônio. Talvez fosse brincar de "ser curada". Ela fizera com que o pai lhe contasse a história tantas vezes, que a tinha memorizado.

Paduana juntou os tocos e, amontoando-os na barra de seu vestido, levou-os para a sombra da casa.

"Este é o padre Antônio", disse ela, pegando o toquinho mais curto e grosso. "E este é o papai." O toco que representava o pai era mais longo e um pouco nodoso. "E esta é a mamãe." O toquinho representando a mamãe era suave e delgado, exatamente como a mamãe. "E esta sou eu." Paduana escolheu o pauzinho menor para representar a si mesma. Ela ainda tinha uma mão cheia de pauzinhos. Ela colocou-os de lado. "E estes são todos os demais."

Então colocou a si mesma, papai e mamãe na pilha dos "todos os demais". Ela colocou o padre Antônio a uma pequena distância da pilha. "Agora, creiam em Deus e façam o que é certo", disse ela numa voz grave. "Senão vocês vão para o inferno." Esse era o padre Antônio pregando aos cidadãos de Pádua. "Amém."

"Hurra! Hurra!" exclamou ela. Eram os cidadãos dando vivas ao sacerdote.

Então ela fez o pai carregá-la até o padre Antônio. A mãe também foi junto.

"Padre Antônio", disse o pai. "Esta é minha filhinha Paduana. Quando ela tinha quatro anos, uma doença a atingiu, e ela não conseguiu mais caminhar. Padre, ela se arrasta pelo chão como uma lagartixa. Muitas vezes, tem acessos como de epilepsia." Paduana sorriu. Vejam só, ela tinha decorado a palavra comprida e também a tinha pronunciado corretamente. E-pi-lep-sia. Epilepsia. Ela fez com que o pai continuasse a falar. "A epilepsia faz com que ela caia no chão e role de um lado para o outro, inconsciente. Ela é uma boa menina, padre. Você vai abençoá-la?"

Paduana fez o padre Antônio acenar com a cabeça. "É claro que vou abençoá-la", disse ela numa voz grave. "Em nome do Pai e do Filho e do Espírito Santo."

O pai curvou-se bastante. "Obrigado, padre."

Paduana fez com que o pai e a mãe caminhassem para casa, revezando-se em carregá-la. Ela decidiu que a casa seria o pedaço de louça quebrada que o pai mantinha junto à porta. Ele usava o pedaço de cerâmica para raspar o barro de suas botas antes de entrar na casa. Ela escorou o fragmento de louça na casa, então procurou na poeira um seixo para representar uma cadeira. Achou uma pedrinha lisa que serviria bem.

Paduana fez a pequena família caminhar para casa. O pai pôs Paduana de pé e colocou as mãos dela sobre a cadeira.

Cantarolando para si mesma, Paduana fez seu toco vacilar para lá e para cá, enquanto permanecia ereto.

"Olhe!" gritou o pai para a mãe. "Paduana está ficando de pé."

Paduana cantarolou uma canção de ninar, enquanto colocava os pauzinhos na cama; então assobiou como uma ave cantando pela manhã. De novo o pai colocou Paduana perto da cadeira. Novamente ela ficou de pé. Cama de novo. Canto de pássaro. Paduana empurrava a cadeira pela casa.

"Olhe!" gritou o pai. "Paduana está caminhando."

Cama. Canto de pássaro. À medida que os dias e noites passavam voando, Paduana caminhava pela casa sem ajuda alguma. Depois ela já estava correndo. E então a pequena família, reunida, estava caminhando para ver o padre Antônio e lhe contar o que sua bênção havia feito, pois Paduana, que verdadeiramente tinha sido uma vítima aleijada da epilepsia, caminhava e corria normalmente como as outras crianças. E, depois de ter sido abençoada pelo padre Antônio, ela nunca mais tivera outro ataque epiléptico.

"Paduana!" gritou o pai do pequeno estábulo. "A mula está atrelada e a carruagem está pronta. Venha!"

Paduana pôs-se de pé de um salto, abandonando seus toquinhos de madeira na poeira do chão.

***

Mal-humorada, Paduana estava sentada na carruagem, enquanto voltava para Pádua. Ela tinha percorrido todo o caminho até a propriedade do conde Tiso com o pai, mas o padre Antônio não estava lá. "Ele foi embora hoje de manhã em uma carreta, para o Santa Maria", dissera-lhes um frade. O Santa Maria! O Santa Maria nem mesmo ficava longe de casa. E não tinha uma árvore enorme perto onde vivesse o padre Antônio. Paduana queria visitar o padre Antônio em sua árvore. Talvez, se ela subisse bem lá em cima, ficasse sabendo como as cotovias sentiam-se e talvez até mesmo conseguisse cantar como elas. Ou talvez voar. Mas provavelmente não. Ainda assim, teria sido agradável imaginar. E então ela nem mesmo teria a oportunidade de subir na árvore. Estavam voltando para o Santa Maria.

O pai dirigiu a carruagem para o conhecido convento. Ele e Paduana saíram da carruagem. Permitiu que Paduana segurasse o cesto com os bolos de figo, enquanto batia na porta. Um frade de rosto enrugado abriu a porta. Seu cabelo era tão branco que Paduana pensou que ele deveria ter, no mínimo, cem anos.

"Viemos ver o padre Antônio", disse o pai. "Minha esposa fez estes bolos para ele."

"O padre Antônio não está aqui. Foi para Camposampiero há mais de duas semanas."

"Os frades lá disseram que ele voltou para cá hoje."

"Vocês passaram por ele na estrada?"

"Não."

"Ele não está aqui. Talvez tenha ido para Arcella primeiro."

O pai suspirou. O frade fechou a porta gentilmente. "Queridinha", disse o pai, inclinando-se para Paduana. "A mula está cansada. Preciso levá-la para casa, secá-la e alimentá-la. Vamos levar os bolos de figo para o padre Antônio amanhã."

O lábio de Paduana tremeu. Ela queria ver o padre Antônio naquele dia. Ele a abençoaria, lhe contaria uma história e dividiria um bolo de figo com ela.

"Papai, posso ir a pé até Arcella. Já fui bem sozinha para lá antes, quando levei pão para as monjas. Fui muitas vezes. Deixe-me ir hoje, papai. Por favor."

O pai sorriu. "Tudo bem, Paduana, mas não esqueça de voltar cedo o suficiente para entrar na cidade antes que os portões sejam fechados."

Paduana sorriu. "Eu prometo, papai!"

Em Arcella, Paduana nunca via as monjas, pois elas permaneciam dentro do convento, mas, às vezes, ela as ouvia cantar os salmos, com suas vozes alegres expressando oração e louvor. Nesse dia também as ouviu cantar, mas o canto era diferente. As monjas pareciam estar soluçando as palavras.

Será que elas estão tristes? perguntou-se Paduana.

Paduana sabia que o padre Antônio não estaria no convento. Ele estaria no mosteiro de frades ao lado. Geralmente Paduana via um frade ou dois no jardim. Nesse dia o lugar parecia deserto. Onde estavam todos? Rezando?

Paduana dirigiu-se para a cela do capelão. Debaixo de uma árvore, viu uma carreta com palha perto da qual estavam amarrados dois bois que pastavam tranqüilamente. Ela teria gostado de acarinhar os animais, mas o pai lhe havia dito para nunca fazer isso. Muitas pessoas já tinham sido feridas por chifres. Portanto, Paduana contentou-se em observar as criaturas avermelhadas, enquanto batia à porta do mosteiro.

Um enorme frade de ombros largos, muito parecido com um tio de rosto vermelho de Paduana chamado Rocco, abriu a porta. Os olhos do frade pareciam inchados. As pessoas tinham os olhos inchados quando choravam. Os olhos da mãe tinham ficado inchados, quando morreu a avó. E as monjas estavam cantando canções tristes nesse dia.

Paduana estava curiosa. "Você está triste?" perguntou ela.

"O que você quer?" perguntou o frade. Paduana ficou magoada com o tom rude.

"Quero ver o padre Antônio. Mamãe fez estes bolos para ele." Paduana levantou o cesto.

O frade tomou o cesto. "Diga obrigado à sua mãe."

"Mas eu quero vê-lo", insistiu Paduana.

"Você não pode vê-lo", disse o frade, prestes a fechar a porta.

"Ele gosta de me ver. Ele não está aqui?"

"Ele está aqui."

"Então me deixe vê-lo. Eu quero vê-lo. Ele me conta histórias."

O frade mordeu os lábios e fechou os olhos. A situação era difícil.

"Por que está fazendo essa careta para mim?"

O frade respirou fundo e falou devagar, acentuando cada palavra. "O padre Antônio não pode ver você."

"Mas por que não? Ele sempre fala comigo."

O frade respirou fundo. "Menininha, por favor, vá para casa." Ele começou a fechar a porta de novo.

De repente, uma percepção atingiu Paduana com tanta força como se alguém lhe tivesse dado uma bofetada na face. Quando a avó morrera, ninguém deixara Paduana vê-la. O pai tinha fechado a porta do quarto da avó para que Paduana não pudesse entrar. A avó estava muito doente quando morreu. O pai havia dito que o padre Antônio estava muito doente. A mãe disse que todos morreriam um dia, que até Jesus tinha morrido.

"Ele está morto", gritou Paduana. "Você não quer me deixar vê-lo, porque ele está morto."

"Psiu!, menininha, fique quieta."

"O padre Antônio está morto!" gritou Paduana. Ela pensou que fosse explodir de dor. Morto como a avó, que nunca voltou a viver de novo para cantar para ela. Morto como o cachorro dela, que nunca levantou depois de levar um coice de um cavalo. Morto significava quieto, e morto significava que ele não voltaria mais. "O padre Antônio está morto!"

"Por favor, menininha. Não conte a ninguém."

Ela tinha de contar. Ela explodiria se não contasse. Deixando seu cesto nas mãos do frade triste, Paduana saiu correndo do mosteiro, chorando, caindo em sulcos que não conseguia ver por causa das lágrimas. Enquanto corria pelas ruas de Pádua, crianças que ela tinha visto no mercado e na igreja afastaram o olhar de seus brinquedos e dirigiram-no para a menininha que soluçava. "O padre Antônio está morto!", gritava ela. "O santo sacerdote está morto."

Em breve as ruas de Pádua estavam repletas de crianças, gritando umas para as outras e para as outras pessoas: "O santo padre está morto! Santo Antônio está morto!"

FIGURA 1. Vista externa da Basílica de Santo Antônio de Pádua, Itália.

FIGURA 2. Vista da parte posterior do túmulo de Santo Antônio na Basílica de Santo Antônio de Pádua.

FIGURA 3. Menino Jesus aparecendo a Santo Antônio.
Pintura de Francesco Zugno (1708-1787),
que se encontra no museu da Basílica de Santo Antônio.

FIGURA 4. Nossa Senhora e o Menino Jesus, com os santos Francisco, Pedro e Ambrósio (à esquerda); Antônio, Catarina de Alexandria e Jorge (à direita). Pintura de 1518, de Vittore Carpaccio (1460-1526), que se encontra no museu da Basílica de Santo Antônio.

FIGURA 5. Aparição do Menino Jesus a Santo Antônio. Pintura do artista italiano Antonio Arrigoni.

FIGURA 6. Retrato tradicional de Santo Antônio abraçando carinhosamente o Menino Jesus.

FIGURA 7. Santo Antônio e um doador. Óleo sobre tela, de 1529, do artista italiano Girolamo Romanino (1484-1559), na Igreja Santa Maria Annunziata, Saló, Bréscia.

Figura 8. Santo Antônio e São Francisco extasiados aos pés de Cristo crucificado. Pintura do artista italiano Giovanni Battista Moroni (1520-1578).

FIGURA 9. O Evangelho e a caridade, de Silvano Vecchiato.
A pintura retrata o amor de Santo Antônio pelos pobres.

FIGURA 10. Santo Antônio com o Menino Jesus e a chama.
Ícone do século XX, de Pe. Robert Melnick.

FIGURA 11. Santo Antônio, o incansável pregador de Jesus Cristo, em uma de suas muitas viagens. Pintura do artista italiano Andrea Buscati.

FIGURA 12. O milagre dos peixes, ouvindo atentamente
as palavras de Santo Antônio, após ele ter
sido expulso pelos habitantes da vila.
Pintura do artista suíço Arnold Böcklin (1827-1901).

FIGURA 13. Santo Antônio em profunda e amorosa contemplação das Sagradas Escrituras. Pintura do artista italiano Marcantonio Bassetti (1586-1620).

FIGURA 14. Episódio da vida de Santo Antônio. A cura do filho colérico. Afresco de Tiziano (1409-1511), na Scuola del Santo, Pádua, Itália.

Figura 15. Santo Antônio e o milagre da mula. Pintura de Tiberio Licini, que se encontra na Igreja de Santo Antônio e São João, em Camposampiero, Pádua, Itália.

FIGURA 16. Santo Antônio pregando na nogueira. Pintura que se encontra no Santuário da Nogueira, Camposampiero, Pádua, Itália.

FIGURA 17. Santuário da Nogueira, em Camposampiero, Pádua, Itália.

FIGURA 18. Santo Antônio e os demônios. Pintura do século XX, do artista italiano Pietro Annigoni (1910-1988), que se encontra na Basílica de Santo Antônio, Pádua, Itália.

FIGURA 19. Santo Antônio e sua principal característica: a bondade. Pintura do artista italiano Andrea da Murano (1462-1502).

FIGURA 20. Santo Antônio de Pádua. Pintura de El Greco (1541-1614) na qual Santo Antônio segura gentilmente o Texto Sagrado, de cujas páginas surge o Menino Jesus, a Palavra Encarnada de Deus.

FIGURA 21.
Santo Antônio carregando as Sagradas Escrituras e a chama, provavelmente representando a intensidade de seu zelo pela Palavra de Deus. Ornamento de altar, do artista italiano Antonio Vivarini (1418-1491).

FIGURA 22. Santo Antônio, o incansável pregador e professor. Afresco de Giotto (1266-1336), que se encontra na Basílica de Santo Antônio, Pádua, Itália.

Figura 23. Santo Antônio e São João Batista. Detalhe da pintura do artista italiano Piero della Francesca (1415-1492), que se encontra na Galeria Nacional da Úmbria, Perugia, Itália.

FIGURA 24. Cripta da Igreja de São João e Santo Antônio.

Capítulo 29

ABADE TOMÁS DE GAUL

**Mosteiro de Santo André, Vercelli, Itália
(13 de junho de 1231)**

O abade Tomás de Gaul estava sentado à escrivaninha em sua pequena cela, com a testa pressionada contra as pontas dos dedos. Enquanto massageava as têmporas em um esforço vão de estimular o cérebro, sua tonsura preta mosqueada com muito grisalho subia e descia como uma auréola estreita. Por mais que tentasse, não conseguia concentrar-se no manuscrito que estava à sua frente. Estava escrevendo um tratado sobre o céu, mas as palavras tinham parado de fluir.

Algumas semanas antes, Tomás tinha começado a sofrer de uma dor de garganta que, embora tratada da melhor forma possível com ervas e óleo de oliva, só tinha piorado. Quando ele engolia, parecia estar empurrando garganta abaixo a casca de uma castanha. Que injustiça que uma pequena parte de seu corpo fizesse com que o resto se sentisse indisposto! Sua garganta dolorida o tinha privado do sono, e a falta de sono sempre comprometia sua lógica e criatividade. Ele então poderia ser somente um mediano cônego de meia-idade, em vez de ser, como muitos teólogos declaravam, o maior doutor vivo da teologia do mundo inteiro. Nesse dia, ser um doutor não significava nada para Tomás. Nesse dia, ele desejava ter consultado um doutor.

Tomás inclinou-se para trás em sua cadeira e fechou os olhos. Os pensamentos simplesmente não vinham. Em vez de pensar no céu, começou a pensar no irmão Antônio. A dor não parecia atrapalhar Antônio. Tomás sabia que Antônio estava doente em Pádua, mas estava sob a obrigação de escrever seus sermões e o estava fazendo lá. No entanto, ele estava escrevendo em uma árvore! Se Tomás subisse numa árvore, talvez as brisas clareassem seu cérebro, e ele escrevesse melhor. Sacudiu a cabeça. Não, da forma como estava se sentindo nesse dia, provavelmente cairia dela.

Se ele ao menos tivesse uma mente ágil como a do irmão Antônio! Quando Antônio tinha iniciado sua missão de pregação, Francisco o havia enviado para Vercelli para que se alojasse com os frades menores no convento deles perto da igreja de São Mateus. Antônio deveria pregar em Vercelli e Milão e conversar com o abade Tomás para este se certificar de que a teologia de Antônio era correta.

Tomás gemeu. Correta? A teologia de Antônio era tão correta, profunda e ampla, que tinha iluminado Tomás. Várias noites os dois homens permaneceram sentados muito além do pôr-do-sol, discutindo este e aquele problema, antes de Antônio se retirar para dormir. Depois de ouvir alguns dos sermões de Antônio e passar horas discutindo com ele, Tomás tinha insistido que Antônio assumisse algumas das aulas de teologia do abade no mosteiro de Santo André.

Ao mesmo tempo, Tomás tinha falado fervorosa e freqüentemente com Antônio sobre uma de suas mais profundas convicções, ou seja, de que a Igreja deveria estar enfatizando a confissão individual a um sacerdote, como o papa Inocêncio III tinha declarado em 1213. Infelizmente, nem todos os católicos seguiam a orientação do papa de se confessar anualmente. Muitos entendiam a orientação de forma equivocada e ainda acreditavam que o rigor e o embaraço da confissão pública eram o único tipo de arrependimento aceitável a Deus. Muitos dos fiéis esperavam a morte se aproximar para se confessar. Outros pensavam que a verdadeira contrição podia ser eficaz sem a absolvição de um sacerdote. Nada fomentava mais essas atitudes do que um único fato alarmante: a Igreja tinha falta de clérigos ordenados que fossem eles próprios moralmente puros. Não era de espantar que a conversão avançasse lentamente, isso quando havia avanço! Tomás sustentava que os fiéis deveriam ser incentivados a se confessar e retornar a Deus imediatamente. Todo sacerdote deveria promover esse retorno e, se estivesse em pecado, deveria ele mesmo se arrepender. Antônio tinha concordado de todo o coração.

Tomás tinha enviado Antônio de volta a Francisco com as palavras: "Muitos homens penetraram nos mistérios da Santíssima Trindade, como constatei que tinha sido feito por Antônio ao longo das relações amistosas que tive com ele. Conhecendo pouco da ciência profana, ele, no entanto, adquiriu tão rapidamente um conhecimento da teologia mística que, no seu interior, estava queimando com ardor celestial e, para os homens, ele parecia iluminado com conhecimento divino."

Tomás tinha visto Antônio periodicamente ao longo dos anos, quando este havia passado por Vercelli ou pregado ali. Quando Antônio passara por Vercelli, em 1229, para ir construir um convento em Varese, Tomás percebera a corpulência doentia e a aparente fraqueza do frade. Antônio nada dissera sobre seu estado de saúde, e os dois homens tinham discutido questões espirituais, como haviam feito várias vezes antes. Tomás tinha ouvido dizer que Antônio abençoara uma fonte em Varese cujas águas tinham poderes de cura. Tomás não tinha experimentado a água, mas sentia-se tentado a fazê-lo. Contudo, as águas não haviam curado Antônio. Tomás e toda a Lombardia sabiam que Antônio estava muito doente em Pádua, mas Antônio ainda estava escrevendo seus sermões. Antônio conseguia escrever a respeito do céu mesmo que sentisse sua garganta ardendo com o fogo do inferno.

Céu. Céu. Tomás esfregou suas têmporas. *Senhor, não podes me dar um pouco de percepção da maneira como tu a dás ao irmão Antônio?*

Toque, toque. Alguém estava batendo à porta de Tomás.

"Entre." As palavras roucas arranharam a garganta de Tomás.

A porta abriu-se. Era o irmão Antônio.

Antes que Tomás pudesse expressar uma saudação de alegria, Antônio falou: "Olhe, padre abade, deixei o jumento perto dos portões de Pádua e estou a caminho de minha terra natal."

Antônio estava atarracado, mas não inchado, de porte ereto, exatamente como estivera em sua primeira visita a Tomás.

"Você está bem de novo!" conseguiu dizer Tomás.

Antônio sorriu, enquanto se inclinava sobre a escrivaninha. "E você não", disse ele, tocando gentilmente o pescoço de Tomás.

"Você pode ficar um pouco aqui antes de voltar para Lisboa?"

Antônio aprumou-se e balançou a cabeça em negativa, enquanto se voltava para a porta. "Não, padre abade. Estou indo para casa."

Depois disso, saiu pela porta, deixando-a entreaberta.

Tomás levantou-se de um salto de sua escrivaninha. O manuscrito podia esperar, enquanto acompanhava Antônio até os portões do mosteiro.

No corredor só havia um cônego com um breviário na mão. Como Antônio podia ter percorrido o longo corredor tão rapidamente?

"Para que lado foi o padre Antônio?" perguntou Tomás.

"Não o vi", respondeu o cônego.

Tomás decidiu ir para o pátio que levava para a rua. Ali um grupo de cônegos estava sentado em um banco.

"O padre Antônio passou por aqui?"

"Não."

Tomás estava desconcertado. Ele começou a vasculhar metodicamente o mosteiro, perguntando a todos que encontrava, tanto cônegos quanto servos, se Antônio havia passado por ali. Ninguém tinha visto o sacerdote.

Por fim, Tomás foi para os portões do mosteiro. Ele perguntou ao cônego que estava na função de porteiro: "Você deixou o padre Antônio entrar para me visitar?"

"Não deixei pessoa alguma entrar para visitar quem quer que fosse", disse o porteiro.

Tomás respirou fundo, descrente. Ele olhou para a estrada. É claro que Antônio não a estava trilhando. Tomás olhou para cima. Céu.

Subitamente ele entendeu. Antônio tinha deixado o jumento, a palavra que os frades usavam em Pádua para designar o corpo.

Ele estava indo para casa, para o céu.

Um nó de admiração, alegria e pesar subiu para a garganta de Tomás. Quando engoliu com força para não cair em prantos, percebeu, espantado, que o fogo na sua garganta havia desaparecido.

NOTAS DOS CAPÍTULOS

Estas notas ajudarão o leitor a discernir fato de ficção nesta biografia de Santo Antônio.

Prólogo
CARDEAL DA IGREJA ROMANA

Aposentos, Roma, Itália (primavera de 1232)

Depois da morte de Antônio, o convento de Arcella e o mosteiro de Santa Maria em Pádua disputaram seus restos mortais. O bispo de Pádua declarou que os restos mortais deveriam ser enterrados no Santa Maria.

Milhares de peregrinos afluíram para sua sepultura. Seguindo o costume, muitas pessoas levaram velas votivas – algumas tão grandes que 16 homens tiveram de carregar uma vela para dentro da igreja. Uma vela que teve de ser cortada para caber na igreja foi doada por estudantes universitários.

Milagres devidos à intercessão de Antônio foram relatados em abundância. Apresentou-se a proposta de sua canonização, e o papa nomeou uma comissão de eruditos para estudar a questão. A comissão aprovou 47 milagres, alguns dos quais estão registrados no prólogo deste livro. Um cardeal opôs-se à canonização, mas mudou de opinião depois do sonho descrito no prólogo. As palavras do cardeal aos emissários de Pádua são registradas pelos biógrafos de Antônio.

Antônio foi canonizado no domingo de Pentecostes, 30 de maio de 1232, pelo papa Gregório IX. Algumas das palavras efetivamente ditas pelo papa estão registradas no prólogo.

Naquele dia, os sinos de Lisboa começaram a tocar sozinhos, e as pessoas dançaram de alegria.

A língua e a laringe de Antônio, que permanecem intactas até hoje, podem ser vistas na sua basílica em Pádua. Os aromas de incenso, mirra e aloés que exalam de seu cadáver foram percebidos novamente quando os restos mortais de Antônio foram estudados em 1981.

A falta de informações confiáveis sobre Antônio começa com o ano de seu nascimento. Tradicionalmente, tem-se considerado essa data como a festa da Assunção, 15 de agosto de 1195. Isso faria com que Antônio tivesse quase 36 anos quando morreu. No entanto, a datação científica recente dos restos mortais de Antônio indica que ele tinha 39 anos e 9 meses quando de sua morte, o que implicaria que seu nascimento se deu em 1191. Como o dia e o ano de seu nascimento são contestados, fui de propósito vaga quanto à idade de Antônio neste manuscrito.

Parte I
O INÍCIO DO MINISTÉRIO

1. Mestre João, Mosteiro da Santa Cruz, Coimbra, Portugal (1220)

Antônio foi batizado com o nome de Fernando. Seu histórico familiar, educacional e religioso registrado neste capítulo segue o registro histórico.

No mosteiro da Santa Cruz, Fernando foi responsável pela recepção, recebendo visitantes de todas as classes sociais e distribuindo esmolas. Suas relações com os frades menores, incluindo o irmão Questor e os cinco mártires, são exatas.

Os estudiosos discordam quanto à data em que Fernando/Antônio foi ordenado sacerdote. Alguns crêem que ele foi ordenado depois de sua admissão aos frades menores. Situam essa ordenação na ordenação ocorrida em Forli, em 1222. Penso que Fernando foi ordenado enquanto era agostiniano, devido ao relato histórico da missa que ele rezou para o irmão Questor e à sua designação para Monte Paolo, em 1221, especificamente porque podia celebrar a missa. A regra eclesiástica de que os homens não poderiam ser ordenados antes dos trinta anos havia sido desconsiderada em Portugal, como é evidenciado por outras ordenações de homens mais jovens. Como sacerdote, Fernando quase com certeza pregou.

O professor de Fernando, mestre João, imputou ao prior João as acusações listadas neste capítulo. Em 1222, o papa Honório III ordenou a três priores de Lisboa que investigassem essas acusações, pois o prior João tinha ignorado várias excomunhões. O prior foi destituído de seu posto e morreu em 1226, no mesmo ano em que Francisco de Assis entrou na glória eterna.

Fernando recebeu permissão de todos os monges em Coimbra para se unir aos frades menores. "Vá, então, e torne-se um santo", disse-lhe um monge, cujo nome não é mencionado nas histórias. "Quando ouvir falar a respeito disso, então você louvará a Deus", foi a resposta de Fernando. Logo depois de vestir o hábito franciscano no Santa

Cruz, ele foi renomeado Antônio em homenagem ao santo padroeiro de Olivares.

Neste capítulo, as palavras de Fernando sobre santidade fingida e falsos religiosos e suas palavras repletas de esperança sobre o arrependimento dos clérigos corruptos são tomadas dos seus *Sermons for the Easter cycle* [Sermões para o ciclo da Páscoa] (pp. 63, 148, 173). Antônio escreveu sobre a pregação e a unção de Deus em seus *Sermons for the Easter cycle* (p. 186). Suas palavras, escritas para pregadores em geral, eu personalizei aplicando-as a ele mesmo.

2. Maria, Catedral de Lisboa, Lisboa, Portugal (1220)

Contemporâneos de Santo Antônio discordam quanto à sua procedência. O filho mais jovem do rei de Portugal, que conheceu Antônio como jovem religioso em Coimbra, afirmou que "ele era filho de cidadãos comuns de Lisboa". Rolandino, notário de Pádua durante a estada de Antônio ali, afirmou que Antônio tinha "nascido em Lisboa de pais nobres e poderosos". Uma outra biografia antiga afirma que ele era o filho de um cavaleiro a serviço do rei Alfonso.

Na época de Antônio, várias classes de nobres viviam em Portugal. A classe inferior era formada pelos cavaleiros-vilões, que podiam ter cavalo e armas próprias. Esses cavaleiros freqüentemente assentavam-se em cidades fronteiriças como Lisboa, onde podiam adquirir pequenos (para a época) territórios e proteger os castelos e cidades da região. Se o pai de Antônio fosse membro dessa classe, como parece provável, sua origem teria coincidido igualmente bem com aquela atribuída a ele tanto pelo infante quanto por Rolandino. Como membro da família real de Portugal, o filho mais jovem do rei teria considerado a posição mais baixa de Antônio na escala da nobreza como a posição de um cidadão comum. No entanto, um notário, que não tinha os privilégios ou o poder de um cavaleiro, teria visto Antônio como sendo de origem nobre.

Portanto, parece provável que o pai de Antônio, Martinho, fosse um cavaleiro e que sua mãe, Maria Teresa, uma nobre, embora a classe deles seja controvertida. Antônio tinha duas irmãs, Maria e Feliciana, e um irmão, Pedro. Maria tornou-se membro da comunidade de monjas de Santo Agostinho, que era anexa ao mosteiro de São Vicente, o mesmo mosteiro em que Antônio ingressou. Pedro tornou-se um homem bastante rico que doou algumas casas de sua propriedade aos cônegos da catedral. Feliciana casou. Alguns autores afirmam que Antônio ressuscitou o filho morto dela.

Quando criança, Antônio, então chamado Fernando, recebeu uma boa educação. Ele tinha aparentemente uma memória prodigiosa. Fernando tinha uma grande devoção à Santa Mãe, devoção que aprendeu da própria mãe. Auxiliava diariamente na missa e entrava para rezar em toda igreja pela qual passasse. Uma vez, quando estava orando, um demônio apareceu-lhe, e ele repeliu a criatura traçando o sinal-da-cruz no degrau de mármore.

Quando Fernando ingressou na Ordem dos agostinianos, destacou-se em línguas, na pregação e no estudo. Certa vez, curou um monge de uma obsessão ao orar com ele e cobri-lo com sua manta.

Quando Fernando entrou na Ordem dos Franciscanos, tornou-se Antônio, um mendigo. O mosteiro em Olivares consistia em cabanas rústicas escoradas contra as paredes da abadia. Os frades dormiam sobre palha, tendo pedras por travesseiros. Trabalhavam sua terra e pediam esmolas. Antônio era franciscano havia pouco tempo – a maioria dos historiadores diz duas semanas, mas pelo menos um diz seis meses – quando foi enviado para o Marrocos.

3. Emílio, navio com destino a Portugal, Mar Mediterrâneo (início da primavera de 1221)

Antônio e o irmão Filipe de Castela, também franciscano, partiram de navio para o Marrocos provavelmente por volta de dezembro de 1220. Algumas fontes dizem que um irmão Leo de Lisboa foi martirizado no Marrocos no tempo de Santo Antônio. Purcell acredita que Leo era o companheiro de viagem de Antônio, em vez de Filipe, mas é bem possível que os três frades, Leo, Antônio e Filipe, tenham viajado todos para o Marrocos no mesmo navio.

Ou a bordo do navio ou logo depois de desembarcar, Antônio foi acometido por uma febre violenta. Aparentemente, essa doença foi tão grave, que Antônio ficou acamado durante meses no porto de Ceuta e provavelmente teria morrido se alguém não tivesse cuidado dele. Não é provável que Leo pudesse cuidar de Antônio e pregar. Se Leo foi martirizado, como Antônio sobreviveu sozinho? Parece razoável que um frade tenha cuidado de Antônio e que esse frade foi Filipe. Portanto, se Leo viajou com Antônio, foi ele quem pregou e, por conseguinte, foi martirizado.

A grave doença de Antônio foi tão persistente que ele ou decidiu retornar a Portugal ou foi chamado de volta para lá. Filipe foi com ele.

Neste capítulo, a viagem de volta para Portugal é vista pelos olhos de um tripulante fictício, Emílio. Logo depois de partir de Ceuta, o navio de Antônio foi surpreendido por uma tempestade tão violenta que desviou o navio 2.500 quilômetros da rota, através do Mar Mediterrâneo para a Sicília, onde encalhou perto de Messina. Antônio e Filipe foram levados para um convento franciscano em Messina.

4. Irmão Filipe, Porciúncula, Assis, Itália (1221)

A natureza, objetivos, festividades e orações dessa reunião do capítulo, bem como as palavras ditas por Francisco aos seus seguidores, são descritos com exatidão nesta seção. O jogo da péla, ou *jeu de paume*, praticado pelos frades, originou-se na França no século XII ou XIII, dando origem, por fim, ao tênis. Não existe registro de franciscanos praticando esse jogo, mas é inteiramente possível que o tenham feito, pois Francisco encorajava a alegria entre seus seguidores. A conversa de Filipe e Antônio sobre a tentação sexual baseia-se em uma biografia de Antônio do século XIII, que afirma que uma jovem criada tentou Antônio antes de ele entrar na vida religiosa. É pura especulação se Filipe teve ou não uma tentação semelhante.

A designação do irmão Filipe e a seqüência de acontecimentos mediante a qual Antônio foi enviado para Monte Paolo seguem o registro histórico, embora alguns historiadores afirmem que Antônio foi indicado para Monte Paolo quando ele, e não Filipe, falou com o padre Graciano.

O irmão Filipe chama Francisco de Assis de padre Francisco, um termo usado pelos frades menores ao longo deste livro, quando se referem ao seu fundador. Embora Francisco não tenha sido ordenado sacerdote, os irmãos chamavam-no de padre por amor e respeito. Os frades ordenados geralmente chamavam a si mesmos e a outros sacerdotes de sua Ordem de irmãos, reservando o título de padre ao próprio Francisco.

Neste texto, certos personagens chamam Antônio de padre, e outros o chamam de irmão ou frei/frade. Dependendo do seu relacionamento com o santo, os próprios personagens escolhem o título. Antônio sempre designou a si mesmo como irmão, o termo que Francisco aplicou a ele.

5. Superior, Mosteiro de Monte Paolo, entre Arezzo e Forli, Itália (1222)

Os historiadores discordam quanto à localização exata de Monte Paolo. Alguns o localizam perto de Forli; outros, perto de Arezzo; outros, ainda, perto de Bolonha. Uma localização entre Forli e Arezzo pareceu-me mais razoável, de modo que é essa a localização pela qual optei. Purcell localizou Monte Paolo a seis quilômetros de Forli. Este texto reflete essa opinião.

Em Monte Paolo, Antônio pediu uma pequena caverna escarvada da rocha que tinha sido usada por um irmão para guardar ferramentas. Ali ele orava, jejuava, usava a disciplina e trabalhava em um comentário sobre os salmos. Ele sempre deixava a cela por ocasião de refeições e orações, embora, às vezes, estivesse tão fraco que tinham de ajudá-lo a caminhar. Ele também celebrava a missa diária para os irmãos e pediu para limpar a cozinha em troca de alimentação e moradia.

Quando estava por acontecer uma ordenação de franciscanos e dominicanos em Forli, ele acompanhou o superior como companheiro de viagem.

Neste capítulo, os comentários de Antônio sobre o salmo 127 provêm de seu sermão intitulado "The children of God" [Os filhos de Deus], que se encontra em *Seek first his kingdom* [Procurem primeiro o reino dele]. Sua referência aos Evangelhos como sendo o beijo de Deus provém da página 223 do livro de Purcell.

6. Padre Graciano, Convento dos Frades Menores, Forli, Itália (19 de março de 1222)

A data comumente aceita, mas não sem controvérsia, para a ordenação ocorrida em Forli é 19 de março de 1222. Por algum descuido, não se havia solicitado a ninguém que pregasse, de modo que Antônio foi incumbido de fazê-lo pelo padre Graciano e pelo bispo Alberto. O texto que lhe foi dado foi o texto mencionado neste capítulo, e ele deveria falar como o Espírito Santo o orientasse. Não se registrou nenhuma palavra de seu sermão. As palavras que ele fala neste capítulo provêm de seu sermão "Humility, the font of all virtues" [A humildade, fonte de todas as virtudes], que está no livro *Seek first his kingdom*, e de seus *Sermons for the Easter cycle* (pp. 107-108, 194-196, 204). O sermão de Antônio surpreendeu os frades, pois nenhum deles tinha conhecimento de que Antônio soubesse pregar. O padre Graciano imediatamente enviou Antônio para pregar em toda a sua província, começando com Rimini.

Parte II
MISSÃO NA ITÁLIA

7. *Benedetto, margem do Rio Marecchia, Rimini, Itália (1222)*

Benedetto, sua família, seus companheiros de pesca e o cônego Alonzo são personagens fictícios baseados em personalidades da época.

As doutrinas dos cátaros expostas aqui são exatas. Os *perfecti*, que tinham completado o *consolamentum*, eram chamados de os "homens bons" que pregavam no norte da Itália e na França durante essa época. Os crentes, que não tinham recebido esse sacramento, dividiam-se em duas categorias. Alguns tinham vida casta. Outros pretendiam pecar até se aproximarem da morte, quando esperavam receber o *consolamentum* e ser purificados de seus pecados. A influência dessa seita devia-se à atração dos santos "homens bons" em contraste com a corrupção da Igreja Romana.

Durante esse período da história, católicos e hereges viviam lado a lado na maioria das áreas em que Antônio pregava. Antônio foi incumbido de pregar não somente para avivar a fé de católicos, mas também para refutar e converter hereges.

Rimini é uma das principais cidades da Romagna, para onde Antônio havia sido enviado. Suas palavras a Benedetto, que comparam um peixe à fé, são extraídas de seu sermão "God's love for his children" [O amor de Deus por seus filhos], publicado na revista *Messenger of St. Anthony*.

O sermão de Antônio aos peixes encontra-se no registro histórico, bem como a reação da multidão a ele. A maioria dos historiadores afirma que esse milagre aconteceu em Rimini, embora um deles favoreça Pádua. Stoddard (pp. 62-63) registra as palavras do sermão de Antônio aos peixes. Elas são reproduzidas neste capítulo. Não existe registro do sermão que levou a multidão a se dispersar. Escolhi como uma possibilidade o sermão de Antônio sobre as mesas da doutrina. Isso eu expandi a partir de um de seus sermões escritos, sobre "The children of God", contido no livro *Seek first his kingdom*.

8. *Bononillo, selaria, Rimini, Itália (1222)*

O milagre do animal de carga de Bononillo e da conversão do herege é relatado no registro histórico. Não se menciona a ocupação de Bononillo. Escolhi seleiro por ser um dos ofícios comuns da época.

Embora os historiadores concordem que esse milagre aconteceu, eles discordam nos detalhes. Dependendo do relato, o animal é chamado de mula, cavalo ou égua. O nome de Bononillo é grafado Bonvillo, Bonillus e Bonello. Alguns afirmam que o milagre aconteceu na França, muito provavelmente em Toulouse ou Bourges, outros em Rimini. Um historiador diz que se repetiu três vezes, uma em cada lugar.

Nesse período da história, a Eucaristia era mantida em uma pequena pomba ou torre de ouro ou prata que podia ser retirada da igreja.

As palavras de Antônio a Bononillo sobre o anel na cloaca são extraídas de seu sermão "Washing the feet" [Lava--pés], publicado em *Messenger of St. Anthony*.

9. Irmão Giusto, Faculdade de Teologia, Bolonha, Itália (1223)

Os fatos relativos ao ensino e aos vários deveres de Antônio, incluindo a audiência papal, seguem o registro histórico. Antônio lecionou teologia aos frades em Bolonha, Montpellier, Toulouse e Pádua, bem como em outros lugares da Itália e da França. Alguns historiadores afirmam que ele exercia o ofício de professor de teologia em universidades de algumas dessas cidades, mas isso não parece ser exato, pois a maioria das universidades não havia instituído essa função antes da morte de Antônio. É muito provável que ele tenha instruído os frades em seus próprios conventos, e não nas universidades. Algumas fontes dizem que, em 1223, ele inaugurou uma faculdade de teologia para os frades de Bolonha que acabou tornando--se a faculdade de teologia da universidade dessa cidade. É bastante provável que Antônio tenha escrito alguns de seus sermões como notas para dar essas aulas.

Os biógrafos do santo registram vários casos em que aconselhou religiosos de sua e de outras Ordens, advertindo-os contra tentações e fortalecendo-os em sua fé. O irmão Giusto é um personagem fictício cujas tentações são moldadas por aquelas de um monge da Baviera, Othloh, que fez seus votos finais em 1032. A autobiografia de Othloh, que é parcialmente citada em *Life in the Middle Ages* [Vida na Idade Média], contém uma descrição vívida de suas tentações e questionamentos e do tormento que lhe causavam.

O ensinamento de Antônio sobre o nome de Jesus é extraído de seu sermão "The name of the child" [O nome da criança], reproduzido no livro *Seek first his kingdom*. Seus comentários a Giusto são tomados do mesmo livro, de seus sermões "Man's encounter with God" [O encontro do homem com Deus], "Christ, the beginning and the end" [Cristo, o alfa e o ômega], "To follow Christ" [Seguir a Cristo] e "A voice crying in the desert" [Voz que clama no deserto].

10. Padre Vito, residência paroquial, Bolonha, Itália (início de 1224)

Embora todos os personagens, com exceção de Antônio, neste capítulo sejam representações fictícias de personalidades reais do período, a usura em Bolonha é descrita com exatidão. A usura era excessiva em muitas cidades da Europa, e Antônio pregou freqüentemente contra ela. A reação de Zaccaria ao sermão é uma reação típica de usurários que biógrafos registram na história de Antônio.

A visão de Antônio por parte do padre Vito baseia-se em visões similares existentes no registro histórico. Pessoas relataram que Antônio ou outros lhes apareceram em sonhos, incentivando-as a se confessar. Depois da morte de Antônio, pessoas afirmaram que Antônio apareceu-lhes e indicou o frade a quem deviam se confessar.

Os historiadores não têm certeza da data da ida de Antônio para a França. Aparentemente, ele esteve lá no outono de 1224. É quase certo que Antônio foi enviado para lá em resposta ao pedido do papa para que se enviassem pregadores capazes à França, a fim de reagir às heresias de lá. O papa mandou essa carta às universidades e casas de religiosos a uma certa altura do outono ou início do inverno de 1223. Quando Antônio recebeu a ordem para se apresentar na França, provavelmente o inverno tinha chegado a Bolonha. Este capítulo reflete essa possibilidade.

O sermão de Antônio contra a usura é tomado de seus sermões registrados nas páginas 149-150 do livro de Purcell e de "To see, to speak, to hear" [Ver, falar, ouvir], publicado em *Messenger of St. Anthony*. Sua ilustração envolvendo o estercoreiro baseia-se em seu sermão registrado na página 108 da biografia de Antônio escrita por Gamboso.

As palavras de Antônio a Vito são extraídas de seus *Sermons for the Easter Cycle* (pp. 216-218) e dos sermões que se seguem, traduzidos em *Messenger of St. Anthony*: "Knowledge, virtue, and faith" [Conhecimento, virtude e fé], "The preacher warrior against sin" [O guerreiro-pregador contra o pecado], e "You will find an infant" [Encontrareis uma criança]. Seu louvor da Virgem Maria, a explicação do nome dela e sua oração a ela são extraídos dos três sermões seguintes, todos contidos em *Seek first his kingdom:* "Blessed are you, Mary" [Bendita és tu, Maria], "Hail Mary, star of the sea" [Ave Maria, estrela-do-mar] e "The glories of Mary" [As glórias de Maria].

PARTE III
MISSÃO NA FRANÇA

11. Frei Monaldo, reunião do capítulo, Arles, França (setembro de 1224)

A história fala do sacerdote, frei Monaldo, mas não oferece descrição dele. Os historiadores registram a reunião do capítulo em Arles, mas não dão detalhes sobre o clima, o assunto em discussão ou os frutos cultivados no convento. O mês e o ano geralmente aceitos dessa reunião são setembro de 1224, em torno de 14 de setembro, a festa da Exaltação da Santa Cruz, embora alguns historiadores datem a reunião em 1225 ou 1226. As informações biográficas sobre Francisco e a reação dos frades a ele são exatas.

A visão por parte de Monaldo de Francisco abençoando Antônio, enquanto o sacerdote pregava sobre a paixão de Cristo e a inscrição na cruz, consta no registro histórico. Como não há registro das palavras efetivamente ditas por Antônio, usei parte de seu sermão mais longo intitulado "At the foot of the cross" [Aos pés da cruz], reproduzido em *Seek first his kingdom*.

12. Noviço, estrada de Montpellier para Arles, Montpellier, França (primavera de 1225)

Na história do santo, um noviço de Montpellier roubou o *Comentário sobre os Salmos* de Antônio, provavelmente com a intenção de vendê-lo e deixar a Ordem. Antônio rezou pela devolução do livro. Um animal horrendo apareceu ao noviço, ameaçando matá-lo e lançar seu corpo em um rio se ele não devolvesse o volume. O jovem devolveu o livro, foi amorosamente perdoado por Antônio e retornou à Ordem, tornando-se um religioso exemplar. Hoje o convento dos frades franciscanos em Bolonha afirma ter preservado o livro roubado.

Neste capítulo, as palavras de Antônio ao noviço provêm principalmente de dois de seus sermões publicados em *Seek first his kingdom*, ou seja, "Man's encounter with God" [O encontro do homem com Deus] e "The practice of virtue" [A prática da virtude]. Sua percepção de que, com exceção da Virgem, até os santos pecam vem de seu sermão "Blessed Are You, Mary!" [Bendita és tu, Maria!], contido no mesmo livro. A reflexão de Antônio sobre como tratar um irmão caído foi extraída de um sermão registrado no livro de Purcell (p. 125).

A história registra o incidente em que Antônio silenciou as rãs em Montpellier durante a oração. Também relata como Antônio e outro irmão atravessaram uma cidade sem dizer uma única palavra. Depois de sua caminhada, Antônio observou que eles tinham pregado bem pelo exemplo.

Os hagiógrafos também registram o milagre em que Antônio desapareceu da missa da forma como se descreve neste capítulo e, ao mesmo tempo, cantou o ofício com os irmãos, reaparecendo então para completar sua homilia. Alguns relatos afirmam que esse milagre aconteceu, como se escreve aqui, na Páscoa em Montpellier. Outros dizem que ele ocorreu na Quinta-feira Santa em Limoges.

13. Senhor Varden, praça da cidade, Toulouse, França (verão de 1225)

Antônio foi enviado para o Languedoc "para pregar contra os hereges". Assim afirmam suas biografias. Não se dão detalhes. Toulouse era um reduto dos cátaros, que eram chamados de albigenses por quem não aderia às doutrinas cataristas. O nome originou-se da cidade de Albi, que era um reduto catarista e a fonte da heresia na França.

Antônio ensinou teologia aos frades em Toulouse e envolveu-se em debates abertos com os cátaros. O senhor Varden e os outros cátaros deste capítulo são personagens ficcionais que muito provavelmente correspondem a pessoas que existiam na vida real em Toulouse. Eles representam com exatidão os estilos de vida, cerimônias e crenças dos cátaros do período.

A oração de Antônio antes do sermão é registrada por Stoddard (p. 53). A pregação de Antônio vem de seus sermões "Christ, the beginning and the end" [Cristo, o alfa e o ômega], "The Church, ark of eternal salvation" [A Igreja, arca da salvação eterna] e "Christ is our peace" [Cristo é nossa paz], reproduzidos em *Seek first his kingdom*. Sua condenação do clero corrupto é extraída de seu sermão "Peter, do you love me?" [Pedro, tu me amas?], e sua comparação da encarnação com o casamento provém de seu sermão "The lord has prepared a feast for us" [O Senhor nos preparou um banquete], do mesmo livro. Sua exposição da razão por que Deus pode permitir, às vezes, que o mal seja feito em seu nome segue a argumentação proposta mais tarde por Santo Tomás de Aquino.

O sermão do senhor Varden contra o clero católico corrupto e a conversão dele por Renault são extraídos de escritos de Reinerius Saccho, que era ele próprio um ex--catarista. A obra de Saccho é traduzida por Jeffrey Russell em seu livro *Dissent and reform in the early Middle Ages* [Dissenção e reforma no início da Idade Média]. No mesmo livro, o texto intitulado "Sentences and culpa from the book of sentences" [Sentenças e culpa no livro das sentenças] descreve o *endura* empreendido pela senhora Varden. O sermão do senhor Varden sobre o Criador do universo é extraído de um livro catarista intitulado *The instruction of the simple* [A instrução do simples] descrito no livro de Jeffrey Russell *Religious dissent in the Middle Ages* [Dissenção religiosa na Idade Média].

14. Senhor do Chateau-neuf-le-Foret, castelo, Limoges, França (início da primavera de 1226)

Antônio escreveu seus sermões da Páscoa em Limoges, provavelmente em torno de abril de 1226. É questionável se a visão descrita aqui ocorreu nessa época ou não. No entanto, o senhor do Chateau-neuf-le-Foret cedeu a Antônio um quarto em seu castelo. Parece provável que o santo, que procurava cavernas para conseguir sua privacidade e disciplina, não teria aceitado esse luxo sem um motivo. Ter um lugar para escrever esses sermões parece constituir um motivo razoável.

Embora a história não descreva fisicamente o senhor do castelo, ela registra que ele era dedicado aos frades e a Antônio, e era, por isso, provavelmente um homem virtuoso. As palavras que Antônio lhe disse sobre as pombas são tomadas de um sermão que Antônio proferiu na Abadia de

Saint Martin, em 3 de novembro de 1226, registrado por Stoddard (pp. 50-53). O abade de Saint Martim tinha dado alojamento aos frades.

A visão do Menino Jesus é registrada por vários historiadores, embora alguns historiadores modernos questionem se ela realmente aconteceu ou não. Os biógrafos que concordam que a visão tenha acontecido discordam quanto ao lugar em que ocorreu. Alguns dizem que teve lugar em Chateau-neuf-le-Foret, outros em Pádua, e alguns em três outros locais. Os senhores que viram essa cena viram-na diferentemente através de um buraco de fechadura ou uma janela. Em algumas versões, Antônio segura o Menino. Em outras, o Menino está flutuando, e uma fragrância e um canto celestial enchem o ar. Na maioria das versões, Antônio pede que o espião mantenha a visão em segredo, enquanto ele vivesse. Ele pode ter pedido isso ou na noite da visão ou na manhã seguinte. Não se sabe se Antônio recebeu uma ou várias visitas do Menino.

A profecia de Antônio realizou-se. No século XVII, o senhor de Chateau-neuf-le-Foret da época rejeitou a Igreja Católica, e a casa ruiu.

A cura do monge beneditino por Antônio está no registro histórico, embora alguns biógrafos mencionem que a tentação era para o pecado sexual, e não para o suicídio. A natureza da doença de Antônio não é indicada.

15. *Notário, acampamento sarraceno, Jerusalém, Palestina (1226?)*

Os historiadores concordam que Antônio tornou-se guardião do convento em Puy-en-Velay, embora a data seja indicada diferentemente como 1225 ou 1227. Escolhi a data de 1225, pois parece que Antônio esteve extremamente atarefado na Itália depois da morte de Francisco de Assis em 1226. Parece que ele pode não ter tido tempo de retornar à França e se tornar guardião de um convento lá. Antônio não era somente o administrador do convento, mas também pregou muitas vezes em Puy e nas cidades vizinhas.

A reverência de Antônio para com o escandaloso notário de Puy-en-Velay e sua predição em relação a ele são verdadeiras. O notário converteu-se (os registros não contam como essa conversão aconteceu) e uniu-se à cruzada do bispo para Jerusalém. Lá ele falou com vigor sobre Cristo e, em seguida, foi torturado durante três dias e então morto. O tipo de tortura não foi detalhado. Os registros históricos não dão indicação de que o notário tenha alguma vez ouvido Antônio pregar.

O incidente da mulher e do esposo que se converteram depois de escutar Antônio pregar a uma distância de três quilômetros está registrado em algumas das biografias de Antônio. As histórias também registram a cura, durante a missa, de um mendigo mentalmente perturbado e a predição de Antônio sobre um filho ainda não nascido que se tornaria um mártir franciscano. Não se indicam as profissões dos adultos nessas histórias.

A história registra que a criança, Filipe, acabou por se tornar um frade menor e pediu para ser enviado à Terra Santa. Ele chegou a Azoto, que estava ocupada pelos sarracenos, que condenaram à morte todos os dois mil cristãos da cidade. Filipe pediu que ele fosse o último a ser decapitado. Enquanto esperava, consolou e encorajou os outros cristãos a permanecerem fiéis a Cristo. Quando os sarracenos perceberam como Filipe estava encorajando os outros, eles o esfolaram e cortaram-lhe a língua e os pulsos. No entanto, ele continuou a pregar por sinais e exemplo. Todos os cristãos mantiveram sua fé e foram martirizados, sendo Filipe o último a ser executado.

16. Empregada, mansão senhorial, Brive, França (1226)

A fundação do mosteiro em Brive por Antônio e sua vida na estreita caverna, com a fonte escavada, são exatas. Os milagres mencionados nesta seção são todos recontados por hagiógrafos. Eles incluem a ressurreição do bebê, a criança que não se escaldou, a aparição diabólica no trigal e a empregada que permaneceu seca apesar de levar verduras aos frades durante uma forte tempestade. O irmão Pierre viveu uma longa e santa vida como frade menor e recontou muitas vezes o incidente mencionado neste capítulo.

17. Minette, prostíbulo, Limoges, França (novembro de 1226)

Minette é um personagem fictício que representa as muitas prostitutas que foram convertidas pela pregação de Antônio. Não existem registros, porém, do conselho pessoal dado por Antônio a essas mulheres. A preocupação de Antônio por Minette e o encaminhamento dela a um convento são típicos da época, mas não sabemos se Antônio alguma vez enviou uma prostituta para viver num convento.

A atitude de Roland em relação às mulheres como instrumentos do pecado era comum no tempo de Antônio.

Os relatos de Roland sobre a repreensão do arcebispo por Antônio e sobre seu sermão no cemitério são exatos.

As ocorrências da queda da plataforma em Saint Junien e da tempestade que contornou o anfiteatro são relatadas em várias fontes. Cada vez que Antônio pregava, muitos penitentes entregavam-lhe dinheiro ganho de forma pecaminosa ou armas de guerra.

Antônio escreveu a oração usada para prefaciar seu sermão e usava-a cada vez que pregava, de acordo com Stoddard (p. 53). O sermão de Antônio é parte do sermão "Christ: our way, truth and life" [Cristo: nosso caminho, verdade e vida], que se encontra em *Seek first his kingdom*, enquanto sua meditação imaginativa sobre o Cristo Crucificado e sua Mãe provém de "To see the face of Christ" [Ver a face de Cristo] reproduzido em *Seek first his kingdom*, e de Stoddard (p. 59). A admissão de suas próprias tentações referentes à impureza sexual e o uso da oração para combatê-las eficazmente constam no registro histórico. Neste capítulo, a crença de Antônio de que teria incidido em todo tipo de vício se Deus não o tivesse ajudado é registrada por Bierbaum (p. 22).

O conselho de Antônio a Minette sobre a pureza sexual é extraído de seus *Sermons for the Easter Cycle* (pp. 114, 145-146, 175). Sua oração para banir a impureza sexual encontra-se em Bierbaum (p. 23).

O incidente de um penitente que procura Antônio com pecados horríveis demais para serem contados e que é aconselhado por Antônio a anotá-los e trazê-los de volta está no registro histórico. Quando esse penitente choroso apresentou o papel, o pecador e Antônio repassaram os pecados, e, quando Antônio devolveu o papel ao pecador arrependido, o papel estava limpo. O registro não conta quem era o penitente ou a natureza dos pecados.

18. Camponesa, cabana, Marselha, França
(fim de 1226)

Quando Antônio recebeu a notícia da morte de Francisco em Assis, em 3 de outubro de 1226, ele era guardião do distrito de Limousin, França. Como tal, ele estava numa posição de liderança sobre todos os frades de sua província. Na época, ele vivia como eremita numa caverna em Brive. O irmão Elias, então superior geral da Ordem, enviou uma circular a todos os superiores provinciais, convocando-os para um capítulo geral da Ordem a ser realizado em Assis. Antônio e um companheiro partiram para assistir a essa reunião. A caminho dela, no final de 1226 ou no início de 1227, teriam andado pelas estradas francesas com os exércitos do rei e os hereges que fugiam deles.

Os dois frades permaneceram na casa de uma camponesa de Marselha, onde Antônio realizou os milagres descritos neste capítulo. É possível que os frades tenham pedido abrigo à mulher, como este capítulo indica, ou talvez ela lhes tenha oferecido sua casa depois de vê-los na rua. A historiografia nada diz sobre o clima no dia desses milagres.

Parte IV
RETORNO À ITÁLIA

19. Papa Gregório IX, Palácio de Latrão, Roma, Itália (1227)

A eleição de Ugolino (também grafado Hugolin ou Hugolino) e sua reação a ela são exatas; Ugo rasgou efetivamente sua roupa e tentou sem êxito recusar o pontificado.

Ele se submeteu porque achou que não deveria resistir à vontade do céu.

Não tenho idéia se Ugo adotava ou não a versão abreviada de seu nome.

A relação de Ugo com os frades menores e os incidentes envolvendo Francisco, a reunião do capítulo e a reelaboração da regra são detalhados em biografias de Francisco de Assis.

Ninguém tem certeza de quando o corpo de Antônio começou a inchar devido ao edema (hidropisia). Não se sabe se Ugo falou ou não com Antônio sobre a saúde deste.

Quando Antônio pregou para a Cúria, ocorreu um incidente mencionado na primeira biografia do santo. Sabemos com certeza que Antônio foi para Roma depois da reunião do capítulo em maio de 1230. Alguns autores acreditam que a pregação de Antônio aos cardeais e à multidão aconteceu nessa época. Contudo, a primeira biografia de Santo Antônio, a *Lectio assidua*, situa esse incidente depois da pregação em Rimini, que ocorreu em 1222 (e de novo mais tarde na mesma década), mas antes da transferência dos restos mortais de Francisco, em 1230. A seqüência de eventos na *Lectio assidua* é Rimini, Cúria, transferência dos restos mortais de Francisco. Como a *Lectio assidua* parece ter sido escrita de forma completamente cronológica (embora talvez não tenha sido, pois não se indicam datas), coloquei o incidente da Cúria na mesma seqüência que ocupa na *Assidua*.

Que ano seria isso? Histórias antigas que não a *Assidua* dizem que Antônio pregou não somente para a Cúria, mas também para a multidão reunida para as indulgências da Páscoa. Isso não poderia ter sido durante o verão de 1230.

Poderia ter sido em 1223, antes de Antônio ir para a França, ou em 1227, depois de ter retornado.

Antônio acompanhou Francisco como companheiro de viagem para o encontro com o cardeal Ugolino em 1223 para reescrever a regra? Embora os historiadores discordem, lendas indicam que sim. Se Antônio pregou para a Cúria em 1223 e foi chamado então de "a arca do testamento", Honório III teria sido o papa. No entanto, os biógrafos mencionam somente o nome de Antônio em conexão com o incidente da pregação. Se tanto Francisco quanto Antônio, os dois maiores Santos da época, estivessem juntos em Roma, é de supor que os autores ao menos citassem o nome de Francisco.

Algumas histórias afirmam que o superior geral, irmão Elias, enviou Antônio a Roma em 1227 para tratar de assuntos da Ordem. Esse me parece ser o período mais lógico em que Antônio poderia ter pregado à Cúria. Antônio já estava na Itália na época, tendo sido chamado de volta para lá depois da morte de Francisco. Na companhia de Francisco, que tinha em alta consideração o conhecimento e a espiritualidade de Antônio, este se reunira com Ugolino em 1223 (se aceitamos as lendas) para discutir a regra, de modo que ele seria uma escolha lógica para voltar com mais questões. Com a morte de Francisco e os frades questionando de novo a regra, o irmão Elias teria desejado que alguns assuntos fossem esclarecidos pelo protetor da Ordem, Ugolino. No entanto, Ugo não estaria na reunião do capítulo; ele pretendia estar em Anagni. Portanto, Elias teria enviado Antônio para se encontrar com Ugo antes da partida do papa e antes da reunião do capítulo. Antônio teria ido a Roma com um companheiro de viagem, que chamei de irmão Jerônimo, visto que nenhuma história menciona quem ele era.

Enquanto estava em Roma, afirma a *Lectio assidua*, Antônio pregou diante dos cardeais e foi chamado pelo papa de "a arca do testamento" porque, segundo o papa, "se a Bíblia se perdesse, Antônio poderia escrevê-la de memória". Histórias posteriores afirmam que Antônio também pregou para a multidão reunida por causa das indulgências da Páscoa. Neste tocante os relatos variam. Alguns dizem que todos os cardeais o ouviram pregar na língua materna de cada um deles. Outros, em vez disso, afirmam que esse milagre foi concedido à multidão que se reuniu para a Páscoa. A historiografia não registra o conteúdo dos sermões de Antônio nessas ocasiões.

O sermão de Antônio diante dos cardeais é extraído de seu sermão escrito intitulado "A voice Crying in the Desert" [Voz que clama no deserto]. Sua homilia para a multidão é parte de seus sermões mais longos "Peter, do you love me?" [Pedro, tu me amas?] e "The church, the ark of eternal salvation" [A Igreja, arca da salvação eterna]. Esses três sermões estão todos traduzidos em *Seek first his kingdom*. Sua censura dos prelados provém de seu sermão "You will find an infant" [Encontrareis uma criança], publicado em *Messenger of St. Anthony*.

As palavras de Antônio a Ugolino dizendo que a reforma da Igreja inicia com o indivíduo são minhas próprias, mas refletem o que era, creio, a atitude de Antônio diante da reforma. Em nenhum dos sermões de Antônio que eu li, nem em nenhuma de suas biografias, Antônio alguma vez atacou instituições como um todo. Ele visava converter indivíduos. Isso não significa, porém, que não propugnasse, quando isso era apropriado, o tratamento misericordioso de outros. Quando uma lei relativa ao tratamento humanitário de devedores foi aprovada em 1231, em Pádua, surgiu depois que Antônio tinha pregado alguns anos em Pádua. Sua pregação converteu a cidade de tal modo que a lei foi aprovada, e o nome de Antônio foi anexado a ela. O estatuto dizia que a lei fora "aprovada por instância de [...] Antônio". Essa lei foi aprovada porque Antônio tinha convertido primeiro os indivíduos que tinham as rédeas do governo.

20. Senhora Delora, pátio de castelo, Rimini, Itália (fim da década de 1220)

A senhora Delora e o senhor Silvestro são personagens fictícios por meio dos quais se relatam dois milagres vinculados ao santo. A vestimenta, o modo de saudação e o estilo de vida cataristas, descritos neste capítulo, são exatos.

Os dois banquetes envolvendo Antônio e os hereges constam no registro histórico. Na época, existiam outras heresias além do catarismo. A historiografia não nos conta a que seita os hereges dos banquetes pertenciam. Como os cátaros eram os mais numerosos dos hereges, e como eram fortes em Rimini, eu os escolhi.

A historiografia afirma que o santo transformou o sapo em um frango, mas isso não parece típico de um franciscano, pois os franciscanos freqüentemente mortificavam o apetite aspergindo cinzas sobre seu alimento. Parece-me mais provável que Antônio tenha comido o sapo com o mesmo apetite com que comeria uma galinha.

A reação de Antônio à refeição envenenada é exata. A historiografia não conta quantos pratos estavam envenenados ou em que consistiam. Escolhi um prato saboroso da época como aquele que colocou o santo à prova.

A historiografia registra que, depois desses dois banquetes, muitos hereges retornaram à Igreja. A maioria dos convertidos de Antônio era formada por crentes. Ele tinha pouco sucesso entre os *perfecti* que tinham completado o *consolamentum*.

21. Salteador, estrada, Pádua, Itália
(Quaresma de 1228)

Em uma das primeiras biografias de Santo Antônio, o autor registra essa historieta. Por volta do ano de 1292, um velho contou a um frade menor que tinha conhecido Santo Antônio. Um dos 12 saltadores que saqueavam viajantes na estrada para Pádua, ele e outros membros disfarçados de seu bando, tinham ido ouvir o santo pregar. As palavras de Antônio comoveram a todos eles de tal forma que foram se confessar a ele um após o outro. O santo impôs a cada um deles uma penitência e exortou-os a não voltar a pecar. Se persistissem em sua fé, ganhariam a vida eterna. Se voltassem a uma vida de crime, a vida deles acabaria em tormento. Alguns retornaram à vida criminosa, disse o velho, e seus dias terminaram de forma horrível. Contudo ele e os demais tinham persistido em sua reforma, e aqueles que já tinham morrido partiram em paz.

Antônio impusera a esse homem a penitência de fazer 12 visitas ao sepulcro dos apóstolos. Quando dessa sua narrativa, ele estava exatamente completando sua décima segunda peregrinação. Com lágrimas, ele contou ao frade que estava voltando para casa para receber sua recompensa eterna, que Antônio lhe havia prometido.

O caso histórico não oferece nenhum *background* ou descrição pessoal do salteador nem sugere os conteúdos do sermão de Antônio. Neste capítulo, o sermão de Antônio é compilado dos *Sermons for the Easter Cycle* (pp. 62-63, 98, 99-100, 148, 179, 194, 196-197, 208) e do sermão "Seek first his kingdom" [Procurem primeiro o reino dele] contido no livro do mesmo título. A comparação da amêndoa com a penitência feita por Antônio é extraída de seu sermão do Domingo de Páscoa publicado nos *Sermons for the Easter cycle* (p. 87). Sua bênção final do bando de salteadores encontra-se no sermão do mesmo livro para o Primeiro Domingo depois da Páscoa (p. 104).

22. Irmã Helena Enselmini, Convento de Arcella Vecchia, Pádua, Itália (primavera de 1230)

A tradição afirma que Antônio era o confessor de Helena Enselmini, uma monja do convento de Arcella. Helena tinha uma grande devoção pela paixão de Cristo, um fervor que Antônio incentivou. Nada mais se menciona sobre o relacionamento deles, e alguns biógrafos questionam se ele existiu ou não.

Da forma como são relatadas neste capítulo, a proveniência e a doença de Helena, a qual, segundo a maioria das autoridades, atingiu-a em 1226, são historicamente exatas. No entanto, não se sabe se ela perdeu a visão e a fala por causa dessa doença. Gamboso diz que ela estava doente havia mais ou menos 13 meses, quando a doença privou-a da visão e da fala. Isso significaria que ela certamente estava no estado de saúde em que Antônio encontrou-a neste capítulo.

Contudo Gamboso também afirma que Helena adoeceu apenas por volta do verão de 1230 e que ela perdeu a visão e a fala logo depois da morte de Antônio, morrendo três meses depois. Essa informação baseia-se em uma biografia inicial que afirma que a doença de Helena durou 16 meses, enquanto a maioria das outras fontes fala em 16 anos. Por isso, Helena pode ter estado cega, muda e paralítica apenas durante os últimos três meses de sua vida. Por outro lado, ela pode ter sofrido dessas moléstias durante a maior parte dos 16 anos de sua doença. Algumas fontes dizem que ela apresentava esses problemas de saúde na época em que Antônio era seu confessor. Outras afirmam que sofreu por causa deles "durante muitos anos".

Helena realmente teve as visões descritas, mas uma delas ou mais podem ter acontecido após a morte de Antônio. Nas fontes que utilizei, não consegui encontrar datas para essas visões.

O próprio Francisco recebeu Helena na Ordem das Damas Pobres depois de estabelecer o convento em Arcella. A historiografia não registra as palavras do sermão de Francisco que tanto tocaram Helena. O poema neste capítulo é uma parte do poema de Francisco "The praises of the virtues" [Os louvores das virtudes], traduzido em *St. Francis of Assisi Omnibus of Sources* (pp. 132-134). A irmã Sancia deste capítulo é um personagem ficcional, embora qualquer monja em Arcella pudesse ter desempenhado o papel dela.

Helena tinha uma reputação de santidade desde jovem. Não sabemos se ela se sentia ou não profundamente atraída por Antônio ou se sofria de aridez espiritual, uma moléstia comum de pessoas repletas de fé. As palavras que Antônio dirigiu a Helena são extraídas principalmente de seus *Sermons for the Easter cycle* (pp. 156, 166-167, 200-202) e de seu sermão intitulado "The passion of Christ" [A paixão de Cristo], contido no livro *Seek first his kingdom*. Sua representação simbólica das cores é tomada de seu sermão para a Páscoa reproduzido nos *Sermons for the Easter cycle* (p. 86).

Helena morreu em 4 de novembro de 1242, com 34 anos de idade. Seu corpo permaneceu intacto durante séculos. Em 1695, ela foi declarada bem-aventurada pelo papa Inocêncio XII.

23. Irmão Elias, Colina do Paraíso, Assis, Itália (30 de maio de 1230)

A história do irmão Elias na Ordem dos Frades Menores é exata. A descrição da reunião do capítulo de 1230 e o confuso enterro dos restos mortais de Francisco na basílica realmente aconteceram, embora detalhes desses dois eventos não sejam claros.

Elias parece ter sofrido de dores crônicas nos pés. No entanto, isso não foi provado. Neste capítulo, fiz com que montasse um asno e usasse sapatos para amenizar as dores nos pés. Num estágio posterior da vida, acusou-se Elias de usar um excelente cavalo.

O nome do líder do motim dos frades que desejavam tornar Elias o superior geral à força não ficou registrado em parte alguma. Chamei-o de irmão Sebastio.

Os registros mais antigos não nos contam o que Antônio disse quando tentou estabelecer a paz na reunião do capítulo, mas eles dizem que suas palavras não foram eficazes. O capítulo só se acalmou quando Jean Parenti arrancou sua roupa e os cinco noviços falaram, como foi registrado neste capítulo. Antônio foi liberado de seus deveres como provincial nessa reunião e substituído pelo irmão Alberto de Pisa.

Sob a orientação do papa, o irmão Elias estava encarregado da construção da basílica de São Francisco. A descrição da basílica é exata para o ano de 1230, embora tenha sido ampliada depois disso. Na ausência de Elias, Filipe de Campello e Picardus Morico continuaram a obra.

Existe discordância quanto ao sepultamento imediato do corpo de Francisco. Como é evidenciado por uma carta papal que condena as ações de líderes civis na questão, o corpo foi enterrado de uma maneira que não estava de acordo com as ordens do papa. O papa diz que aqueles que ele não nomeou "tomaram sacrilegamente os restos mortais. Ao perturbar o translado, profanaram execravelmente o rito sagrado". Debate-se o significado disso.

Alguns dizem que o corpo foi sepultado três dias antes do tempo estabelecido. Outros afirmam que foi enterrado no dia 25 de maio, mas que foi levado às pressas para dentro da basílica da maneira descrita neste capítulo. Aceitei a última teoria, que parece corresponder aos primeiros registros do evento. Um acontecimento que apóia a última teoria é a cura do irmão Tiago de Iseo, que São Boaventura registra em sua biografia de São Francisco. Boaventura registra que "o irmão Tiago participou da celebração, prestando a devida honra aos restos mortais sagrados. Ali ele se aproximou do caixão e o abraçou devotamente" e foi curado da maneira descrita neste capítulo. O irmão Tiago abraçou o caixão antes ou depois da chegada à basílica? O texto de Boaventura não está claro, embora ele escreva, em outra parte da biografia, que, enquanto os restos mortais de Francisco "estavam sendo levados pela cidade, diversos milagres foram realizados pelo poder de Cristo, cuja imagem portavam".

O papa Gregório IX ficou tão irado com os acontecimentos envolvendo o translado do corpo de Francisco que emitiu uma bula que ameaçava excomungar o podestade e o conselho de Assis se não explicassem sua conduta. A bula proibia que os franciscanos vivessem na basílica ou realizassem capítulos gerais ali, e o sepulcro foi colocado sob os cuidados do bispo de Assis. Apenas quando Elias e vários outros envolvidos explicaram as razões do que havia ocorrido foi que a bula foi suspensa antes de entrar em vigor.

Antônio liderou uma delegação, que incluía Jean Parenti, enviada a Roma para discutir o testamento de Francisco e outras regras da Ordem. O resultado dessa reunião foi a bula *Quo elongati*, emitida em setembro de 1230, que afirmava que o testamento não era obrigatório. Não sabemos que posição Antônio tomou em relação ao testamento. Ele aceitou a palavra do papa, quando foi publicada.

A historiografia não registra nenhum encontro pessoal de Elias e Antônio, nem nenhuma carta escrita por Antônio a Elias em sua cela penitencial em Cortana. No entanto, é coerente com a personalidade de Antônio procurar Elias e tentar gentilmente instruí-lo. As palavras de Antônio a Elias são extraídas principalmente de seus *Sermons for the Easter cycle* (pp. 125, 138-139, 147, 152-153, 190-192, 212), da biografia de Mary Purcell (pp. 221-222) e dos sermões "Humility, the font of all virtues" [Humildade, a fonte de todas as virtudes], "Love: the principal virtue" [Amor: a virtude principal], "Seek first his kingdom" [Procurem primeiro o reino dele] e "Man's encounter with God" [O encontro do homem com Deus], contidos no livro *Seek first his kingdom*.

Elias reconciliou-se com a Ordem em 1232, quando foi eleito superior geral. Ele retomou então seu trabalho na basílica, que foi concluído em 1236. Mais tarde, Elias incumbiu artistas famosos da época de decorar a igreja com afrescos.

Elias serviu como superior geral até 1239, sendo então deposto em meio a muitas queixas e conflitos. Foi acusado de crueldade para com os irmãos, desconsideração de opiniões alheias, visitações injustas a províncias e estilo de vida indulgente. Ele foi chamado a Roma para fazer sua defesa diante do papa, e alguns historiadores ressuscitaram Antônio e o fizeram acusar Elias nesse encontro! Ou transpuseram esse incidente para 1230, colocando incorretamente o nome de Antônio em lugar do nome de Adão de Marsico ou de Aymo de Faversham, que estiveram presentes no encontro de 1239 com o papa Gregório IX.

Contra as ordens de Alberto de Pisa, o superior geral que substituiu Elias, este continuou a visitar as casas das Damas Pobres. Quando o papa insistiu que ele obedecesse, Elias aliou-se ao imperador Frederico contra o papa e foi excomungado juntamente com o imperador em 1239. Ele permaneceu excomungado durante anos, embora ainda vestisse o hábito dos frades menores, e finalmente se reconciliou com a Igreja apenas em seu leito de morte, em 1253.

Parte V
O MÊS FINAL

24. *Ezzelino de Romano, castelo fortificado, Verona, Itália (maio de 1231)*

A reputação de Ezzelino (Eccelino) III de Romano de ser cruel com clérigos e leigos de ambos os sexos e de todas as idades era bem conhecida. O incidente com o servo e a massagem de Ariana são fictícios, mas perfeitamente razoáveis considerando o gosto de Ezzelino pela brutalidade contra outros e pela luxúria para consigo mesmo.

Ezzelino considerava a castidade como honrosa e praticava-a ele mesmo. Seu tratamento de transgressores sexuais, descrito neste capítulo, é exato.

Curtayne e Wiegler descrevem Ezzelino fisicamente. Wiegler dá seu histórico familiar.

Em maio de 1231 (um autor coloca a data como sendo 1228), Antônio visitou Ezzelino em seu palácio para negociar a libertação dos prisioneiros, como é descrito neste livro. Ninguém sabe se ele fez essa visita por conta própria ou se a fez a pedido do conde Tiso. Antônio não teve êxito. Sete meses depois da morte de Antônio, Lucas Belludi e Wiffredo da Lucino, então podestade de Pádua, obtiveram a libertação desses prisioneiros.

Os primeiros registros do encontro de Antônio com Ezzelino simplesmente afirmam que ele não teve êxito. Aproximadamente trinta anos mais tarde, apareceram histórias enfeitadas. Estas dizem que Ezzelino estava sentado em seu trono, cercado por tropas assassinas, que Antônio pregou um sermão de fogo e enxofre a Ezzelino e que o tirano tirou seu cinto, colocou-o ao redor de seu pescoço e jogou-se aos pés de Antônio, confessando seus pecados e prometendo corrigir sua vida. Depois que Antônio partiu, Ezzelino contou aos seus criados que viu raios saindo dos olhos de Antônio e que tinha certeza de que, se colocasse as mãos em Antônio, os demônios levariam imediatamente a alma de Ezzelino para o inferno. As lendas afirmam ainda que, pouco tempo depois, Ezzelino enviou a Antônio um presente valioso que este recusou dizendo que não queria presentes adquiridos por meio do derramamento de sangue. Os relatos dizem que, durante um curto espaço de tempo, Ezzelino moderou suas crueldades, mas reincidiu nelas após a morte de Antônio.

Em minha narrativa desse incidente, tentei seguir o registro mais antigo, incorporando alguns detalhes da lenda na medida em que pareciam encaixar-se no caráter de Ezzelino.

As palavras de Antônio sobre hidropisia e sobre os desejos insaciáveis de poder e ganância baseiam-se em seu sermão "Heal us, O Lord" [Cura-nos, ó Senhor]. Sua descrição da alma aprisionada que é liberta encontra-se em seu sermão "The birth of Jesus Christ" [O nascimento de Jesus Cristo]. Ambos os sermões estão publicados em *Seek first his kingdom*.

Durante toda a sua vida, o imperador Frederico II lutou contra o papado e a proclamação do papa Inocêncio III de que o imperador era imperador somente pela boa graça do papa e que o império existia para servir à Igreja. Ele combateu o poder papal mediante fraude e falsas promessas e, mais tarde, lutou efetivamente contra exércitos papais em combates por cidades-chave. O sucesso de Frederico diminuiu em muito o poder do papado. Frederico morreu em 1250, tendo se tornado governante da Alemanha e de quase toda a Itália, incluindo áreas dominadas outrora pelo papado.

No final de 1232, Frederico II, cuja descrição física neste capítulo é exata, fez uma aliança com Ezzelino. Logo depois disso, Ezzelino e os cidadãos de Verona foram postos sob interdito papal, o que significava que não podiam receber a maioria dos sacramentos ou um sepultamento cristão. Alguns anos depois, Ezzelino casou com Selvaggia, a filha de 14 anos de Frederico. Em 1238, Frederico e Ezzelino travaram uma guerra contra Milão e cidades adjacentes que eram leais ao papa. Quando Pádua se revoltou contra Ezzelino, ele entrou na cidade e matou 12 mil de seus habitantes em um único dia. Ezzelino continuou a lutar ao lado de Frederico e acabou sendo excomungado da Igreja. Ferido em batalha, ele foi capturado em Cassano, em 1259, e aprisionado. Aos frades que o procuraram, insistindo que se arrependesse e se confessasse, Ezzelino disse: "Não tenho pecados a confessar, exceto o de não me ter vingado o suficiente de meus inimigos, ter comandado mal meu exército e ter me deixado enganar e defraudar". Depois de recusar comida e remédio e arrancar suas ataduras, ele morreu enquanto ainda era prisioneiro.

25. *Conde Tiso de Camposampiero, Camposampiero, 18 km distante de Pádua, Itália (maio de 1231)*

Por causa dos sermões de Antônio, o idoso Tiso (Tisone) de Camposampiero (da Campo San Pietro ou Camposanpiero), que morreu em 1234, converteu-se e ingressou na Ordem dos irmãos e irmãs abstinentes. Não sabemos qual era exatamente a idade de Tiso na época ou quando se converteu integralmente e aderiu a essa fraternidade. Seu ingresso nessa ordem não aconteceu provavelmente em 1227, quando alguns autores afirmam que Antônio foi pela primeira vez a Pádua (outros afirmam que ele foi pela primeira vez a Pádua em 1229). Em 1227, Tiso envolveu-se numa guerra contra Ezzelino, e portar armas era proibido para os penitentes. Embora Tiso pareça ter convidado Antônio para ir a Camposampiero e para uma segunda casa que aparentemente tinha em Pádua antes de 1231, eu decidi situar a conversão total de Tiso durante os sermões de Antônio na Quaresma de 1231. Contudo é possível que Tiso tenha ingressado na fraternidade antes disso. Os requisitos da Ordem dos irmãos e irmãs abstinentes, descritos neste capítulo, eram exatos para essa época.

Com suas próprias mãos, Tiso construiu para Antônio sua cela sobre a árvore. As fontes dizem que Antônio ou pediu a cela diretamente ou fez seu pedido por meio de um outro frade. Escolhi a primeira opção. Narrativas diferentes chamam a árvore de nogueira, carvalho ou castanheira. A primeira biografia de Santo Antônio chama-a de nogueira em uma tradução e de aveleira em uma outra. Optei por chamá-la de nogueira.

Os detalhes relativos ao efeito dos sermões de Antônio, sua fundação de conventos e sua inspiração do código do devedor são exatos. As fontes discordam quanto ao convento que Antônio fundou em Pádua. Biografias de Helena Enselmini dizem que Francisco de Assis fundou Arcella em 1220, mas pelo menos uma biografia de Antônio (Stoddard, p. 69) afirma que Antônio fundou-o em 1227 e viveu lá. No entanto, as biografias afirmam que Antônio queria retornar ao Santa Maria, dentro de Pádua, para morrer, pois era lá que vivia. Um historiador (Huber, p. 13) diz que ele fixou residência permanente em Pádua em 1229, no convento que estabelecera em 1227. Parece-me que, de fato, Antônio fundou o Santa Maria em 1227, e não Arcella, e este capítulo reflete essa dedução.

A maioria dos sermões e palavras de Antônio a Tiso é extraída da coletânea *Sermons for the Easter cycle* (pp. 77-78, 83, 149, 152, 157-158, 189-190, 205-206, 210-211) e do sermão "To follow Christ" [Seguir a Cristo], reproduzido em *Seek first his kingdom*.

26. Irmão Lucas Belludi, estrada fora da cidade, Pádua, Itália (por volta de 30 de maio de 1231)

O *background* biográfico de Lucas Belludi, sua designação para assistir Antônio e seu pedido da cura de uma criança moribunda (ou talvez aleijada – narrativas da moléstia diferem) registrados neste capítulo constam no registro histórico. Os historiadores situam o nascimento de Lucas entre 1200 e 1210. Como ele ingressou nos frades menores quando tinha vinte anos, o ano de seu ingresso deve variar entre 1220 e 1230. Por isso, ninguém pode ter certeza de quando ele foi designado para assistir Antônio, embora certamente tenha vivido com o santo o último ano da vida dele.

O êxtase de Antônio ao ouvir o sermão sobre as palavras de São Paulo aos atenienses, a cura do pé de Leonardo (que, segundo alguns relatos, foi instantânea), seu encontro com as pombas-rola e sua profecia na colina de Pádua encontram-se no registro histórico. As narrativas, porém, não registram o nome do frade ou frades que testemunharam ou ouviram falar a respeito desses eventos, nem registram detalhes sobre a natureza do êxtase de Antônio ou sobre como realizou a cura. O registro tampouco conta que palavras do sermão levaram Antônio ao êxtase.

Antônio desejava escrever um livro para todos os cristãos lerem. Enquanto ainda estava trabalhando em seus sermões, ele morreu, portanto jamais realizou essa ambição.

As palavras humildes de Antônio que se encontram no início de seus sermões escritos são extraídas de *Sermons for the Easter cycle* (p. 64). Aquelas que constam no final estão no livro de Gamboso (p. 145).

Lucas tornou-se superior provincial da Ordem franciscana e foi principalmente responsável por construir a basílica que guarda os restos mortais de Antônio. Atuante na pregação e em boas obras, Lucas, que sempre foi conhecido como Lucas de Santo Antônio, morreu em 1285 e foi enterrado na sepultura original de Antônio. Em 1927, Lucas foi beatificado pela Igreja.

27. Irmão Rogério, Convento dos Frades Menores, Camposampiero, Itália (13 de junho de 1231)

Junto com o irmão Lucas Belludi, o irmão Rogério assistiu Antônio durante as últimas semanas de sua vida. É possível que Rogério tenha sido frade no Santa Maria ou em Arcella, quando foi indicado para atender Antônio, ou talvez já estivesse em Camposampiero, quando Antônio chegou. Pode ser que fosse ajudante de Antônio inclusive antes do que este capítulo sugere. Pelo menos um biógrafo descreve Rogério como sendo um homem grande e forte, com aproximadamente a mesma idade de Antônio. Não está registrado em parte alguma se ele temia ou não a morte.

O relato dos últimos dias de Antônio segue o registro histórico. Depois de descer de sua árvore, ele sofreu um colapso durante a refeição do meio-dia e foi colocado na cama.

Ele pediu ao irmão Rogério que o levasse ao Santa Maria para morrer, mas, a caminho de lá, a carreta cruzou com o irmão Ignoto (também chamado de irmão Vinoto) que pode ter sido ou não capelão em Arcella. Ignoto disse aos irmãos que fossem a Arcella, pois Antônio jamais iria sobreviver à jornada até Pádua. Em Arcella, Antônio foi acomodado numa cadeira, com o irmão Rogério apoiando a cabeça dele, pois a água estava subindo em seu peito. Depois de sentir ansiedade, Antônio recuperou a calma, fez sua confissão (os registros não nos contam que pecados ele confessou), então cantou (ou cantarolou) "Ó Senhora Gloriosa" com voz clara e forte. Sua visão do Salvador e suas palavras relativas à sua última unção são exatas. Depois disso, recitou os sete salmos penitenciais junto com os frades e então manteve um silêncio tranqüilo durante meia hora, até morrer. Os frades decidiram imediatamente manter sua morte em segredo para evitar que multidões acorressem ao convento.

As palavras de Antônio ao irmão Rogério sobre a morte são extraídas da obra *Sermons for the Easter cycle* (p. 214).

28. Paduana, rua da cidade, Pádua, Itália
(13 de junho de 1231)

A historiografia registra que Pedro, um cidadão de Pádua (não se menciona sua ocupação) levou sua filha, Paduana, de quatro anos, para Antônio e pediu-lhe que abençoasse a criança. Ela não conseguia caminhar e tinha acessos epilépticos. Depois da bênção de Antônio, Pedro levou a menininha para casa e colocou-a de pé junto a uma cadeira. Durante certo período de tempo, ela aprendeu a caminhar empurrando a cadeira pela sala. A cura foi atribuída a Antônio e foi o único milagre que Antônio realizou durante sua vida, e que foi incluído na lista de 47 milagres aprovados pela Cúria Romana e lida quando da canonização de Antônio.

Não se sabe se Antônio gostava de bolos de figo e se a mãe de Paduana os fez para o sacerdote ou não. Tampouco há registro de que Paduana tenha visitado Antônio alguma vez.

A tentativa dos frades de manter a morte de Antônio em segredo foi frustrada pelas crianças de Pádua. A historiografia não diz como as crianças ficaram sabendo da morte de Antônio e não menciona o papel que Paduana possa ter desempenhado em transmitir a notícia. Contudo, quase imediatamente após a morte de Antônio, as crianças começaram a correr pelas ruas gritando, nas palavras da *Assidua*, "O santo padre está morto! Santo Antônio está morto!".

29. Abade Tomás de Gaul, Mosteiro de Santo André, Vercelli, Itália (13 de junho de 1231)

As visitas de Antônio, quando ainda estava vivo, ao abade Tomás, um brilhante teólogo e grande defensor da confissão anual, são exatas, embora as biografias de Antônio não registrem a aparência física do abade Tomás. As palavras de Tomás a Francisco sobre Antônio talvez não tenham sido nunca dirigidas a Francisco, mas Tomás de fato escreveu o elogio em um de seus comentários.

Em 13 de junho de 1231, Antônio apareceu a Tomás da forma registrada neste capítulo, falando as palavras registradas aqui e curando a dor de garganta de Tomás. Quando Tomás não conseguiu encontrar Antônio em lugar algum ou localizar alguém, além de si mesmo, que tivesse visto o frade, voltou à sua cela e anotou cuidadosamente a data, a hora e os detalhes da aparição de Antônio. Ele não anotou que tipo de trabalho estava fazendo em sua cela na hora em que Antônio apareceu. Algumas semanas mais tarde, a notícia da morte de Antônio chegou a Vercelli. Tomás pegou suas anotações e leu-as, percebendo então que Antônio tinha aparecido a ele logo após sua morte, em Pádua.

BIBLIOGRAFIA

Biografias e outros escritos sobre Santo Antônio

BEAHN, John E. *A rich young man*: St. Anthony of Padua. Milwaukee, Bruce, 1953.

BIERBAUM, Athanasius. *Saint Anthony of Padua*: life sketches and prayers. Tradução de Kilian J. Hennrich. Detroit, Third Order Bureau, 1931.

BUTLER, Alban. St. Anthony of Padua. In: THURSTON, Herbert & ATTWATER, Donald (Eds.). *Butlers' lives of the saints: complete edition*. Westminster, MD, Christian Classics, 1956. [Ed. bras.: *Vida dos santos de Butler*. Tradução de Hamilton Francischetti. Petrópolis, Vozes, 1984-1993.]

CURTAYNE, Alice. *St. Anthony of Padua*. Chicago, Franciscan Herald, 1931.

DA RIETI, Ubaldus. *Life of St. Anthony of Padua*. Boston, Angel Guardian, 1895.

GAMBOSO, Vergilio. *Per conoscere S. Antonio:* la vita-il pensiero. Padova, Messaggero, 1990.

_____. *St. Anthony of Padua:* his life and teaching. Tradução de H. Partridge. Padua, Messaggero di S. Antonio, 1991.

GILLIAT-SMITH, Ernest. *Saint Anthony of Padua according to his contemporaries*. New York, E. P. Dutton, 1926.

HARDICK, fr. Lothar. *Anthony of Padua*: proclaimer of the gospel. Tradução de fr. Zachary Hayes e fr. Jason M. Miskuly. Edição de Cassian A. Miles e Janet E. Gianapoulos. Paterson, NJ, St. Anthony's Guild, 1993.

HUBER, Raphael M. *St. Anthony of Padua:* doctor of the Church universal. Milwaukee, Bruce, 1948.

LECTIO ASSIDUA. Padua, 1232. Tradução inédita. Tradutor desconhecido. Franciscan Monastery of St. Clare, Jamaica Plain, MA.

LEPITRE, Albert. *St. Anthony of Padua (1195-1231)*. London, Burnes, Oates & Washbourne, 1924.

LIFE OF ST. ANTHONY, ASSIDUA. Padua, 1232. Tradução de Bernard Przewozny. Padua, Messaggero, 1984.

MARIN, Vito Terribile Wiel. Sulle possibili cause della morte di S. Antonio di Padova. In: MENEGHELLI, Virgilio & POPPI, Antonino. *Ricognizione del corpo di S. Antonio di Padova*: studi storici e medico-antropologici. Padova, Messaggero, 1981. pp. 193-198.

MENEGHELLI, Virgilio. La revisione dei resti mortali di S. Antonio di Padova. In: MENEGHELLI, Virgilio & POPPI, Antonino. *Ricognizione del corpo di S. Antonio di Padova*: studi storici e medico-antropologici. Padova, Messaggero, 1981. pp. 153-156.

PURCELL, Mary. *Saint Anthony and his times*. Garden City, New York, Hanover House (A Division of Doubleday), 1959.

STODDARD, Charles Warren. *Saint Anthony*, the wonder worker of Padua. Publicação original: Notre Dame, IN, The Ave Maria, 1896; reimpressão. Rockford, IL, Tan Books and Publishers, 1971.

Escritos de Santo Antônio

ANTHONY of Padua. God's love for his children. Tradução de fr. Claude Jarmak. *Messenger of St. Anthony*, pp. 4-5, May 1986.

_____. Knowledge, virtue and faith. Tradução de fr. Claude Jarmak. *Messenger of St. Anthony*, pp. 4-5, Feb. 1990.

_____. The preacher warrior against sin. Tradução de fr. Claude Jarmak. *Messenger of St. Anthony*, pp. 4-5, Sept. 1989.

_____. *Seek first his kingdom*. Edição de fr. Livio Poloniato. Tradução de fr. Claude Jarmak, fr. Leonard Frasson e fr. Bernard Przewosny-Porter. Padova, Messaggero S. Antonio, Padua, Conventual Franciscan Friars, 1988.

_____. *Sermons for the Easter cycle*. Edição de fr. George Marcil, ofm. St. Bonaventure. New York, The Franciscan Institute, 1994.

_____. To see, to speak, to hear. Tradução de fr. Claude Jarmak. *Messenger of St. Anthony*, pp. 4-5, July-Aug. 1988.

_____. Washing the feet. Tradução de fr. Claude Jarmak. *Messenger of St. Anthony*, pp. 4-5, March 1989.

_____. You will find an infant. Tradução de fr. Claude Jarmak. *Messenger of St. Anthony*, pp. 4-5, Dec. 1990.

Referências adicionais

ABULAFIA, David. *Frederick II*: a medieval emperor. London, Allen Lane, Penguin, 1988.

AUGUSTINE FELLOWSHIP, Sex and Love Addicts Anonymous. *Sex and love addicts anonymous*. Boston, The Augustine Fellowship, Sex and Love Addicts Anonymous, Fellowship Wide Services, 1986.

BARRACLOUGH, Geoffrey. *The medieval papacy*. Norwich, Harcourt, Brace, 1968.

BARTON, Lucy. *Historic costume for the stage*. Boston, Walter H. Baker, 1935.

BLANCHARD, Gerald T. Sexually abusive clergymen: a conceptual framework for intervention and recovery. *Pastoral Psychology*, pp. 237-245, March 1991.

BONAVENTURE. Major life of St. Francis. Traduzido por Benen Fahy, ofm. In: HABIG, Marion A. (Ed.). *St. Francis of Assisi: Writings and early biographies*. Chicago, IL, Franciscan Herald, 1973. pp. 613-787.

BROOKE, Rosalind B. *Early franciscan government*: Elias to Bonaventure. Cambridge, England, Cambridge University, 1959.

BROWN, Harold O. J. *Heresies:* The image of Christ in the mirror of heresy and orthodoxy from the apostles to the present. Garden City, New York, Doubleday, 1984.

CARNES, Patrick. *Out of the shadows:* understanding sexual addiction. Minneapolis, CompCare, 1983.

CIANCHETTA, Romeo. *Assisi: art and history in the centuries*. Narni, Italy, Plurigraf, 1985.

COULTON, G. C. *Life in the Middle Ages*. Cambridge, Cambridge University. 1967. 4 v.

_____. *The medieval scene*: an informal introduction to the Middle Ages. London, Cambridge at the University, 1931.

CRISTIANI, Leon. *Heresies and heretics*. Tradução do francês de Roderick Bright. New York, Hawthorn, 1959.

CUMMINGS, Juniper M. *The christological content of the "Sermons" of St. Anthony*. Padua, Ile Messaggero di S. Antonio Basilica del Santo, 1953.

CURRAN, Charles. *Absolutes in moral theology*. Washington, D.C., Corpus Instrumentorum, 1968.

DECLARY, Leon. *Lives of the saints and blessed of the three orders of St. Francis*. [S.l.], Taunton Franciscan Convent, 1886-1887. vv. 36-38.

ENGLEBERT, Omer. *St. Francis of Assisi*: a biography. Tradução de Eve Marie Cooper. Ann Arbor, MI: Servant Books, 1979. [Ed. bras.: *Vida de São Francisco de Assis*. Tradução de Adelino G. Pilonetto. Porto Alegre, EST Edições, 2004.]

FRANCIS of Assisi. *The prayers of St. Francis*. Traduzido por Ignatius Brady, ofm. Ann Arbor, MI, Servant Books, 1987.

GREGORY IX. *Speravimus Hactenus*. June 16, 1230. Tradução inédita de fr. Claude Jarmak. Granby, MA, [s.d.].

HABIG, Marion Alphonse. *The Franciscan book of saints*. Ed. rev. Chicago, IL, Franciscan Herald, 1979. pp. 122-123, 912-913.

_____ (Ed.). *St. Francis of Assisi: writings and early biographies* – English omnibus of the sources for the life of St. Francis. Chicago, IL, Franciscan Herald, 1973.

Obras consultadas

HASTINGS, Margaret. *Medieval European society 1000-1450*. New York, Random, 1971.

HOLMES, Urban Tigner. *Daily living in the twelfth century based on the observations of Alexander Neckam in London and Paris*. Madison, WI, The University of Wisconsin, 1953.

ISELY, Paul J. & ISLEY, Peter. The sexual abuse of male children by Church personnel: intervention and prevention. *Pastoral Psychology*, pp. 85-99, Nov. 1990.

JORGENSEN, Johannes. *St. Francis of Assisi*. Traduzido por T. O'Connor. Garden City, NY, Image Books (A Division of Doubleday), 1939. [Ed. bras.: *São Francisco de Assis*. Tradução de Luis Leal Ferreira. 2. ed. Petrópolis, Vozes, 1982.]

KANTOROWICZ, Ernst. *Frederick the Second – 1194-1250*. 1931. New York, Fredrick Ungar, 1957.

KUNZ, Jeffrey R. M. *The American Medical Association family medical guide*. New York, Random, 1982.

LAASER, Mark R. Sexual addiction and clergy. *Pastoral Psychology*, pp. 213-235, March 1991.

A LUTHERAN PASTOR. *Pastoral Psychology*, pp. 259-263, March 1991.

MAITLAND, S. R. *Facts and documents illustrative of the history, doctrine, and rites of the ancient Albigenses and Waldenses*. London, C. J. G. and F. Rivington, 1832.

MANDONNET, Pierre. *St. Dominic and his work*. Traduzido por Ir. Mary Benedicta Larkin. St. Louis, MO, B. Herder Book, 1945.

MANN, Horace K. *The lives of the popes in the Middle Ages*. London, Kegan Paul, Trench, Trubner, 1925. v. 13.

MOORMAN, John. *A history of the Franciscan Order from its origins to the year 1517*. Oxford, England, Clarendon, 1968.

MUNDY, John Hine & RIESENBERG, Peter. *The medieval town*. Princeton, Van Nostrand, 1958.

ONE PRIEST'S REFLECTIONS ON RECOVERY. *Pastoral Psychology*, pp. 269-273, March 1991.

POWICKE, Frederick Maurice. *The Christian life in the Middle Ages and other essays*. Oxford, England, Clarendon, 1968.

RUSSELL, Jeffrey Burton. *Dissent and reform in the early Middle Ages*. Berkeley and Los Angeles, University of California, 1965.

———— (Ed.). *Religious dissent in the Middle Ages*. New York, John Wiley, 1971.

STANFORD-RUE, Susan M. *Will I cry tomorrow?*: healing post-abortion trauma. Old Tappan, NJ, Fleming H. Revell, 1986.

STRAYER, Joseph Reese. *Western Europe in the Middle Ages*: a short history. 3. ed. Glenview, IL, Scott, Foresman, 1982.

STUARD, Susan Mosher. *Women in medieval society*. Philadelphia, University of Pennsylvania, 1976.

TIMMERMANS, Felix. *The perfect joy of St. Francis*. New York, Farrar, Straus and Young, 1952.

WAKEFIELD, Walter L. *Heresy, crusade and inquisition in Southern France 1100-1250*. Berkeley, University of California, 1974.

WALSH, James Joseph. *The thirteenth, greatest of centuries.* New York, Catholic Summer School, 1907. ("Best Books" edition.)

WALSH, Michael. *An illustrated history of the popes*: Saint Peter to John Paul II. New York, St. Martin's, 1980.

WIEGLER, Paul. *The infidel emperor and his struggles against the pope*: a chronicle of the thirteenth century. New York, E. P. Dutton, 1930.

SUMÁRIO

Agradecimentos 11
Introdução 15
Prólogo 23

Parte I
O INÍCIO DO MINISTÉRIO

Capítulo 1 – Mestre João 35
Capítulo 2 – Maria 53
Capítulo 3 – Emílio 63
Capítulo 4 – Irmão Filipe 75
Capítulo 5 – Superior 87
Capítulo 6 – Padre Graciano 95

Parte II
MISSÃO NA ITÁLIA

Capítulo 7 – Benedetto 105
Capítulo 8 – Bononillo 123
Capítulo 9 – Irmão Giusto 133
Capítulo 10 – Padre Vito 145

Parte III
MISSÃO NA FRANÇA

Capítulo 11 – Frei Monaldo 169

Capítulo 12 – Noviço 179

Capítulo 13 – Senhor Varden 195

Capítulo 14 – Senhor do Chateau-neuf-le-Foret 223

Capítulo 15 – Notário 235

Capítulo 16 – Empregada 249

Capítulo 17 – Minette 259

Capítulo 18 – Camponesa 281

Parte IV
RETORNO À ITÁLIA

Capítulo 19 – Papa Gregório IX 293

Capítulo 20 – Senhora Delora 315

Capítulo 21 – Salteador 325

Capítulo 22 – Irmã Helena Enselmini 345

Capítulo 23 – Irmão Elias 361

Parte V
O MÊS FINAL

Capítulo 24 – Ezzelino de Romano 399

Capítulo 25 – Conde Tiso de Camposampiero 413

Capítulo 26 – Irmão Lucas Belludi 435

Capítulo 27 – Irmão Rogério 451

Capítulo 28 – Paduana 471

Capítulo 29 – Abade Tomás de Gaul............ 481

Notas dos capítulos...................... 487

Bibliografia 531

Rua Dona Inácia Uchoa, 62
04110-020 – São Paulo – SP (Brasil)
Tel.: (11) 2125-3500
http://www.paulinas.com.br – editora@paulinas.com.br
Telemarketing e SAC: 0800-7010081